家族療法
テキストブック

日本家族研究・家族療法学会 編
JAPAN ASSOCIATION OF FAMILY THERAPY

FAMILY THERAPY

金剛出版

はじめに

　われわれの日本家族研究・家族療法学会が設立して30年という記念すべき節目に，われわれの手になるこのように包括的な家族療法のテキストブックが刊行されることとなり大変うれしい限りです。設立20年のときも「家族療法リソースブック」を同じく楢林理一郎先生が編集委員長になって，その陣頭指揮のもと会員の執筆者の総力をあげて刊行したのをつい昨日のように思い出します。リソースブックが国内外の重要文献を抽出し，紹介するという歴史的な責務を担ったものとなりましたが，このテキストブックは，まさに今日までのわれわれの学会の学術的・実践的総括ともいえる内容になっています。すべての執筆者がそれぞれに分担した項目に明るいだけでなく，その実践者たちでもあるという点でも，30年前のわが国における家族療法の状況とはまさに隔世の感があります。

　1984年の設立当時はサルバドール・ミニューチン先生をお呼びするなどして以降，主に米国からの名立たるマスターセラピストたちを毎年のように招聘しワークショップや講演をしていただきました。書物ではわからなかった彼らの臨床を実際の面接の映像を通して学んだり，直接指導を受けるなどして「家族療法」を貪欲なまでに取りこむ時期がしばらく続きました。はじめはミニューチンの面接イコール「家族療法」と思いこむ人々もいたりして，とりわけ旧来の個人療法家からは「家族療法」は個人を軽視した乱暴な治療法だとのそしりを受けることもしばしばでした。しかし，だんだんとわれわれの家族療法に対するイメージも招聘講師の数に比例するかのように広がり，たくさんの理論と広大な適用範囲があることを知り，それに伴いあたかも家族が病因環境と読み取られてしまう「家族療法」から「家族臨床」という裾野の広い呼称の方が馴染んできました。

　こうした時代的変遷を経て各執筆者が，わが国での実践から得た「家族臨床」をこれから学ぼうとする読者，現在実践している臨床家，そして研究者のためにできるだけわかりやすく記述したこのテキストブックが広く長く愛読されることを切に期待しております。

（中村伸一）

家族療法とは
序にかえて

はじめに

　家族療法とは，個人や家族の抱えるさまざまな心理的・行動的な困難や問題を，家族という文脈の中で理解し，解決に向けた援助を行っていこうとする対人援助方法論の総称である。

　家族療法の中にはさまざまな理論や技法の考え方がある。家族療法という言葉は単に一つの理論や技法を示すというより，多様な家族援助の理論や実践の考え方の全体を覆う「傘」のような幅広い上位概念と考えた方が理解しやすい。

　本書は，家族療法の多様な考え方や実践の全体像を紹介し，読者に家族療法への理解を深めてもらうことを意図して企画された。本書を通して，家族療法とは，どのような考え方に立ち，どのような臨床活動を行い，どのような理論的な探究を行う臨床領域であるかを理解していただき，これから家族療法の理論や実践に向けて歩みを進めようとする臨床・研究家のための礎となることを期待している。

家族が臨床の対象となること

　家族療法の臨床活動の対象は家族である。これまで心理療法の多くは，個人を対象とした臨床をその基本的な枠組みとしており，家族が臨床場面に登場することには慎重であった。仮に臨床場面に家族が登場する場合にも，家族はクライアントである個人に関する情報提供や，家庭での療養上の世話や介護役を期待されるなど，臨床場面においてはいわば脇役的な位置に置かれることが多かった。

　しかし，たとえば精神疾患は個人の病いであると同時に，生活を共にする家族にも大きな影響を与え，また影響を受ける。精神疾患の臨床場面においては，患者個人のみならず家族もまた困難や苦悩を抱え，援助を求めてくる。治療者は家族の訴えにも耳を傾け，援助の手を差し伸べることが求められる。このような事情は，不登校や虐待，非行など子どもに表れる問題を扱う臨床場面では，より明らかとなる。家族とのかかわりを抜きには子どもの臨床は成り立たない。あるいは，クライアント本人が臨床の場に現れることの困難なひきこもりの臨床においては，家族とのかかわりが援助の始まりとなる。

　すなわち，家族もまた臨床の対象として捉える視点が家族療法の出発点となる。

家族という概念

　ところで，「家族」という概念は時代や社会，文化によっても多様な意味をもつ。実際，家族を定義することは困難であり，臨床場面で家族の定義にこだわる

ことはほとんど意味を成さない。臨床的には，来談した家族が「これが私たちの家族です」と紹介した人々の集まりを家族と呼ぶことが実際的であり，家族療法家が出会うのはこのような人々の集まりである。

したがって，家族療法家はさまざまな形態や価値観を持つ家族と出会うことになる。時には家族療法家の価値規範に収まりきらないユニークな価値観に触れることもある。家族療法では，そのような家族の多様な価値観に対して，正常や異常，病理的などという判定的な態度を慎むことが求められている。家族の多様性を受け入れる先入観のない姿勢が家族療法の基本となっている[▶1]。

▶1 家族内の性的虐待や暴力など倫理上看過できない問題に遭遇した時はこの限りではない。

家族療法への視点

家族療法は，もともと統合失調症の家族研究の中から生まれてきた歴史をもつ。現在では精神科臨床・心理臨床の領域を超えて，心理的，行動的な苦悩や困難を抱える家族とその家族を援助しようとする臨床家とで構成される広範な臨床領域において，家族療法に基づくさまざまなアプローチが応用，実践されている。

家族療法は，個人ではなく家族を対象とすることから，個人療法とは異なるいくつかの特徴的な臨床の視点が見られる。

最も基礎になるのが，家族療法では，家族を全体として捉えようとする視点に立つことである。すなわち，家族成員の一人ひとりの行動に注目して，その総和として家族を理解しようとするのではなく，家族を全体としてみること，とりわけ家族成員間の「関係性」に注目して家族の動きを理解しようとする。

その際に用いられるのが，円環的思考の視点（円環的認識論）である。この視点に立つと，たとえば不登校や摂食障害など個人の問題と見なされていた出来事が，個人を取り巻く関係性の文脈の中で捉え直されることになる。すなわち，個人になんらかの原因があるから問題が起きるという見方（直線的思考）をするのではなく，家族成員間の一連の相互作用の中の一場面として理解し直すことが可能となる。

家族療法は，円環的なもの事の捉え方を理論化するにあたり，システム論的な視点を採り入れた。わが国では「システム論的家族療法」と総称され，家族療法の基礎的な方法論を構成している。

また，関係性に注目していく視点からは，その対象は家族に限らず，関係性で結ばれる人間関係のネットワークであっても同様のアプローチは可能となる。家族に限らず，家族を取り巻く学校，地域，職場というような環境を含めた対人関係のネットワークも家族療法の対象として可能なため，システム論的家族療法はより広くシステムズ・アプローチと呼ばれる場合もある。

家族療法的な態度

家族療法という言葉は，英語圏での「family therapy」に由来している。そのため，家族療法という言葉をそのまま解釈すると，「家族に原因があるため，家族を治療する」治療のことと誤解を生むことがある。時には，来談した家族自身がそのように誤解していることもあり，治療への動機づけを阻む要因となることがある。

円環的な視点に立つ家族療法では，関係性の文脈で出来事を理解しようとするため，個人や家族の誰か特定の家族成員の個人的な要因（性格や病理）が原因で問題が起きるという考え方をしない。円環的な思考では原因の探求をしないため，

臨床場面においても家族成員の誰かの非をとがめることをしない臨床が可能となる。「悪者探しをしない」ということが，家族療法のもう一つの特徴を表している。家族療法がポジティヴな治療的な雰囲気をもつのは，このことも大きな要因となっている。

さらに，直面する困難を乗り越え，回復していく力は家族自身の中に本来備わっていると考えるところに，家族療法の基本的な態度がある。

家族が自ら問題を解決し，困難を乗り越えていくプロセスを援助していくことが家族療法家の役割となる。家族のレジリエンスやエンパワメントという概念は，家族療法の背景に流れる家族の持つ回復する力への信頼を表している。

家族療法と会話

家族療法における面接場面で実際に起きていることは，治療者と家族との会話のプロセスである。会話が進むにつれ，家族が従来気づくことのなかった出来事の新たな側面や気づかなかった別の肯定的な意味などを思い起こすことで，それまで困難に打ちひしがれていた家族が新たな意味や可能性を見出し，悲観的にしか見えなかった未来が新たな相貌を帯びて語り直され，家族は力を回復していくことができるようになる。このような治療的な会話のプロセスは，治療者と家族の相互に対等で協働的な作業を通して維持され，新たな意味はその会話のプロセスの中に生み出される。

そのような会話のプロセスを構成していくこと自体が実は治療的に重要であることが注目されるようになり，新たな家族療法の考え方が拡がってきた。

1990年代から始まるこのような流れは，社会構成主義（social constructionism）の考え方などを背景に，その後「ナラティヴ・セラピー」あるいは「ナラティヴ・アプローチ」と呼ばれる一連の流れとして注目され，従来のシステム・サイバネティクスに基づいた家族療法に新たな視点を加えるものとなっている。

統合的，実証的な家族療法へ

家族療法の領域ではこのように多様な方法論が発展しており，実際の臨床場面では，臨床家は直面する現実的な問題やテーマにふさわしい有効な方法論や技法を組み合わせて実践し，あるいは理論統合して発展させていこうとする流れにある。このような統合的な家族療法の考え方が近年の家族療法における大きな流れとなっている。

また，統合的な家族療法の実践の背景には，近年その重要性が認識されている科学的根拠に基づく実践（evidence-based practices; EBP）の考え方も影響を与えている。他の心理療法と同様に実証研究には困難を伴うが，徐々に成果は蓄積されつつある。

臨床領域の多様性と多職種性

家族の抱える心理的・行動的な困難への援助に携わる臨床領域は大変広い。たとえば精神医学，心理学的領域をはじめ，一般身体科領域，学校教育領域，非行臨床領域，ソーシャルワーク領域，高齢者介護の領域など，およそ臨床家と家族が出会う場面すべてにおいて，家族療法のアプローチは応用可能であるため，そ

の実践領域は多岐にわたる。また，家族のいない孤立した個人であっても，地域における社会的なサポート・ネットワークを形成する視点から，関係性を扱う家族療法が応用できる。

また，臨床領域の多様性は，その領域に携わる専門家の多様性をももたらす。わが国の家族療法において精神科医，心療内科医，心理士，保健師・看護師，ソーシャルワーカー・精神保健福祉士，学校教師・養護教諭，児童相談所・児童養護施設職員，司法・矯正保護機関の職員，文化人類学者，宗教者など多彩な職種の人がかかわっていることも特徴である。

おわりに

家族療法は，広範な臨床領域と多様な理論的背景を持つ一群の臨床的アプローチである。その全体像を理解するのは容易ではないかもしれないが，ここではその概略について要点を素描した。ここで触れたことのより詳しい内容は，それぞれの章を読み進んでいただきたい。

特に，わが国のさまざまな臨床領域で実践されている内容については，本書の臨床編にそれぞれの領域の第一人者によって要点を押さえて紹介されている。読者が多様な臨床領域に属していることを前提に章を構成してあるので，家族臨床に携わる多くの読者にとっても，どこかに自分の実践を重ね合わせることが可能なのではないかと思われる。

理論は常に実践に触発されて発展し，かつ実践は理論に導かれて深化する。家族療法は，家族という最も時代や社会の変動の影響を受けやすい対象を前にして，その理論と実践とが相互に影響し合いながら発展している知的・実践的なダイナミズムをもった臨床領域ということができる。

本書は，わが国の家族療法の現在の姿を可能な限り広く紹介し，家族療法への理解が深まることと，次代を担う若い臨床家に役立つことを期待している。

（楢林理一郎）

【目次】

はじめに ◉ iii
家族療法とは 序にかえて ◉ v

第1部 理論編

第1章 家族療法の歴史 ◉ 5

第1節 欧米 ◉ 6

家族療法の黎明期／欧米 ◉ 6
統合失調症の家族研究からシステム論登場まで
欧米の家族療法の展開 ◉ 10

第2節 日本 ◉ 14

家族療法の黎明期／日本 ◉ 14
日本の家族療法の展開 ◉ 18

第2章 家族療法の基礎概念 ◉ 23

第1節 家族療法の理論 ◉ 24

円環的認識論 ◉ 24
システム・サイバネティクス ◉ 28
相互作用・プロセス ◉ 33
関係と文脈 ◉ 37
社会構成主義とナラティヴ・アプローチ ◉ 41
バイオサイコソーシャル・モデル ◉ 45

第2節 家族理解の視点 ◉ 50

社会学的家族問題論 ◉ 50
家族ストレス論と家族システム論
家族ライフサイクル ◉ 56
ジェノグラム ◉ 60
レジリエンス ◉ 64
スピリチュアリティ ◉ 68
ジェンダー ◉ 72
文化 ◉ 76

第3章 家族療法の代表的モデル ◉ 79

第1節 第一世代 ◉ 80

多世代伝達モデル ◉ 80
構造的モデル ◉ 85
コミュニケーション・モデル ◉ 89
戦略モデル ◉ 93

ミラノ・システミック・モデル(ミラノ派)◉ 97
対象関係論的, 精神分析的モデル◉ 101
象徴的－体験的モデル◉ 105
行動・認知モデル◉ 108

第2節 第二世代◉ 112

ナラティヴ・セラピー◉ 112
リフレクティング・プロセス◉ 116
コラボレイティヴ(協働的)アプローチ◉ 120
ソリューション・フォーカスト・アプローチ◉ 124

第3節 第三世代◉ 128

家族心理教育◉ 128
メディカル・ファミリーセラピー◉ 132
カルガリー家族アセスメント・介入モデル◉ 136
統合的家族療法◉ 140

第2部 臨床編

第1章 領域ごとの臨床実践◉ 147

第1節 精神科医療保健領域◉ 148

児童思春期精神科医療における家族療法◉ 148
精神科医療における家族療法◉ 154
地域精神保健と家族支援◉ 160

第2節 一般身体科領域◉ 166

プライマリ・ケア◉ 166
心療内科◉ 170
緩和ケア◉ 174
リエゾン精神医学◉ 178

第3節 教育領域◉ 182

学校臨床◉ 182
家族支援◉ 186
教育相談◉ 190
学生相談◉ 194

第4節 児童福祉領域◉ 198

児童相談所◉ 198
情緒障害児短期治療施設・児童養護施設◉ 202

第5節　ソーシャルワーク領域◉206
　　女性福祉における
　　　ソーシャルワーク支援と家族療法の適用◉206
　　精神障害者・リハビリテーションにおける
　　　ソーシャルワーク支援と家族療法◉211
　　ソーシャルワークにおける包括的立体的家族支援◉215
第6節　司法・矯正・更生保護領域◉220
　　非行・犯罪臨床，被害者支援◉220
　　家庭裁判所の家事事件◉224
　　ドメスティックバイオレンスと児童虐待◉228
第7節　産業メンタルヘルス領域◉232
　　産業メンタルヘルスの臨床構造◉232
　　システムモデルによる産業メンタルヘルス活動◉235

第2章　現代的な臨床テーマ◉239

第1節　児童・思春期◉240
　　子育て支援◉240
　　　子育て観の扱いをめぐって
　　不登校◉246
　　発達障害◉252
第2節　青年期・成人期◉258
　　境界性パーソナリティ障害◉258
　　摂食障害◉265
　　ひきこもり◉270
　　うつ病◉275
　　アルコール依存症◉281
　　夫婦関係の問題◉289
第3節　老年期◉296
　　高齢家族◉296
　　認知症の家族支援◉301
第4節　社会と家族◉306
　　自死と家族◉306
　　災害と家族◉313

第3部 教育, 研究, 倫理

第1節 教育・研修, スーパーヴィジョン ◉ 320
　　　スーパーヴァイザーに求められるもの

第2節 研究 ◉ 324

　　　エビデンスベイストな家族療法・家族援助とは ◉ 324
　　　　ユーザーフレンドリーな臨床実践としての
　　　　家族療法・家族援助

　　　研究と臨床の乖離を超えて ◉ 330
　　　　「質的研究」「混合研究」の試み

第3節 倫理と臨床 ◉ 336

基本用語88 ◉ 339
編集を終えて ◉ 345
索引 ◉ 347
執筆者一覧 ◉ 352

Column

別れた親との面会交流 ◉ 32
家庭裁判所調査官 ◉ 75
インターネットと家族 ◉ 107
IPについて ◉ 119
治療的司法（Therapeutic Justice）◉ 144
世間体と恥 ◉ 189
遺伝カウンセリングを考える ◉ 197
ドメスティックバイオレンスと加害者臨床 ◉ 210
変わりゆく日本女性の役割 ◉ 219
犯罪被害者家族支援 ◉ 227
エンパワメント ◉ 295
国際結婚 ◉ 323
オートポイエーシス（autopoiesis）◉ 329
家族内殺人 ◉ 335

- 本文中の事例は, 創作あるいはプライバシー保護のため再構成されています。
- Key Words は, 本文中に初出のみゴシック体で表記されています。
- 推薦図書は, 更なる学習のために日本で入手しやすく, 洋書に関しては翻訳のあるものを掲載しました。

家族療法
テキストブック
FAMILY THERAPY

第1部
理論編

第1章

家族療法の歴史

　この章では，まず家族療法の歴史を欧米と本邦に分けて述べている。
　欧米の歴史を俯瞰する場合，システム論が主要な認識論的パラダイムであった1980年代までと，それに社会構成主義のパラダイムが加わった1990年代以降を大きく分ける視点が，現在の家族療法の流れを理解する上で有用であり，本書ではその視点を採用している。
　また，本邦における家族療法の歴史を俯瞰する視点は，まだ統一した見解があるわけではないが，1980年代前半に欧米の家族療法が本邦に紹介された時期の前と後を分けることにした。その後の展開は，日本家族研究・家族療法学会の発展に沿って，おおむね10年を区切りにして概説している。
　本邦における家族療法の発展の背景には，日本の社会における家族を巡る社会構造や言説の変化が大きく関連している。家族療法を必要とする社会的な文脈についても合わせて概観している。

第1節 欧米

家族療法の黎明期／欧米
統合失調症の家族研究からシステム論登場まで

家族研究の歴史

　精神障害の社会文化的要因について具体的に取り上げられたのは18世紀末であると加藤[1982]はいう。そこでは近代化と共に精神障害が増加し，近代化されていない民族の間では精神障害が少ないという仮説のもとに，異文化圏での比較精神医学的調査研究が始まっている。

　しかし，次第に家族そのものも調査研究の対象になっていったが，その方向性はヨーロッパとアメリカでは正反対のものとなったといってよいだろう。

　ヨーロッパでは「内因」としての精神障害を対象に，家族の遺伝因を探る家系研究が，1910～1930年代にかけて盛んに行われたが，皮肉にもナチズムの台頭で統合失調症などの精神障害者らが，その民族純血主義や民族防衛論を理由に，多くの生命を奪われるという悲劇さえ生み出してしまった。その後，精神障害になりやすい遺伝的傾向を素質や素因とし，環境因がこれらとあいまって発症するのではないかとの仮説から，特に統合失調症についての異環境一卵性双生児法や一卵性双生児統制法を用いた研究が北欧を中心に繰り広げられた。その結果，これらの素質や素因を持った子どもが家族環境の違いにより発症率に違いがあることが判明し，疾患発現に家族因もかかわっている可能性が指摘された。

　このような伝統的な「内因」研究がヨーロッパで盛んに行われたのに対して，

Key Words

家族研究
統合失調症
家族療法

アメリカでは環境因にはじめから関心がもたれた。この背景としてはアメリカ大陸という新天地で先住民と主にヨーロッパからの多民族的な背景をもつ移民がひしめき合って暮らすことが余儀なくされた状況で，精神衛生の大きな課題として「内因」よりも「外因」，つまり環境（人的環境を含む）と個人との調整が強調され，「治癒」よりも「適応」が精神衛生上の目標とされたと考えられる。

　こうした中，米国精神医学の祖とされるマイヤー Meyer, A. が，「内因」にこだわらず広く生物学的要因や家族を含む社会的環境因が，精神障害の発現と予後に影響を与えるとの理念を強く持ってアメリカに渡ってきたことは，アメリカ精神医学の潮流を決定づけたと考えてよかろう。またマイヤーは心因としての精神障害の発現にも興味を示し，フロイト Freud, S. をアメリカに招いて精神分析的研究についても普及させた。こうした土壌の中からアメリカでの家族研究が開花した。

　フロイトは神経症やヒステリーの原因として，患者の記憶に内在化された両親像と患者との無意識的葛藤関係を見出した[▶1]。その意味ではフロイトが特に神経症の家族因研究の創始者であるといってよいのだが，治療対象の主たるものは成人の神経症であり，自由連想法を用いて患者の抱いている両親の内在化されたイメージを分析治療することに専念した。さらに患者の現実の家族に会うことは分析治療を混乱させることになるとして，治療場面から遠ざけ続けた。

　その後，彼の末娘であるアンナ・フロイト Freud, A. は，子どもを対象とした精神分析を発展させ児童精神医学に多大な影響を与え，アメリカでは児童分析は児童精神分析医が行い，子どもと生活を共にするその母親とはソーシャルワーカーが副次的な面接を行うという治療構造が定着した。しかしこのような子どもの個人面接を重視し，子どもとの治療においても成人の分析治療と同じくコンフィデンシャリティを維持しようとする治療のありかたが，子どもの問題行動を解決する上で効率的ではないと気づいたアッカーマン Ackerman, N.W. [1958] は，母子同席での面接をすることで子どもの内面だけでなく，母子間さらには家族間の関係性を直に観察し，そこに介入するといった当時の精神分析一色の米国精神医学会では異端とされる臨床活動を開始した。その後，1970年頃になると精神分析は陰りを見せ始め，それに取って代わるかのように一般システム論の臨床への応用が強く叫ばれるようになり，今まで無視あるいは軽視され続けてきたアッカーマンの家族介入は高く評価されるに至る。その結果，「家族療法」は彼が始祖であるとの見方も定着するようになった。その後メニンガークリニックを去ったアッカーマンはニューヨークに家族療法研究所（Ackerman Institute of Family Therapy）を設立し，多くの著名な家族療法家を養成した。

　一方で同じく精神分析を後ろ盾にしていた多くのアメリカの精神科医たちは，マイヤーの後押しもあってヨーロッパで「内因」とされ続けてきた統合失調症の家族研究を1940年頃になると盛んに行うようになった。その先駆けはカサーニン Kasanin, J. ら [Kasanin, Knight, et al., 1934] によるもので，患者の両親の過保護と拒否が問題とされた。さらにサリヴァン Sullivan, H.S. [1940] は統合失調症の母子間におけるコミュニケーションの歪みの病理性について指摘し，その後次々と統合失調症の家族研究が発表された。主だった研究としてはフロム＝ライヒマン Fromm-Reichman, F. [1950] の「統合失調症をつくる母親」，リッツ Lidz, T. ら [Lidz, Cornelison, Fleck, et al., 1957] の統合失調症患者のいる両親の関係における「分裂（marital schism）」と

▶1
5歳であったハンス少年の馬恐怖の事例も挙げ，ここでは現実的な少年の両親間の問題についても触れている。その後，両親に対する心理教育的な精神分析的指導（もしくは知識の供給）により恐怖症から回復した少年が19歳になったときに，すでに少年の両親が離婚してしまっていたことを嘆いてもいる。

「歪み（marital skew）」，ウィン Wynne, L.C. ら［Wynne, Ryckoff, Day, et al., 1958］による統合失調症家族関係における「偽相互性（pseudo-mutuality）」，ベイトソン Bateson, G. ら［Bateson, Jackson, Haley, et al., 1956］の「二重拘束説（double-bind theory）」，ボーエン Bowen, M.［1961］の「未分化な自我の塊（undifferentiated ego mass）」としての統合失調症の家族といった概念や仮説が提唱された。

　一方こうしたアメリカの家族研究を踏まえつつイギリスのレイン Laing, R.D.［1965］は，1960年代からいわゆる反精神医学運動を展開した。「統合失調症」とラベルされた個人は，たまたま家族や社会に馴染まない生き方を選んでいるがゆえにそのように（社会の代表としての）精神科医により「ラベル」されたのであり，このような精神医学のあり方自体が，「統合失調症」と称される個人の尊厳を省みない学問であるという立場をとった[▶2]。

　以上のように家族精神医学発祥の歴史は主に統合失調症の家族研究に始まったといっても過言ではない。しかしながら主に米国で盛んだった統合失調症の家族病理の研究が必ずしもこの疾患の治療や予防に結びつかなかったのは周知のことである。むしろ家族を「統合失調症を作り出す病原性のある集団」とみなし，かえってこれらの家族を差別してしまい，患者および家族に多大な負荷を負わせてしまった一面も否定できない。その後，たとえばウィンは自分たちの見出した家族病理が家族と患者に大きな負担をかけたことを詫び，その後の統合失調症とその家族に対する心理教育的なシステミックなアプローチの重要性を強調した。

家族研究から家族療法へ

　統合失調症に対する家族病理研究は家族療法へと直接は生かされることはなかったが，それでも1970年代の一般システム論を取り込んで家族療法の理論実践を行った者の多くはそれ以前に家族病理研究を行ってきた研究者たちであった。

　ボーエンも統合失調症の家族研究と家族療法を実践する中で，彼特有の理論を構築した。彼は，ある個人の情動や感情が容易に突き動かされ（emotional reactivity），この自己の状態を知的もしくは認知的に慢性的に制御できない状態のまま重要な他者（家族）と関係を維持する現象を融合（fusion）と呼び，このような家族内対人関係を維持しやすい家族を自己の分化度（self differentiation）が低い家族であるとした。こうした自己の分化度の低さの伝播が三世代以上に起こることで，統合失調症者が発症するという仮説を提出した。こうした理論はもともと統合失調症の家族療法を実践するために生まれてきたものであったが，その後ボーエンとその後継者たちは他のさまざまな精神障害や問題行動にも適用し，治療的成果を上げていった。

　かつてベイトソンと統合失調症の共同研究をし，「二重拘束説」を発表したヘイリー Haley, J.［1987］は，その後，特に家族内対人関係における症状の機能や意味について探求し，症状機能を生かすことで家族関係に変化をもたらすさまざまな方法を見出した。彼は自らの方法を戦略的家族療法（Strategic Family Therapy）と称し，さまざまな問題行動の解決や症状消去に適用し成果を収めた。

　アッカーマンの誘いもあって家族療法の道に入ったアルゼンチン出身のミニューチン Minuchin, S.［1974］は，ニューヨークでのスラムの子どもたちの非行などの問題をその家族やコミュニティに積極的にかかわることで成果をあげた。その

▶2
彼は統合失調症のいる家族の病理性についても，資本家が労働者を騙す手法として使う「欺瞞化（mystification）」という用語をマルクスの資本論から援用することで説明した。

後フィラデルフィアの小児精神科のある施設に移り，拒食症を示す子どもをもつ家族と治療に取り組んだ。ニューヨークで培った積極果敢な介入姿勢はここでも発揮された[▶3]。その結果，8割以上の拒食症の患者たちが改善し，適応的な生活が送れるようになった。この実証的な治療効果はそれまでは難治とされてきた本症の治療の家族療法という新しい可能性を示した。その後もイギリスなど世界中で追試され，その治療効果はアメリカ精神医学会の認める摂食障害のガイドラインにも盛り込まれ確固としたものになっている。ミニューチンの創始した家族療法は構造的家族療法（Structural Family Therapy）と呼ばれる。特に児童思春期の症例においては両親の子どもに対するコントロール機能を重視し，親子の世代間境界（generational boundary）を明確なものとすべく具体的で明快な介入をする。

　また，家族関係を変化させることを一義的に考えた「家族療法」とは別に，統合失調症などの慢性の精神障害者と共にストレスを感じながら生活する家族を対象として，その精神疾患の理解を促し対応策を講じる「家族心理教育」が発展している。摂食障害への家族療法の効果に実証性が認められたと同様に，この方法も特に統合失調症の再発防止に対しての介入効果が実証されている。この家族心理教育の基礎データとなった研究の代表的なものとしてイギリスでのレフ Leff, J. ら［Leff, Vaughn, 1985］による EE（expressed emotion）研究があげられる。レフらは統合失調症の再発因子として家族内の情緒的環境を仮定し，患者に対しての敵意を含んだ発言や批判的言動，さらには過剰な感情的巻き込まれを示す発言の量を測定し，これらの高いものを高 EE とし，再発率が高くなることを実証した。こうした先行研究に基づいて EE を低下させるためのさまざまな家族への心理教育的な介入が工夫され成果を上げている。この研究はわが国でも追試され，実証性が確認され，心理教育的家族介入に生かされている。

　以上，ごく要約して家族研究から家族療法への流れを述べたが，アッカーマンやミニューチンをはじめとする統合失調症の家族研究に端を発していない家族療法の学派は心理療法の学派の数だけあるといって過言ではない。精神分析もしくは対象関係論に基づいた家族療法，行動療法や認知療法に基づくもの，芸術療法などを取り入れたものなどさまざまである。

（中村伸一＋牧原　浩）

▶3
たとえば母親と拒食症の娘がぴったりと寄り添うなど文字通りの母子密着が家族の合同面接場面で観察されると，そこにすぐさま割って入り，座席の移動を促し，二人の間に父親を座らせ，父親に母親に代わって娘に食事を与えるように指示したりするなど明快で活発な介入を行った。

文　献

Ackerman, N.W.: Psychodynamics of Family Life. Basic Books, New York, 1958.
Bateson, G., Jackson, d., Haley, J., et al.: Toward a Theory of Schizophrenia. Behavior. Sci., 1; 251-246, 1956.
Bowen, M.: Family Psychotherapy. Am J Orthopsy, 31; 40-60, 1961.
Fromm-Reichman, F.: Principles of Intensive Psychotherapy. University of Chicago Press, Chicago, 1950.
Haley. J.: Problem-solving Therapy for Effective Family Therapy (2nd. ed). Jossey-Bass, San Francisco, 1987.
Kasanin, J., Knight, E. et al.: The Parent-Child Relationship in Schizophrenia. J Nerv Ment Dis, 79; 249, 1934.
加藤正明：家族精神医学の基本問題．加藤正明，他編：家族精神医学講座　第1巻，pp.1-12，弘文堂，1982．
Laing, R,: Mystification, Confusion, and Conflict. In Boszormenyi-Nagy, I., Framo, J. (eds.): Intensive Family Therapy, pp.343-363, Harper & Row, New York, 1965.
Leff, J., Vaughn, C.: Expressed Emotion in Families. Guilford Press, New York, 1985.
Lidz, T., Cornelison, A.R., Fleck, S.,et al.: The Intrafamilial Environment of the Schizophrenic Patients: Marital schism and marital skew. Am J Psychiatry, 114; 241-248, 1957.
Minuchin, S.: Families and Family Therapy. Harvard Univ Press, Cambridge, 1974.［日本家族研究・家族療法学会編：臨床家のための家族療法リソースブック：総説と文献105. pp.13-39, 2003.］
Sullivan, H.S.: Conceptions of Modern Psychiatry. Norton & Comp, New York, 1940.
Wynne, L.C., Ryckoff, I.M., Day, J., et al.: Pseudo-mutuality in the Family Relations of Schizophrenia. Psychiatry, 21; 205-220, 1958.

欧米の家族療法の展開

はじめに

　1950年代頃より，家族療法におけるパイオニアたちによる家族を対象とした臨床活動の試みが始まり，とりわけ，システム論の影響を受けて家族をシステムと見なし，システム・サイバネティクスの考え方を応用して問題を記述しようとする流れが活発となった。さらに，1962年のFamily Process誌の刊行により，家族療法が一つの学術的，臨床的な領域として成立してきた。

　その後，1970年代以降は，システム論的な家族療法のさまざまな学派が発展し，活発な議論が交わされ，いわば家族療法の"黄金期"とも呼ばれる時代を迎えることになった。

　しかし，1980年代には家族療法の大きな変革期を迎え，1990年代に入り家族療法のポスト・モダニズムと呼ばれる新たな潮流が生まれ，2000年に入りそれまでの考え方を統合する新たな家族療法の流れが生まれつつある。加えて，エビデンス・ベイストな家族療法への必要性も認識されつつある。

　本項では，このような1970年代以降の家族療法の流れを概観する。

1970年代の家族療法

　1960年代に家族療法のマスターセラピストと呼ばれる多くの家族療法家がそれぞれの活動の拠点を立ち上げ，活発な臨床，研究活動を始めた。特に，システム論的な視点が注目を集め，システム・サイバネティクスに基づく家族療法の理論的発展がその主要な流れを牽引していたが，それ以外にも精神分析をはじめさまざまな理論的背景を持った臨床家が家族療法に参加したため，ひとくちに家族療法といっても，その理論的な背景は多様であった。

　主なものを下記に挙げる。

- 多世代伝達モデル
- システミック・モデル（ミラノ・モデル）
- 構造的モデル
- 精神分析的・対象関係論的モデル
- コミュニケーション・モデル
- 体験的モデル
- 戦略的モデル
- 行動的，認知行動的モデル

　一方，上記の治療モデルの他に，1970年代以降，英国のレフ Leff, J.，ヴォーン Vaughn, C. らにより行われた感情表出（expressed emotion；EE）研究は，その後，家族心理教育の中に受け継がれている[▶1]。

　ところで，1950年代以降の統合失調症の家族研究は，家族を統合失調症の病因とする視点から抜け出ていなかった。その後家族療法は，家族全体を視野に入れ，システム論を採用することにより視点を相互作用に移し，症状や問題の原因を患者個人や家族成員個人に帰する視点からは離れたが，依然として，家族内の関係性の中に病因を見いだし，家族システムの歪みや病理（機能不全）があり，それが

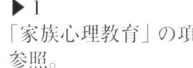

▶1
「家族心理教育」の項参照。

認識論
システム論
ポスト・モダニズム
社会構成主義
協働的
統合的家族療法
Evidence-Based
　Practices（EBP）
Empirically Supported
　Treatment（EST）

問題として表れるという直線的因果論（つまり家族原因説）を引きずる考え方を残すところがあった。当時の理論を振り返る場合，このような歴史性を踏まえて注意深く理解することが必要である。

1980年代の家族療法の変革

　1980年代に入り欧米の家族療法は，それまで前提としてきたいくつかの認識論的な基盤が揺れ，またフェミニズムや家族会からの批判など社会変動の影響を受けるなど大きな変革期を迎えることになった。

　認識論についてみると，1970年代から注目されていたシステムの自己組織化論（オートポイエーシス理論，ゆらぎ理論など）の影響が家族療法にもおよび，当時前提としていた近代科学的な認識論への懐疑が議論されるようになった。すなわち，観察者と対象世界の二元論に基づく対象認識では対象は捉えられないこと，現実を認識することは観察者自身への自己言及を免れないことなどの議論を通して，近代科学が前提としてきた「客観性」「普遍性」「絶対的真実」という概念への懐疑が出され，「構築主義」（constructivism）の考え方が盛んに議論されるようになった。それに合わせて，「家族ホメオスターシス」概念など，従来の家族療法が依拠してきた認識論や基礎概念への批判が噴出した。

　その過程で，セカンドオーダー（second-order）の考え方や，**社会構成主義**（social constructionism）の視点が導入されることによって，従来のシステム論的な認識の限界が指摘され，言語システムとして治療システムを理解する視点が注目されることになった［Anderson, Goolishian, 1988］[▶2]。

▶2
「システム・サイバネティクス」，「社会構成主義とナラティヴ・アプローチ」の項参照。

　また，1970年代以降，世界的に活発となっていたフェミニズムの動きも家族療法に大きな影響を与えた。すなわち，それまでの男性優位の価値観に基づく諸概念への批判，特に家族療法の治療構造や理論の中に潜む性差別や力（支配力，power）の問題などジェンダーに注目した議論が繰り広げられ，治療場面で治療者が力やコントロールを用いて家族システムを変化させるという治療プロセスの理解の仕方にも疑問が出された[▶3]。

▶3
「ジェンダー」の項参照。

　その過程で，貧困や階層，少数民族，移民，同性愛など社会的マイノリティである弱者の立場に視点を当て，クライアントをコントロールするのでなく，エンパワメント（empowerment）に焦点を当てた治療的なスタンスが提唱された。

　もう一つ，特にアメリカの家族療法に影響を与えたものに，家族会からの家族療法への批判が挙げられる。1970年代までの家族療法には，患者は家族システムの病理の犠牲者であるかのような見方をするものがあったが，それはひるがえって家族を非難する文脈を作ってしまう。当時社会的に活発となっていた消費者運動の流れを背景に，アメリカの家族たちはそのような家族療法への批判運動を展開した。家族療法の利用者である家族からの批判は，その後の家族療法に少なからぬ影響を与え，1980年代後半以降の家族療法は，前述の要因とも相まって治療者とクライアント・家族との関係性が対等で協働的（collaborative）なものとなることを強調するようになった。

1990年代の家族療法

　以上述べたような，認識論的，理論的な変動や社会的な価値観の変動の影響を受け，家族療法の流れは大きく変化していくことになった。

　1990年代に，「家族療法のポスト・モダニズム」と呼ばれた一連の変化は，このような変動を経た家族療法の新しいスタンスを表している。この事情を，認識論のレベル，治療という行為のレベル，治療者とクライアントとの関係性のレベルの変化に分けて整理することができる[▶4]。

　家族療法の新しいスタンスへの変化は，言い換えれば，家族を全体的なシステムとして捉え，システム・サイバネティクスに依拠して治療のプロセスを記述していたスタイルから，個人，家族という対象にこだわらずクライアントを心理的に援助しようとする治療プロセス自体を，社会構成主義の視点から言語的な対話のプロセスとして，あるいは新たな物語（story）の創出として捉えようとするスタイルへの変化でもあった。

　このように，人と人が言語的に交流する中で（つまり社会的 social に），治療的に新たな現実が構成されていくプロセスをその治療理論に持つ新たな治療のモデルを広い意味で「ナラティヴ・セラピー」と呼ぶことができる[▶5]。

　1990年代に新たに注目されるようになった家族療法のモデルとして，以下のものを挙げることができる[▶6]。

①協働的アプローチ
②ナラティヴ・セラピー（狭義のもの）
③リフレクティング・モデル
④ソリューション・フォーカスト・アプローチ
⑤メディカル・ファミリーセラピー

　なお，家族療法が大きく変化したとはいえ，従来のシステム論的家族療法が時代遅れとなったわけではないことにも注意を要する。もともと，ポスト・モダニズムの時代の家族療法は，協働的で対等な関係性をその特徴としており，倫理に触れない限りどのような考え方，理論をも排除しない側面を持つ。対等に相互に影響し合いながら変化していくことをその理念としているともいえ，ナラティヴの新しい潮流が生まれた後も，臨床現場では依然としてシステム論的家族療法がその基幹的なモデルとして用いられている[▶7]。

2000年代の家族療法

　家族療法が成熟してくるにつれ，臨床現場においては，かつてのように特定の学派の治療理論に忠実であろうとするよりも，現実にクライアント，家族の抱える問題の解決に焦点を合わせ，そのために有用なモデルを適宜組み合わせて用いたり，従来のモデルを新たに理論統合しようとするなど統合的な家族療法（integrative family therapy）への流れが見られる。

　前に見たように，認識論的にもシステム論に基づくものから社会構成主義的な視点を持つものまで加わり，家族療法はより多元的，多声的な傾向が強まっている。理論的にも排他的な傾向から統合的なものに変わっていく傾向がみられ，たとえば従来の家族療法に比べ，心理的な側面を扱う理論を取り入れ，家族成員間

▶4
「社会構成主義とナラティヴ・アプローチ」の項，表1（p.43）参照。

▶5
ナラティヴ・セラピーをこの広い意味で用いるのは本邦の特徴である。（「社会構成主義とナラティヴ・アプローチ」の項参照）

▶6
詳細は，各項を参照。

▶7
たとえば，英国では家族療法の正式名称はシステミック・サイコセラピー（systemic psychotherapy）である［森野, 2010］。

表1 「科学的根拠に支持された治療（EST）」の基準を充たす夫婦・家族療法［渋沢，2009を一部改変］

療法	対象
Behavioral Couple Therapy（行動カップル療法）	カップルの葛藤
Brief strategic family therapy for adolescent drug abuse（短期戦略的家族療法）	薬物乱用のヒスパニック系の青少年とその家族
Cognitive Behavioral Couple Therapy（認知行動カップル療法）	カップルの葛藤
Emotionally Focused Couple Therapy（感情焦点化カップル療法）	カップル間の葛藤（特にうつとトラウマ）
Family Psychoeducation（家族心理教育）	精神障害者とその家族
Functional Family Therapy	問題行動と薬物乱用の10〜18歳の児童および青少年とその家族
Gottman's Couple Method	夫婦葛藤，夫婦関係の強化
Multisystemic Therapy（MST）（マルチシステミックセラピー）	反社会行動の青少年とその家族
Multidimensional Family therapy	薬物乱用の青少年とその家族

の結びつき，とりわけ夫婦・カップル間の親密さなどをテーマにする際に愛着理論（attachment theory）に関心が向けられ，ジョンソン Johnson, S.M. の Emotionally focused couple therapy が最近注目されている。

また近年，医学に限らず心理学，ソーシャルワークや看護学領域で「科学的根拠に基づく実践（evidence-based practices; EBP）」の重要性が認識されている。同様に，無作為比較実験（randomized control trial; RCT）により有効性が示された「実証的に支持された治療（empirically supported treatment; EST）」も重視されるようになっている。

家族療法における実証研究は，まだ十分ではないが，近年 EST として認められている夫婦・家族療法を表1に示す。現在のところ，薬物乱用や非行などの青少年の反社会的行動に対する家族療法に EST として認められているものが多い傾向にある。いずれも新たな治療理論の創出というよりも，従来の家族療法理論を統合したものが多いところが特徴である［渋沢, 2009］。

今後しばらくの間，家族療法は，「ナラティヴ」，「エビデンス・ベイスト」，そして「統合」の各キーワードを軸に展開するものと予想される。

まとめ

欧米，特に米国の家族療法の流れを中心に，家族療法の歴史的な変遷を述べた。便宜的に約10年ごとに区切って述べているが，それぞれの時代的な特徴が刻まれていることが分かる。

家族療法が常に，時代的，社会的，知的な変動と密接に関連し，影響を受け，模索しながらその理論と実践を進化（適合）させてきたところに，家族療法のもつ特徴をみることができる。

（楢林理一郎）

日本家族研究・家族療法学会編：臨床家のための家族療法リソースブック 総説と文献105. 金剛出版, 2003.

文献

Anderson, H., Goolishian, H.A.: Human Systems as Linguistic Systems: Preliminary and evolving ideas about the implications for clinical theory. Family Process, 27; 371-393, 1988.

Hoffman, L.: Foundations of family therapy: A conceptual framework for systems change. Basic Books, New York, 1981.［亀口憲治訳：家族療法の基礎理論：創始者と主要なアプローチ．朝日出版社, 2006.（旧「システムと進化」朝日出版社, 1986.）］

森野百合子：専門的家族療法：イギリスの家族療法．伊勢田堯，中村伸一編：精神科治療における家族支援．中山書店, 2010.

渋沢田鶴子：科学的根拠に基づく実践（EBP）と家族療法．家族療法研究, 26(2); 169-173, 2009.

第2節 日本

家族療法の黎明期／日本

はじめて家族療法にふれた日本人精神科医

　1958年，加藤正明はアメリカのボストンでおそらく初めて日本人精神科医として家族療法に触れた［加藤，1988］。自閉症児を持つ母親グループと父親グループを観察する機会を得，リッツ Lidz, T. に会い，同年ワシントンの NIMH（国立精神保健研究所）をウィン Wynne, L.C. に案内してもらったという。その6年後の1964年のアメリカ精神医学会では，ウィン，リッツそしてジャクソン Jackson, D.D. が登壇した統合失調症の家族因と家族療法のパネルに参加している。その足で，ジャクソンの研究所を訪れヘイリー Haley, J. が行っている合同家族面接を見学する機会を得ていた。彼がアメリカの家族療法に触れていたころ，わが国ではいまだ統合失調症の家族因を巡って熱い議論が展開されていた。

統合失調症への家族療法の草分け

　わが国における家族療法の始まりはいつからかは，あまりはっきりはしない。ただ1960年頃から，主として統合失調症について，散発的に精神分析的な方向づけをもった家族療法がなされた。

　まず注目されたのは小坂英世のアプローチである。彼の業績については現在なかなか知ることは困難なので，間接的に彼の友人でもあった浜田晋［2001］の『私の精神分裂病論』から主な点を抜粋したい。まず小坂理論においては「乳幼児期

Key Words

家族研究
統合失調症
摂食障害
生活臨床

の心的外傷」を重視する。それを思い出して，親（その他の家族）が患者に謝ることから本格的な治療が始まる，という。「親が謝れ」と言い放ち，ストイックに自己改革を求め，「なぜ，なぜ」と原因を暴きだし，過去へ過去へと立ち戻る手法，そこは道場であり，難行苦行であったという。小坂はカリスマ的存在であったが，その後自身も内部から崩壊し，外面もまた離散し，分解したと聞く。

とはいえ，小坂は家族療法の先駆けと言われている。そのあらましは1985年9月28日，日本家族研究・家族療法学会第1回浜名湖シンポジウムで浜田［1985］が報告している。小坂は「私のやってきたことは罪万死に値する……傲慢であった」と家族の前で目に涙をためて謝ったという。そこに小坂の命をかけたような苦闘がうかがえる。それはある意味で大切な遺産といえよう。

次に，白石英雄は1960年前後，さかんに日本精神分析学会で家族療法的事例研究を発表していた。わが国では家族研究と家族療法を同時並行的に行った学者は稀だが，白石は家族療法的実践の中から家族研究を行っている。

白石の統合失調症の家族療法は，『家族療法ケース研究4 精神分裂病』に収められている症例研究でよく理解できる［白石，1991］。この事例の家族療法は1971年に始められていた。氏の特徴は家族内感情交流の改善や再統合の企画はせず，「こうすればこうなる」という慨嘆は有害であり，必ずよくなるとの見通しを持ち，折々の関所は病者・家族と一緒にくぐり長丁場をゆっくり共に過ごしていく，というのが基本理念であった。なお白石はほとんど個別的といってよいほど家族の諸類型を提示しているが，そこには病因論的な色彩は少ない。

坂本良男ら［1966］は，患者の病識に対応した家族の病者に対する病識（病気であるとの認識）が乏しいことに着目し，分析の抵抗概念を適用して「家族抵抗」と名づけた。したがって彼の家族療法の大きな目的は「家族の抵抗分析」であった。そして治療者の助けを借りながら，家族抵抗に変化をきたすことを目指した。精神分析でいう個人抵抗を家族抵抗におきかえ，その家族抵抗とは「ホメオスターシスを保とうとする家族の働き」とみている。

以上，3人の先駆的な治療者の仕事を簡単に紹介したが，それはアメリカの創始期にやや遅れ，大きなうねりにはならなかった。

統合失調症の家族研究の隆盛と
下坂幸三の摂食障害の家族研究

一方家族研究は，家族療法よりも関心が高く，第2回精神病理・精神療法学会（1965年於京都）において「精神分裂病の家族研究」というシンポジウムに結実し，極めて活発な討論が行われた。日本の家族研究の大筋は，このシンポジウムであらかた出尽くした感がある。その様相は「精神医学」誌の特集として掲載されている。

そのなかで高臣武史［1966］は，父，母個人の特性はさまざまだが，両親が中心となる家族内対人関係には特異性があり，その特徴によって，強制的な父と忍従する母，道徳的教訓的な父と盲従する未熟な母，受動的な父と支配的な母，消極的で偏屈な父と粗野で未熟な母，の4型に分け，その特徴と患者の症状との関連性について述べた。

藤縄昭［1966］は長年の臨床観察に基づいて，家族成員がすべて画一的固定的な考え方と態度を示す画一型（この型はすべて男性患者），対立した勢力群があって

家族が分割されている分割型（この型には男性，女性双方の患者が属す），家族は各々バラバラで対立的である散乱型（この型はすべて女性患者）の3型に分類した。

井村恒郎と川久保芳彦［1966; 1972］は教室で考案された二つのテスト（音調テストとICL変法）を用い，共感性および対人理解のあり方を問題とし，離散型と同化型（後に藤縄が用いている画一型という呼称に変更）の2類型を抽出したが，その結果は患者の性別と家族類型の相関においては，藤縄の結果と驚くほど類似していた。

次に三浦岱栄と小此木啓吾［1966］は，アッカーマン Ackerman, N.W. の家族力動の理論と診断法をよりどころにし，破瓜型統合失調症の家族精神病理を追求した。その結果，正常，非行，神経症などと異なる家族力動のパターンが見出されたが，その最大の要因は個人の基本的パーソナリティのレベルにあるとした。そして統合失調症家族をより広い家族精神医学的な見地から見る必要性を説いている。

その後，井村らは具体的な家族間のコミュニケーションの分析へと進んだ［井村，川久保，望月，他，1970; 牧原，1970］。高臣らもロールシャッハを用いたコンセンサス・ロールシャッハを通じて対人関係の分析へと向かっていったが［高臣，鈴木，田頭，1972］，1970年代で，統合失調症の家族研究は一応ピリオドを打つことになる。それは先に述べたアメリカの事情と無縁ではない。加えてわが国では反精神医学運動が1969年以後起こり，その余波が家族研究にもおよび，家族の精神科医療への不信が募り，家族研究は語りにくくなったという事情もあろう。1970年代前半頃，牧原はある会合で家族研究の話をし，そこに出席されていた家族（患者の母親）と延々と議論した。

こうした統合失調症の家族研究とは別に，下坂幸三は制限型の**摂食障害**（Anorexia Nervosa）の精神病理とその家族病理を1961年に著している［下坂，1961］。下坂は，深い精神療法的関与を長らく患者と続けることで，いかんともしがたい歪曲されかつ密着した患者と母親との相互にアンビバレントな関係があることを発見した。さらにはその関係が患者の祖父母世代から多大な影響を被っていることを論文の中で緻密に述べている。こうした家族病理の叙述はその後の欧米の諸論文を凌ぐ，摂食障害の家族病理学への貢献であった。

以後，前述の統合失調症の家族研究の領域では，しばらく空白が続く。しかし，鈴木浩二がアメリカ留学から帰国したことが引き金となり，1970年代の半ばより，統合失調症の家族研究を中心に関東地区で集まっていた「東京家族病理・家族療法研究会」も，1970年の後半には，より家族療法へと視点を転じ始めた。鈴木浩二，石川元，下坂幸三，牧原浩，川久保芳彦，秋谷たつ子，小川信夫，広瀬恭子，田頭寿子，中村伸一といった面々である。そして1984年には，石川の精力的な指揮のもとに，この研究会が現在の日本家族研究・家族療法学会を立ち上げる原動力となった［鈴木，中村，廣瀬，他，2003］。

生活臨床から家族史分析による家族療法への展開

これらの流れとは別に，統合失調症とその家族へのアプローチとして「日本のピネル」ともいえる江熊要一の指揮した「**生活臨床**」がある［江熊，1974］。江熊は1957年より長野県佐久総合病院にて，精神科開放病棟の導入，家庭訪問，小規模作業所兼グループホームを設立するなどして当時はとても考えられなかった統合失調症の社会（地域）への復帰を積極的に目指した。1959年には群馬大学に

移り，1961年には大学病院での開放化を実現した。当時は薬物療法も今と比較すると皆無に近く，その活動は患者家族，そして保健師などを中心にした地域の精神医療援助者との強い連携なしでは考えられない大変に困難なものであった。江熊の口癖は「生活を見ずして，治療はできない」であり，生活を見て診断し，生活の手当てによって患者を治療することを目指した。このような江熊の信念を伊勢田堯らは統合失調症の生活史分析による家族療法［長谷川，伊勢田他，1985］として結実した。彼らは患者家族の家族史を丹念に聴取することでその「家族史的課題」が何世代にもわたって伝承され患者の抱えている問題や症状に反映され，その予後を左右する可能性を示唆した。また患者・家族成員の生活面の改善を介入の目標にすえ，「生活臨床は精神分裂病（統合失調症）の社会生活の援助にあたって「外相整わば内証自ら熟す」という森田療法の治療観に一脈通じる」ものを持っているが，伊勢田らは家族療法についても同様な考え方をしている。すなわち「生活史上の課題について家族成員が一致協力できるようになれば，家族内の対人関係や家族員間のコミュニケーションは自ずと改善に向かっていくのではないかと期待するのである」と述べている［長谷川，伊勢田他，1985］。世界に先駆けて実践されたこのアプローチは，家族史を掘り下げつつ EE（Expressed Emotion；感情表出）をも低下させる機能も併せ持っていると考えられる。

おわりに

日本の家族療法の黎明期についての概略を述べた。小坂，白石，坂本らの統合失調症の「家族病因論」に基づく野心的なアプローチから，統合失調症の家族研究，下坂の摂食障害の家族研究，伊勢田の家族史分析による統合失調症への家族療法の流れを紹介した。この流れはアメリカでの統合失調症の家族研究から家族療法へと発展していった流れと軌をいつにしている。

（牧原　浩＋中村伸一）

文　献

江熊要一：生活臨床概説：その理解のために．精神医学，16; 623, 1974.
藤縄昭：精神分裂病者の家族の臨床的類型化のこころみ（特集：精神分裂病の家族研究）．精神医学，18(4); 272-276, 1966.
浜田晋：家族研究・家族療法学会第1回浜名湖シンポジウム（口頭発表），1985.
浜田晋：私の精神分裂病論．医学書院，2001.
長谷川憲一，伊勢田堯ら：家族史分析による精神分裂病の家族療法．臨床精神医学，14(11); 1651-1657, 1985.
井村恒郎，川久保芳彦：分裂病家族：音調テストにあらわれた家族内関係（特集：精神分裂病の家族研究）．精神医学，18(4); 277-282, 1966.
井村恒郎，川久保芳彦，望月晃，三須秀亮，牧原浩：分裂病の母親のCommunication．精神医学，12(7); 579-585, 1970.
井村恒郎，川久保芳彦：分裂病の家族研究．東京大学出版会，1972.
伊勢田堯：精神科医江熊要一世に問う「生活臨床」鉄格子からの解放をめざして．生活臨床と家族史研究．やどかり出版，2008.
加藤正明：家族療法との出会い．家族療法研究，5(1); 62, 1988.
牧原浩：分裂病家族の父－母－患者の相互関係．精神医学，12(8); 617-677, 1970.
牧原浩：精神分裂病の家族におけるコミュニケーション．家族療法研究，4(2); 128-135, 1987.
三浦岱栄，小此木啓吾：破瓜型分裂病の家族精神病理：統合的な接近から（特集：精神分裂病の家族研究）．精神医学，18(4); 283-295, 1966.
坂本良男，横山圭子：精神分裂病の家族精神療法（その2）：家族抵抗とその治療的意義について．精神医学，10(9); 705-709, 1966.
下坂幸三：青年期やせ症（神経性無食欲症）の精神医学的研究．精神神経学雑誌，63, 1041-1082, 1961.
白石英雄：2人の分裂病者が生じた情宜的な家族にみられた十余年間の変遷．牧原浩編：家族療法ケース研究4：精神分裂病．金剛出版，1991.
鈴木浩二，中村伸一，廣瀬恭子，牧原浩，石川元：座談会，設立20周年記念企画1：日本家族研究・家族療法学会の20年を振り返る．家族療法研究，20(3), 2003.
高臣武史：精神分裂病の家族研究（特集：精神分裂病の家族研究）．精神医学，18(4); 266-272, 1966.
高臣武史，鈴木浩二，田頭寿子：精神分裂病の家族研究：家族ロールシャッハテストによる研究その2．精神衛生研究所，20; 41, 1972.

日本の家族療法の展開

はじめに

1980年代のはじめに欧米のシステム論的家族療法が相次いで紹介され，日本における家族療法は一気に展開をみせた。本項では，日本家族研究・家族療法学会（以下，本学会）の動向を見ながら，年代ごとにその展開を概観する。

1980年代（導入期）

社会と家族の状況

1980年代前半は，「登校拒否」をはじめ，校内暴力，いじめ，非行など，子どもを巡るさまざまな問題が社会問題となり，同時に，子どもの問題の背景要因として家庭の危機論が議論されていた。この時代は，女性の社会進出と相まってそれまでの性別役割分業に基づいた近代的な家族形態がゆらぎ始め，家族の理念が問われる時代でもあった。

臨床領域の状況

一方，精神科，心理臨床の領域では，70年代から増加傾向にあった境界例や摂食障害，家庭内暴力をはじめとして，衝動性のコントロールに問題を持つと考えられる思春期・青年期症例の受診が増加していた。思春期・青年期症例がしばしばそうであるように，それらの問題行動には，家族に対する依存と攻撃のアンビバレントな感情表出が見られる。こうした問題は家族を巻き込み，家族は不安や困惑にさらされるため，子どものみならず家族も含めた臨床的なアプローチの必要性を多くの臨床家は感じ始めていた。

家族療法の導入

ちょうどこのような時期に，欧米のシステム論に基づく家族療法が一斉に日本に紹介され，また，不登校の問題などに一定の効果を上げたことから，臨床のニーズに合致した方法論として一躍注目を集めることになった［楢林，2003］。

このような時代背景の中で，前項で述べた「東京家族病理・家族療法研究会」が発展し，1984年5月に初代会長高臣武史のもと本学会の創立大会が開催された。また，同年には「日本家族心理学会」も創立され，1984年は日本における家族療法元年ともいうべき年となった。

高臣は，家族研究や家族療法が注目を集めた一因として，一般システム論が家族研究に導入されたことを挙げ，それにより，たとえば統合失調症など疾病ごとの「何々病の家族研究」ではなく，すべての疾患を対象に研究者が共通の基盤に立てるようになったことが家族療法の拡がりの背景にあると指摘した［高臣，鈴木，1984］。システム論的なものの見方は，疾病や診断という枠組みを越えて対象を捉えることを可能にしたといえよう。

本学会は創立1年後には，学会員は500名を数えるほどに急速に成長したが，

Key Words

システム論的家族療法
家族臨床
システムズ・アプローチ
統合的な家族療法
ナラティヴ・セラピー

その会員の構成も，精神科医や臨床心理士ばかりではなく，小児科医，ソーシャルワーカー，家庭裁判所の調査官，人類学者，社会学者など，家族に携わる広汎な領域の職種によって構成されていたことが，その特徴を物語っている。

家族療法の展開

日本に導入されたシステム論的家族療法は，当時の欧米では一種の黄金期を迎えていた。ミニューチン Minuchin, S. の構造的家族療法，MRIのコミュニケーション・モデルやヘイリー Haley, J. の戦略的アプローチ，それらが発展したセルヴィニーパラツォーリ Selvini-Palazzoli, M. らのシステミック・モデル，ボーエン Bowen, M. の家族システム論や多世代家族療法のボゾルメニ・ナージ Boszormenyi-Nagy, I.，その他ウィタカー Whitaker, C.A.，サティア Satir, V.，アッカーマン Ackerman, N.W. などの著名なマスターセラピストの名前と共に，海外の家族療法が次々と紹介された。

次第に「システム論的家族療法」と称されることになったこれらの家族療法は，その基盤としてのシステム論的認識あるいは円環的認識論に基づいた新しい対象のとらえ方，「ものの見方」を提起していた。たとえば「悪者探しをしない」というキーワードや，リフレーミング，逆説的介入の技法などに端的に見られるように，従来の受容的で支持的な個人面接のスタイルとは大きく異なり，家族を対象にした直接的で積極的な，まさに斬新な技法にあふれていた。これらの技法は，不登校やアクティング・アウトなどの行動上の問題を表す事例に，それなりの手応えを見せたことから，当時の30代を中心とした若い臨床家を刺激し，彼らが，日本での家族療法の実践を精力的に押し進めていく原動力となった[▶1]。

一方，システム論の新しさを強調しすぎるあまり，家族療法に一種の万能的な期待を寄せる側面があったことや，従来の心理療法との差異を強調するあまり，それまでのスタイルになじんできた臨床家にとっては，家族療法はなにか特殊なものという誤解を生み出した側面もあったことが指摘されている［楢林, 2003］。

1990年代の動向（「輸入直訳型」から「日本語の家族療法」へ）

社会と家族の状況

90年代の日本の家族を巡る状況は，「家族の個人化」［目黒, 1987］と指摘されるように近代的な家族モデルからの変容を見せ，「家族」はさまざまに多様化していた。また，日本ではバブル経済が崩壊し，「失われた10年」と呼ばれた長引く経済不況の中で，社会的な閉塞感も続いていた。

家族療法を巡る状況

そのような時代状況の中で思春期・青年期を巡る問題はさらに顕在化し，家族療法の実践の場では，このような症例の臨床経験が豊富に蓄積されていった。一方で，統合失調症を対象とした家族療法は，次第に下火になった。統合失調症の研究・治療に始まったともいえる家族研究・家族療法の歴史から見ると，このような流れはある種の物足りなさを残すことになった。

むしろ，統合失調症を巡っては，1988年にアンダーソン Anderson, C. を始めとして，海外の指導者による「家族心理教育」をテーマにしたワークショップが相次いで開催されたことが契機となり，日本における家族心理教育的アプローチの大きな流れが形成されることになった。この展開は，現在まで日本の家族療法

▶1
当時，日本語で書かれた家族療法の入門書はほとんどなく，遊佐安一郎著，「家族療法入門：システムズ・アプローチの理論と実際」（星和書店, 1984）が広く読まれていた。

の特徴の一つとなっている。

このようにして，本学会創立後10年を経る頃には各地に着実な家族療法の臨床実践が拡がり，家族療法をテーマにしたワークショップやシンポジウム，研修会などが各所で開催されるようになった。

家族療法の展開

1993年5月，本学会は創立10周年記念大会を開催した。その会長基調講演において牧原浩は，自身が当初はミラノ派と呼ばれた家族療法に傾倒し実践を行っていたが，実践を積むうちに自分のスタイルの重要性に気づいて立ち戻っていったと述べ，自分にあった家族療法のやり方こそが重要で，特定の学派に教条的にこだわる時代は終わったと述べた。そして，初期のように家族に対して操作的に関わっていた時代から家族と共にあることや，そのために治療者自身のあり方が問題となると述べた［牧原，1993］。また，大会長鈴木浩二により企画された同大会前日のワークショップでは，異文化やジェンダーの問題，ターミナル・ケアなど，いわゆる狭義の家族療法を越えた，より広汎な家族を巡るテーマが扱われ，その後の家族療法の展開の方向性が示唆された。

またこの時期になると，日本における臨床経験の蓄積に基づいた家族療法の著作がいくつか出版されるようになった［たとえば，吉川，1993］。いわば，学会創設10周年を前後して，それまでの欧米からの「輸入直訳型の家族療法」から，日本の臨床経験に基づく「日本語の家族療法」へ変化し始めたといえよう。

家族療法の多様化

90年代の日本で家族療法といえば，ほぼシステム論的家族療法を指す時代が続いていた。システム論はその対象を家族に限るものではないことから，たとえば，家族以外の地域や学校教育現場，職場のメンタルヘルス領域などでシステムズ・アプローチを応用した報告も現れるようになった［たとえば楢林，1994］。また，対人相互行為の中でコンテクストを形成する言語の形式を重視する視点から治療的言語に注目する動きもみられた［児島ら，1998］。このようにシステム論的家族療法の範囲は次第に広がり，家族を対象にするものから家族にこだわらないものまで，その臨床，理論活動は多様さを増していった。

また，1995年1月17日に起きた阪神・淡路大震災の際には，本学会が設置した支援委員会を中心に被災地における「援助スタッフへの支援」をテーマに連続ワークショップの開催等を行い，「災害と家族」も家族療法の重要なテーマであることが示された［日本家族研究・家族療法学会阪神・淡路大震災支援委員会編，1998］。

このように家族療法の裾野は広がり続け，システム論的家族療法を意識させる「家族療法」と共に，その理論的立場に縛られない「家族臨床」という言葉も使われるようになった。しかし，家族療法の臨床領域の拡大，多様化は，同時に家族療法の輪郭が曖昧になることを意味し，家族療法とは何かという家族療法のアイデンティティを問う声も出始めた。概観すれば，当時の家族療法は，①対象を家族に限らず，理論的，方法論的にシステム論に基づくアプローチ（システムズ・アプローチ）の方向と，②システム論に限らず家族を臨床の対象とする家族臨床の方向があり，その両者の重なり合う部分が「システム論的家族療法」と呼ばれる傾向にあった［楢林，1997；2003］。

また1997年は，「ナラティヴ・セラピー」という言葉が家族療法の領域で初め

て登場し[▶2]，その後日本の心理療法をはじめ広い領域で注目を浴びることになるナラティヴ・アプローチの潮流の始まりとなった年でもあった［楢林，1997；楢林ら 2001; McNamee, Gergen, 1992］。

2000年代（統合とナラティヴの時代へ）

社会と家族の状況

2000年代の日本の社会は，世界経済のグローバル化の進行と国内産業の空洞化，急速に進むIT化，ニート，格差社会などに見られるような経済的，社会的な厳しさの増す状況に加え，2000年に始まった介護保険制度や2008年に施行された後期高齢者医療制度に見られるように日本の社会の少子高齢化の進行など，家族を巡る社会状況は次々と新たな課題を生み出していた。

臨床領域の状況

家族臨床の領域では，次第に高齢者の問題も注目され始め，同時に高齢者を介護する家族や支援専門職に対する支援の必要性も認識されるようになった。

一方，「青年期のひきこもり」も社会問題化していた。臨床場面に登場しないひきこもりの青年たちに対しては，従来の個人療法の方法論では対応が困難であり，まず家族への援助が必須となる。そのことから，家族療法の視点が注目され，たとえば厚生労働省が2003年にまとめた「ひきこもりへの対応ガイドライン（最終版）」では，家族への援助の必要性が強調された[▶3]。

家族療法を巡る動向

2000年代以降の日本の家族療法は，一層の拡がりを見せている。2003年の本学会第20回大会基調講演において楢林は，日本に紹介されて20年を経た家族療法は，もはや各学派の流儀を主張するだけの家族療法から，臨床家が直面する現実的な問題やテーマに即して，方法論や技法が一人の臨床家の実践の中に統合される「**統合的な家族療法**」の方向に向かいつつあることを指摘した［楢林，2003］。

現在に至るまで，日本における家族療法の理論的な主な流れとしては，およそ表1のものが挙げられるであろう（その詳細は，各項を参照のこと）。

また，2011年3月11日の東日本大震災は，改めて災害を巡る個人や家族への支援のあり方に問題提起をするものとなった。本学会も東日本大震災支援委員会を設置して支援者への支援をテーマに支援活動を開始した。今後，「災害と家族」のテーマは，家族療法の重要な課題となろう。

教育研修体制

日本に家族療法が導入されて30年を迎え，その臨床の裾野の拡大，多様化に加えて，家族療法を担う世代の交代も進んでいる。本学会が長年にわたり検討してきた資格制度のうち，「家族療法スーパーヴァイザー資格認定制度」が2011年

表1　日本の家族療法

1. システム論的家族療法
2. 家族心理教育的アプローチ
3. メディカル・ファミリーセラピー
4. ナラティヴ・セラピー[▶4]，ナラティヴ・アプローチ
   - 協働的アプローチ
   - ナラティヴ・セラピー
   - リフレクティング・プロセス
5. 統合的家族療法
6. コミュニティ・ケア，地域ネットワーキング
7. 解決指向アプローチ（ソリューション・フォーカスト・アプローチ）
8. 家族看護（カルガリー・モデル）

▶2
1992年に小森康永により，White, M. & Epston, D.の『物語としての家族』（金剛出版）が邦訳されていたが，当時はまだ「ナラティヴ・セラピー」という邦語は使われていなかった。

▶3
同ガイドラインは，主任研究者の伊藤順一郎をはじめ，多くの本学会員が作成に参加した。

▶4
英語圏における「ナラティヴ・セラピー」は，主にWhite, M & Epston, D.に代表されるモデルを指すが，日本においてはより広義に，社会構成主義的な認識論に立つアプローチをまとめて指す傾向にある。「社会構成主義とナラティヴ・アプローチ」の項参照。

▶5
「教育・研修，スーパーヴィジョン」の項参照。

より実施された．将来的に次世代の家族療法家の育成に繋がることが期待されている[▶5]。

おわりに

　1980年代以降の日本における家族療法の展開を，本学会の動向も含め概観した．概観して分かるように，家族療法の臨床領域は大変広く多様化している．また，その方法論も多岐にわたり，かつてのようなシステム論家族療法のみならず，ナラティヴ・セラピーの流れや，個人心理療法も含むさまざまな方法論を統合しようとする流れがみられ［たとえば中釜，2010］，あるいは対象を家族に限定しないものなど，その輪郭は一層拡がっている．

　しかし，「家族療法」というタイトルの下にこれだけの多様な人々が一堂に集まり，議論することができるのは，家族療法が単に技法や方法論というよりも，それらの背景をなすある意味で「臨床の思想」とでもいうべきものであるためといえよう［楢林，2003］．

　家族療法は，常に時代や社会の変動に対する感受性を備え，その変化に対して真摯に対応していこうとする社会的に開かれた実践的な姿勢を持つことによって，その特徴をなしているということができよう．

（吉川　悟＋楢林理一郎）

文　献

児島達美，長谷川啓三，黒田章史，吉川悟：特集I「家族療法と治療言語」．家族療法研究，15(3)；174-191，1998．
牧原浩：日本家族研究・家族療法学会創立10周年を顧みて．家族療法研究，10(2)；85-91，1993．
McNamee, S., Gergen, K.J.: Therapy As Social Construction. Sage Publications, 1992.［野口裕二・野村直樹訳：ナラティヴ・セラピー：社会構成主義の実践．金剛出版，1997．］
目黒依子：個人化する家族．勁草書房，1987．
中釜洋子：個人療法と家族療法をつなぐ：関係系志向の実践的統合．東京大学出版会，2010．
楢林理一郎，三輪健一，上ノ山一寛，他：学校現場におけるシステムズ・コンサルテーションの可能性：滋賀県での『さざなみ教育相談』の経験から．家族療法研究，11(2)；99-107，1994．
楢林理一郎：家族療法：最近の進歩．最新精神医学，2(6)；517-525，1997．
楢林理一郎：会長基調講演「日本の家族研究・家族療法の20年：新しい臨床の可能性に向けて」．家族療法研究，20(3)；182-190，2003．
楢林理一郎，小森康永，野口裕二，他：特集「ナラティヴ・セラピー」を考える．家族療法研究，18(2)；95-142，2001．
日本家族研究・家族療法学会阪神・淡路大震災支援委員会編：喪失と家族のきずな．金剛出版，1998．
髙臣武史，鈴木浩二：わが国における家族研究と家族療法の歩み．家族療法研究，1(1)；4-11，1984．
吉川悟：家族療法：システムズ・アプローチの〈ものの見方〉．ミネルヴァ書房，1993．

第2章

家族療法の基礎概念

　この章では，家族療法を特徴づける主要な基礎概念について説明している。

　特に，家族療法の発展の基礎を成した認識論的，理論的な概念と，家族療法を実践する上で，対象となる家族を理解するための主要な基礎概念とを分けて説明している。

　「家族療法の理論」の節では，家族療法が，家族という複数の人々の集まりを対象として実践する臨床の方法論であることから，システム論を基礎にした主要な概念が発展し，現在に至るまで主要な理論的背景を成していること，また，社会構成主義の登場以降さらに多元的となっていく理論的な背景について概説している。

　「家族理解の視点」の節では，家族の置かれている重層的な文脈をどのように理解し，家族が困難を克服していく過程をどのように理解するか，そのための視点を提供してくれる諸概念について概説している。

　それらはいずれも，家族療法が，家族自身の持つ困難を克服する力を引き出すための援助の方法論であるという考え方に基づいている。

第1節 家族療法の理論

円環的認識論

はじめに

認識論（エピステモロジー；epistemology）とは、ベイトソン Bateson, G によれば「われわれが物事を〈知る〉ということがいかにして起こるか」[Bateson, 1979]ということである。家族療法家のホフマン Hoffman, L は、「人がこの世界についての意味を見出すために用いる規則」[Hoffman, 1981]と述べる。

本邦の家族療法の文脈では、より平易な〈ものの見方〉という表現がこれに近い意味を込めて使用される傾向にある。

円環的認識（circular epistemology）とは、出来事を円環的あるいは回帰的な連鎖の中に起きていることとして認識する仕方のことである。

円環的認識とは

日常生活の中で私たちは、たとえば子どもが石を投げて家の窓ガラスに当たり、その結果窓ガラスが割れ、そのため室内に居た人がガラスの破片で怪我をしたというように、A が起きたから B が起き、その結果 C が起きた……と、出来事（event）の一方向的な連鎖として起きたことを説明することに慣れている。あるいは、医学であれば、疾病とは「病因」（病原菌でも癌細胞でも、あるいは「心因」でもよいが）となるものがあり症状が出現している状態と認識（診断）され、病因を除去したり症状の進行を阻止することが治療行為ということになる。

Key Words

認識論
円環的認識
直線的因果律
相互作用
関係性

```
a. 直線的因果律                    b. 円環的因果律
出来事 A → B → C → D
```

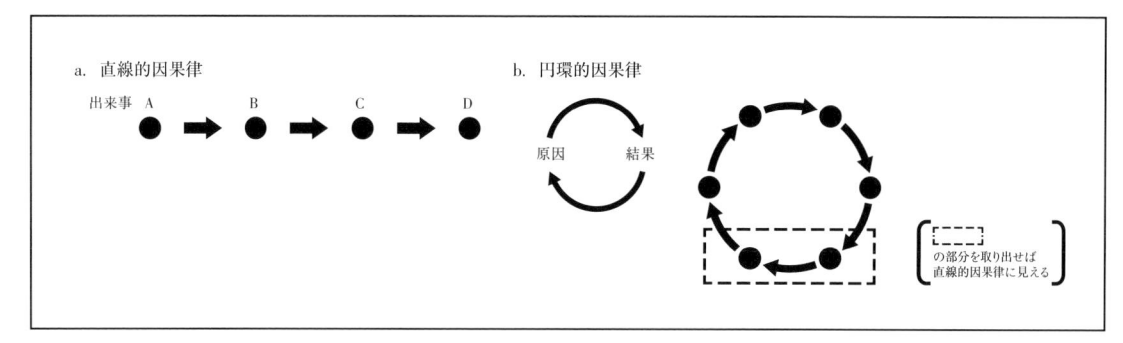

図1

　このように,「原因」があり「結果」が起こるという出来事の認識の仕方を「**直線的因果律**」(linear causality) といい, 私たちが日常の出来事を説明する際の基本原理となっている。何か「問題」が起これば, それには「原因」があり, その原因を究明することが「解決」に繋がるという考え方に私たちは習慣づけられている。問題をより小さい要素に分類して問題の原因となっている要素（要因）を突き止めようとする考え方を「**還元主義**」(Reductionism) と呼び, 近代科学の発展を根底から支える考え方となっていた。精神医学も含め近代医学の歴史は, このように病気の原因を臓器→細胞→遺伝子というより小さな単位の中へと求めていく過程であったといえる（図1a）。

　しかし, 次のような場面はどうであろうか。AがBに石を投げ, 怒ったBがAに石を投げ返し, Aも怒ってさらにBに石を投げ, 二人は喧嘩になったという場合, Aの行為は原因となってBの反応（結果）を招き, それが原因となって次のAの行為（結果）を招き, それが原因となりさらにBの行為を招き……となり, 原因A→結果B＝原因B→結果A＝原因A→……の連鎖が続き, どちらが喧嘩を続けている原因か結果かが分からなくなってくる。

　このように原因と結果の連鎖が続き, 結局結果が始めの原因者に戻ってくるような自己言及的, 回帰的な円環をなす循環の中に出来事が位置づけられていると捉える説明の仕方を円環的因果律 (circular causality) と呼ぶ。

　その視点から見ると, 直線的因果律とは, 円環的な連鎖の一部をあえて区切る（切り取る）ことで浮かび上がる部分のみを見ていると捉えることができる。その際, どこで区切るかは観察者の恣意, すなわち観察者の問題意識（都合）によって決まるといってもよい（図1b）。

　このようにみると, われわれが日常的に用いているAが起きたからBが起きたという直線的な因果関係の捉え方は,「事実」を説明しているというよりは, 出来事の「解釈」の一つの形であることが分かってくる。

　円環的に捉えるとは, 出来事を多数の要素間の**相互作用** (interaction) の文脈の中で理解しようとすることであり, その記述も, 項目を他の項目との関係の面から定義する循環的, 回帰的なものとなる。出来事を特定の属性に従って分類し還元するニュートン的（直線的）記述とは異なるものである［Hoffman, 1981］。

　円環的認識について深く考察したベイトソンは, 物質の世界（ニュートン力学が説明原理となる世界）においては, 因果関係は直線的であり, 事象はいわば玉突き

のように力が一方向的に次々と作用していくものとして説明される。それに対し，生命の世界においてはそれでは説明できず，事象を関係づけるのは力ではなく情報と関係が重要であると主張した［Hoffman, 1981］。

　よく知られた例として，犬を蹴る話がある。石は，蹴れば与えられた力に比例して飛んで行き，落下地点も予測がつくが，犬は蹴れば怒って人に噛みつくかもしれない。犬は与えられた力に反応したというより，蹴った人と犬の関係（相手は飼い主か知らない人かなど）が情報として伝達され，その解釈（これは遊びか本気か）に基づき犬はいくつかの反応のパターンの中から一つを選んで行動する。その結果は，蹴った人の次の行動を左右する。つまり人は恐怖を感じて逃げようとするか，頭をなでるかするだろう。このように，物質の世界と生命の世界では説明の原理が異なるのである。

　しかし実際には，円環的に出来事を捉えることは日常生活になかなか馴染まない。ベイトソンは，「言葉は通常，相互反応の片側だけを強調する」と述べ，「言語は主語と述語というその構造（シンタクス）によって，"もの"がある性質や属性を"持っている"のだと言い張ってしまう」［Bateson, 1979］と，直線的な認識に馴染んでしまうのは言語の構造自体が持つ特質によっていることを指摘している。

　このように円環的な認識は，近代の科学的思考の中ではなかなかその正当な位置を与えられることはなく，サイバネティクスの登場によりようやく科学の中に位置づけられることになった［野村, 2008］。

円環的認識に基づく家族療法の特徴

　家族療法の特徴は，家族を全体として捉えようと発想したところにある。そのための理論として，家族療法家はシステム論に注目した。家族をシステムとして捉え，家族成員の個々の属性ではなく，家族成員間の相互の関係性に注目し，それぞれの行為の連鎖やパターンに注目することになった。

　そのような円環的な認識に基づいて臨床を行うとき，臨床の視点にいくつかの転換がもたらされることになった。以下に，その主なものを挙げてみる。

問題の原因を求めない　円環的に出来事を捉えるということは，出来事が起きた原因を一つに断定しないことを意味する。円環的な認識に基づけば，ある出来事は関連する出来事との間で，原因とも結果ともなる関係性で結ばれている。たとえば，いつも母親の前から逃げ出し姿をくらませる息子といつも息子を叱ってばかりいる母親の関係を見ると分かるが，このパターンが繰り返されるうち，どちらが原因とも結果とも判定できないことになる。家族療法においては，ここで起きていることの原因を，息子の落ち着かない性格や叱ってばかりいる母親に求めることはせず，むしろ問題が持続しているパターンに着目し，それを変化させることで問題を解消しようとする。

　すなわち，円環的に問題を見ることにより，誰の責任にもせずに解決へのアプローチが可能となる。「悪者探しをしない」という家族療法の基本的なスタンスは，このような円環的な認識からもたらされるものである。

関係性，相互作用に注目する　円環的な視点に立つ家族療法家は，出来事そのものよりも出来事と出来事との間の相互作用や繋がりのあり方，すなわち関係性に注目する。直線的な視点では，たとえば頭痛で苦しんでいるとき，神経学的な検

査を行い，頭部 CT を撮るなどのアプローチをとるであろう。一方，円環的な関係性の文脈で見るとき，夫の頭痛が起きる前にいつも嫁と姑の口論がみられ，夫の頭痛が激しくなると二人は心配して口論を止めるなど，頭痛を巡る相互作用が浮かび上がってくる。円環的な視点に立つとき，出来事そのものから出来事と出来事の間，相互作用，関係性を見る視点への移動が起きるのである。

今ここで（here and now）問題をとらえる　私たちはある問題を理解しようとするとき，「過去」にその原因を求めて探索することが習慣となっている。しかし，上述のように家族療法では，過去に原因を求めるのではなく，今現在問題を維持している相互作用やパターンに注目する。現在進行中の相互作用を観察することで家族をシステムとして円環的に捉えることが可能となるのである。

「今ここで」は，円環的な家族療法の臨床のスタンスを表している。

治療者もシステムの一部　「家族をシステムと見なす」というとき，つい家族を治療者から切り離した観察の対象（たとえば考古学者が化石を観察するような）として考えてしまいがちである。しかし，一旦治療のために家族と出会った治療者は，その時点から家族と対話を介した相互作用を持つ一つのシステム（＝治療システム）を形成している。

従来の精神医学や心理学が治療者→患者／クライアントという一方向性の観察者→対象という関係を前提としていたこととは異なり，円環的な視点に立つ家族療法では，治療者も家族も共に相互作用し合うシステムの一員であり，対等であると考える。つまり，問題の解決に当たって治療者も家族も共に協働して変化していく関係になる。

このことについては，その後社会構成主義に基づくナラティヴ・セラピーが注目される中で，より明確となっている［Anderson, Goolishian, 1988］。

まとめ

円環的に対象を捉えるという視点は，家族療法と他の臨床の方法論との違いを大きく際立たせている特徴といえる。システム論やサイバネティクス理論も，この認識論に基づく世界の記述の形式の一つと見なすことができる。

私たちは日常世界の中で直線的な思考に無自覚のうちに埋もれてしまっている。円環的な認識の視点を知ることにより，臨床のみならず日常世界の理解の多様性に気づくことができるのである。

（楢林理一郎）

文　献

Anderson, H., Goolishian, H.A.: Human Systems as Linguistic Systems: Preliminary and Evolving Ideas about the Implications for Clinical Theory. Family Process, 27:371-393, 1988.

Bateson, G.: Mind and Nature: A Necessary Unity, c/o John Brockman Associates, Inc., New York, 1979.［佐藤良明訳：精神と自然：生きた世界の認識論，新思索社，2001.］

Hoffman, L.: Foundations Of Family Therapy: A conceptual framework for systems change. Basic Books, New York, 1981.［亀口憲治訳：家族療法の基礎理論：創始者と主要なアプローチ．朝日出版社，2006.（旧「システムと進化」．朝日出版社，1986.）］

野村直樹：やさしいベイトソン．金剛出版，2008.

遊佐安一郎：家族療法入門：システムズ・アプローチの理論と実際．星和書店，1984.

システム・サイバネティクス

はじめに

　家族療法を他の心理療法領域から特徴づけるのは，円環的な認識論を背景に，システム・サイバネティクス理論に基づく臨床理論や技法を発展させたところにある。また，その後の家族療法の認識論的なパラダイムの転換の中で，システム・サイバネティクスもその姿を変容させている。

　本項では，システム・サイバネティクスを巡る主要な議論を辿り，家族療法の基盤をなす理論的な変遷を述べる。

システム論とサイバネティクスの登場

　家族療法におけるシステム論は，1920年代からベルタランフィ von Bertalanffy, L. が生物学における有機体論を源泉に展開した「一般システム理論」[Bertalanffy, 1968] をその理論的な原点としている。革新的な新しい知への欲求が高まっていた1950年代には，システム論は単に生物学を超えてさまざまな知の領域において注目され，この時代の精神医学，心理学にも影響を与えるものとなった[▶1]。

　統合失調症の家族研究の領域においても，1950年代から家族を全体として捉えようという問題意識が高まる中で，家族をシステムとして捉える視点が生まれたことは，自然な流れであった。

　サイバネティクス（cybernetics）は，1948年にウィナー Wiener, N. によって提唱された，機械と生物を問わずあらゆるシステムの間の通信と制御をテーマとして発展した情報を扱う数学の一領域である。その典型的なモデルは，対空砲の砲弾を正確に目標に誘導する自己制御モデルとして示されるが，その後，個人，社会も含めたシステムを射程に入れた広大な科学の領域を形成している。

　たとえばサーモスタットのように，温度が上がるとヒーターのスイッチが切れ，下がるとスイッチが入るという温度を一定に自己制御するシステムがその原型である。システム内の緊張が高まればそれを下げ，緊張が下がれば上がるように働く自己制御のメカニズムを，「負の（ネガティヴ）フィードバック」といい，システムの平衡を維持する機能を担うものとして構想された。

　システム論とサイバネティクスとは，その扱う対象や概念がよく重なり合い，実際にシステム・サイバネティクスと称されることが多い。

ベイトソンとシステム・サイバネティクス

　ベイトソン Bateson, G. は，1930年代に文化人類学者としてニューギニアのイアトムル族のフィールド観察を行っていたときに，ナヴェンと呼ばれる儀式に注目し，部族内の緊張の高まるパターンを観察した。すなわち，Aの行為がBの反応を引き起こし，それがもっと強いAからの反応を引き起こし，相互の反応を

▶1
ベルタランフィ自身は，デカルト流の心身二元論の議論を超えて，物質と精神の両者がその形式構造において同型のものとして「共通の言語」で語られるものとなることを志向して，システム論を構想していた。

Key Words

システム・
　サイバネティクス
システム論
サイバネティクス
ベイトソンBateson, G.
ファーストオーダー・
　サイバネティクス
セカンドオーダー・
　サイバネティクス
セカンドオーダーの
　家族療法

強化していくエスカレーションのパターンに注目し,「分裂生成」(Schismogenesis) と名付けた。このエスカレーション・パターンは二つの型に分けられ,一つをAとBとが同じような行動をとり続ける「相称的あるいは対称的」(symmetrical),もう一つはAとBが反対の行動をとり,支配－服従あるいは救済－依存の関係に至る行動をとるもので「相補的」(complementary)と名付けられた。この分裂生成は,人間社会においてはどこでも観察され,システムの平衡を危うくする悪循環とみなされるが,時にエスカレーションがある限界を超えたときに,システムはそれまでとは異なる超越的次元での平衡に達することが注目された[▶2]。

　実際には,そのような悪循環がある限度を超えないようなさまざまな文化的な仕組みが観察され,相称的なパターンと相補的なパターンとが適宜組み合わされるなどして社会集団は安定を図ろうとする。ベイトソンはそれがナヴェンの儀式の果たしている機能ではないかと考えた。

　このような相互因果関係について考えを巡らせていたベイトソンは,1950年代にサイバネティクスの考え方に出会い,大いに影響を受け,分裂生成の概念をフィードバックの枠組みで再考し始めた。すなわちナヴェンの儀式をサイバネティクス機構として捉えようと考えた[Hoffman, 1981]。

生命システムの変化の様式:変化の二階層モデル

　システムに逸脱的なフィードバックが起きたときに,逸脱を修正する自己安定連鎖が起きる場合と,逃走(ランナウェイ)と呼ばれるシステムの破壊に至る場合とがあるが,アシュビー Ashby, W.R. は,それ以外に,生命システムはより困難な状況に際して,行動の背景を変えて新たな安定に至るという変化の二階層モデルを提起した。たとえば,サーモスタットの機能が働いて部屋の温度を一定に保つようなすでに設定されているルールの範囲内での小変動は第一次変化と呼び,それでも部屋が寒すぎるとき,人はサーモスタットの温度設定自体を変えて,あらたな平衡状態を達成しようとする。すなわち,フィードバックのルール自体を再設定するような反応を第二次変化と呼び,変態(metamorphosis)と呼ばれる変化の様式である。この考え方は,ベイトソンの分裂生成の考え方を補強することになった。後に家族療法において,MRIの初期のアプローチの中の一次変化(first-order change)と二次変化(second-order change)の考え方の中に受け継がれている[▶3]。

　マルヤマ Maruyama, M. [1987] は,1963年に「セカンド・サイバネティクス」の概念を提唱し,生命システムが生き残るためには,負のフィードバックとして知られる恒常性を維持する形態維持(morphostasis)の過程が重要であるが,同時に環境の激変などに際しては,正のフィードバックや逸脱を増幅してシステムがあらたな基本構造を獲得する形態発生(morphogenesis)の過程も重要であると主張した。つまり,生命システムにおいては,工学的なシステムにおける変化とは異なり,正のフィードバックのもたらす不連続的な,時に超越的な再組織化をももたらす変化が創造的な意味を持つことに注目されるようになった。

システム・サイバネティクスと家族療法

　このようにシステム・サイバネティクスの視点は同時代的なものとなり,ジャクソン Jackson, D.D. の「家族ホメオスターシス」概念[1957]が提唱されるな

▶2
たとえば,夫婦喧嘩でお互い譲らず,最後には夫婦が離婚して争いが終わる場合が前者,一方が相手に服従して安定を回復する場合は後者に相当する。いずれも争いの始まったときとは異なるレベルに達して安定に達する。

▶3
「コミュニケーション・モデル」の項参照。

ど，家族療法にも影響を与えていた。

ただ，ベイトソン自身は家族療法へ直接関わることはなく，むしろベイトソンと共にコミュニケーション研究に携わり，「二重拘束説（double-bind theory）」で有名な"Toward a Theory of Schizophrenia"［1956］論文の共著者であったジャクソン，ヘイリー Haley, J.，ウィークランド Weakland, J. が，その後家族療法の領域で中心的な役割を果たし，MRI モデルやヘイリーらの戦略モデルが発展した。

また，1970年代にミラノで独自の発展を遂げたセルヴィニ－パラツォーリ Selvini-Palazzoli, M. らのシステミック・モデル（ミラノ派）もベイトソンの理論に直接的に影響を受けたものとして知られている。

このように，当時の多くの家族療法家は何らかの形でベイトソンの円環的認識論やシステム・サイバネティクスの考え方に影響を受けることになった。

ファーストオーダーとセカンドオーダーのサイバネティクス

1980年代に入り，欧米の家族療法は大きな変革期を迎え，それまで認識論的な基盤となっていたシステム・サイバネティクスに対して新たな視点が提起され，それまでの家族療法理論の再検討が活発に行われるようになった。

その一つは，ファーストオーダー・サイバネティクス（first-order cybernetics）からセカンドオーダー・サイバネティクス（second-order cybernetics）への視点の転換の中に見られる。

フェルスター von Foerster, H. は，従来の"observed system"（システム外部の観察者から観察される独立した対象として認識されるシステム）から，"observing system"（観察者をも含み観察者に依存しているシステム）への視点の転換を提起し，従来のサイバネティクスをファーストオーダー・サイバネティクス，後者をセカンドオーダー・サイバネティクスと呼んだ。フェルスターによれば，後者はサイバネティクスのサイバネティクス（cybernetics of cybernetics）とされる。この考え方により，従来客観的なものと考えられていた「現実」は，「最低二人の観察者によって一致した参照枠」として再定義されることになる［Hoffman, 1985］[▶4]。

このように，観察の対象あるいは現実は観察者によって構成されるという視点に立ち，近代の自然科学において当然の前提とされていた観察対象の「客観性」，真実の「普遍性」という概念を相対化する議論が活発に行われた。

そのほか1980年代前半には，オートポイエーシス［Maturana, Valera, 1980］[▶5]，構成主義［Watzlawick, 1984］，社会構成主義（social constructionism）［Gergen, 1985］などポスト・モダニズムの流れに沿った新たな考え方が相次いで紹介され，家族療法界は認識論を巡る議論で騒然としていた。

セカンドオーダーの家族療法の視点

ファーストオーダーの家族療法では，「家族システム」は治療者が参加する以前からすでに客観的に存在するものと見なされ，治療者が対象を一方向的に観察し，それに基づく治療者の介入が家族システムに変化を与え，その結果問題解決していくものと記述されていた。

セカンドオーダーの視点に立つとき，観察の対象である家族システムの変化は，

▶4
「二次変化」や「セカンド・サイバネティクス」，「セカンドオーダー・サイバネティクス」など紛らわしいが，おのおの別の概念である。

▶5
「社会構成主義とナラティヴ・アプローチ」の項参照。

実は観察者自身の観察という行為の影響を受けながら変化しており，同様に観察者の観察する行為も家族システムの変化の影響を受けて変化している。つまり変化は相互に対等で協働的なプロセスとして捉えられることになり，治療者は決して変化から独立した客観的な立場，つまり「変化の外部には立てないこと」［楢林，1997］を意味している[▶6]。

　家族療法がセカンドオーダーの視点に移行することにより，家族療法における治療概念にも大きな変革がもたらされることになった。1985年に「セカンドオーダーの家族システム療法（"Second-Order" Family Systems Therapy）」を提唱したホフマン Hoffman, L は，その基本となる6項目を提示した。

　①"observing system"のスタンスをとり，治療者自身のコンテクストをも含むこと。②（治療者-クライアント関係は）ヒエラルキー構造であるよりも協働的（collaborative）であること。③ゴールには，変化を起こすことでなく，変化のためのコンテクストを設定することに力点を置くこと。④操作的でありすぎないような方法。⑤問題の「円環的」な評価。⑥（クライアントに対し）非難的でも判定的でもない見方をとること［Hoffman, 1985］。

　この視点は，後の家族療法のポスト・モダニズムへの展開を予見的に示唆するものとなった。すなわち，治療行為を対話を通した治療者とクライアントの協働的で創造的な過程として捉え直すことや，行動の変化より「意味の生成」を重視する立場をとることに治療のスタンスを大きく変化させていくことになった[▶7]。

　このような議論の深まりとともに，システム概念の言語論的転回といわれる変化が起こり，その主導的な役割を果たしたグーリシャン Goolishian, H.A. とアンダーソン Anderson, H. は，サイバネティクス自体が第一次であれ第二次であれ，秩序化とコントロールの理論であり，サイバネティクスのパラダイムの中に留まる限り，パワーとコントロールの議論から免れることはできないこと，また，「意味」や「人の精神」を間主観的（intersubjective）なものとして捉えようとするとき，これらの概念はサイバネティクスの言語の中では記述できないことを述べ，サイバネティクスへの疑問を呈した［Anderson, Goolishian, 1990］[▶8]。

おわりに

　現在の家族療法は，ポスト・モダニズムの影響を経て，多様な視点や価値観に基づく方法論が統合的に実践的に用いられる傾向にあるが，システム論的家族療法の基礎となるシステム・サイバネティクスの視点は，家族療法におけるもっとも重要で基本的なものであることは今も変わりはない。

（楢林理一郎）

▶6
観察という行為とは，ここでは治療場面における「質問」と考えると理解しやすい。

▶7
この流れの中では，治療者にとって外部とみなされる「家族システム」という概念や，工学的なファースト・サイバネティクスに基づく「フィードバック」「介入」などの治療上の概念は，その有用性が再考されることになった。

▶8
「社会構成主義とナラティヴ・アプローチ」の項参照。

文　献

Anderson, H. & Goolishian, H.A.: Human Systems as Linguistic Systems: Preliminary and Evolving Ideas about the Implications for Clinical Theory. Family Process, 27; 371-393, 1988.

Anderson, H. & Goolishian, H. A.: Beyond Cybernetics: Comments on Atkinson and Heath's Further Thoughts on Second-Order Family Therapy. Family Process, 29; 157-163, 1990.

Bateson, G.: Mind and Nature: A Necessary Unity, c/o John Brockman Associates, Inc., New York, 1979.［佐藤良明訳：精神と自然：生きた世界の認識論．新思索社，2001.］

Bateson, G. et al.: Toward a Theory of Schizophrenia. Behavioral Science, 1; 251-264, 1956.

Gergen, K.J.: The Social Constructionism in Modern Psychology. American Psychologist, 40: 266-275, 1985.

Hoffman, L.: Foundations of Family Therapy: A Conceptual Framework for Systems Change. Basic Books, New York, 1981.［亀口憲治訳：家族療法の基礎理論：創始者と主要なアプローチ．朝日出版社，2006.（旧「システムと進化」朝日出版社，1986.）］

文　献（つづき）

Hoffman, L.: Beyond Power and Control: Toward a "Second Order" Family Systems Therapy. Family Systems Medicine, 3; 381-396, 1985.
Hoffman, L.: Constructing Realities: An Art of Lenses. Family Process, 29; 1-12, 1990.
Jackson, D.D.: The Question of Family Homeostasis. Psychiatric Quarterly Supplement, 31: 79-90, 1957.
マゴロウ・マルヤマ：セカンド・サイバネティクス：北川敏男，伊藤重行編：システム思考の源流と発展．九州大学出版会，1987．
Maturana, H.R., Varela, F.J.: Autopoiesis and Cognition: The Realization of the Living. D. Reidel Publishing, Dordrecht, 1980.［河本英夫訳：オートポイエシス．国文社，1991．］
楢林理一郎：家族療法：最近の進歩．最新精神医学，2(6)：517-525，1997．
Selvini-Palazzoli M, Boscolo L, Cecchin G, Prata G: Hypothesizing-Circularity-Neutrality, Family Process, 19; 3-12, 1980.
von Bertalanffy, L.: General System Theory. George Braziller, New York, 1968.［長野敬，太田邦昌訳：一般システム理論：その基礎，発展，応用．みすず書房，1973．］
Watzlawick, P. (Ed.): The Invented Reality. W.W. Norton & Company, New York, 1984.
Wiener, N.: Cybernetics; or Control and Communication in the Animal and the Machine. MIT Press, Cambridge, 1965.［池原止戈夫，彌永昌吉，室賀三郎，ほか訳：サイバネティックス第2版：動物と機械における制御と通信．岩波書店，1962．］

Column

別れた親との面会交流

2011（平成23）年5月27日，別れた親と子どもが会う面会交流が初めて民法（776条）に明文化された。大きな変化である。日本では，家制度の時代にあっては別れ離れになった親子が交流するという考えがなかった。両親が離婚すれば子どもは当然「家」の子として父親に育てられ，母親は親としての権利を剥奪された者として家から追放されたからである。

戦後20年たった1964（昭和39）年になって，初めて家庭裁判所が別れた母親と子どもとの面会交流を認め，面会交流が可能となる時代に入った。一時，別居親との過剰な接触が同居する親への子どもの忠誠心に葛藤を与えると考えられたことで下火になったが，1970年代の女性解放運動による家事育児への男性参加，親の離婚を経験した子どもの数十年にわたる追跡調査などから，面会交流の必要性が再認識されるようになった。2011（平成23）年5月には政府はハーグ条約への加盟を閣議決定し，面会交流が国際基準になろうとしている。

親などいないと考える子，同居親に申し訳ないと思いながら別れた親とこっそり会う子，別れた親に会いたいのに拒絶される子。どれも子どもは心の奥底に痛みを抱えている。子どもの両親は，夫婦としては修復不可能であっても，同じ子どもの親として協働することが求められる。これが家族臨床の専門家の援助なくしていかに困難を極める作業であるかは想像に難くない。やはり「番場の忠太郎」は何度見ても涙を誘う。

（山口恵美子「子どもが主人公の面会交流」家庭問題情報センターを参考にした）

（岡本吉生）

相互作用・プロセス

はじめに

　家族療法の特徴の一つは，家族内の相互作用を重視することである。意識される相互作用は，立場によって時間的観点は異なるが（世代を超えた過去，家族成立時からの過去，誕生時からの過去，問題発生時からの過去，現在），いずれの立場であっても相互作用そのものに着目する。

　ここでは，相互作用，その断片を切り取るパンクチュエーション，一定の相互作用が繰り返されるパターン，そして枠組みについて述べることとする。

相互作用

　人がかかわり合う場面においては，必ず複数の人間の間で行為がつながって生じている。主訴として持ち込まれる問題（出来事）は，ある一定の状況設定において生じている出来事の一部である。しかし，日常的に人はこれらの連続した出来事をひとまとまりとして扱い，連続した出来事を一定の名称によって特徴づけている。

　人間関係の場面で起こっていることは「エピソード」として認識される。そして日常生活は「エピソード」として陳述され，説明される。より詳細に出来事に着目するならば，行為を含む発話行為の連続がみられる。しかし部分の詳細についての陳述は，臨床場面でもあまり見られない。日常的にわれわれは，他者に対して，連続する発話行為の詳細は説明しないのである。

　家族の日常的なかかわり方を表現するためには，莫大な情報が必要となる。そのために「ある一定の出来事やかかわり方をまとめる」という作業が必要となる。連続して起こっている発話行為を「エピソード」として整理したり，特定の一群に属する発話行為をまとめて「特徴的記述」を行ったりする作業である。他者に「日常」を伝達するためには，一連の出来事を「一定の情報に関連するもの」としてまとめる作業が不可欠である。

　たとえば，幼稚園児が昼休みの出来事を母親に報告する際には，以下のような発話行為が見られる。

> 「私がお弁当を食べてね，それを片付けてね，外を見たら友達が遊んでいるのが見えてね，自分もブランコに乗りたいって思ったからね，靴を履き替えてね，ブランコの方に走っていってね，ブランコに乗っていたAちゃんに『代わって』って言ってたらね，Aちゃんが『ちょっと待ってて』って言ったからね，ブランコの横にすわってちょっと待ってたらね，Aちゃんが『ブランコ，いいよ』って言ってくれてね，それでブランコ乗ったの」

　幼稚園児の視点で自分が行った行為・思考を連続的に表現し，それらの連続性があることを「ね」によって示しながら，状況を丹念になぞっていることがわか

第2章　家族療法の基礎概念

第1節　家族療法の理論

Key Words

相互作用
パターン
パンクチュエーション
枠組み

る。しかし，このような情報伝達を社会的な場面で日常的に行えば，多くの場合「整理して簡潔に伝えなさい」との叱責を受ける。そのため，人はこうした一連の行為を整理し，簡潔に要点だけを伝えるという訓練を通じて「出来事を整理する」ことを身につける。いわば，「表現していることばによって，その背景にある出来事の連続性をまとめること」が行われるのであり，前述の場面は「昼休みにブランコに乗った」と整理される。

相互作用は，微細なものから時間的経緯として数十年にわたるものまで存在しており，それぞれを総合的に活用するための「ものの見方」が存在している。

微細な相互作用

微細な相互作用とは，エピソードとして話される内容を，より詳細な行為や発言に還元することによってみえてくるものである。たとえば，「不登校の子どもが朝起こしに行っても起きてくれない」というエピソードであれば，母親が朝，子どもを起こしに行くという行為から始まり，母親が部屋を出るまでの相互作用がその背景に存在している［吉川, 2006］。つまり「母親が『もう学校へ行く時間だから起きなさいよ』と声をかけると，子どもは布団をかぶったまま返事をしない。すると，母親は，寝ている子どもの体を揺り動かし，声をかける。しかし，子どもは布団にもぐってしまうが，母親は「もう間に合わなくなるわよ」と何度か声をかける。それでも子どもが反応しないため，布団を取り上げようとするが，子どもは布団にしがみついて離さない。そして，母親は少しの時間様子を見て，子どもの反応がないので諦め，部屋を出て行く」という一連の相互作用が存在している。

この母親と子どもの相互作用を家族療法的な視点で整理すると，〈母：起きるように声をかける→子：無反応→母：子どもの体に触れて，揺り動かす→子：布団にもぐる→母：「もう間に合わなくなるわよ」と声をかける→子：布団にしがみつく→母：少し様子を見る→子：無反応→母：出て行く〉となる。母親が子どもを起こすという行為はありふれたものである。しかし，子どもが学校に行かないことが繰り返されている中では，この「朝のエピソード」の持つ意味は重要である。不登校児の母子の相互作用の場においては「子どもを起こす」というコミュニケーションは，「学校へ行かせる」という文脈を持つものとして母子の中で意識されており，その結果母の「登校要請」が無効なコミュニケーションとして位置づけられる。しかし，このように重要な相互作用であっても，面接場面では「子どもが不登校で朝起こしに行っても起きてくれない」というエピソードとして語られ，そこに直接的にどのように働きかけることが有効かはわからないままとなる。

長期的な相互作用

視点を拡大して，家族の世代ごとの相互作用の類似性を検討したり，前世代の特徴的な相互作用が持続することで，次世代の相互作用にある種の制限が加えられる可能性を検討することもできる。たとえば，「虐待の世代間継承」が一般的に知られているが，子ども時代に虐待を経験した場合，その子どもが母親になったときに子どもに虐待を加えてしまう傾向が高いとされている。これは，子どもが母親になる過程での母親の精神内界の特性として説明されることもあるが，家族療法の立場では，家族において世代を超えた報復を文化的に許容する「破壊的権利付与」[▶1]として説明される。

▶1
虐待など，他者からケアや配慮をされなかった体験から，自分は破壊的に振る舞ってもよいという権利が与えられたと感じること。ボゾルメニ・ナージ Boszormenyi-Nagy, I. の文脈療法の基本概念の一つ。

このような世代を超えた相互作用を把握するための情報を収集するために用いられるのがジェノグラム（家系図）である。ジェノグラムには，家系だけではなくそこに登場する家族構成員それぞれの特徴を記載する。そのことで過去の相互作用を想定することができ，現世代の家族の相互作用への影響を見いだすためのアセスメントツールとなる。あるいはミラノ派が提唱した肯定的意味づけ（positive-connotation）のように，成り立ちからの家族内の相互作用の歴史的経緯を把握することで，現在の相互作用への影響を検討する視点もある。

相互作用と症状行動の関連

　家族療法は相互作用に着目した「ものの見方」を重視するが，不適応だけでなく神経症行動や精神疾患であっても，クライアントにかかわる相互作用と関係なく症状行動が生じていることはあり得ないと考える。クライアントとして定義されている誰か（IP: identified patient）の問題とされるコミュニケーションに対して，関係する家族を中心とした人間が何らかの働きかけを行っており，そこには必ず相互作用が生じているからである。

　こうした相互作用は，その場その場で選択的にコミュニケーションが生じているのではなく，過去や前世代からの何らかの影響を受けた対応を無意識的に選択している可能性がある。したがって，その家族特有の文化的特性に準じた行動が選択されるのは，そうした場面での相互作用の断片を反復しているためであると考えられる。

パターン

　こうした相互作用を検討した場合，常に異なる相互作用が生じているわけではない。むしろ，一定の相互作用を繰り返し行うことの方が圧倒的に多い。いわば，家族の中で日常を維持するためのルールが設定されている。微細なコミュニケーションの違いはあるが，一定の相互作用のあり方が基本とされ，そしてある程度一定の相互作用が維持されることで，結果的に日常が維持できる。こうした繰り返される相互作用を「パターン」と考える。家族療法では，問題が生じている場面でも同様の相互作用のパターンが存在していると考え，「連鎖」「偽解決」「構造化されたコミュニケーション」などと称する。

　日常生活を安定的にこなしていくためには，決まったルールに準じて相互作用を維持する必要がある。こうしたルールは，家族という集団ができた段階から修正を繰り返しながら設定される。このルール設定を変更するメタルール（ルール変更についてのルール）の設定も，随時試行錯誤を通して設定されていくことになる。

　問題に対応するための相互作用は，問題を解消するためだけでなく，他の日常と深く関連したルール設定とならざるを得ない。そのため，問題の解決に有効なパターンだけが設定されるのではなく，「問題に対応するが解決しない」パターンが設定されて，有効に機能しないままとなってしまうことも少なくない。これが家族療法がターゲットとする「変化の対象となる問題を含んだパターン」である。

　この問題を含んだパターンは，それぞれの家族の日常的なパターンと密接な関連があるため，家族療法では日常的な相互作用を基本としてアセスメントし，家族の持っているメタルールを参照しながら，新たな問題解決のためのパターンを作り出していくことになる。

枠組み

　一定のルールを設定し，パターンとして一定の相互作用を維持する中では，その相互作用に対する評価が伴っている必要がある。また，人は相互作用の断片をパンクチュエーション[▶2]することで，一定の因果関係に留まろうとする傾向がある。このパンクチュエーションされた相互作用の断片には，因果論的繋がりがあると信じられるため，そこに意図せざる意味が生じてしまう。この切り取られた相互作用の因果関係を説明するための用語が「枠組み」である。

　たとえば，家庭内暴力を主訴とした事例でよく見られるのは，このパンクチュエーションによる意味の創造である。実際の母子の間で起こっている相互作用は，〈子：母親に呼びかける→母：気がつかない→子：母親にクレームをつける→母：説明する→子：暴力→母：防戦する→子：暴力→母：謝罪→子：引き下がる〉これによって日常に戻る。しかし，母親は〈子：母親にクレームをつける→母：説明する→子：暴力〉の部分をパンクチュエーションして「何もしていないのに子どもが暴力をふるう」と説明する枠組みが生まれる。これによって「何もしていない母親に暴力をふるう」という子どもに対する評価が発生する。一方子どもにとっては，〈子：母親に呼びかける→母：気がつかない〉の部分をパンクチュエーションし，「呼びかけても母親は無視するばかりだ」と説明する。これによって母親に対する評価は固まり，「子どもが話しかけても拒否する」という枠組みが生まれる。

　このように同一の相互作用をどこでパンクチュエーションするかによって，その部分だけを説明する因果関係が成立し，その因果関係についての枠組みが成立してしまう。家族療法では，こうした相互作用をパンクチュエーションするという人間の傾向を意識化し，クライアント家族は相互作用の全体ではなく一部に着目して因果関係をパンクチュエーションしているという前提でエピソードを聞き取る。そうすることでエピソードを陳述している人にとってのパンクチュエーションのあり方と，そこに付与している枠組みを通して他者との関係性を特徴づけようとしているのだということが理解できる。

（吉川　悟）

[▶2] 句読点をつけること。区切りをつけること。

推薦図書

1. ベイトソン, G.（佐藤良明訳）: 精神と自然: 生きた世界の認識論. 思索社, 1982.
2. 吉川悟: 古典的家族療法と現代の家族療法. 牧原浩, 東豊編: 家族療法のヒント. 金剛出版, 2006.

文献

中釜洋子: いま家族援助が求められるとき: 家族への支援・家族との問題解決. 垣内出版, 2001.
Pearce, W., Cronen, V.: Communication, Action and Meaning: The creation of social realities. Praeger, 1980.
Watzlawick, P., Bavelas J.B., Jackson D.D.: Pragmatics of Human Communication. Norton, 1967.［山本和郎監訳: 人間コミュニケーションの語用論: 相互作用パターン, 病理とパラドックスの研究. 二瓶社, 1998.］
吉川悟: 少し視点の違う「意識」と「無意識」: 人の日常の中に見られる「わがままな様」と「何気ない様」. 氏原寛, 成田善弘編: 意識と無意識. 人文書院, 2006.

関係と文脈

はじめに

　家族療法の特徴は，家族を基本とした人間間の「関係」を重視することである。しかし，その「関係」に対する注目の仕方は，一般的に用いられている「関係」とは大きく異なるものである。一般的に用いられている「関係」という用語は，第三者である観察者が，実際に存在しているかかわり方を特徴づける部分を取り上げ，それを特徴づける用語として定義することによって成立している。一般的な「関係」が指し示すのは，「良好・不良」「親密・遊離」「協調・対立」など「関係の特徴を記載すること」である。しかし，家族療法で用いられる「関係」とは，特定の人間間でのやりとりのすべてを指し示し，人間関係を維持しているかかわり方の全体を指し示している。

　この違いについては実践者・研究者の中にも誤解があり，実質的なかかわり方そのものに着目しつつも，それを特徴づける一般的な意味での「関係」の用語を用いて整理することで，誤解を生んでいる。したがって家族療法では，その関係を維持しているかかわり方そのものに着目し，そのかかわり方を相互作用の断片として扱おうとする。

　この「関係」への着目の仕方そのものが家族療法の大きな特徴となっている。その背景には，人間間のかかわり方に対するまったく異なる評価指標がある。本項では，その違いを明らかにし，家族療法的な「関係」への着目の仕方に関連するコミュニケーション理論について述べることとする。

コミュニケーションの暫定的公理

　MRI (Mental Research Institute) は，人間間のコミュニケーションで生起している現象を理論化するため，言語学でいうところの**語用論**（pragmatics）に着目した。このコミュニケーションの語用論的側面（pragmatic communication）を重視した研究は，ベイトソン Bateson, G. が，1954 年から行ったプロジェクトが始まりである。このプロジェクトは，文化人類学者であったベイトソンが，「統合失調症的コミュニケーション」を解明しようとしたことにはじまる。その研究成果として提出されたのが，1956 年に発表された「統合失調症の理論化に向けて Toward a theory of Schizophrenia」である［Bateson, Jackson, Haley, et al., 1956］。この論文発表以後，このプロジェクトが基盤となって成立した研究集団が MRI であった。精神療法の多くがコミュニケーションの意味論的解釈に着目し，クライアントの言葉の意味そのものを重視したこととは対照的に，家族療法では言語とそれに関与する人との関係によってそこで用いられているコミュニケーションの語用論的解釈を相互作用を理解するための指標とした。

　MRI は，人間間のコミュニケーションの特徴を整理し，「コミュニケーション

Key Words

語用論
コミュニケーション
コミュニケーションの暫定的公理

表1　コミュニケーションの暫定的公理
communication tentative axioms
[Watzlawick, Bavelas, Jackson, 1967]

第一公理	人はコミュニケーションをしないことは不可能である。
第二公理	コミュニケーションには，情報と情報に関する情報の二つのレベルがある。
第三公理	人間関係は，人間間のコミュニケーションの連鎖のパンクチュエーション punctuation によって規定される。
第四公理	コミュニケーションには，デジタルモード digital とアナログモード analogic がある。
第五公理	すべてのコミュニケーションの交流は，対称的 symmetrical か相補的 complementary かのいずれかである。

の暫定的公理（communication tentative axioms）」として示している［Watzlawick, Bavelas, Jackson, 1967］（表1）。

「コミュニケーションの暫定的公理」は，コミュニケーションのすべての側面に対するものではなく，心理療法の場において見られるような，対人的な操作が許容されることが前提となっている場面についてのある種の「ものの見方」である。したがって，コミュニケーションがすべてにおいてこのような側面のみで成立しているというものではない。

まず，第一公理が示しているのは，「行動＝コミュニケーション」という考えである。たとえば，暴力的な場面で交わされているのは，暴力という行動であると同時に他者に対して影響を与えるコミュニケーション行為であると考えられる。また，赤の他人と道ですれ違う場合には，「あなたとは関わりがない」というコミュニケーションが行われている。これによって，人が二人以上いる場面においては「コミュニケーションしないということは不可能」という考え方が成立する。

次に，第二公理が重要である。日常的な二者関係におけるコミュニケーションは，一般的な「情報伝達」でイメージされる文字通りの情報の伝達とともに，コミュニケーションを受け取る人に対する要求を含むものと考えられる。臨床的によく見られる場面として，たとえば，数回の面接で治療関係が成立した段階で，クライアントが来談し，治療者に「もう死にたいんです」と語る場面を考えたい。クライアントが治療者に伝えている「内容・情報」は，クライアントが現在死にたいと表現するに値する状態にあることである。しかし，これを「治療の場面」で「治療者に対して」語っているという行為そのものに，「要求・関係」の側面が見え隠れする。それは明らかに，「あなたが治療者ならば，私が死にたい気持ちになっているのを治療することが仕事であり，その義務があるはずだ」という要求が隠されている。このような形式のコミュニケーションがもっとも得意なのは幼い子どもたちである。言語そのものが積極的に利用できない乳幼児の場合，意味論的には「泣く」というコミュニケーションによって，「空腹だからミルクを飲ませよ」や「体がむずがゆいから抱っこをせよ」などの要求や関係のあり方を規定している。人は言語習得の過程で社会的な場面で誤解が生じやすいこの種のコミュニケーションを用いなくなるが，語用論的なコミュニケーションの有効性を乳幼児の段階から利用していると考えられる。

第三公理について，相互作用は単にコミュニケーションの連続であり，そこには一定の意味が存在するものではない。人が他者と対話を行うためには，相互作用をある一定の範囲でまとめ，エピソードとして整理する必要がある。つまりそのエピソードに意味が生じるには，相互作用のいくつかの部分を切り取り，因果論的に「原因－結果」として出来事を区切って提示する必要がある。この操作がパンクチュエーションである。

第四公理は，言語そのものが指し示す範囲が限定的なもの（デジタル）と，比喩

的な意味や相対的な評価を基準とした意味など，ある程度の曖昧さを含むもの（アナログ）とに分けることができることを示している。これは，時計のアナログとデジタルが例示されることが多い。デジタル時計の示している数字は，現在の時間そのものを表現しており，その解釈に幅のない一義的なものとなっている。一方，アナログ時計は，針を観察する主体によって何時を表わしているかに不一致が起こりうる。これらと同様に，会話の中で用いられている個々の言葉は，その言葉そのものが本来指し示している意味内容（デジタル）だけではなく，コミュニケーションの前後関係から言葉の意味内容だけではない別の意味内容（アナログ）を持つ場合があることを示している。なお，第五公理は省略する。

　このように第二公理，第三公理，そして第四公理で示されているコミュニケーションのとらえ方は，コミュニケーションの把握において家族療法が語用論的な側面を重視していることを示している。そして，それをより特徴づけるのが「文脈（コンテクスト）」という考え方である。

文脈

　家族療法では，コミュニケーションの語用論的側面に着目し，複雑な家族の相互行為の関係を把握するため，ある行為そのものに着目するのではなく，その行為そのものと共にその行為が行われた背景との関連性を重視すること，いわゆる「文脈」という視点を重視する。

　文脈（コンテクスト）とは，内容（コンテンツ）と対比して考えると分かりやすい。内容は，その言葉やメッセージそのものが指し示すものを意味しており，文脈は，メッセージの前後関係，メッセージが発せられた人や場面などの状況の中で生まれる意味を規定している。

　複数の人間がかかわり合う場面では，さまざまなエピソードが生じる。そのエピソードを細かく分析した場合，その場面にかかわる多くの人の連続する発話行為（沈黙を含む）が存在する。仮に，この中に含まれている一つの発話行為を語用論的に解釈しようとするならば，その発話行為そのものを意味論的に解釈するとともに，発話行為の状況設定や，発話行為に先行する／後続する発話行為との関連の中で解釈しようとすることが，「文脈を参照すること」になる。

　語用論的には，どのような発話行為であっても，社会的な状況設定の中で行われている「人が行う行為」であるかぎり，状況設定と発話行為との関連の中でその意味解釈が行われる。たとえば，家族のコミュニケーション場面で考えれば，父親の「よく頑張ったな」という子どもに対する語りかけは，子どもが不登校などの困難を乗り越えた場面であれば「賞賛」という意味解釈が成立する。しかし，子どもがいたずらをして父親の大事なものを壊した場面であれば，「皮肉」「非難」という意味解釈が成立する。その先行する父親の発話行為に対して子どもが「ごめんなさい」と対応すれば，子どもは文脈を参照して「頑張ったな」を「賞賛」ではなく，「皮肉」「非難」として受け取っていることになる。しかし，子どもが「バラバラにするの，大変だったんだよ」と応じ，父親が子どもは父親の発話行為を「賞賛」として意味論的に解釈しており，文脈を参照していないと解釈したならば，父親は「どうしてこんなことをしたんだ」と直接的に「非難」を示す発話行為を行うかもしれない。あるいは子どもは，文脈を的確に参照して「皮肉」に

「皮肉」で応答している可能性もある。

　家族療法では，こうした家族内の問題とされることを含む発話行為の連続の中から，発話行為の背景にある意味を探索することが重要である。家族療法にもいろいろな立場の家族療法が存在する。しかし，いずれの立場の家族療法であっても，現在の問題の文脈としてどのような「時代の家族」「対象システム」「人間関係」「エピソード」「発話行為」を参照するのかが異なるだけである。たとえば，多世代間家族療法であれば，その家族の歴史的特性を文脈として参照している。MRIであれば，問題とされる行為の前後の発話行為を文脈として参照している。

　このように家族療法では，家族内の日常的なコミュニケーションについての文脈的意味解釈を重視し，一般的な情報伝達によるコミュニケーションだけでなく，多彩な意味を読み解くことを前提としている。そのためには，コミュニケーションの「文脈」だけではなく，コミュニケーション理論に基づく対話場面における詳細な観察を必要とするのである。

（吉川　悟）

文　献

Bateson, G., Jackson, D.D., Haley, J., Weakland, J.: Toward a theory of Schizophrenia. 1956.［佐伯泰樹，佐藤良明，高橋和久訳：精神分裂病の理論化に向けて：精神の生態学．思索社，1986.］

Watzlawick, P., Bavelas, J.B., Jackson, D.D.: Pragmatics of Human Communication. Norton, 1967.［山本和郎監訳：人間コミュニケーションの語用論：相互作用パターン，病理とパラドックスの研究．二瓶社，1998.］

社会構成主義とナラティヴ・アプローチ

はじめに

社会構成主義（social constructionism）とは，端的にいえば「"現実（reality）"は社会的過程，すなわち言語的な相互交流の過程の中に構築される」という考え方に要約される[▶1]。1980年代の現代思想領域における言語論的転回といわれる変動を背景に，1980年代中頃にガーゲン Gergen, K. によって心理療法領域に提起され［Gergen, 1985］，その後，家族療法の領域で注目されることになった[▶2]。

本項では，社会構成主義が家族療法に与えた影響について概説する。

社会構成主義と治療システム

従来，家族療法ではその治療的なプロセスを説明，記述するに際し，家族成員間の関係性に注目してシステム・サイバネティクスの視点で捉えてきた。すなわち，システムは秩序や安定を志向する平衡維持システムと見なされ，その秩序が維持できなくなったとき「問題」が生じると捉え，「システムが問題を生み出す」との認識を前提にしていた。このようなシステムの捉え方は，グーリシャン Goolishian, H.A. ら［Goolishian, Winderman, 1988］によれば，ファースト・サイバネティクスの考え方に属し，当時優勢であったパーソンズ Parsons, T. による構造−機能主義的な社会システム理論の影響があった[▶3]。この考え方によると「家族システム」は個人−家族−社会といういわばタマネギの断面のような階層構造の一階層として捉えられ，同様に家族成員は家族システムという構造を維持するためにその一要員として捉えられ，個人は時には自己犠牲的に症状を表してまで貢献しているという見方を観察者にもたらすことになった。このような理論的な前提に立てば，治療行為とは問題を生み出している「病理的なあるいは機能不全に陥った家族システム」を「健全なあるいは機能的な家族システム」に回復させるため，治療者が「介入」や「コントロール」し，階層的な秩序や平衡を回復する過程として記述されることになる［楢林，1997］。

アンダーソン Anderson, H. とグーリシャン［1988］は，社会構成主義の視点を参照しながら，家族療法における治療プロセスについて再考した。従来の家族療法では，はじめに治療者とは独立した対象である家族システムがあることを前提とし，そこに問題が生じ，治療者が関与して治療システムが形成され，治療の過程で治療者の介入により家族システムに変化が起きると考えていた[▶4]。

しかし実際に治療場面で起きていることは，家族が「問題」と意味づけていることを訴えて家族と治療者が出会い，問題について会話をすることにより治療システムが形成され，問題が解決あるいは解消されれば，治療システムも消滅するということに他ならない。

つまり，あらかじめ家族システムというものがあってその変化を目指して治療

▶1
その考え方のルーツは，古く現象学的社会学のバーガー Berger, P.L. とルックマン Luckmann, T. ［1966］に溯ることができる。(Berger P.L., Luckmann, T.: The Social Construction of Reality: A Treatise in the Sociology of Knowledge, Doubleday, 1966.［山口節郎訳：日常世界の構成：アイデンティティと社会の弁証法．新曜社，1977．（改訂新訳）現実の社会的構成：知識社会学論考．新曜社，2003．］)

▶2
Social constructionism の邦訳として，社会構成主義や社会的構築主義などが用いられているが，家族療法の領域では前者が用いられる。その理由は，あくまでも心理療法の文脈において，自己や物語や経験を対象にしており，それらは時間軸上を常に変化していくものであり，構築から連想されるハードなイメージとは異なるからである［野村，1997訳者あとがきも参照］。

▶3
システムの働きを，全体の構造を維持するために各要素が機能（貢献）しあっていると見る見方。

▶4
「システム・サイバネティクス」の項参照。

Key Words

システム・
　サイバネティクス
ポスト・モダニズム
協働的対話的
　アプローチ
リフレクティング・
　プロセス
ソリューション・
　フォーカスト・
　アプローチ

すると考えるのではなく，家族療法で考察するのはこの治療システム自体に起こる変化であること，この治療システムは，「問題」とその「解決」あるいは「解消」を巡って会話をすることによってはじめて形成されるものであり，いわば問題によって生み出されたシステム（Problem determined system）であり，それは言葉を媒介とした言語システムに他ならないこと，さらにそのシステムは，「問題」とされたことを巡る治療的な会話のプロセスの中で問題を解消していくシステム（problem-organizing, problem-dis-solving system）でもある。

このような指摘をしたグーリシャンとアンダーソンによる1988年の"Human Systems as Linguistic Systems"と題された論文は，家族療法領域における認識論，システム論の言語論的転回ともいうべき事態を象徴する重要な論文となった［Anderson, Goolishian, 1988］。

治療的会話のプロセス

治療者が治療的会話を進めようとするとき，治療者が自分の依拠する理論に基づいてクライアントの語る内容を分類や概念化，価値付けしてしまうと，会話は治療者の文脈に沿ったものになりかねず，そこからクライアント自身にとっての新しい意味を生み出す文脈は生まれてこない。社会構成主義的な立場に立つとき，会話のプロセスは，治療者がクライアントと対等に会話を進め，共に新たな意味を産み出す協働的（collaborative）なプロセスとなる。

このような治療システムにおいては，治療者は「問題」がすでに実在するものであるかのような質問の仕方をしたり，「問題」の成り立ちや原因を探求する質問をするよりも，新たな意味の文脈を探り，問題の解消を目指すそれまでとは異なる新たな治療的現実，あるいは「ナラティヴ（narrative）」「ストーリー（story）」が産み出されるような質問を繰り出し，治療的な会話が継続することに注意を集中する。つまり治療者の技術とは，質問の技法の中に結晶化されることになる［楢林，1997］。アンダーソンらは，このような治療的スタンスに立つことを"not-knowing"と表現した［Anderson, Goolishian, 1992］。

家族療法におけるポスト・モダニズム

1980年代は，さまざまな知的領域で従来の近代的な価値規範や既成概念に疑問符が打たれ，新たな価値観を模索する時代でもあった。すなわち，従来の科学で前提とされてきた対象の「客観性」や「普遍性」，「絶対的な真実」への信念を相対化する議論が盛んに行われた。

家族療法においても早くからその影響を受け，1980年代の家族療法はその基礎理論の領域において大きな変動の嵐の中にあったと言っても過言ではない。その議論の範囲は，認識論のレベルから，治療の対象や治療行為，治療者とクライアントの関係性などのさまざまなレベルに及ぶものであり，家族療法の心理療法としての基本的な枠組みを大きく書き換えるものであった。

1990年代以降のこのような新たな家族療法の潮流は，その後家族療法におけるポスト・モダニズムと呼ばれ議論されることになった（表1）。

表1　家族療法のポスト・モダニズム［楢林，1997を引用・一部改変］

1. 認識論	
システム・サイバネティクス	➡ 言語／解釈モデル（言語論的転回）
客観性，普遍性の概念	➡ 「現実」の社会的構成（社会構成主義）多元性，相対主義的視点
観察者は対象の変化から独立	➡ 対象の変化は観察者と相互に影響し合う，変化の共進化的モデル
2. 治療の対象と治療行為	
対象としての家族システム	➡ （治療者をも含む）治療システムを対象
介入，コントロールが治療	➡ 「意味」の生成過程，「治療的会話」の構成が治療
目標は家族システムの変化	➡ 新たな物語（narrative），ストーリーの創出
3. 治療者とクライアント関係	
「専門家」ポジションの治療者	➡ クライアントと協働的（collaborative）で対等なポジション，会話の参与的推進者としての治療者
	⇨ 「ナラティヴ・セラピー」「ナラティヴ・アプローチ」

家族療法の新しい流れ

　社会構成主義の影響を受けて，その後展開した家族療法の主なグループとして以下のものが[▶5]挙げられる。

　①コラボレイティヴ（協働的）アプローチ（collaborative, approaches）
　②リフレクティング・プロセス（reflecting processes）
　③ナラティヴ・セラピー（Narrative Therapy）
　④ソリューション・フォーカスト・アプローチ（solution focused approach）

　社会構成主義的な視点を基盤にした治療的なアプローチは，1990年代の前半頃までは，欧米においてもナラティヴ・セラピーと呼ばれていた。しかし，その後ポスト・モダニズムの考え方が浸透してくるにつれてモデルも多様化し，欧米においては，ナラティヴ・セラピーはホワイトとエプストンのモデル③を指すようになった。

　近年の家族療法家は，モデルや学派を超えて多かれ少なかれ社会構成主義の影響を受けているといってよく，しかも従来のシステム・サイバネティクスに基づく家族療法も依然として家族療法の主要な方法論として位置づけられ，その後の統合的家族療法への展開に繋がっている。

▶5
詳細は各項参照。

日本におけるナラティヴ・セラピー

　本邦における「ナラティヴ・セラピー」の概念は，欧米圏とは異なって広いものとなっている。本邦では，上記の各潮流のうち，①のコラボレイティヴ・アプローチ，②のリフレクティング・プロセス，③のナラティヴ・セラピー（狭義）の三つの流れをまとめて「ナラティヴ・セラピー」と呼ぶ傾向にある。本邦でこのように広く概念化した背景には，それらはいずれも前述のポスト・モダニズムの流れを汲み，社会構成主義の視点を共有し，ナラティヴ（narrative）という概念の持つ独特の深みと象徴性，「物語」と「語り」とを同時に含意できる有用性に注目したことによると考えられている［野口，2001］。ある意味では，上述の欧米にお

ける初期のナラティヴ・セラピーの考え方を引き継いでいるといえよう。

最近では，心理療法の領域に限らず，さまざまな対人援助領域でもナラティヴ・セラピーの考え方が広く応用されていることから，「ナラティヴ・アプローチ」という呼び方も多く見られる［野口，2002］。

ナラティヴ・セラピーの基本的スタンス

以上述べた社会構成主義の視点に立つ広義のナラティヴ・セラピーの輪郭を捉えようとするとき，アンダーソンらの次の一節が参考になるであろう。

> セラピーにおける変化とは，新しい物語を対話によって創造することであり，それゆえ，新たな主体となる機会を拡げることである。物語が変化をもたらす力をもつのは，人生の出来事を今までとは異なる新しい意味の文脈へと関係づけるからである。人は，他者との会話によって育まれる物語的アイデンティティのなかで，そして，それを通して生きる。「自己」は常に変化し続けており，それゆえ，治療者の技能とは，このプロセスに参加する能力を意味する［Anderson, Goolishian, 1992］。

おわりに

家族療法が，社会構成主義などポスト・モダニズムと呼ばれる時代の流れの影響を受けて大きく転換し「ナラティヴ」に到達している現在，邦語で「語り」「物語」と訳されるナラティヴの意味するところは，「単に物語の再構成や置き換えをサイコセラピーの指針となる比喩として使おうとしているのではない。われわれが論じたいのは，対話を通して意味が生成することに広く関心を持ちつつ，物語と物語的思考に強調点をおくこと」［McNamee, Gergen, 1992］ということができる。

そしてこのような事情は，実は家族療法に限らず，心理療法全般についてもいえることである。なぜなら，「サイコセラピーは，『問題を巡る会話が新たな意味を生み出す言語活動』［Goolishian, Winderman, 1988］と捉えることができる」［McNamee, Gergen, 1992］からである。

また，このようなナラティヴへの動きが，家族療法の領域にとどまらず，近年の対人援助業務全般にわたって浸透しつつある，平等性，アカウンタビリティ，協働性，透明性，言説に配慮した上での言葉への感受性などの方向性を後押ししているといえよう。

（楢林理一郎＋小森康永）

推薦図書

1. アンデルセン，T.（鈴木浩二監訳）: リフレクティング・プロセス. 金剛出版，2001.
2. アンダーソン，H.（野村直樹，青木義子，吉川悟訳）: 会話・言語・そして可能性. 金剛出版，2001.
3. マクナミー，S., ガーゲン，K.J. 編（野口裕二，野村直樹訳）: ナラティヴ・セラピー. 金剛出版，1997.
4. ホワイト，M., エプストン，D.（小森康永訳）: 物語としての家族. 金剛出版，1992.

文献

Andersen T: The Reflecting Team: Dialogue and Meta-Dialogue in Clinical Work. Family Process, 26; 415-428, 1987.

Anderson, H. & Goolishian, H.A.: Human Systems as Linguistic Systems: Preliminary and Evolving Ideas about the Implications for Clinical Theory. Family Process, 27; 371-393, 1988.

Anderson, H. & Goolishian, H.A.: The Client is the Expert: A Not-Knowing Approach to Therapy. In: McNamee, S. & Gergen, K.J. (eds.).Therapy as Social Construction. Sage Publications, London, 1992.［野口裕二，野村直樹訳: ナラティヴ・セラピー: 社会構成主義の実践. 金剛出版，1997.］

Gergen K.J.: The Social Constructionism in Modern Psychology. American Psychologist, 40; 266-275, 1985.

Goolishian H.A., Winderman L.: Constructivism, Autopoiesis and Problem Determined Systems. Special Issue: Radical constructivism, autopoiesis and psychotherapy. Irish Journal of Psychology, 9; 130-143, 1988.

楢林理一郎: 家族療法: 最近の進歩. 最新精神医学, 2; 517-525, 1997.

野口裕二: ナラティヴ・セラピーと社会構成主義の概念をめぐって. 家族療法研究, 18(2); 102-107, 2001.

野口裕二: 物語としてのケア: ナラティヴ・アプローチの世界へ. 岩波書店，2002.

バイオサイコソーシャル・モデル

はじめに

バイオサイコソーシャル・モデル（生物心理社会的モデル：Biopsyhosocial Model：BPSモデル）という言葉は，医学・臨床心理領域だけでなく看護や福祉の領域でも多用されている。共通してもっておいてほしいこのモデルの要点は，病気や障害をもつ人あるいは健康な人を，生物的視点，心理的視点，社会的視点と分割してみるのではなく，その相互性を考えながら統合的に理解して介入するということである。

理論的基礎

BPSモデルの提唱

BPSモデルはエンゲルEngel, G. によって明確化され提唱された。生物学的モデルの医学界における席巻を憂いていたエンゲルは，生物学的モデルに対して一般システム理論に基づくモデルを提唱し，彼の論文は脚光を浴びることになる[▶1]。BPSモデルの導入により，医学はこころと体の関係に着目するようになり，それは心身医学の発展，コンサルテーション・リエゾン精神医学の発展へと結びついていった。またエンゲルは，生物心理社会的モデルの臨床場面での応用について，具体例を提示して詳細に記述している。

▶1
エンゲルの論文は「Science」[1977]と「American Journal of Psychiatry」[1980]に掲載された。

◀事例▶ グローバー氏（55歳，男性，不動産セールス業，既婚）は，6カ月前に胸部痛で救命センターに搬送された既往があった。彼は冠動脈狭窄をもっていた。その彼がオフィスで胸部痛を自覚する。そして同僚によって救命センターに搬送され処置が始まる。

医療現場では日常的に出会う一つの出来事について，エンゲルはシステム論の視点から緻密に解説している。分子レベル，細胞レベル，器官レベル，神経システム，人，二者関係，家族，コミュニティというシステムの階層性に則して，冠動脈閉塞が各システムにもたらした影響について記述している。冠動脈の閉塞は，心臓の細胞のレベルでは心筋細胞にダメージを与え，心臓の組織のレベルでは心筋梗塞と伝達系に障害を与える。心臓の機能障害は心臓循環システムという器官レベルに反応をもたらす。そして，その反応は神経システムに伝達され，危機を感知する反応が生じ，個人システムのレベルでは，症状として体験されるのである。入院してきた彼は，医療スタッフに動脈採血のための穿刺を失敗されて，痛み，怒りの感情などを高める（個人システムにおける反応と行動）。それは神経システムに刺激を与え，循環器系（器官システム）の反応を生じ，心臓（組織システム）では虚血や伝達系を不安定にする。結局，心室細動により，動脈穿刺の処置の10分後に彼は心停止と意識消失をきたす。その後の救急処置によりグローバー氏は回復する［Engel, 1980］。

Key Words

BPS
ジョージ・エンゲル
 Engel, G.
多元主義

エンゲルは，発病から医療現場への搬送，そして回復に至る過程において，異なる人物があらゆるシステムに錯綜しながら関わることを描いている。システムの階層性を捉えて，その場，その状況で適切なシステムに介入することが医療では求められるのである。身体モデルへの固着が強いと，患者の体験する感情が視界に入ってこない。患者の怒りの感情は，交感神経を刺激し，それは身体症状に影響してくることを多くの医師は忘れている。こうした，医療現場における日常的な現象もシステム論の視点から捉えなおすことで，認識論的転換が生じ新しい世界が開けるのである。

BPSモデルへの批判

BPSモデルは臨床場面において，しばしば二つの方向で単純化が起こる。一つは「分離された生物心理社会モデル」である。たとえば胃潰瘍に生物医学的レベルで対応して，そのレベルで対応できないときに心理社会的アセスメントに移る。これは厳密には還元主義である。これでは，疾患の原因が患者の体ではなく「頭の中だけ」あるいは「環境だけ」にあると患者に誤解させてしまう。二つ目は，このモデルを「全人的医療」に収斂させた，「思いやり」「共感」「人間理解」というパターナリズムによる思考停止である。そうなると身体，心理，社会環境のダイナミックな相互性が見えなくなる。

またナシア・ガミーNassirGhaemi, S. は，今や現代精神医学の支配的概念となったBPSモデルは「料理のレシピではなく料理材料のリストに過ぎない」という批判を展開し，教条主義，折衷主義，統合主義，そして**多元主義**の四者において，目指すべきは後二者であり前二者は許容し難いと主張する。これらは**図1**のように，認識論が複数か単数か，方法論が複数か単数か，により区別すると分かりやすい。折衷主義とは認識論も方法論も複数であるチーム医療垂れ流しの現状に相当する。一方，目指すべき多元主義は，認識論は複数だが，対象にその時点で最上の方法論を選択すべきだとする。

後述するようにBPSモデルが目指すところも多元主義・統合主義であり，階層性を超えて互いの因子がフィードバックしあいながら影響しあう視点と，それをふまえた介入を落としてはならない。

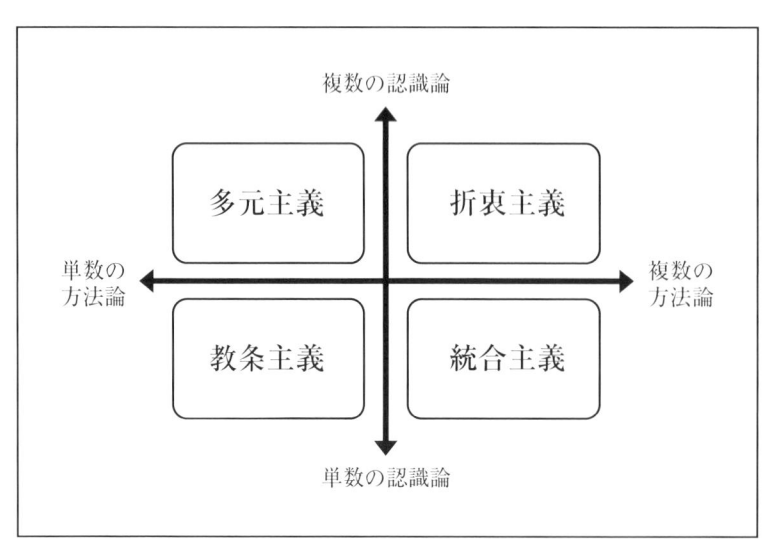

図1　臨床におけるさまざまな主義［筆者作成］

技法への発展

　BPSモデルを実際に臨床場面にどのように活用するかは簡単ではないが，エンゲル以後の臨床家たちは，BPSモデルを技法として活用するために洗練を重ねてきた。たとえば，ロチェスター大学においてマクダニエルMcDaniel, S.H. らが実践しているメディカル・ファミリーセラピーである。そこで強調されてきたのは「Integration（統合）」「collaboration（協働）」「Generosity（寛容）」であり，各専門家の役割の明確化，情報の共有，互いを尊重しあうチームとしての一体感を礎として，多元主義的な医療が展開される。

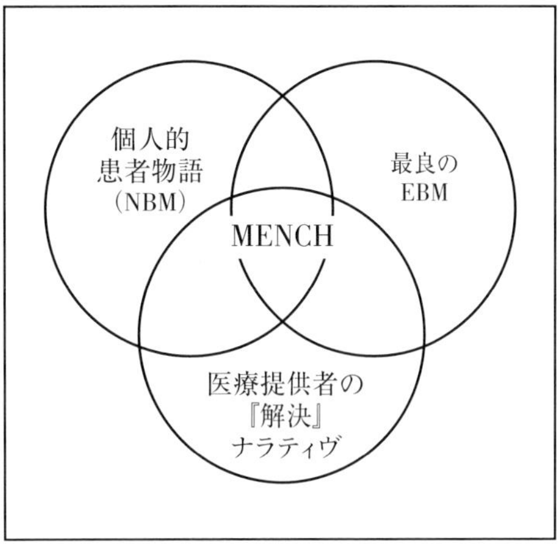

　またEBM（evidence based medicine）とNBM（narrative based medicine）を統合したボルカン Borkan, J. らのMENCH（mindful evidentiary narrative-centered healthcare）がある。図2においてMENCHと指示された部分は，「最良のEBM」と「個人的患者物語（NBM）」，それに「医療提供者の『解釈』ナラティヴ」の交わるところである。BPS同様，この三者を必要に応じてタイミングよく使うが，医療提供者のストーリーが決定的因子とされることで，「省察的実践」という概念が導入される。省察的実践とは，「実践，理論，そして存在の進化を保証する，質問とテストの循環において，あらゆるレベルすべての複雑さを切り捨てることなく，実践の瞬間を思い出す絶え間ない気づき」[Borkan, et al., 2001; p.126]である。そのような瞬間はナラティヴによってこそ共有される[▶2]。

　さらに，BPSの空間的な認識に時間という軸を加えた治療的接近も可能である。1982年にメルゲス Melges, F. が提唱した「時間精神医学」（temporal approach to psychiatry）は，その屋台骨にBPSの発想がある[▶3]。「時間」という臨床概念が導入されることにより，バイオ，サイコ，ソーシャルの三つの視点において共通言語が与えられ，BPSの統合主義への一歩が踏み出されている。BPSを画餅に終わらせず，折衷モデルに貶めることのない実践法がここには秘められている。

現在の臨床応用

　BPSモデルの臨床応用は，治療場面に認められる患者や家族に生ずる現象を生物・心理・社会的な側面から捉え，その相互作用についての理解を深めるという「理解のためのツール」という見方と，時間軸を加えて，介入対象を選択しながら介入していく「治療のためのツール」の二つの側面がある。

理解のためのツールとして

　近年，BPSにスピリチュアルを加え，BPSS（biopsychosocialspiritual）という言葉を聞くことが増えた。これは「生物・心理・社会・霊的」という意味である。この言葉が聞かれる契機となったのは，1998年にWHOの第101回執行理事会で，それまでの健康の定義に，「スピリチュアルな健康」を加える提案がなされたことである[▶4]。特に緩和ケア領域では，全人的疼痛への対応という名の下，実質的に健康にスピリチュアルなレベルが内包され，スピリチュアルケアが注目さ

図2　マインドフルでエビデンスに基づくナラティヴ中心ヘルスケア[Borkan, 2001]

▶2
省察的実践は，ナラティヴ・セラピーのアウトサイダーウィットネス実践やナラティヴ・オンコロジーの実践においても顕著である。

▶3
『時間と内的未来』[Melges, 1982]によって提唱され，彼の死と同時に忽然と消えた学問領域であるが，その今日的な意義は大きい。メルゲスは1961～1964年までロチェスター大学でロマーノ Romano, J. とエンゲルの薫陶を受けた。

▶4
当時，この改正案は賛成22，反対0，棄権8で理事会で可決された。提案国としてはアフリカ，アラブ諸国などが多く，特にイスラム教圏が13カ国あった。その後も，スピリチュアリティの位置づけについて論議が続いている。理事会で可決されたが，結局は，2000年の総会において理事会からの提案は採択されなかった。

表1　BPSSインタビュー

身体的側面への質問	病気や健康の状態について聞く。代表的な質問は「あなたが心配している症状は何ですか」である。
心理的側面への質問	患者によっては，この部分は意識されていないこともある。この質問をすることで，患者の病気の体験，病気がもたらす感情などが明確にされる。
社会的側面への質問	患者に影響を与える社会的側面（家族を含む）について明確になる。誰との関係が支えになり，誰との関係が影響するかなどが明確にされる。
霊的側面への質問	これは，対象者の背景や国籍，そして信仰などにより質問内容の深さは変わるが，「健康や病気に関連した信念がありますか」といった質問から入るのがよいとされる。

れるようになってきている。

BPSS に基づく面接＝BPSS インタビューの目的は，患者との関係性を築きあげ，病いにおける心理的・社会的・スピリチュアル的経験を理解し，患者が社会的な支援ネットワークを促進する最初の導入で行われる。このインタビューで得られる情報は，もっと上位のシステム，別のシステムのために活用される場合もある。インタビュー内容は患者に関わるスタッフによってシェアされる必要があるため，簡潔でわかりやすいことが要求される。このインタビューは，ホスピス病棟，大きな総合病院のリハビリテーション病棟，老人ホーム，介護付き施設，65歳以上の人のための自立支援ホームに入院，入所する人たちに使用されつつ洗練され，その後，治療的介入が必要か否かを決定される前の医療スタッフの訪問によって行われた。BPSS に関する情報を得るために訪問して，患者を評価する。このインタビューのフォーマット（表1）は，最初だけでなく，その後も活用できる。

治療のためのツールとして

BPSS という次元に時間経過を加えて，その流れを図示すると，今後行うべき介入ポイントやなぜ現時点で現行の取り組みが必要なのかが，明確になる。次に，適応障害がうつ病へと進展した咽頭がんの45歳男性を例に考えよう（図3）。

彼は，夫婦二人暮らしで子どもはなく，住宅設備工事を自営。自らの業務遂行能力にかなりの自信を持つ人である。X年1月，がん告知後，坑うつ薬（SSRI）にて軽そう状態になったことがある。他院で化学療法を開始されたが，本院なら手術が可能であると X 年4月17日本院転院となり精査となった。しかし4月下旬から不安定で泣き出したり考えがまとまらなくなったため，5月1日に精神腫瘍医へ紹介となった。術前の不安は適応障害圏内の症状であり生物的治療で改善しているが，術後，本人の期待に反し，しゃべることも食べることもどちらかも

図3　ケースA　45歳男性，咽頭がん

倫理的視点				『夜と霧』を読み，外に出れずに日記を書いている自分は収容所にいるのと同じと。		それ以上のことができるのにできないくやしさ。
社会的視点				外に出たくない，人に会うのが怖い，馬鹿だと思われているみたいだ。		仕事は以前の2/3だが，午後に集めてやっている。
心理的視点	抑うつ	術前不安	自己嫌悪	希死念慮	焦燥感	
生物的視点	咽頭がん坑うつ薬で軽そう状態	化学療法手術	胃ろう	リフレックス（抗うつ薬）	デパケン（気分安定薬）	
主訴／紹介理由		不安定，流涙，考えがまとまらない				
時間（年月）	X年1月	X年4月（紹介時）	8月	11月	X+1年5月	X+3年2月

なり障害を残したことに直面し，孤独感から希死念慮，さらには実存的苦悩までが出現する（食事に1回2時間一日丸6時間割かねばならないことや，声が思うように出ない身体障害に憤りを感じるようになり，11月には人に会うのが怖いので外出したくないと語り，まともに相手と話ができない馬鹿扱いされていると嘆いた。『夜と霧』を読んで，生きることが人に意味を求めていることがわかったと語る）中で，うつ病を併発している。BPSアプローチにおいて，前医にて軽そう状態を来した坑うつ薬を安全に開始し自殺を回避できたのは，（薬剤選択のみならず）それまでの左下から右上へ向かうマクロなBPS会話によって築き上げられた医師患者関係が貢献しているであろう。現在，精神医学的には安定といえるが，以前のように仕事を十分に遂行することができない不全感を抱えながらの生活である。

おわりに

BPSモデルについて，その理論，技法，そして臨床応用についてまとめた。BPSモデルという言葉は医療のみならず看護，心理，福祉の領域でも耳にするようになった。しかし，エンゲルがいおうとしたことは，生物，心理，社会的側面について個別に原因を還元してリストをそろえるといった簡単なことではない。むしろ，システム論に基づき，これらの相互作用に着目し介入することに力点を置いているのである。

（渡辺俊之＋小森康永）

文　献

Borkan, J, Reis, S, Medalie, J.: Narratives in Family Medicine: Tales of transformation, Points of Breakthrough for family physicians. Families Systems Health, 19 (2) ; 121-134, 2001.
Engel, G.L.: Psychological Development in Health and Disease. W.B. Saunders Company, Philadelphia and London, 1962.［小此木啓吾ほか編，慶大医学部精神分析研究グループ訳: 心身の力動的発達．岩崎学術出版社，1975.］
Engel, G.L.: The need for a new medical model. Science, 196 (4286) ; 129-136, 1977.
Engel, G.L.: The Clinical Application of the Biopsychosocial Model. American Journal of Psychiatry, 137 (5) ; 535-544, 1980.
McDaniel, S. et al.: The Shared Experience of Illness. Basic Books, New York, 1997.［小森康永監訳: 治療に生きる病いの経験．創元社，2003.］
Melges, F.T.: Time and the Inner Future. John Wiley & Sons, New York, 1982.
Nassir Ghaemi, S.: The Concepts of Psychiatry: A pluralistic approach to the mind and mental illness. The Johns Hopkins University Press, Baltimore, 2007.［村井俊哉訳: 現代精神医学原論．みすず書房，2009.］
Sulmasy, D.P.: A Biopsychosocial － Spiritual Model for the Care of Patients at the End of Life. The Gerontologist 42 (3) ; 24-33, 2002.

第2節 家族理解の視点

> 社会学的家族問題論
> 家族ストレス論と家族システム論

はじめに

　家族ストレス論は小集団としての家族のストレス状況，あるいは危機状況を捉えようとするものであり，家族社会学で長い間家族問題へのアプローチ・モデルとして採用されてきた。この家族ストレス論が家族療法分野と接点を保ってきた背景には 1970 年代から多大な関心を集めた家族システム論があった。家族ストレス論における家族の問題対処が家族システムの変化・適応という観点から論じられ，家族システム研究の特徴を強めていったのである。

家族社会学研究と家族療法研究

二つの交流チャネル

　1970 年代に偽相補性理論，ダブルバインド理論，歪んだ夫婦関係性理論など，統合失調症の家族精神医学研究理論が家族社会学界にも紹介導入された。ただ話としては興味深く話題にはなったものの，さすがに家族社会学研究では本格的には取り組みようもなかった。

　この時期毎年持たれた家族社会学セミナーを通じて，旧国立精神衛生研究所を中心とした一部の家族精神医学研究者（高臣武史や鈴木浩二ら）や家族病理学者（田村健二）らとの間で持たれた家族療法研究者とのそうした交流は，その後家族社

Key Words

家族社会学
家族ストレス論
家族システム論
円環モデル

会学が問題解決志向性を徐々にそぎ落としていった過程で希薄化してしまったのは残念なことであった。

しかしそうはいっても、その後家族社会学研究者が家族療法研究にまったく無関心になってしまったかといえば答えはノーである。昔日の比ではないが、社会学の立場からする家族問題研究を志す少数の家族社会学者が、いくつかの家族療法学的トピックスについて研究を継続させてきた。ただそれは社会学的家族問題論全体からすれば明らかに少数派となってのことであるが [清水, 1998]。この継続性を担保したのは、(1) 家族ストレス論であり、(2) 家族システム論であった。

問題対処論における関連性

家族ストレス論（基本原型 ABC-X モデル）は、家族社会学にあっては長い間家族問題へのアプローチ・モデルとして採用されてきた（図1）。災害や戦争あるいは経済環境の急変など、同じようなライフイベントを体験しながら、ある家族はなんとかストレッサー・イベントを乗り越えてゆくのに対して、別の家族はなぜ家族危機に陥ってしまうのかを原初的問いとして置いている。ストレッサー・イベント（A 要因）の甚大さだけでなく、それぞれの家族が有している対処資源（B 要因）ならびに問題に関する意味づけ・状況定義（C 要因）が介在して、家族危機が発生したりしなかったり、あるいは危機後の回復水準が影響を受けるとするものである。今日的にいえば「理論」というよりも「分析モデル（変数布置モデル）」というべき単純素朴なものである。1970 年代後半から 80 年代前半になると、この原初的モデルは理論的、モデル的洗練を受け、マッカバン McCubbin, H. やパターソン Patterson, J. らの二重 ABC-X モデル (Double ABC-X model) や家族順応・適応反応モデル（FAAR model）あるいは後述するオルソン Olson, D. らの円環モデル（Circumplex model）など、家族の問題対処プロセスをより詳しく具体的に分析するモデルが打ち出されてきた[▶1]。

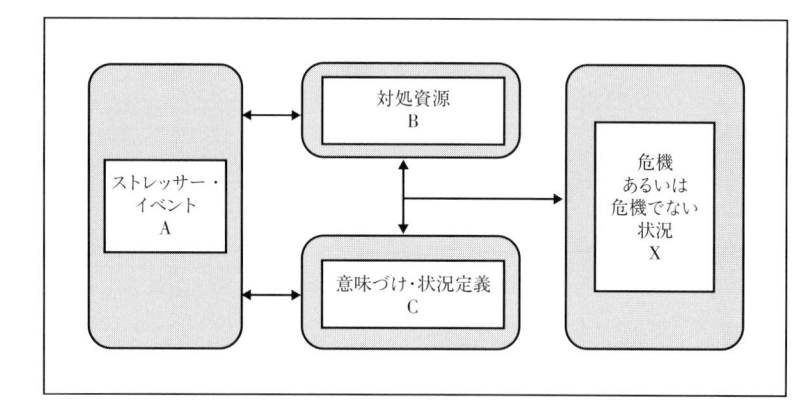

図1　ABC-X モデル [Hill, 1949]

しかし家族ストレス論が家族療法分野との接点を保持しえたのは、1970 年代から多大な関心を集めた家族システム論の隆盛があったからである[▶2]。

システムズ・アプローチにおける関連性

家族ストレス論にシステムズ・アプローチが取り込まれていくのは、家族ストレス論の創始者といわれるヒル Hill, R. にまでさかのぼる。1960 年代にシステム理論が社会システム理論として急展開したことを受け、その後の家族ストレス論的研究は家族システム研究の特徴を強めていく[▶3] [Hill, 1949; 1970, Speer, 1970]。

このことによって、家族ストレス論における家族問題対処論は家族システムの変化・適応という観点から押し進められ、家族システム研究において家族療法的研究との共通接合点となっていったのである。1980 年代に活性化する上記の二重

▶1
最近では ABC-X モデルの C 要因がコミュニケーションや家族関係など家族内過程の「意味づけ」をも担うことから、エスノメソドロジカルな構築主義やナラティヴ・アプローチとの融合も起こっている。

▶2
その接点保持は、直接日本において生じた出来事ではなく、Family Process 誌などの米国学術雑誌での臨床と家族研究の交流を反映したものであり、そうした学術情報を通じて間接的に日本家族社会学にも家族療法分野への関心が維持されたものといえる。

▶3
この時期には、家族療法研究においても本格的な社会システム論の視点から家族システム変化を再検討する動きが展開した [Hill, 1970; Speer, 1970]。

ABC-Xモデル，家族順応・適応反応モデルあるいは円環モデルなど，家族社会学的ストレス研究の代表的な研究モデルは，家族システムの動態変動過程として家族ストレスの問題対処過程にアプローチしようとするものである。

家族社会学における家族システム論的研究

前述のごとく，家族問題対処論は家族ストレス論を基礎に主に家族システムの変化というシステム論的観点からアプローチされてきた。そこで以下では，問題対処のプロセス（治療，相談・支援）を経た家族システムの特性の変化についての臨床研究例［清水，高梨，1990］を示す。そして次に，特定の家族システム特性を具有する家族タイプごとの問題解決態様（ストレスへの対処）に関する研究［Lavee and Olson, 1991］についてみていきたい。

事例　アルコール依存症の家族システム変化

この研究［清水，高梨，1990］は[4]，アルコール依存症の患者を抱えて危機状況にある家族に生じるシステム変化をみようとしたものである。筆者らはアルコール依存症専門のクリニックで，アルコール依存症者本人とその家族を対象に，それぞれのグループミーティングを受けもっていた。このうち家族のグループは家族が本来もっている問題対処能力をひきだすことを目的に，患者ならびに家族が直面する事態がいかなるものか，その定義と意味付けを治療者もグループの一員となって試みる。問題の正体が不確定では対処能力が委縮してしまう。状況定義のリフレーミングで教育的な治療効果をねらったうえで，本人とその家族員を対象とする，家族システムの変化への働きかけという広義の家族療法的なグループミーティングであった。

われわれは，初診時とアルコール依存症者本人の通院開始約2カ月目の2時点を調査し，アルコール依存症家族のシステム特性と治療的介入によるその変化を捉えようとした。

結果は円環モデル（図2）の測度であるFACES IIIによる16分類版で，初診時は，硬直－遊離が全体の33.9%，固定－遊離が12.5%と，両者で45%以上を占め，円環モデル3分類では極端（extreme）が44.6%であった。初診時は専門家の援助，介入前の援助希求状態と理解でき，まさに危機に直面した家族のシステム特性と考えられる。現状の変更を迫る深刻

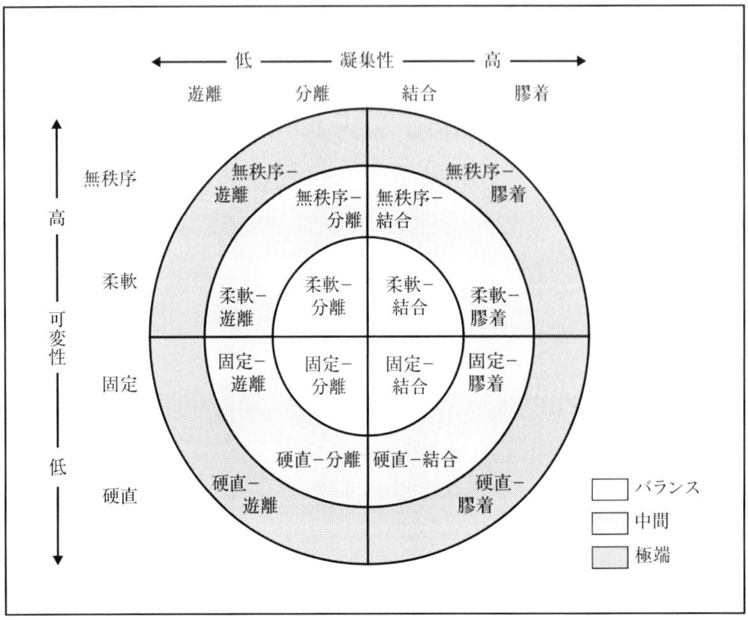

▶4
清水新二・高梨薫（1990）アルコール依存症の家族システムとその変化，家族療法研究,7(1); 3-13, 1990.

図2　円環モデル［Olson, et al, 1979］

なストレスに家族がさらされた場合，家族は脆弱性（vulnerability）の程度によってシステム崩壊（disruption）にいたる。低い凝集性は脆弱性が高いことを示唆する知見があり，初診時に硬直−遊離が多いのは危機が生じつつある様子を捉えている。

これに対し，初診より介入2カ月後の時点では，硬直−遊離は23.6%と初診時から1割減，逆に固定−遊離は23.6%に，凝集性は低いままだが，円環モデル3分類は極端が34.5%という結果であった。

この調査の結果示された数値は，われわれが臨床的に期待し感じていたほどの明瞭な変化を示していないと当初は考えた。しかし2カ月というタイムスパンの適格性，家族システム自体の変わりにくさ，介入失敗ケースの可能性等を再考すると，家族システムの変化とはそう簡単に生じるものではなく，この結果がむしろ妥当なところであるのかもしれないと考えるようになった。変化といっても変わりやすい部分と変わりにくい部分があり，家族のシステム特性や認知枠組の基層部分は短期間のうちに変化するようなものではないのではなかろうか。

また，深刻な問題を抱えていると捉えられる家族で，FACESのようなシステム評価指標で「極端」と評価され，危機が避けようがないと考えられるならば，家族システムの崩壊と再組織化という第二次変化が必要になるが，家族システムは一般に恒常性維持メカニズム（homeostasis）によって危機≒崩壊を食い止めようとするのが通常である。アルコール依存症者本人の飲酒問題を別にすれば，それらの家族にあまり性急に第二次変化を求めるべきではないかもしれない。

ストレス家族と危機家族の区別 ── 家族ストレス論と家族システム論

援助活動との関わりを考えると，危機前の家族とは現実あるいは認知上なんらかの変化の要請（demands）を突きつけられている状態にあるわけだが，危機とはすでにとられてきた対処が失敗し，他の対処のレパートリーも消耗し，対処指針自体が解体してしまうことである。変化の要請に対処している状態の「ストレス家族」と，失敗が重なり消耗してしまった「危機家族」を区別することが重要である[5]。

凝集性と可変性による家族類型

これまでの研究の多くは問題家族に焦点をおいて，FACESによるシステムタイプ3分類で「バランス（balanced）」と評価された家族が「極端（extreme）」より機能的であるという仮説を強く支持してきており，凝集性次元と可変性次元の直交する円環モデルにおける家族機能との二次関数的な曲線的関係を主張してきた。しかしラビーLavee, Y.ら［Lavee and Olson, 1991］は，臨床場面に現れてこない一般家族に「極端」と評価されるものの数はたいへん少なく，地域調査における一般家族の議論ではモデルを構成する凝集性，可変性と家族機能との間に直線的な関係をみることができるため［Olson, 1989］，一般家族の凝集性と可変性による家族類型（typology）は家族システムの態様を詳細に観察していく手段になると主張する。

円環モデルは四つの象限を有し，家族システムはこれに対応させて四つのタイプを考えることができる。ラビーらは，危機を招くストレッサーとしての出来事

▶5
危機前のアルコール依存症家族と危機に突入してしまった家族を区別しつつ家族の対処，そして援助のあり方を明らかにしなければならない。われわれの臨床調査において初診時のFACES Ⅲで危機に直面しているとは捉えられなかった家族が2割以上存在していた。離婚をまったく考えていない家族も58%あった。

や家族の諸条件が同じであっても，この四つのタイプによってストレスへの対処過程など家族適応過程が異なるということを示した。

家族のストレスへの反応を観察していく際には重要な視点があり，それはストレスへの反応は二つの局面（phase）に沿って把握されるというもので，システムの崩壊（disruption）にいたる混乱とシステムの再組織化にいたる適応（adaptation）の局面である[▶6]。たとえばストレッサーとなる出来事があった際にある家族は脆弱（vulnerable）なためにより深刻な混乱を招くであろうし，また，ある家族は混乱（崩壊）が生じても適応的に振る舞い，そこからの回復がよりよくなされるという相違がある。そして，家族のうち凝集性の高いものは低いものよりも有効な資源を有するということを示唆する研究が多くある。言い換えれば，凝集性の高い家族は脆弱性が低く安定していることが予想されるのである。

ここで興味深いのは可変性との関連である。たとえばストレスフルな環境（状況）において低い可変性は家族を危機に陥りにくくするものの，高い可変性は，崩壊を招く混乱が起こってしまった後の回復（recovery）に貢献するというのである［Hansen and Johnson, 1979］。

もともと凝集性と可変性は別々の資源として捉えられてきたが，家族のストレスへの反応を予測するためには凝集性を可変性との関連で捉えていくべきと指摘されるようになり，この両者を組み込んだ円環モデルは異なる家族タイプによってストレスフルな環境への反応がどのように異なるかをみていく枠組みを提供してくれた[▶7]。

問題を抱える家族について考えるとき，大胆に変化の要請への対処をとるべきなのか，それとも変化を最小限にとどめた対処を選択すべきなのか。むろん事例や問題によって判断は異なるわけだが，われわれは普段，臨床場面に現れる家族に関心を寄せるゆえに第二次変化を考えがちとなる。しかし，むしろ多くの一般家族は，対処指針自体が解体してしまうような危機を経験することは家族ライフサイクル上に一，二度あるかどうかと想像され，通常ストレスを招く出来事が生じても，多くの場合は家族システムの変化を抑制する第一次変化で収まっていると考えるほうが自然であろう（あるいは緩やかな第二次変化というものが考えられるのかもしれない）。その意味で，ラビーらの研究は深刻な危機に陥ることなくかろうじてなんとかストレスに対処している家族に学ぶことの重要性に気づかせてくれる。ストレス下にありながらなんとか対処している家族の研究が蓄積されることは，概して精神症状に関して軽症化事例の増大がいわれる昨今の臨床場面を想起すると，未だただちには第二次変化を必要としない問題家族への援助を考えていくことも有益であることは間違いないだろう。

家族社会学研究における解釈学的アプローチ

社会全体の変化を背景にして，現実の面でもまた専門家の家族言説の面においても家族のありようは急速に変化してきた。家族の多様化，私事化，個別化，個人化，ライフスタイル化等々の形で論議の対象となっている[▶8]。

元来家族とは多義的であるが，従前から主位的な家族の存立様式でありかつ分析視点であった「集団／システムとしての家族」という視点だけでは現代の家族は理解が難しくなっている。このような家族変動過程に対応して近年ではむしろ

▶6
家族ストレス論においてヒルの示したもう一つのモデルにジェットコースターモデルがあり，家族は危機に遭遇した際に，組織解体→回復→再組織化の経過をたどるというもので，そこには解体期間と回復期間をみることができる。

▶7
家族システムを評定する円環モデルと，家族のストレスと危機のモデルは互いに別々に発展してきたのだが，実は円環モデルの二次元はすでに家族ストレス研究者たちによってストレスへの反応を説明する重要な資源として研究されてきた。

▶8
家族社会学において主たる家族変動をどう理解しようとしているかについて興味のある読者は，宮本みち子・清水新二:家族生活研究.放送大学教育振興会,2009,p.123の表1を参照のこと。

この多義性と多様性に関心を向け，家族を自明な分析的集団としてでなく，生活者個々人による言説や観念やそれらの相互作用とコミュニケーションによって日々構築され再編され得るリアリティとしてみる解釈学的アプローチが注目されている。その一つは，社会学的には社会構築主義とかエスノメソドロジーといわれるアプローチで［Spector and Kitsuse, 1977; Gubrium and Holstein, 1990］，家族療法におけるナラティヴ・アプローチもその源流をこれらの視点にあわせもっていると理解される[▶9]。

　二つには，家族社会学の問題対処過程研究との接点で論を進める質的研究である。前述のABC-Xモデルやその後の一連の各展開モデルにも当初から組み込まれていたC要因の重要性が，とりわけ問題対処過程における状況定義的，認知的側面として改めて注目されている［Boss, 1988; 清水, 1992; Patterson & Garwick, 1994］。直面する事態の意味づけ，定義づけにより問題対処の態様や過程も異なり，また意味づけの内容によって対処の成否も影響を受けるといった知見が報告され，意味づけの水準やタイプの相違によっても対処のスタイルがどう異なってくるのかなどの検討が，主に質的データによってまた最近では数量的なデータも取り込みながら展開されている。

　ただ，家族生活は問題対処の連続性と捉えられるにもかかわらず，家族療法分野が主に対象とする臨床的介入を要する家族と，相対的には良くも悪くも安定的な相互作用の中で展開される日常的な生活世界を対象とする家族社会学研究ではその議論と対象の射程，広がりが相違し，これが家族社会学研究にあっては家族システム論的アプローチをなお有力な家族研究の基礎アプローチとして位置付ける特徴をもたらしていると考えられる。

（高梨　薫＋清水新二）

▶9
とはいうものの，エスノメソドロジーの原理を適用するグブリアムらの研究枠組みは，「家族というものは実は社会的な構築物であるという認識論的展開を強調するような」既知で陳腐なものとは異なり，家族自体を対象にするというよりも，家族を一つの素材にして「家族言説や解釈実践という独自の対象とそれを分析する（社会学的）方法論」を提供した点に評価を求める立場がある［松木, 2011］。

推薦図書

1. 野々山久也編：論点ハンドブック家族社会学．世界思想社，2009．
2. 清水新二編：家族問題．ミネルヴァ書房，2000．

文　献

Boss, P.: Family Stress Management. SAGE Publications, 1988.
Gubrium, J., Holstein, J.,: What is Family?. Mayfield Publishing, Houston, 1990.［中川伸俊，湯川純幸，鮎川潤訳：家族とはなにか．新曜社，1997．］
Hansen, D.A., Johnson, V.A.: "Rethinking Family Stress Theory: Definitional aspects." In Wesley, B., Reuben, H.F., Ivan, N., et al: Contemporary Theories about the Family (Vol.1). Free Press, New York, 1979.
Hill, R.: Families Under Stress. Harper and Row Publishers, 1949.
Hill, R.: Modern systems theory and the family: A confrontation. Social Science Information, 10(5); 7-26, 1970.
Lavee, Y., Olson, D.H.: Family types and response to stress". Journal of Marriage and the Family, 53; 786-798, 1991.
松木洋人：社会構築主義と家族社会学的研究：エスノメソドロジーの知見を用いる構築主義の視点から．哲学，106; 149-181, 2011．
Olson, D.H.: Circumplex Model: VIII.: Family assessment and intervention. Olson, D., Russel, C.S., Sprenkle, D.H., et al.: Circomplex model: Systemic assessment and treatment of families. Haworth Press, New York, 1989.
Olson, D., Sprenkle, D., Russel, C.: Circumplex Model of Marital and Family Systems: Cohesion and Adaptability Dimensions, Family Types, and Clinical Application. Family Process, 18; 29-45, 1979.Patterson, J.M., Garwick, A.W.: Levels of Meaning in Family Stress Theory. Family Process, 33(3); 287-304, 1994.
Patterson, J.M., Garwick, A.W.: Levels of Meaning in Family Stress Theory. Family Process, 33(3); 287-304, 1994.
清水新二：アルコール依存症と家族（現代家族問題シリーズ）．培風館，1992．
清水新二：家族問題・家族病理研究の回顧と展望．家族社会学研究，10(1); 31-83, 1998．
Spector, M.B. Kitsuse, J.I.: Constructing Social Problems, Cummings. 1977.［村上直之，中川伸俊，鮎川潤，森俊太郎訳：社会問題の構築：ラベリング論を越えて．マルジェ社，1990．］
Speer, D.C.: Family systems: Morphostasis and morphogenesis, or "Is homeostasis enough?". Family Process, 9(3); 259-278, 1970.

家族ライフサイクル

はじめに

家族ライフサイクルの視点[▶1]は，ヘイリー Haley, J.[▶2] [1973] 以来いくつかのモデルが提示されてきたが，セラピストも研究者も十分に関心を寄せてこなかったと指摘されている［McGoldrick, Carter, Preto, 2011］。ここでは，家族ライフサイクルモデルの中で恐らく最も広く知られており，個人，家族，社会システムを統合的に理解する上で有用なマクゴールドリック McGoldrick, M. らの最新モデルを紹介し，個人や家族が抱える問題や葛藤を理解する視点を提供したい。

家族ライフサイクルと家族システムの第二次変化

表1では，家族ライフサイクルは7段階に分けられており，それぞれの段階を特徴づける基本原則と，発達的に前進するために家族に求められる第二次変化，すなわち発達課題がまとめられている。家族はそれぞれの段階に特有の発達課題をめぐってストレスを抱え，さまざまな危機に直面する。危機とは，危険＋機会の意味がある言葉であり，家族がうまく乗り越えられれば成長の機会となるが，うまく乗り越えられない場合，家族機能が停滞し，症状や問題が顕在化する危険性がある。それを左右するのは，家族がそれ以前の段階とは質的に異なるシステムに変化できるかどうか，すなわち第二次変化である。

たとえば，第三段階の幼い子どもを育てる段階にある家族では，「男は仕事，女は家庭」という伝統的性別役割観が必ずしも機能的とはいえなくなった現代家族において，夫婦は子育てや家事をどう分担し協力するかという新たな課題に直面している。そしてそれは，共働き夫婦はこうあるべきとか，専業主婦家庭の場合はこうあるべきという正解があるわけではなく，夫婦が自分たちの状況や活用しうる資源を考慮しつつ，自分たちにとってのベストアンサーを模索しなければならない。そのプロセスで，しばしば夫婦間葛藤が強まる。

こうした難題を乗り越えることができると，夫婦としての絆はより強いものになり，父親・母親として子どもの養育に対しても協働して取り組めるような，夫婦としての成長がもたらされる。反対に，夫婦の絆が弱くなったり，親役割を受け入れられないと，セックスレス，不倫，不適切な養育，離婚といった問題につながる可能性がある。

このように，家族が抱えている問題は，現在の家族ライフサイクルの発達課題と密接に関係している可能性があり，セラピストは家族がその発達課題を乗り越えて次の段階に進めるよう援助していく必要がある。

▶1
構造，発達，機能というシステムの属性のうち，家族システムの発達過程に注目する。

▶2
戦略的家族療法の創始者。エリクソン Erickson, M.H.の心理療法のエッセンスを紹介する中で，家族療法家として初めて家族ライフサイクルの問題を取り上げたとされている。

Key Words

家族ライフサイクル
水平的ストレッサー
垂直的ストレッサー

表1 家族ライフサイクルの段階 [McGoldrick, Carter, Garcia-Preto, 2011]

家族ライフサイクルの段階	移行の情緒過程：基本原則	発達的に前進するために家族に求められる第二次変化
家からの巣立ち：新生の若い成人	自己の情緒的経済的責任を受け入れること	a. 原家族との関係における自己分化 b. 親密な仲間関係の発達 c. 職業における自己確立と経済的自立 d. コミュニティとより大きな社会における自己確立 e. スピリチュアリティ
結婚による家族のつながり／結合	新たなシステムにコミットすること	a. パートナーシステムの形成 b. 新たなパートナーを包含するように，拡大家族，友人，より大きなコミュニティや社会システムとの関係を再編成すること
幼い子どもがいる家族	システムに新たなメンバーを受け入れること	a. 子どものためのスペースを作るよう，カップルシステムを調節すること b. 子育て，経済的課題，家事における協働 c. 親役割と祖父母役割を包含するよう，拡大家族との関係を再編成すること d. 新たな家族の構造と関係を包含するよう，より大きなコミュニティや社会システムとの関係を再編成すること
青年期の子どもがいる家族	子どもの自立と祖父母の衰えを許容できるよう，家族境界をより柔軟にすること	a. 青年がシステムを出入りすることを許容できる親子関係に移行すること b. 中年期のカップルとキャリアの問題に再度焦点を当てること c. 高齢世代を世話する方向に移行し始めること d. 新たな関係パターンを形成しながら青年と親という家族への移行を包含できるように，コミュニティやより大きな社会システムとの関係を再編成すること
中年期における子どもの巣立ちとその後	システムへのさまざまな出入りを受け入れること	a. 二者関係としてのカップルシステムの再交渉 b. 親と成人した子どもとの間で大人対大人の関係を発達させること c. 親戚と孫を包含するよう，関係を再編成すること d. 家族関係における新たな構造と布置を包含するよう，コミュニティやより大きな社会システムとの関係を再編成すること e. 子育ての責任から解放され，新たな関心事／キャリアを探求すること f. 親（祖父母）のケアの必要性，機能低下，死に対処すること
後期中年期の家族	世代の役割の移行を受け入れること	a. 生理学的な衰えに直面しながら，自分自身および／あるいはカップルとしての機能と関心を維持すること：新たな家族役割と社会的な役割の選択肢を模索すること b. 中年世代がより中心的な役割を取るようサポートすること c. この段階の家族関係のパターンが変化したことを認められるよう，コミュニティやより大きな社会システムとの関係においてシステムを再編成すること d. 高齢者の知恵と経験をシステムの中に取り入れる余地を作ること e. 高齢世代に対して，過剰に機能することなくサポートすること
人生の終わりを迎える家族	限りある現実，死や自分自身の人生の完結を受け入れること	a. 配偶者，同胞，他の仲間の喪失に対処すること b. 死と遺産への準備をすること c. 中年世代と高齢世代の間の役割交代に対処すること d. 変化しつつあるライフサイクルの関係を認めるよう，より大きなコミュニティや社会システムとの関係を再編成すること

アセスメントにおける多文脈的枠組み

　家族ライフサイクル論において，個人や家族の問題をアセスメントする際に重視されているのが，さまざまなレベルのシステムを視野に入れつつ，**水平的ストレッサー**と**垂直的ストレッサー**という二つの時間軸で捉える多文脈的枠組みである（図1）。

水平的ストレッサー

　水平的ストレッサーとは，家族がライフサイクルに沿って発達していく中で経験するストレッサーであり，発達的なもの，予測不可能なもの，さらには家族外

垂直的ストレッサー
貧困，政治，人種差別，性差別，階級差別，
同性愛／両性愛／トランスジェンダー恐怖，
暴力，嗜癖，家族の情緒パターン，
家族神話，三角関係，秘密，
遺産，遺伝的な能力／負因，
宗教的な信念と実践

社会文化的文脈
1. 所属感，安全感，
　"帰るところ"という感覚を伴った個人と家族の歴史
2. コミュニティ，政治的，
　宗教的，民族的，社会的な集団とのつながり
3. コミュニティの資源，友人関係のネットワーク
4. 文化，人種，ジェンダー，階層，宗教，年齢，
　性的指向，政治的経済的勢力への接近，家族構造，
　先天的な能力と負因に関する特権／抑圧

水平的ストレッサー
発達的なもの
　ライフサイクルの移行
予測不可能なもの
　早すぎる死，トラウマ，
　事故，慢性疾患，失業，
　自然災害，移住
歴史的，経済的，
政治的な出来事
　戦争，経済的不況，
　政治情勢，災害，
　移住

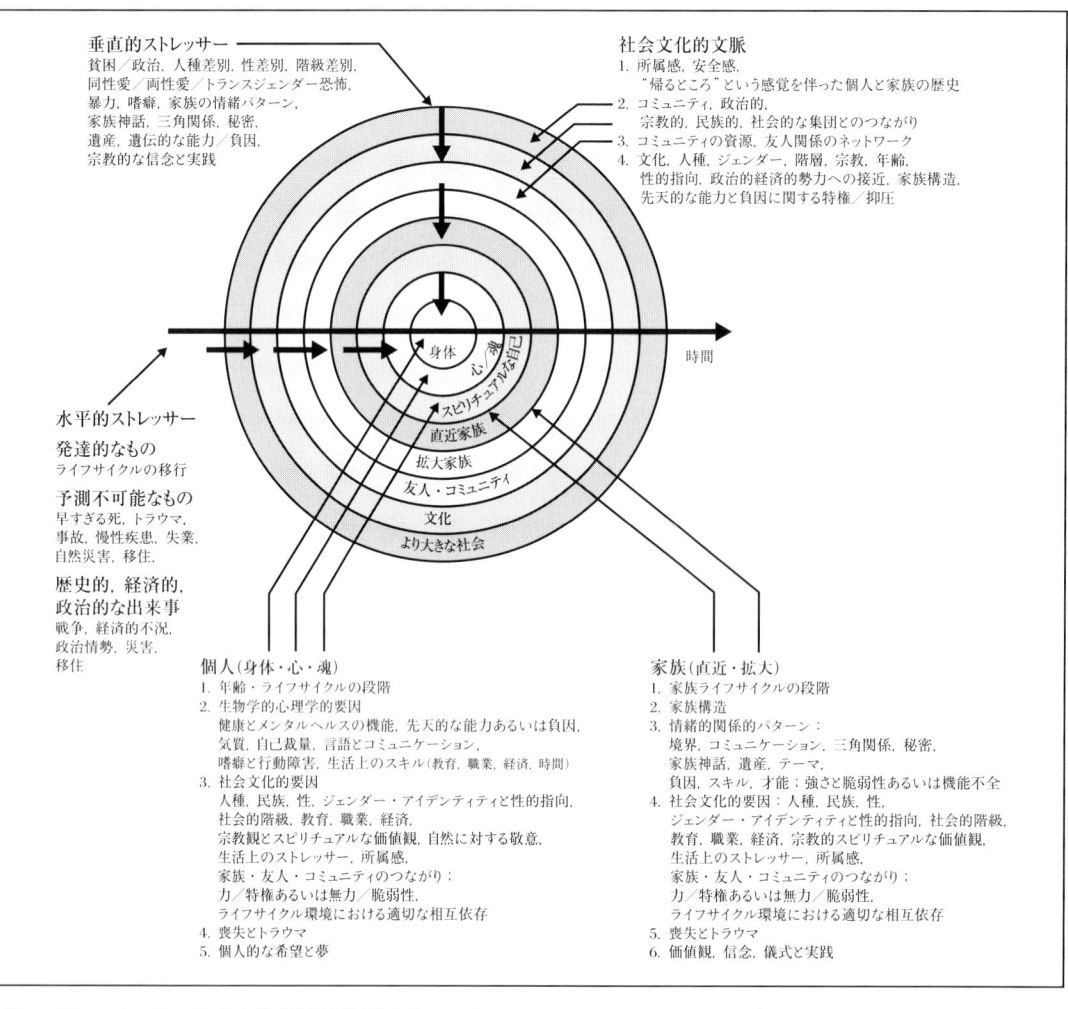

（同心円：身体／心・魂／スピリチュアル／自己／直近家族／拡大家族／友人・コミュニティ／文化／より大きな社会）

個人（身体・心・魂）
1. 年齢・ライフサイクルの段階
2. 生物学的心理学的要因
　健康とメンタルヘルスの機能，先天的な能力あるいは負因，
　気質，自己裁量，言語とコミュニケーション，
　嗜癖と行動障害，生活上のスキル（教育，職業，経済，時間）
3. 社会文化的要因
　人種，民族，性，ジェンダー・アイデンティティと性的指向，
　社会的階級，教育，職業，経済，
　宗教観とスピリチュアルな価値観，自然に対する敬意，
　生活上のストレッサー，所属感，
　家族・友人・コミュニティのつながり；
　力／特権あるいは無力／脆弱性，
　ライフサイクル環境における適切な相互依存
4. 喪失とトラウマ
5. 個人的な希望と夢

家族（直近・拡大）
1. 家族ライフサイクルの段階
2. 家族構造
3. 情緒的関係のパターン：
　境界，コミュニケーション，三角関係，秘密，
　家族神話，遺産，テーマ，
　負因，スキル，才能；強さと脆弱性あるいは機能不全
4. 社会文化的要因：人種，民族，性，
　ジェンダー・アイデンティティと性的指向，社会的階級，
　教育，職業，経済，宗教的スピリチュアルな価値観，
　生活上のストレッサー，所属感，
　家族・友人・コミュニティのつながり；
　力／特権あるいは無力／脆弱性，
　ライフサイクル環境における適切な相互依存
5. 喪失とトラウマ
6. 価値観，信念，儀式と実践

図1　アセスメントのための多文脈的枠組み [McGoldrick, Carter, Garcia-Preto, 2011]

▶3
発達的なストレッサーとしては，ライフサイクルの移行に伴う発達課題とストレスが挙げられるが，これらは多くの家族が共通して体験するものである。それに対して，一部の家族しか体験しない予測不可能なストレッサーとしては，早すぎる死，トラウマ，事故，慢性疾患，失業，自然災害，移住などが挙げられる。また，歴史的，経済的，政治的の出来事に関連したストレッサーとして，戦争，経済的不況，政治情勢，災害，移住などが挙げられる。

の社会システムによってもたらされるものなどがある[▶3]。

　ここで，先ほど取り上げた第三段階の子育て期の夫婦を例に考えてみる。もし，深刻な経済的不況の中で夫が失業した場合，夫の職業人として，男性としてのアイデンティティが揺さぶられ，抑うつ症状を引き起こすかもしれない。また，家計を直撃するのはもちろんのこと，それによって専業主婦だった妻が働き始めたり，第二子をつくるかどうかの夫婦の意志決定にも影響を与えるだろう。一見すると個人の症状や家族の問題とは無関係に見える社会全体の変化が，さまざまなレベルのシステムに影響を与え，家族内のストレスが高まり，子育てをめぐる夫婦の葛藤はより深刻になる可能性がある。

　このように，より大きな社会システムからもたらされるストレッサーに直撃された家族や，一部の家族しか経験しないような予測不可能なストレッサーに見舞われた家族は，一層大きなストレスにさらされ，適切なサポート資源を得ることも容易ではなく，問題を生じる可能性は高くなると考えられる。

垂直的ストレッサー

垂直的ストレッサーとは，家族の歴史的プロセスを通して世代を超えて伝達され，個人や家族にさまざまな影響を及ぼすものであり[▶4]，時に水平的ストレッサーをより複雑で負荷の強いものにする。

たとえば，第三段階の夫婦の子どもが先天的な疾患や障害をもっている場合，通常の子育て以上にストレスは大きなものとなり，専門家などさまざまなサポートが必要となるだろう。あるいは，母親自身の子ども時代の両親との愛着関係が極めて不安定だった場合，自分の子どもと安定した愛着関係を形成することは容易ではなく，育児ストレスも極めて大きなものとなる可能性があるし，父親である夫の理解やサポートは一層重要になるだろう。

このように，個人や家族が現時点で抱えている問題を理解する際，過去から現在に至る長い時間軸で個人や家族に影響を及ぼしているストレッサーにも注目する必要がある。

▶4
最下位レベルの個人システムとしては遺伝的負因や気質などがあり，その上位の家族システムとしては，情緒的パターン，家族神話，三角関係，秘密，遺産などが，さらにより大きな社会システムが関連するものとして，政治経済状況やジェンダー，そしてさまざまな差別などが挙げられる。

さまざまなレベルのシステムを視野に入れる

図1にあるように，個人や家族の問題をアセスメントする際，視野に入れるべきシステムは極めて多岐にわたる。そもそも家族療法は，システムとして家族を理解することによって，一見すると個人の問題に見えることが家族という文脈の中で円環的に理解することができ，原因を追及せず犯人捜しをしないでも家族の関係が変化することで問題が解決されることを強調してきた。にもかかわらず，セラピストが家族というシステムにだけ焦点を当ててしまうと，家族を原因や犯人と見なしてしまう危険性がある。

したがって，セラピストが直接介入するのは，個人の心理や行動，家族の関係性というレベルかもしれないが，直接介入することはできないとしても，家族を取り巻くより大きなシステムや，個人の身体レベルについても視野に入れ，個人や家族が直面している問題との関連性を統合的に理解することが重要である。

おわりに：家族ライフサイクルの枠組みを有効に活用するために

本論で取り上げた家族ライフサイクルモデルは，現代の多様化した家族の有り様をすべて網羅しているものではない。たとえば，子どものいない夫婦や離婚家庭などは，子どものいる核家族とは異なる独自の発達過程をたどる。また，いわゆるできちゃった結婚は婚姻全体の30％近くを占めるようになっており，これは第二段階と第三段階を同時に経験している家族が少なくないことを示している。したがって，家族ライフサイクルの段階を絶対視しないこと，少数派といわれる家族の有り様を尊重することも忘れてはならない。

（野末武義）

推薦図書

中釜洋子，野末武義，布柴靖枝，無藤清子：家族心理学：家族システムの発達と臨床的援助．有斐閣ブックス，2008．

文　献

Haley, J.: Uncommon Therapy: The Psychiatric Techniques of Milton H. Erickson, M.D., W.W.Norton & Co. Inc., NewYork, 1973.［高石昇，宮田敬一訳：アンコモンセラピー：ミルトン・エリクソンのひらいた世界．二瓶社，2000．］

McGoldrick, M., Carter, B., Preto, N.G.: The expanded family life cycle.: Individual, family, and social perspectives. Fourth Edition. Allyn and Bacon, Boston, 2011.

ジェノグラム

はじめに

　ジェノグラムとは歴史的に家族関係を理解するための基礎情報として描かれる図のことをいう。従来いろいろな方式で図示されてきたが，家族療法の領域では，世界的にほぼ標準化された方式がある。末尾に参考文献として挙げたものは，筆者がマクゴールドリック McGoldrick, M. らによって標準化されたものにわが国での適用を考えて若干の工夫を加えたものである。記載方法について詳しくは，この参考文献にあたっていただきたい［中村，2002］。以下では模擬事例のジェノグラムを示しながら解説を加える。

模擬事例のジェノグラム（図1）

　まず◎の中に 30 と記載されているところに注目する。
　○と□が散見されるが，○は女性，□は男性を，中の数字は年齢を示す。このジェノグラムの中で患者はこの◎の 30 歳の女性で「うつ状態」を示し，32 歳の夫と共に来談した。夫婦はこのように横結びの実線で示され，左に夫，右に妻というルールがある。この夫婦の間には 2 歳になる女児と 2010 年（図では 0 歳の男児の左肩に '10 - と示される）に生まれた 0 歳の男児がいる。このように同胞順位は左から右へ，この夫婦を結ぶ横線から垂らして描かれる。この夫婦の横線の上の情報は，彼らが 6 カ月（6mo）の交際後，恋愛結婚（lo.m.: love marriage）したことを示す。夫が 29 歳，妻 27 歳のことだった。このように結婚年齢は上が夫，下が妻となる。
　この夫婦の一世代前もしくは生まれ育った家族（原家族 Family-of-Origin）は，その上方に描かれる。32 歳の夫の両親は父親が 65 歳，母親が 57 歳である。夫の両親は父 29 歳，母 21 歳の時に見合い結婚（ar.m.: arranged marriage）で結婚した。
　夫の同胞はどうだろう。彼には 35 歳になる兄と 30 歳の妹がいる。兄は結婚していたが，2008 年に離婚している（d.'08）。d とは devorce（離婚）の頭文字。このように離婚は斜めの二本線で示される。ちなみに別居は斜め一本線で，その上に s と書く。s とは separation（別居）の頭文字。兄夫婦の間には娘がいたが，離婚の二本線が娘の下方線の左にあるので，親権は母親にある。30 歳の妹は婚約者がいる。横の破線はこのように婚約関係，同棲，妾，浮気関係など婚姻以外での親密な異性関係もしくは同性愛関係を示す。
　夫の父方祖父母は既に亡くなっている。死亡はこのように□や○の中に×を書く。死亡年齢と死因がわかればそれも記入する。夫と妻の祖父母世代についても同様である。
　妻の方であるが，妻には 2 歳下の 28 歳になる弟がおり，結婚し，その妻が妊娠中である。妊娠はこのように▲のマークを夫婦間から垂らす。ちなみに流産は

Key Words

ジェノグラム
ジェノグラム・インタビュー
生まれ変わり空想

図1

小さな●，人工流産は小さな×を夫婦間の横線から垂らす。

妻の父親は2010年（-'10）に60歳（□の中の×の上に60と記載）で癌（ca）で死亡している。これは妻が長男出産の直前のことであった。

模擬事例の解説：ジェノグラムの上に家族関係を描く

ジェノグラムの上に図1では細い線で描かれている（通常赤線などを用いる）が，患者とその症状を理解する助けになる主な家族関係を表す線を引くことがある。家族関係図とも称される。この事例では，最愛の父は患者が長男妊娠中に癌になり，死を迎え，その後に男児が生まれたということが，ケース理解の鍵になった。妻は生まれてきた男児を父の生まれ変わりだと信じてやまなかった。これは「生まれ変わり空想」といわれる。つまり父への3本線（情緒的に極めて密な関係）が息子への3本線へシフトしたと考えてよい。このもう一つの理由は妻の両親関係が長期にわたって葛藤的（ギザギザ線）であったことがあげられよう。この両親の不仲にあって長女だった妻は父親を支持する側に回っていた。このことがより父親の喪の作業を困難にしていた。

長男との密着は夫婦関係を疎遠（破線）にし，さらに長女も父親からのサポート（実線）はあるものの孤立して，なかなか寝付かず，夜尿など退行した行動も始まっている。

まとめ：ジェノグラムを治療に生かす

このようにジェノグラムは強力な事例理解の助けとなる。さらに家族や個人の前で大きく描くことで歴史的な家族関係の理解が家族にも個人にも深まる。これをジェノグラム・インタビューと呼ぶ。

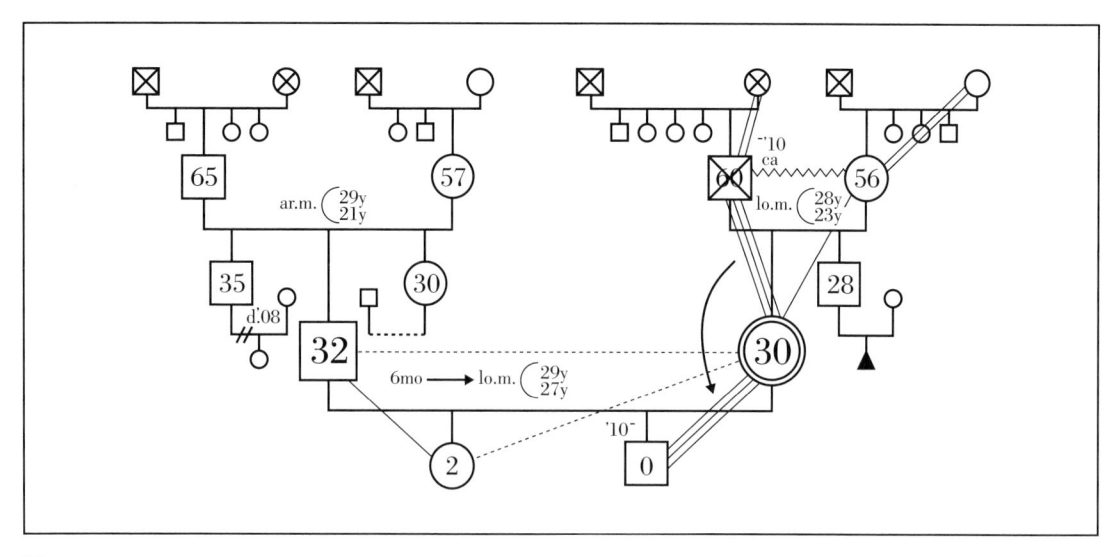

さらにこのような情報の収集を家族の前で行うインタビューは，家族間の情緒的な関係に触れ，それを語ることを勧められることに抵抗のある多くの男性（と

表1　ジェノグラム・インタビューの方法と着眼点

1.	現在の問題から始める
	その問題はいつから始まったのか？
	誰が問題視したのか？
	皆はその問題をどのように捉えているのか？
	その問題にどのような反応をしているのか？
	問題の発生前に何かあったか？
	問題は変化したのか？　どのように？
	問題が続いたとしたらどのようなことが起こるか？
2.	家族のことを聞いていく
	一緒に住んでいるのは（名前，年齢，性別）？
	どのような関係（夫婦，親子，祖父母など）？
	他の家族員はどこに住んでいる？
	以前にも同じような問題があったか？
	以前はどのように対処してきたのか（治療，専門的援助，入院など）？
	最近家族のなかで起きたことは？
	最近の家族の変化あるいはストレスと思われることは？
3.	両親の実家について
	同胞の数，名前，誕生日（年齢），出身地？
	同胞順位
	両親の結婚（あるいは別居，離婚，再婚）
	両親の同胞の結婚（あるいは別居，離婚，再婚，子ども）
	家族の死因
4.	他の世代について聞く
	両親の親（祖父母：名前，誕生日，年齢，死亡年齢）とその出身地
	死因
	祖父母の同胞（名前，死因とそのときの年齢）
5.	喪失にまつわる質問
	予想しえた喪失？　予想できなかった喪失？
	喪失があたえた影響あるいはインパクト
	葬儀の形式（宗教など），参加者（規模など），リーダーシップ（喪主など）
	その喪失によって，その後家族に起こるであろうと予想されたこと
	自死，交通事故，「あいまいな喪失」（遺品がない，失踪，認知症，植物状態）など
	そうした喪失によるスティグマやトラウマ
	秘密にされた／謎めいた死因，なぜ？

りわけ父親）には負荷のかからない介入である。彼らはいつものセッションと別人のように大いに語り，家族関係図を描くことにも大変な興味を示すことも稀ではない。

　治療者自身のジェノグラムを描き，なぜこの職業を選んだのかや，苦手事例の理由を治療者の家族関係の歴史から理解することにも利用されている。このような方法は（治療者の）原家族スーパーヴィジョン（Family-of-Origin Supervision）と呼ばれている。最後に，ジェノグラムを来談家族の前で聴取するときの方法と主な着眼点を表1に示す。

(中村伸一)

推薦図書

1. マクゴールドリック, M., ガーソン, R.（石川元，渋沢田鶴子訳）: ジェノグラムのはなし. 東京図書, 1988.
2. 中村伸一: 家族・夫婦臨床の実践. 金剛出版, 2011.
3. 中村伸一: 家族療法の視点. 金剛出版, 1997.

文献

中村伸一: ジェノグラムの書き方: 最新フォーマット. 家族療法研究, 19(3); 57-60, 2002.

6. ジェンダーについて
    今の家族の中での「男性の役割・女性の役割」：稼ぎ手，家事，育児など
    前の世代の「男性の役割・女性の役割」
    「家」思想のジェンダーへの影響
    ジェンダーにまつわるストレスや葛藤
7. 家族の主なライフ・イベント
    結婚（出会いの場／恋愛／見合い／交際期間など）
    出産・誕生
    死亡
    引っ越し・単身赴任
    （急な）経済的困窮／経済的隆盛
    これらの変化に家族はどのように対応したのか？
8. 家族関係をたずねる
    隔絶した関係（cut-off）があるか？
    同盟関係（alliance）があるか？
    夫婦関係のパターン？　親子関係のパターン？
    それらはどのように形成され伝承されたか？（されなかったか？）
    世代を超えてこれらのパタンが存在するかをさぐる
9. 家族の中での「役割」
    世話役？「病人」／「問題」な人？
    「良い人」？「悪い人」？
    「成功者」？「失敗者／落伍者」？
    「素敵な人」？「冷酷な人」？「よそよそしい人」？
10. 個人の機能
    仕事（職種，転職，失業，成功と失敗など）
    世襲制のある職業（住職，宮司，伝統芸能，農家，職人，医者，会社経営，政治家）
    学業（学歴，成績，大学名など）
    医学的な問題（慢性疾患，遺伝性疾患，急性疾患など）
    精神医学的の疾患（統合失調症，躁うつ病，うつ病，不安障害，強迫性障害，知的障害，発達障害など）
    依存症（アルコール，薬物，ギャンブル，セックス，糖分など）
    法にまつわる問題（触法行為，資格取り消し，訴訟，DV，児童虐待など）

レジリエンス

はじめに

　人々がさまざまな困難を乗り越えて，次のステップに踏み出していく姿はとても力強い。人や家族が大きな傷つきにもかかわらずその困難を乗り越えて，成長していく様を読み解くのに近年「レジリエンス」という概念がしばしば用いられるようになった。ここではそのレジリエンスについて解説し，家族レジリエンス実践について考える。

レジリエンスとは

　レジリエンス（resilience）は簡単にいえば，人々の回復する力のことをいう。語源からは伸び上がる，うずくまって跳ね上がるというような意味で高い靭性を表す［石川，2009］とされ，西園は「雪の重さに耐える竹」［西園，2010］と述べており柳に雪折れなしというイメージであろうか。もともと弾性，はね返す力などの意味を持ち，もっぱらひどい災難や長引く困難などにうちかって元通りになる力のことを指す。わが国でも近年，レジリアンス／リジリアンス／レジリエンシーなど，表記は多様で統一されていないものの，保健医療，社会福祉，心理，発達，教育などの領域で徐々に関心が高まりつつあり，個人の力ではいかんともしがたい圧倒的な災害や災難にいつ襲われるかもしれない今日的な状況にあって，改めて注目されている言葉の一つといえる。

子どもの発達と環境

　もともと子どもの発達の領域で，過酷，劣悪な養育的な環境や地域に育った子どもたちの多くが健全に成長しており，そのサバイバルの要因やリスク要因についてのワーナー Werner, E.E.［1982］やガーメジー Garmezy, N.［1973］などの大規模な研究の中からレジリエンスという概念が浮かび上がり，縦断的研究が進むにつれて一層注目されるようになってきたものである。発達心理学の分野では，「精神的回復力」としてストレスフルな状況でも精神的健康を維持する，あるいは回復へと導く心理的特性であるとされ，「困難な状況に直面し，それを克服し，その経験によって強化される，また変容される普遍的な人の許容力」［Grotberg, 1995］などと定義されている。そこで，遺伝的要素と環境的要因のからみ合った健全な発育の要素の一つとして，危機に瀕して速やかに立ち直ることができる所与の資質としてアセスメントの対象とされ，尺度やチェックリストなども開発されている。

　今日的には，発達的・病理学的な個人の資質として捉えるよりも環境に目を向けその相互作用として捉える立場が一般的であるといううるが，その第一の転換点は，前述の子どもの発達と環境についての大規模調査が個人の発達における病理因果的なレジリエンス概念に一石を投じたことにある。レジリエンスの前提は，

Key Words

レジリエンス
家族レジリエンス
子どものレジリエンス
環境レジリエンス
家族レジリエンス
　志向実践

その人が「うまくやれているか」ということと，克服すべき危機や苦境にある，もしくはあったかということである。つまりレジリエンスは，性格の一つというよりも個人の行動や生活パターンの中で，困難の克服，ストレス下で生き抜くこと，トラウマから回復，逆境にもかかわらずうまく適応することであり，危機（risk factor：リスク要因）と保護的要因（protective factor；防御促進要因）の二極関係の間で「個人と環境の両方のさまざまな資源との力動的な相互作用」として機能するものなのである［Fraser et al., 2004; Unger, 2012］。

レジリエンスと関係性

　レジリエンスは関係を通して育まれる。個人，家族や友人，地域などの人と人とのつながりの中で育まれ，肯定的な変容と成長を生むものである。そこで子どものレジリエンスを育む家族という環境要因とその家族を取り囲む社会という影響要因との相互作用が重要となってくる。たとえば家族療法家であるワルシュ Walsh, F.［1998］は，レジリエンスを個人の生得の問題解決能力の一つとして考えるよりも，家族や家族システムを個人の資質の資源として考え，家族レジリエンスに注目した。彼女は決して理想的であるとはいえない家庭の状況下にあっても子どもがサバイバルする条件として，親戚や他の家族メンバーや，近隣の人々の中にひとりでも，両親に代わる子どもと強い関係性をもった成人がいること[▷1]をあげたが，「家族システム」といわないまでもそれらの養育者らとの関係性におけるウェルビーイングの質は重要であり，必然的に親や家族へのサポートが求められるところである。

　家族の外での人間関係も重要である。学校やクラブなどの地域の資源と参加の機会，近隣の質，社会福祉と社会保険の質などは飛び抜けた危機を緩和し，コミュニティや近隣のおとなたちへの帰属意識が肯定的に働く面もある。それらのサポートのためのコンサルテーションやマニュアル，厳密な評価やエバリュエーション等が必要である。また，さらに両親の精神保健に留意し，親子関係を活用し，介入終了後のうまくいった点などを維持するように家族の可能性を促進し，実行できるかぎり速やかにかつ継続的に関わり，幼児期だけでなく，児童・思春期等の発達上の危機を考えあわせ，特定の危機以外にも子育て上の問題に特に注意を払いながら，コミュニティを基盤として，年長児や，私的なメンターや仲間との近隣組織を利用しながらの協働が求められる[▷2]。近年の児童虐待の多発，離婚等による原家族の解体・変化によって，危機に直面する子どもたちへの予防策として，家族，拡大家族，あるいは家族のような影響性をもつ近隣システムをその資源とみなし，社会的な状況と時間的な過程を鑑みて，エコロジカルで，発達的な観点から家族レジリエンスを促進するような支援者の関わりが必要とされる。

　こうした考え方は，第二の視点の転換点，システム論的な視点の導入によりもたらされた。臨床に用いるにあたって，レジリエンスを，人が劣悪な環境にいかにコーピングできるかの健康度を測るチェック項目の一つとして捉えてしまうと，

▶1
ワルシュのみならず，ラターら[▷1]，ルーサーら[▷2]もこの重要性を強調している。

▶2
同じくラターらは，コミュニティ全体を捉える，コミュニティ基盤のサポートの必要性を述べている。家族のみならず，公私を問わず，専門家も入ってのコミュニティにおける協働である。これについては，たとえばワルシュも前掲書の第2版（2006）で新ためてコミュニティ基盤の家族レジリエンス志向実践を唱えており，アンガーの環境や文化への注目（2012）も合わせて，環境の中の家族レジリエンスという視点は外せない。

▷1　Rutter, M.: Resilience in the face of adversity: Protective factors and resistance to psychiatric disorder. British Journal of Psychiatry, 147; 598-611, 1985.
▷2　Luthar, S.S (eds.) Resilience and Vulnerability: Adaptation in the Context of Childhood Adversities, Cambridge. Cambridge University Press, p.510, 2003.

「レジリエントでない」ことを危険因子として問題視し，直線因果律的な病理モデルに陥るおそれもある。臨床的なレジリエンス概念の意義は，すべての人はレジリエントなのであり，そのレジリエンスの充分な発揚を促すこと，あるいは，レジリエンスを働かせてきたことがサバイバルに役立ってきたとクライアントが実感できることにある。ウォーリン Wolin, S. ら［Wolin, Wolin, 1993］は臨床的に個人が「ダメージモデル」から「チャレンジモデル」へと変換できるためのモデルを提示し，子どもの資質を考える上で重要で肯定的なレジリエンスの特質として，洞察・独立性・関係性・イニシアティブ・ユーモア・創造性・モラルの七つの特質に注目した。またワルシュも個人のレジリエンスの特質として，ユーモアのセンス，楽観的であることなどを挙げている。それらは，誰にでも内在する力であり，それらに気付き，新たなサバイバルストーリーが語られ，問題解決に向かってのストレングス（strength: 強み，長所）として発揮されることこそが重要なのである。

家族レジリエンス志向実践

　家族療法家でもあるソーシャルワーカーのカナダのアンガー Unger, M. は，ソーシャルワーク理論から，個人から家族，家族から環境の持つレジリエンスに注目する。彼の定義によれば，レジリエンスは「非常に重大な困難に曝される状況でレジリエンスはそのウェルビーイングを維持する心理的・社会的・文化的・物理的資源に個人を導く能力であり，文化的に意味ある道にもたらされるこれらの資源とすりあわせるその個別の集合的な能力」［Unger, 2012］であり，レジリエンスの七つの次元として物理的資源へのアクセス，関係性，自己同一性，パワーとコントロール，文化的密着性，凝集性，社会正義を挙げている。

　このようにこれらのレジリエンス研究は，レジリエンスを生得の資質として発達における不適応や病理の「ない」ことを問題とする従来の病理-欠陥焦点モデルから，悲惨で傷つくような経験からダメージを受け，打ちのめされたままでいるのではなく，そこから立ち直るもので，人にはもともと備わっており，その力を強め，育み，促すこと，そのような環境を作ることが重要であるという考え方として発展してきている。

　こうして，人のレジリエンスを育む環境の一つとして大きな意味を持つ「家族」への関心が「家族レジリエンス」へ向かい，それはさらに環境全体を捉え，人や家族や近隣，地域など環境全体の相互作用を捉える環境のレジリエンスへの関心となってきた[▶3]のである。ソーシャルワーク実践においては，ストレングスアプローチ[▶4]の流れの中で非常に自然に受け入れられるものである。家族の一員がなんらかの問題行動や症状を呈したときの家族援助において，もっとも重要なのは，その家族の本来持っているレジリエンスを発揮して家族の自己修復力，家族がもともとのその家族なりのウェルビーイングな状態に戻る力があると仮定し，家族機能を病理的な面からでなく，健康さの面から捉えることである。こうした視点をもって，個人のレジリエンスが機能するためにも，家族のワーカビリティ（機動力）をたかめるような援助をなすこと，なしえるようなサポートシステムを作ることが肝要である。家族レジリエンス志向実践においては，多くの危機的状況が累積し，問題が「染み付いた」いわゆる多問題家族といわれるような家族に

▶3
これが環境レジリエンスである。文化や民族などの人や家族がおかれている社会的な文脈を理解して，そこに潜在する力，たとえば文化や民族の持つ力を有効な資源として使うのである。

▶4
問題や病理などの欠点に焦点づけるのではなく，人々の持つストレングス（strength: 強み）に焦点づけようとするソーシャルワークの考え方の一つ。

将来の可能性を見いだし，家族レジリエンスが働くように全体的に協働していくものである．それは個人や問題とされるものへの働きかけではなく，そこで，それらを取り巻くすべての環境との交互作用の全体のしなやかな動きを促進するプロセスを見る視点が重要となってくる．

おわりに

とりわけ現代は，本人主体の地域での自立生活のために本人の力を主体とし，エンパワメントしうる支援が求められている．その真骨頂は，本人が主体となるための支援ではなく，支援においてもとより主体である本人の主体性の回復をサポートすることである．その前提は，個人や家族が何らかの傷つく体験をしたとしても，自らそれを修復し，回復する力があるという個人や家族のレジリエンスへの信頼であり，その信頼に基づいて，レジリエンスが機能するのをいかに阻まないで促進できるかが，サポートのキーポイントとなるのである．

（得津慎子）

推薦図書

1. カプラン, L., ジラルド, J.L.（小松源助監訳）: ソーシャルワーク実践における家族エンパワーメント. 中央法規出版, 2001.
2. 小森康永: ナラティヴ・セラピーを読む. ヘルスワーク協会, 1999.
3. 加藤敏, 八木剛平: レジリアンス. 金原出版, 2009.

文　献

Fraser, M.W. ed.: Risk and Resilience in Childhood: An Ecological Perspective 2nd ed. Washingon DC., USA. NASW, 2004.［門永朋子, 岩間伸文, 山縣文治訳: 子どものリスクとレジリエンス. ミネルヴァ書房, 2009.］
Garmezy, N.: Competence and adaptation in adult schizophrenic patients and children at risk. In A.R. Dean（Eds）, Schizophrenia: The first ten Dean Award lectures. MSS Information, New York, 1973.
Grotberg, Edith ed.: A Guide to Promoting Resilience in Children: Strengthening the Human Spirit, The International Resilience Project=Guia de Promocion de la Resiliencia en los Ninos para Fortalecer el Espiritu Humano, 1995.
石川元: リジリアンス（高い靱性）: 同級生の首を切り落とした少年の事例を通して. 総合リハビリテーション, 137(10); 918-927, 2009.
西園昌久: レジリエンスをいち早くとりあげたこの学会. 家族療法研究, 27(3); 87, 2010.
Ungar, Michael ed.: The Social Ecology of Resilience: A Handbook of Theory and Practice. The United States, Springer, 2012.
Walsh, F.: Stengthening Family Resilience. The Guilford Press, NY, 1998.
Werner, E.E.: Vulnerable but Invincible: A Study of resilient children. McGraw-Hill, NY, 1982.
Wolin, S.J. & Wolin, S.: The Resilient Self: How Survivors of Troubled Families rise above Adversity. Villard Books, 1993［奥野光, 小森康永訳: サバイバーと心の回復力: 逆境を乗り越えるための7つのリジリアンス. 金剛出版, 2002.］

スピリチュアリティ

はじめに

　自然災害や事故，疾病，障害などの社会における諸現象の中にいるのが，患者であり，家族である。そこでは，狭義のバイオサイコソーシャル（生物心理社会的）な援助のみならず，死生学や喪失，悲嘆など，家族が生活していく中で取り上げなければならない概念が必要であるが，スピリチュアリティもその一つである。家族療法や家族支援における家族理解のために必要なスピリチュアリティ概念について整理する。

ウェルビーイングの一側面としてのスピリチュアリティ

　スピリチュアリティは，1998年にWHO（世界保健機関）で健康の定義に「完全な肉体的（physical），精神的（mental），Spiritualおよび社会的（social）福祉のDynamicな状態であり，単に疾病又は病弱の存在しないことではない」と取り込むよう提案されたものの，2000年の総会において採択されなかった健康福祉概念である。日本語では「霊性」と訳され，「個人の存在よりもスケールの大きな，より超越的な存在との繋がりを指す」［Favazza, 2009］。具体的には，誰もがある程度体験している祈りと通底しているものの，そこに密着している宗教性が多様であることが，その理解を困難にしている。

　しかしながら，「健康」の確保において，生きている意味・生きがいなどの追求は重要であり，特に，Spiritualityは，人間の尊厳の確保やQuality of Life（生活の質）を考えるために必要で本質的なものである。

患者に対するケアの一側面としてのスピリチュアリティ

　WHOは，緩和ケアの定義（2002）に，スピリチュアルな側面を含めた。「緩和ケアとは，生命を脅かす疾患による問題に直面している患者とその家族に対して，痛みやその他の身体的問題，心理社会的問題，スピリチュアルな問題を早期に発見し，的確なアセスメントと対処（治療・処置）を行うことによって，苦しみを予防し，和らげることで，クオリティ・オブ・ライフを改善するアプローチである」としている（日本ホスピス緩和ケア協会）。つまり，ここでは，身体的，心理社会的アプローチと並列して，死にゆく人々のケアにスピリチュアリティが必須だとされたのである。

　患者のための緩和ケアにおいては，ケアの側面に心理的，霊的側面を統合することを目指している。しかし，霊的側面になにを含めるかは具体的に示されていない。この場合，ケアは，身体的側面と心理的側面での対応方法を重視し，そこにスピリチュアルな側面についての対応をも統合していると考えられている。たとえば，スピリチュアルペインに代表されるように，死生学でいう死を取り巻く

Key Words

スピリチュアルケア
スピリチュアリティ
緩和ケア

ケアの仕方であり，死の瞬間まで，人は生きていると捉える考え方である。患者である人が，どのような状態や症状であっても，家族はこの患者を構成員の一員としての存在であると認め，見守っていく。家族は，自分たち家族全体のこれまでの生きざまを継続していくということであり，それがホスピスの理念にもなっている。

人々の抱える問題の一側面としてのスピリチュアリティ

緩和ケアにおけるスピリチュアリティに対して，死という次元に焦点を当てた横断面的スピリチュアルな側面ではなく，QOLの向上を目指す上でのスピリチュアリティを考えるならば，人のニーズ充足として捉えられる。つまり，人の死にざまのところではなく，生きざまに焦点を当てることで，生きている人の支援を考えるわけである。人の立体理解を人がもつニーズの心理的，精神的，社会的，身体的，物理的（環境的），霊的（スピリチュアル）という6側面から捉える考え方もある［福山，2005］。ニーズの一側面であるとともに，人の存在，かさ，重みを構成するものとして，人の尊厳の確保に必要なものと捉えることでスピリチュアルを統合して考えることができる。

このように，スピリチュアリティは，人の問題の側面，すなわちニーズ充足の側面でもあり，ケアの対応方法としての側面，またウェルビーイングの向上と人の尊厳の確保という本質的，人の存在の側面として捉える膨大な概念であり，生きている意味，生き甲斐の追求，生活の質を含めたものと考える。

特に，家族支援から考えるならば，家族の構成員すべてが生きていて生活をしている，そこに家族の尊厳の保持が重要であり，家族を一つの有機体のシステム［Kerr, Bowen, 1988］として六つの側面から立体的に捉えることが家族の理解であり，医療・保健・福祉の領域における家族支援では極めて重要な家族の理解の仕方であると考える。

スピリチュアリティの概念

スピリチュアリティという用語を使っているグループの一つに，「医療，保健，教育，心理療法といった広義のヒューマンケアに関係する専門職の人々」［安藤，2008, p5］がいる。彼らは，全人的医療・教育の理念のもとにケアの実践における（身体的・心理的・社会的な次元と区別された）スピリチュアルな次元を重要視している。

しかし，スピリチュアリティをそれぞれの理論的・実践的な文脈にしたがって機能的に定義し，あくまで特定の実践（ケア）あるいは学問的分析・解釈のための道具として活用しているので，「生の意味と目的の追求」という側面を強調するがあまり，「超越的な存在についての信念や，その自覚」［安藤，2008, p.15］という側面が希釈され，心的（mental）な次元とスピリチュアルな次元との区別が曖昧になってきていると考えられている。

この曖昧さは，スピリチュアリティが，「人間の生における全体性を表わすとともに，その特定の部分（領域・次元）を表わすという二重性，それが人間に内在する性質ないしは本質とみなされる一方で，実存的な危機に見舞われた際に生じる特定の欲求ないしは要求とみなされるという二重性，さらにそれが生死の意味や

超越者との関係といった根源的なものへの探求として語られる一方で,「宗教」とは異なる特定の様式として語られるという二重性」［安藤, 2008, p.6］が相互に影響を与え合っていると考える。

スピリチュアリティには, 人の尊厳, ヒューマンケア, スピリチュアルペイン, ターミナルケア, グリーフワーク, レジリエンス, 死生学, 価値, 倫理, 存在価値, 人の考えや感情, コーピング行動, 文化, 死の準備教育［Deeken, 梅原, 1993］など広範囲にわたるものが含まれるといえる。

スピリチュアルケアの実践例

病院のソーシャルワーカーにとって, 遷延性意識障害の男性患者への退院援助をする際のスピリチュアルケアも重要である。患者の家族全体の尊厳が保持され, 常日頃の関わりを継続できるように, 反応がない父であっても病室に家族が集い, 父である患者と共に, 外の寒さ, 息子の就職, 退院先や生活などについての計画づくりを支援する。

また, 乳がんと診断された母親の病状や予後について, 6歳の息子や12歳の思春期の娘に知らせることを拒む父親には, 母親の余命, 亡き後の生活について子どもたちと両親が思いを伝え合う場を設け, 父親・夫, 母親, 妻, 子どもたちがそれぞれの役割を遂行でき, 家族としての生活の営みを続行できるように支援する。

日常の生活の中で, いのちといのちとの間に起こるさまざまな出来事に耳を傾け, スピリチュアルあるいは霊的な存在自体への信念を超えて共有されるもの, それを家族同士で実感できることの交流のさまを展開できるように支援することが必要である。ケアを受ける患者とケアをする人という対比でなく, 同じ一人の人間として関わり合う姿勢に基づくスピリチュアルケアは, ナラティヴ・アプローチや社会構成主義の理論枠組み［日本家族研究・家族療法学会編, 2003］からも理解できることである。

家族支援としてのスピリチュアルケア

本項では, 家族理解という視点からスピリチュアリティを考えることが目的であることから, 患者本人への対応におけるスピリチュアルケアだけでなく, 患者を取り巻く家族のスピリチュアルケアについて例を挙げて考えてみたい。

先述の遷延性意識障害のある患者の場合, これまでの医療スタッフやソーシャルワーカーのケアの仕方は, 特にチームアプローチを採用し, 患者を円の中心に坐させ, その患者を取り巻くチームが円の周辺に坐し, その周辺に家族も加え, この患者への対応計画を実施した。つまり, この患者には治療が終了し, 緩和ケアの段階に入ったことからこの患者はすでに死にゆく人とみなされ, ずっと受け身で自分から何も発信させずに死までの残された時間を過ごすことになる。

しかし, 治療は「育てることと育てられることという家族の相互依存的役割を持った体制に由来している［Cooper, 1971］」と考えるなら, 緩和ケアも, 治療の延長線上にあり, その意味では, この患者を含む家族システムの交互作用力を活用してこそ, 家族の尊厳の保持をして, スピリチュアリティを活性化させたといえるのではないか。

この患者の場合, 遷延性意識障害で, まったく反応が示せないとしても, この

人の聴覚が十分に反応しているならば，家族の一員としての存在は生きていると理解する。このように患者が，医療スタッフチームの一員に「人としての専門家」として加わり，チーム全体が円の中心にある「遷延性意識障害状態」と取り組むことができると考える。患者は，家族とともに生き生きとした積極的，能動的貢献が可能であると考えてみてはどうであろうか。「今日のような天気の良い日には御父様（患者）はどのように過ごされていたのでしょうか。この表情からどんなことが読み取れますか」と，家族に尋ねると，患者は，その団らんに加わっている実感が持て，家族の一員としての役割を果たす。患者を含めた家族のこれまでの6側面での交互作用から醸造してきた関係の尊厳を保持するならば，家族は，生き続けている父親とのかかわりを持ち続けることができ，そこに家族としての実感を味わうだろう。

おわりに

家族を理解する視点として，スピリチュアリティは不可欠である。家族の尊厳の保持は，家族療法での基本理念である。家族には構成員間に問題のある者はいないと考え，家族の交互作用の結果，そのような現象が生じているだけで，彼らがさらに交互作用を続けることでそこに変化が生じてその現象が消滅するという考え方である。

（福山和女）

文　献

安藤泰至：スピリチュアリティ概念の再考：スピリチュアリティは霊的世界観を前提とするか？．東洋英和女学院大学死生学研究所編：死生学年報2008 第4巻 スピリチュアルをめぐって．リトン，2008.
Cooper, D.: The Death of the Family. Random House Trade Paperbacks, New York, 1971.［塚本嘉壽，笠原嘉訳：家族の死．みすず書房，2000.］
Deeken, A., 梅原優毅編著：死への準備教育のための120冊．吾妻書房，1993.
Favazza, A.R.: Psychiatry and Spirituality. In Sadock, B.J, Sadock, V.A., Ruiz, P. (eds.): Kaplan and Sadock's Comprehensive Textbook of Psychiatry. 2 vols, 9th edition. Lippincott Williams & Wilkins. Phidaldelphia, pp.2633-2560, 2009.
福山和女：ソーシャルワークのスーパービジョン．ミネルヴァ書房，2005.
Kerr, M.E., Bowen, M.: Family Evaluation: An approach based on Bowen Theory. W.W.Norton, New York, 1988.［藤縄昭，福山和女監訳：家族評価：ボーエンによる家族探究の旅．金剛出版，2001.］
日本家族研究・家族療法学会編：家族療法リソースブック．金剛出版，2003.
Walsh, F.: Spiritual Resources in Family Therapy. The Gilford Press, New York, 1999.

ジェンダー

はじめに：ジェンダーとは

　身体能力や生殖機能などの生物学的な性差（sex）に対し，社会文化的な価値観により男女それぞれの性に割り当てられた社会的な性差をジェンダー（gender）と呼ぶ。

　ジェンダーは個人のアイデンティティを規定するもっとも基本的な属性であるばかりでなく，家族や社会における優位・劣位関係を規定する。それは個人に内在化され，家族関係のあり方に影響を与える。それらに配慮し，家族のジェンダー構成を再構築することにより問題を解決しようとする姿勢がジェンダーに配慮した家族療法（gender-sensitive family therapy）である［田村，2007］。

　フェミニスト運動の高まりと共に発展したフェミニスト・セラピー（feminist therapy）の影響を受け，1970年代後半から家族療法の分野でもジェンダーが注目されはじめた［Miller, 1976; Hare-Mustin, 1987; Avis, 1985; Goldner, 1985］。1977年にはウォルター Walters, M., カーター Carter, B., パップ Papp, P., シルバースティン Silverstein, O. の4人の女性家族療法家による Women's Project が結成され，臨床家にジェンダーの視点を広めた［Walters, Carter, Papp, et al., 1989］。その後1990年代に入ると男性研究（men's study）が進み，男性もまた固定化されたジェンダー役割によってストレスを生み，家族との関係が歪められていることが明らかにされた［Brooks, Good, 2001］。

ジェンダーに配慮した視点

　ジェンダーは「女性らしさ・男性らしさ」と呼ばれる性格特性，他者との関係性のあり方，家庭や社会で果たすべき役割などを規定する。女性は家庭内で家事や育児，高齢者へのケア役割が与えられ，思いやりや優しさなどの感性が尊重される。自立や独立は抑制され，他者との相互依存性が尊重されるため，女性の自己意識や生きがいは他者との関連性の中で実現する。一方，男性は仕事などを通して社会に貢献し，家族を危険から守り，家族に収入をもたらす役割が与えられる。能力，攻撃性，競争，理性などが尊重され，家族からの自立や独立に価値を見出す。

　初期の心理発達理論は男性の経験や価値観から生まれたために，自立，理性，目的達成などの価値が重視され，相互依存，情緒性，関連性などは十分配慮されないばかりか，克服すべき未熟性とみなされた。そのため子育てや高齢者・弱者の介護を担い，相互依存や養護性を発揮する女性の自己実現は困難であり，ともすれば「母原病」「過保護・過干渉」「enmeshed family」など家族問題の責任を負わされた［McGoldrick, Anderson, Walsh, 1989; Hoffman, 1990］。

　一方，男性は社会的役割が重視されるために家庭内の役割を十分に果たすことができず，家族関係が希薄になる。自立への指向が孤立を生み，家族とのコミュニケーションが抑制される。「弱音を吐くな」といった男性性の規範のために不

Key Words

ジェンダーに配慮した
　家族療法
　（gender-sensitive
　family therapy）
フェミニスト・セラピー
　（feminist therapy）
円環的因果律
母子密着・父親不在

安・恐怖・悲哀などの感情は抑制されて怒りや攻撃性に変換され，女性や子どもがその犠牲になる。

夫婦関係

　ジェンダーの視点が最も有効な分野が夫婦関係である。

　パートナーシップを結んだふたりはセックスによる身体的親密さ，コミュニケーションによる情緒的親密さ，拡大家族との関係性，家事・育児など家庭内外の役割と力の配分などさまざまな分野で折り合わなければならない。夫婦の力関係がまったく対等にはなりえず，劣位側のパートナーにとって公平性に欠けた関係性が生じやすい。

　システム論の中核である**円環的因果律**は，問題行動を原因と結果を相互関係の循環という文脈で捉える。この見方の前提には両者の対等な関係性があるが，ジェンダー関係は円環的因果律が成立しない。

　その端的な例が夫婦間暴力（DV）である。たとえ被害女性が「言葉の暴力」で挑発したとしても，腕力や経済力による暴力は加害男性の責任であることを明確にする。暴力の解決には男女それぞれのジェンダーに配慮する。被害女性を擁護するためにシェルターなどを用いて安全を確保する。女性へのセラピーでは子どもの養育責任，経済力の欠乏，独立よりも関連性を指向する女性のジェンダー規範，離婚への社会的偏見など女性をとりまく困難な状況を理解する。また暴力により奪われた自尊心の回復を支援する。

　また男性に対しては仕事の負担と家族と向き合う時間の少なさ，実家と核家族との板挟み状態などを理解する。そして怒りのコントロール方法や，暴力を用いないで問題を解決するコミュニケーション方法などの心理教育を行う。

親子関係

　ジェンダーは男女のパートナー関係ばかりでなく，親子や拡大家族などを含めた世代間の関係を考える上でも重要である。子育て期に女性は家庭内での役割が増大し，夫の協力が得られないと各家庭内で孤立する。男性は家庭外での役割に時間を取られ，家族とのコミュニケーションが希薄になりやすい。子どもが巣立ち，社会的な役割から退く年代になると，子育て役割から解放された女性は社会での役割に積極的になる一方で，男性はそれまで築いてきた社会の居場所を喪失し，家庭内での居場所を模索するようになる。

　異なる社会背景に生きた世代間のジェンダー役割の差が葛藤を生む。たとえば拡大家族を指向する旧世代と核家族を指向する新世代との差が嫁姑など世代間の葛藤となる。「家」の継承者として原家族への忠誠を果たそうとする男性と，核家族における対等な夫婦関係を指向する女性との間の葛藤もその一例である。

　親子関係を扱う家族療法でもジェンダーに配慮する。伝統的に子育ては母親の役割だったので，父親は子どもの問題を解決するための治療システムから除外されセラピーに参加しにくい。日本に家族療法が導入された当初，父親を含めた家族合同面接の困難さが指摘された［鈴木，1988］。家族機能をエンパワーする一つの方策が家族のジェンダー役割の再構築である。女性の立場に配慮した方策として，母親を第一養育者としての責任と不安から解放する。男性の立場に配慮した

方策として，家族とのコミュニケーション不足を「不言実行」といわれる男性のジェンダー特性から理解する。夫婦合同面接では，夫から強くいわれる妻の不安感や，妻から「男の沽券」をつぶされる夫の不安に配慮して安全な治療システムを形成し，母性的・保護的な親役割と父性的・規範的な親役割の違いを話し合い，父親も母親も積極的に家族に関わる文脈を育成する。

セラピスト自身のジェンダーの掘り下げ

セラピストはクライアントのジェンダーに配慮するために，ジェンダーに関する知識の習得とともに，セラピスト自身のジェンダーを掘り下げることが重要である。トレーニングやスーパーヴィジョンを通して次の二点を明らかにする。

第一に，セラピスト自身のジェンダー体験を振り返る。たとえば，子ども時代に体験した同性および異性の親との親密性や親から受けた愛情・期待とそれに伴うトラウマについて。思春期以降には，自分のジェンダー・アイデンティティの獲得，誰のどのような「女らしさ・男らしさ・自分らしさ」の言動に影響されたか，異性・同性との親密性や恋愛体験，同性愛・異性愛などセクシュアリティの葛藤，ジェンダー体験の中に埋め込まれたトラウマ体験とその回復について。結婚によるパートナー間の親密性と協力関係の形成とその失敗，子育てを含む家庭内外におけるジェンダー役割のバランスとその葛藤などについて振り返る。

第二に，セラピスト自身のジェンダー体験がクライアントとのラポール形成にどう影響を与えるか理解する。セラピストが同性あるいは異性，年下もしくは年上のクライアントと向き合うときの「癖」を知り，そこにセラピスト自身のジェンダー体験がどう投影されているかを理解する。

> ◆事例◆ 「母子密着・父親不在」は不登校・ひきこもりなどの思春期臨床でよく遭遇する家族関係のパターンである。子どもの自立をめぐる困難に直面すると，母親は母性的なかかわりを強化し子どもを無条件に受け入れようとする。ある母親の「私がどんな子どもでも受け入れるしかないのですね」という言葉が印象的であった。
>
> 一方，父親は「子どもを甘やかす妻」を批判し，厳しく接することで子どもの問題を解決しようとする。しかしそれまで交流が希薄だった子どもから拒絶され，家族を救おうとする父親のリーダー役割は挫折する。

このような「母子密着・父親不在」の関係性は，現代日本の社会文化的文脈から理解できる。女性は学校教育や親世代から優しさや情緒性といった「女らしさ」を教え込まれ，他者（男性）に委ねる生き方を奨励される。十分な自己決定能力をもたないまま結婚し，仕事に邁進する夫から十分なサポートを得られず，核家族の中で孤立し，母子が心理的に密着する。一方，父親は仕事のために家族との情緒的なコミュニケーションが不足する。厳しさと自立を強調する父性的な関わりが理解されず，父親は子育て役割から撤退し，母親の子育て役割が強化されていく。

このようにジェンダーの視点を取り入れると，未熟で共依存的な母親，情緒交流・コミュニケーション能力の低い父親といった個人レベル，あるいは幼少期のトラウマ，未解決の親子葛藤といった家族システムレベルではなく，社会文化レベルからのアセスメントが可能となる。

〔田村　毅〕

文献

Avis, J.M.: The Politics of Functional Family Therapy: A feminist critique. Journal of Marital and Family Therapy, 11; 127-138, 1985.
Brooks, G.R., Good, G.E. eds: The New Handbook of Psychotherapy and Counseling with Men: A comprehensive guide to settings. problems and treatment approaches. San Francisco, Jossey-Bass, 2001.
Gilligan, C.: In a Different Voice: Psychological theory and women's development. Harvard University Press. Cambridge, 1982.［岩男寿美子訳：もう一つの声：男女の道徳観のちがいと女性のアイデンティティ．川島書店，1986.］
Goldner, V.: Feminism and Family Therapy. Family Process, 24; 31-47, 1985.
Hare-Mustin, R.T.: The Problem of Gender in Family Therapy Theory. Family Process, 26; 15-27, 1987.
Hoffman, L.: Constructing Realities: An art of lenses. Family Process, 29; 1-12, 1990.
McGoldrick, M, Anderson, C.M., Walsh, F.: Women in families: A framework for family therapy. W.W.Norton, New York, 1989.
Miller, J.B.: Toward a New Psychology of Women. Beacon, Boston, 1976.
鈴木浩二：働き盛りの父親と家族．家族療法研究，5(2)；101-106, 1988.
田村毅：Feminist therapy から gender-sensitive therapy へ：家族療法家がジェンダーを生かす有効な視点．家族療法研究，24(2)；96-99, 2007.
Walters, M., Carter, B., Papp, P., et al.: The Invisible Web: Gender patterns in family relationships. Guilford Press, New York, 1989.

推薦図書 ギリガン, C.(岩男寿美子訳)：もうひとつの声．川島書店，1986.

Column

家庭裁判所調査官

家庭裁判所調査官とは，各家庭裁判所に置かれている裁判所職員の職名である。家裁調査官と略される場合が多い。担当する事件は，少年事件と家事事件に分けることができる。そのためか，少年係家裁調査官とか家事係家裁調査官と呼ばれることもある。少年事件においては，非行に至った原因の調査だけではなく，どのような援助がなされれば再犯を防止できるかについて，心理学，社会学など人間関係諸科学の知識を動員して事件の調査に当たることになる。当然「家族」に関する専門的な知識も要求される。特に近年問題となるのは，再犯を繰り返すケースのなかに親などから虐待を受けていた少年が少なからず含まれていることが分かってきた。もちろん被虐待経験が非行の原因ではないが，ハイリスクであることは間違いない。再犯防止には家族関係の調整が必要となるケースは少なくないことなどから「家族療法」を学んでいる家裁調査官がいる。

家事事件は，夫婦関係調整や親権の帰趨に係る事件など多岐にわたる。事件の調査には，人間関係諸科学の知識に加え，法律の知識も要求される。児童虐待など解決に急を要する事件もある。ここでも「家族」に関する専門的な知識がなければ，事件解決には至らないのである。そのために，家裁調査官の研修制度はわが国の専門職研修のなかでも，もっとも充実しているものの一つであるとの高い評価を受けている。

(村松　励)

文化

文化と家族

　家族療法は個人の精神内界から家族という文脈に視点を広げ，さらにその上位システムである帰属集団（職場や学校，地域など）や社会文化的な文脈に配慮する。

　文化とは人種，民族，ジェンダー，性的指向，社会階級，宗教など人々が集団アイデンティティを共有する属性の総称である。民族とは居住地，歴史，伝統，人種，言語，生活習慣などを共有する集団で，文化を構成する一つの要素である。人々は特定の文化に属することによりアイデンティティを獲得し，生きる上での価値，信念，知識，行動，態度，理想などの価値基準を与え，さらに規範から逸脱した「問題」をも規定する。

　文化は家族生活にも大きな影響を及ぼす。第一に家族の境界線である。アングロサクソン系中流の欧米文化（以下，欧米文化と略す）では親子二世代からなる核家族を基本単位と考え，ラテン系ヨーロッパや日本を含むアジアの文化では親類や三世代を含めた拡大家族を含める。

　第二に，個人と家族集団の関連性と分離性のバランスである［Tamura, 1992］。欧米文化は集団性よりも個人の選択・独立・自立に価値が置かれる。家族の関係性を尊重しつつ，いかに個人の自由を実現しニーズを満たすかがテーマとなる。青年期に原家族からの巣立ち（leaving home）が達成目標であり，その不履行が「問題」と認識される。一方，アジアの文化では親世代への忠誠，義務，責任が尊重される。原家族との心理的なつながりは一生継続され，成長した後の親子関係のあり方や，嫁姑葛藤など拡大家族との関係性の維持が重要なテーマとなる。

　第三に，最も優先される家族関係性である。欧米文化では夫婦関係が優先され，日本文化では親子関係が重要視される。結婚と離婚の価値も文化により意味づけられる。離婚をタブー視する文化ほど離婚率が低く，夫婦不和でも離婚しない「家庭内離婚」がみられる。

　第四に，コミュニケーション様式である。日本文化では明確な自己主張は避け，遠慮して察し合う隠喩的コミュニケーションが尊重されてきた。恥や対面を気にするために，個人セッションでは表現できても家族同席面接ではストレートな表現が抑制される。

　マクゴールドリック McGoldrick, M. らはアメリカ社会内のさまざまな文化における家族を詳細に記述した［McGoldrick, Giordano, Garcia-Preto, 2005］。欧米などの多文化社会ではこのような視点が必須だが，社会の中の文化的差異が小さいと考えられてきたわが国ではクライアントの文化差を意識する機会も少なかった。しかし実際には在日韓国人やアジア・欧米からの外国人，日系南米人，帰国子女，国際結婚などさまざまな文化が共存している。セラピストとクライアントの属する文化が異なる場合は，従来の自文化中心主義（Ethnocentrism）から，文化の多

Key Words

多文化主義
カルチュラルコンピテンス
（多文化対応力）
文化に敏感なセラピスト
（Culture sensitive therapist）

様性に寛容で柔軟的な**多文化主義**（Multiculturalism）の視点が重要となる。また，セラピストが欧米文化で発展した家族療法の理論・技法を学ぶ際にも留意する。抽象度の高い理論を学習する際には文化差が問題にならなくても，具体的な事例検討やスーパーヴィジョンでは目立つようになる。

カルチュラルコンピテンス（多文化対応力）

　セラピストが文化的背景の異なるクライアントを援助する場合，相手の文化に関して知識がないと家族の問題を誤って解釈したり，個人の症状を見落としたり，間違った判断を下しかねない。統合失調症の発症率が民族や人種を超えてほぼ同等であるにも拘らず，米国ではアフリカ系アメリカ人の診断率は白人の5倍にのぼる。この理由として，アフリカ系アメリカ人特有の症状表現に対する理解不足や診断面接では白人に比べうつ症状について聞くことが少ないことがあげられる。

　文化の異なる家族に適切に働きかける能力は米国ではカルチュラルコンピテンス（多文化対応力）として概念化され，家族療法の訓練の一環にも含まれている。カルチュラルコンピテンスには，①セラピストの文化が治療に及ぼす影響に気づくこと，②家族療法理論および技法が文化的に影響されていることを理解すること，③個人と家族の機能と文化的背景の相互作用を把握すること，そして，④家族の文化的背景に適した問題解決方法を考案し，導入することが含まれる［Celano, Kaslow, 2000］。文化的背景が異なる家族を援助する場合，相手の文化を理解するだけではなく，セラピスト自身と治療理論や技法の文化的背景も客観視する必要がある。たとえば，米国で発展した家族療法には問題解決に関して以下の欧米的な考え方が含まれる。すなわち，①家族の問題は家族が単刀直入に話合うことによって解決できる，②感情ははっきりと表現し，相手に明確に伝えるべきである，③家族はそれぞれ秘密をもたずに正直に話あうべきである，④家族の問題はまず，夫婦関係の問題を把握し解決する必要がある，などという欧米的な価値観に沿った考え方である［Shibusawa, 2005］。そして感情を言語化する習慣のないアジア系の移民の家族にこのような問題解決方法を導入すると家族は治療を中断しかねない。

　カルチュラルコンピテンスには二つの取り組み方がある。一つ目は援助対象家族の文化を理解するためにセラピストの文化的背景と異なる家族様式，価値観，信念，コミュニケーション，性役割などを認識することにある。そして，**文化に敏感なセラピスト**（Culture sensitive therapist）は自己の価値観や信念が自分の文化に由来する相対的なものと理解して，それと異なるクライアント家族の文化を尊重し，自身の価値観や思考・行動様式がセラピーを通してクライアントに与える影響に配慮する。

　カルチュラルコンピテンスの二つ目の考え方は批判的人種理論（Critical race theory）に基づき，少数民族（有色人種）の家族の問題を「白人優位」という社会的文脈において理解することである［McDowell, Jeris, 2004］。たとえば，米国で中近東から移住したアラブ系の家族を援助する場合，イスラム教の人たちに対する社会的偏見や差別を考慮する必要がある。そして社会的差別に家族がどのように対応し，偏見に対する怒りが家族関係にどのように影響しているか把握しないと家族だけを問題視し，家族をますます窮地に追い込んでしまう可能性がある。最近の調査では差別体験は心臓病，慢性的疾病，うつ病，薬物乱用と関連している

ことが報告されている［Gee, Spencer, Chen, et al., 2007］。

「白人優位」の社会で育ったアジア系の移住者の家族の子どもは白人の家族の方が民主的で，自由で，愛情表現が豊で温かく，親と話しやすいと理想化し，自分の親を否定する傾向がある。また，「白人優位」の社会で成功するために親は子どもに教育面，職業選択の面などでプレッシャーをかけがちである。米国におけるアジア系の青少年の自死率は高く，アジア系の女子のうつ病の罹患率は同年代の女子に比べて高い。

治療関係も「白人優位」社会の文脈の中で理解する必要がある。これは白人のセラピストが少数民族の家族に接するときに特に重要である。白人のセラピストは援助対象家族よりも社会的に優位な立場にいることを自覚しないとセラピストに対する家族の反応を適切に理解できないし，また，家族が日常経験する差別やストレスを無視して家族を病理扱いしてしまう可能性がある［Hardy, Laszloffy, 1995］。

日本でも在日外国人が増加するなか，外国人労働者に対する不平等な待遇や，住居の入居拒否，日本人男性と結婚した外国人女性のDV被害，移住家族の子どもの適応問題などが顕在化している。日本の家族療法の分野でもカルチュラルコンピテンスが今後，重要になる。

（田村　毅＋渋沢田鶴子）

文　献

Celano, M.P., Kaslow, N.J.: Culturally competent family interventions: Review and case illustrations. American Journal of Family Therapy, 28; 217-228. 2000.

Gee, G.C., Spencer, M.S., Chen, J., Takeuchi, D.: A nationwide study of discrimination and chronic health conditions among Asian Americans. American Journal of Public Health, 97 (7) ; 1275-1282, 2007.

Hardy, K.V. , Laszloffy, T.A.: The cultural genogram: Key to training culturally competent family therapists. Journal of Marital and Family Therapy, 21 (3) ; 227-237, 1995.

McDowell, T., Jeris, L.: Talking about race using critical race theory: Recent trends in the Journal of Marital and Family Therapy. Journal of Marital and Family Therapy, 30 (1), 81-95, 2004.

McGoldrick, M., Giordano, J., Garcia-Preto, N. (Eds.) : Ethnicity & Family Therapy (Third Edition) . New York, Guilford, 2005.

Shibusawa, T.: Japanese families. McGoldrick, M., Pearce, J.K. & Giordano J. (Eds.) , Ethnicity and Family Therapy (Third Edition) (pp.339-348) . New York, Guilford, 2005.

Tamura, T., Lau, A.: Connectedness versus separateness: Applicability of family therapy to Japanese families. Family Process, 31 (4) ; 319-340, 1992.

第3章
家族療法の代表的モデル

　この章では，家族療法のさまざまなモデルの中で，今日まで臨床的な有用性が認められているモデルを取り上げている。

　それぞれのモデルの登場した時代や，そのモデルの背景にある認識論的，理論的な背景，さらにモデルの発展した臨床領域の特性などにより，三つの世代に分けている。

　「第一世代」は，家族療法の創始期から発展してきた歴史的な厚みのあるモデルを指している。多くの場合，それぞれに家族療法のマスターセラピストと呼ばれる著明な創始者の名前と共によく知られているモデルであり，それぞれに固有の理論的な背景を持ち，かつ現在まで発展を続けているものである。

　「第二世代」は，家族療法のポスト・モダニズムとも呼ばれた1990年代以降に家族療法の新しい認識論を背景に登場してきたモデルを指している。いずれも，家族療法の新しい臨床のスタンスを生み出したものである。

　「第三世代」は，ある認識論的，理論的な背景を基に生み出された固有のモデルというよりも，第一世代，第二世代の家族療法がそれぞれに発展してきた歴史を背景に，さまざまな臨床領域で各モデルを統合的に実践，応用する中で形成されてきた臨床モデルを指している。したがって，たとえば統合的家族療法という一つのモデルがあるわけではなく，さまざまな統合のスタイルがある。

　約60年にわたる家族療法の歴史の中で，数多く生み出されてきたモデルをどのように分類するかは現在でもいくつかの視点があるが，おおむね第一世代と第二世代の分け方については，欧米とも共通するところである。しかし，第三世代のモデルをこのように特徴付けて取り上げるのは，本邦における実践の展開を踏まえた本テキストブックの独自の視点である。

第1節 第一世代

多世代伝達モデル

はじめに

　多世代伝達モデルという名称は，多世代家族療法（Multigenerational Family Therapy）のことを指すと考えてよい。この多世代家族療法は一つの「総称」である。家族療法をきわめて大まかに捉えると，家族の歴史を扱うモデル（多世代家族療法が代表的）と歴史を扱わないモデル（かつての構造的モデル，コミュニケーション・モデル，戦略的モデル，ミラノ・システミックモデルなど）とに大別される。当然，過去の重要な対人関係に焦点づけしてきた対象関係論的・精神分析的モデルも多世代家族療法に含まれるが，ジェノグラムを積極的に用いることはなく，今現在の転移関係に焦点づけしたり，愛着理論からの概念を援用したりする点で，多世代家族療法の中心的モデルとはいえない。

多世代家族療法

　多世代家族療法家は究極的には個人の内的な洞察を強調する点で対象関係論に依って立つ治療者と同じである。もっとも大きな違いは多世代におよぶ病理をより強調することと，原家族からの個体化（individuation：個人としての自己を認識すること）を強調することである。このモデルの根幹となる理論はボーエン Bowen, M. [1978] に依っている。ボーエンの理論は，カー Kerr, M. [1988]，カーター Carter, B. そしてマクゴールドリック McGoldrick, M. [1989] によって受け継がれ

Key Words

自己分化
三角関係
家族投影プロセス
感情的遮断

ている。さらにフラモ Framo, J.［1982］やボゾルメニ・ナージ Boszormenyi-Nagy, I.［1973］らも大いに影響を受けているといえよう。歴史的にいうと統合失調症の多世代伝達理論を提唱したボーエンとそれに続くフラモやボゾルメニ・ナージによるところが大きい。

基本的な仮説

　このモデルの基本にあるのは，融合（fusion；自他の区別が危うくなる状態，もしくは自我境界が不鮮明になること）と個体化という二つの概念である。融合はボーエン独自の用語だが，individuation はマーラー Mahler, M.［1975］の精神分析の実証的発達理論にもとづく概念である。ボーエンは融合概念の由来について精神分析には由来しない生物学的もしくは発生学的（進化論的）概念であるとしているが，なんらかの精神分析理論からの影響があるものと考えられる。

　融合あるいは感情・認知的に身動きのできない一体感は，原家族からの個体化の欠落を意味する。それは激しい感情的な反応と理性の欠如とみなされる。このように原家族との関係の中にある病理性の由来を明確にしたのはボーエンであろう。見方を変えれば精神分析由来の個体化を多世代にわたって敷衍したのがボーエンの優れた着眼点であり，そこから多世代家族療法が発展したともいえる。少なくとも以下に掲げる六つの相互に関係した概念がこのモデルの基礎にある。

①核家族における感情システム —— 原家族における感情（感情による身動きの取れない一体感）のレベルをいう。両親の自己の分化度が低いと，この核家族を原家族として生まれてくる子どもの分化度も低くなり，未分化な子ども（undifferentiated children）として成長することになる。

②三角関係（Triangles）—— そもそも二者関係は不安定になりやすく，安定した二者関係を維持するのは不可能である。しかし，低い自己分化度を一方が持っていると，強い不安のために融合を希求し，それを避けるために第三者を巻き込むこと（三角関係化；triangulation）で安定化を目指そうとする。これは家族のもっとも小さな安定したユニットとなる。

③家族投影プロセス（Family projection process）—— 両親の自己分化のレベルが子どもたちに伝わっていくプロセスをいう。こういった世代間伝承は何世代にもわたって続くとボーエンは考えた。両親の情緒的機能のあり方が子どもたちの分化の程度を決定づける。精神分析でいう投影とは意味合いが異なるが，双方分化度の低い親子関係では自他の区別がつきづらく精神分析でいう投射性同一視も生じやすいと考えてよい。

④多世代伝承プロセス —— 多世代を通して伝承される未分化度のプロセスである。その集積された結果が病理（たとえば統合失調症）を生むとボーエンは考えた。集積された病理性（きわめて低い分化度）を子どもの一人が伝承すると，その同胞の中には，逆にその子の低い分化度を補完するかのように比較的高い分化度の兄弟・姉妹が存在したりする。治療者は，この比較的高い分化度の成人した同胞個人と安定した治療関係を築き，その原家族の中での高い分化度が維持されるように支持的な指導をする。これはコーチング（coaching）と呼ばれ，ボーエン派の基本的な介入方法である。

⑤自己分化（Self-Differentiation）—— 原家族から個体化していくプロセス。理性と感情のバランスが成長の決め手になる。より感情的であることは未

　　　　分化（undifferentiation）であることを示し，自己分化が低い状態であるといえる。
　⑥感情的遮断——内的に取り込まれた両親像に対する未解決な愛着を解決しようとする試み（融合をむやみに減らそうとする非現実的な試み）。遠く離れて暮らすこと，会話を避けたり，ある特定の話題を避ける試みとしてあらわれる。

　以上六つの鍵概念を簡単に説明してきたが，短くまとめると原家族との関係で分化が欠如（低下）していると，両親からの感情的遮断が生じやすくなるといえる。その結果，将来の結婚生活では融合が生じてしまいやすい。さらに分化の欠如は他者との三角関係化や投影，あるいは夫婦間葛藤を生じやすくする。

　したがって，治療のゴールは分化を進めることになる。つまり，原家族からの分化が進めば進むほど，個人は適応的にふるまえるようになる。その結果，より分化度の高い配偶者との関係を築くことができ，子どもが生まれても健全な両親関係を維持することができる。

アセスメントと治療

　感情的な巻き込まれが少なくとも三世代にわたって継承されているかを，家族面接をすることで見出そうとする。また三角関係化の影響が世代を超えて伝承されているかどうかについても探求してみる。ジェノグラムを描いてみることで，それを図示してみることも有益である。治療には1～2年，あるいはそれ以上を要することもしばしばである。家族の問題によっては毎週もしくは毎月の面接を継続的に持つ。

技法

　ボーエンとフラモはカップルもしくは夫婦のみの面接を持ったが，ボゾルメニ・ナージは家族とも面接を持った。ボーエン派の治療者は，こうした面接を経て，家族内でもっとも分化度の高いとみなされた家族員と個人面接を中心に面接を継続した。たとえば治療者は分化度の高いとみなされた配偶者の一人ともっぱら面接を持ち，配偶者がそこにいたとしても観察者として同席させたりもした。

　問題は多世代の関係の問題とされ，家族の歴史の未解決の問題について両親を中心に質問がなされる。その結果，親族を訪問して尋ねたり，（存命かどうかを問わずに）手紙を書くことをすすめられ，その人が問題と感じてきていた親類にその問題に否定的な感情を表出することをも勧めた。

　とりわけ家族の歴史の中で，重要な家族員の喪失を家族がどのように受け止め，それを扱ってきたかに焦点を当てる。未解決の喪の作業（mourning/grief work）はその後の家族の関係に悪影響を及ぼし，それが世代を超えて伝承されていく可能性が高いという仮説に基づいた介入である。

治療者の役割

　治療者は三角関係化された子どもとしての位置づけで治療場面におり，その立場から両親に双方の原家族からの分化を促すべく介入する。こうした三角関係化の中にあっても分化した自己を訓練の中で見出すことのできた治療者は中立であ

ることにつとめ，冷静な質問を投げかけることで家族員の分化を促すことができると考えられている。時に感情的遮断を打破するために課題（訪問，墓参り，記念となる写真を持参してのセッションなど）を与えることもある。

治療例

　本書のジェノグラムの項で示した模擬事例（pp.60-61）をもとに，この事例での治療的介入について述べる。面接は妻のうつ状態で来談した夫婦を中心に展開していった。

　夫婦の前でのジェノグラムを描きながらの面接（ジェノグラム・インタビュー）では，妻の父親のがんが長男の妊娠中に発覚し，最愛の父親を看病すべく身重な妻が妻の実家近くの病院に足しげく通って看病したエピソードが語られた。妻の父親と不仲だった母親はこうした妊婦の妻（娘）の看病を心配したが，妻はむしろこうした母への反感を強めた。父が亡くなった後，まもなくして長男が無事生まれた。父親の喪失と息子の誕生という時間的に近接した事態は，この妻に誕生してきた息子が「父親似である」という確信を抱かせた。そうして今までやや疎遠であった夫婦関係での満たされなさを解消するかのように，この息子を溺愛するようになった。これは「生まれ代わり空想」と呼ばれる現象（このケースの場合，内在化された妻の父親像を乳児である長男に投影する現象）で，しばしば起こる愛着である。当然，夫との関係は今まで以上に疎遠となり，弟の誕生とそれに注がれた母親の愛着は，長女（2歳）を弟への嫉妬を抱えた孤独に追いこみ，入眠困難，夜尿などの退行的な行動を激化させた。夫（父親）が関与しようとするが，なかなかうまくいかない。こうした状況下で妻の抑うつ感は深まり，来談に至った。

　治療者はまずは妻の父親の喪失にまつわる悲しみを事実に則して細かく聞きとることで妻の悲嘆を夫にも共有できるようにした。悲嘆は父親との楽しかった思い出を聞きとることでより表出された。涙する妻を少しだけ夫がサポートすることができるようになった。

　次に，治療者は長男の誕生の際に「生まれ変わり空想」が生じるのも当然であることを妻に告げ，夫婦でこれも共有できるように介入した。さらに妻のこれほどまでの父親への愛着がなぜ生じたかについて話が及んだ。これは妻の両親の不和と関係があることは明白だった。表記したジェノグラムでは，妻の母親は母方祖母に似て非常に気丈で闊達な長女として育ち，母もそれを見習って育ってきた。一方，父親は5人兄弟の末っ子で，父方祖母にかわいがられて育ってきた。こうした背景から，妻の両親関係は父親がしっかり者の母親に依存するという安定した関係にあったが，父親が友人と立ち上げた事業の失敗以来，夫婦関係に葛藤が生じていた。主に母が父を非難し蔑んだ。こうした関係に敏感だった長女である妻は父親の孤立に同情し，父親もこうした長女（妻）をいとおしく思うという親密な関係が続くことになった。母親も気丈な長女に両親関係のつなぎ役としての機能をあてにすることもあった。先にのべた「三角関係化（triangulation）」の関係が形成されていた。

　この三角関係化は父親のがんの発症と妻（娘）の妊娠という二つの事態でバランスを崩す事態に発展し妻の症状が形成された。

　治療者はこうした歴史的力動関係を明示しながら，妻と長男の関係もこれから

同じような運命を辿る可能性について指摘した。夫の代わりの役割を妻がこの0歳の長男に期待してしまう可能性についてである。現に妻はこのいたいけな乳児に依存しているのである。これは子どもの健全な生育にとっては障害となりうることであり，いずれ子が成長すると共にこうした両親関係に敏感になる年齢に達すれば，自ずと妻とその両親との関係に生じていたような「三角関係化」が生じる危険があることを告げた。

こうした「三角関係化」の形成を避け，夫婦それぞれが自己分化が促進できるように，婚姻関係の成立から現在の関係に至るまでの双方の原家族からの影響を夫の生育環境からの影響も含めて探求してみる必要があることを告げ，夫婦の同意を得て面接を進めたところ，夫婦はお互いの原家族背景を理解し認め合い，今までなかったお互いを尊重し合うといった親密さを獲得できるにつれて妻の抑うつ状態は改善に向かった。

まとめ

多世代家族療法はボーエンの実践とその理論に端を発しているが，多世代の関係を視野に入れた精神分析理論との異同についてはあいまいな部分も多くあると思われる。

たとえば，治療例にあげたケースでも投影や同一化，さらには投射性同一視といったメカニズムが世代をまたがって活発に作動しており，これらをジェノグラム・インタビューの中で解釈することも有力な治療法であると思う。

（中村伸一）

文　献

Boszormenyi-Nagy, I., Sparks, G.M.: Invisible loyalties: reciprocity in intergenerational family therapy. Harper and Row, New York, 1973.
Bowen, M.: Family Therapy in Clinical Practice. Jason Aronson, New York, 1978.
Carter, B., McGoldrick, M.(Eds.): The Changing Family Life Cycle: A Framework for Family Therapy. 2nd ed. Allyn and Bacon, Needham Heights, MA, 1989
Framo, J. L.: Explorations in Family and Marital Therapy: Selected Papers of James L Framo. Springer Publishing, 1982.
Kerr, M. E., Bowen, M.: Family Evaluation. W.W. Norton, New York, 1988.［藤縄昭，福山和女訳：家族評価：ボーエンによる家庭探究の旅．金剛出版，2001.］
Mahler, M., Pine, F., Bergman, A.: The Psychological Birth of The Human Infant. Basic Books, New York, 1975.［高橋雅士，他訳：乳幼児の心理的誕生．黎明書房，1981.］

構造的モデル

はじめに

　構造的モデルは，家族を，その上位システム（学校，職場，近隣，関係機関等）と個人を含めたエコ（生態学的）システム全体の中に位置づけた上で，とりわけ家族の構造を変化させることを中心として個人の症状の回復を図ろうとする，一連の理論と方法を備えた治療法である。ミニューチン Minuchin, S. らが，1950年代にニューヨークで非行少年の治療に，家族を集めてその場で成員間のやりとりに介入し良いやりとりを習得させるような工夫を始めた。70年代にはフィラデルフィア・チャイルド・ガイダンス・クリニック（後改称）において同僚らと共に，神経性食思不振症や崩壊家族といった重大な状況に関する実質的な治療を目指して，体系化した。日本には1984年日本家族研究・家族療法学会創立時にミニューチン自身が招かれて紹介された。開発以来50年余，子どもだけでなく，青年，成人，夫婦の多様な症例に，世界各地で実践が続いている。

治療理論

　人は，一般的には，家族の中に産みおとされ，切りがたい繋がりをもって相互作用しながら，互いを維持・成立させる。家族は人を人として育て，人はその成員であることによって全体としての家族を維持する。相互作用は，具体的には成員同士の言葉・感情・行動を含む不断のやりとりを通じてなされ，どちらが始まりだったとも分からぬような形で，次第にパターンとなる。関係ができ，その全体は構造（**家族構造**）をなして，家族を維持する。だから誰かに症状があるとすれば，それは現在の家族の全体構造の中で起こり，症状があることによって家族を維持し，家族によって維持されている。治療とは，したがって，症状がなくてすむ形に現在の家族構造を変えることである。家族全体の構造の変化によって，個人の症状に変化を起こそうとするのである。上位システムがどこかに関係しているなら，そこにも働きかけ，協働する。

　なお，当初の構造モデルでは，個人の内面心理の要素は理論上捨象されていた。後に80年代後半からの発展で見直され，家族構造を変化させるという治療の基本的枠組みはあくまでそのままに，個人内心理が関係形成に関与していることを無視せず，また成員の個人心理の変化を必要に応じて関係の変化に組み込む，より包括的な体系になっている［Minuchin, Nichols, Lee, 2007］。

家族構造

　家族は父，母，子，夫婦，兄弟，祖父母，父子，母子，個人等サブシステムに分化して固有の機能を担いながら家族を成立させる。たとえば父母は協力して子と適切な関係をもって養育し，子は成長し，そこに家族の養育機能が果たされる。

　サブシステム間の関係は，**境界（バウンダリー）**，連合，硬直的な三者関係，葛

Key Words

エコ（生態学的）システム
家族構造
境界（バウンダリー）

藤の有無等として概念化されている。境界は誰がある出来事に参加するかを決めるルール［Minuchin, 1974］であり，関係は解離（disengaged）から絡み合い（enmeshed）に至る連続線上に位置するようなものとみなす。極端な解離状態では，境界が固く疎遠で，一方の痛みも他方の関心を呼ばず，支え合いが起こらないだろう。絡み合いの極端では密着が強く境界がはっきりせず，過度の侵入や不安の共鳴がおき，有効な課題解決ができないだろう。どちらの場合も成員の健康なあり方が阻害され，症状がでるかもしれない。これらの中間に，境界が適度に明確で，サブシステム間の適度の交流がありかつ双方の独立性も保たれるような広い正常の範囲を想定する。また家族と家族の外との境界，子・親・祖父母の世代間の境界も想定する。硬直的な三者関係とは，二者の葛藤的な関係に第三者が巻き込まれることをいい，父母の葛藤に子が巻き込まれる症例が多いことが三型で提示されている。父母が子を取り合う（三角関係化），片方の親と子が連合して対抗する（安定的連合），葛藤を潜在化させた場合は共に子の世話をしたり逆に子を攻撃する（迂回）。そこでは世代間の境界があいまいになり，子が親を世話したりする（親役割の子）。サブシステム間の関係は補完しあって，家族の全体構造を成す。したがってある関係で歪みがあるとすれば，他の関係にも歪みがあることが予想される。

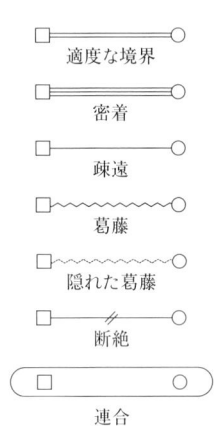

家族構造は，また，各成員の発達をはじめ，大病や死，入学や転居，離婚等々といった内外からのストレスに対処するために，変化発達すべきものである[▶1]。青年期の母子関係は幼児期のそれに比べて境界が明確化されるべきだろう。家族構造の柔軟性が乏しく，新しい状況の必要に適応できないことが，発症の契機になりやすい。

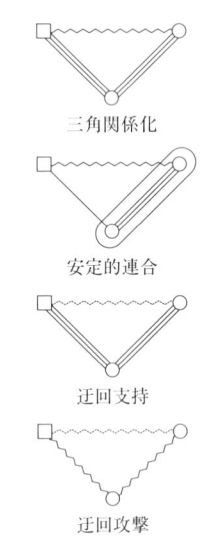

正常な家族構造と治療の方向

上記のように，広い範囲で，また発達やストレスを勘案した上で，正常な家族構造の範囲が想定される。治療で家族構造の変化すべき方向は，その範囲に向けてである。その上で家族の柔軟性や好み，さらには資源に照らして，治療者は注意深く目標を考える必要があろう。

治療法

必要に応じて家族全員の同席面接も行い，構造の変化をさまざまに工夫することが治療法である。その経過は，便宜的にいって，ジョイニング，アセスメント，構造変化への働きかけと進もうが，実際には重なり合い繰り返されていく。

ジョイニング

治療のために家族と協働するには，まずは治療者が家族に専門家として受け入れられる必要があり，そのことおよびそのための治療者の働きをジョイニングとよぶ。あいさつ等一人ひとりへの配慮と共に，すでに一定の関係（構造）をもってやってくる全体としての家族と関係を築く必要がある。まずはその構造を尊重して従う。誰かが率先して話す（父親が責任を感じて話すことは多い）なら従う。その上で，初回であれば各人の主訴を確認するといった治療の要件に，治療者は責任を果たす。率先して話し始めた人の話があまり長ければ，治療者は穏やかに遮って話題を必要な方向にリードする必要もある。

その他構造モデルに含意される治療者の態度，すなわち，家族の誰をも責めようとしているのでなく，家族の変化への資質を活用できるよう引き出そうとして

関係表記の例
- 適度な境界
- 密着
- 疎遠
- 葛藤
- 隠れた葛藤
- 断絶
- 連合

硬直した三者関係
- 三角関係化
- 安定的連合
- 迂回支持
- 迂回攻撃

▶1
「家族ライフサイクル」の項参照。

いるのであって，変化に向けて協働しようとしていること等は，家族に伝わり，ジョイニングに資するだろう。

アセスメント

　アセスメントの要点は，構造をよみとること，構造の変化すべき方向を考えその可能性（柔軟性）を読み取ることである。

　三世代の家族の（事例によっては四世代），兄弟姉妹を含めた全員，死亡や離婚等による構成の変化も取り込んで，構造を読み取れるとよい。すぐにすべての関係が分からなくても少しずつ仮説を積む。早めにジェノグラムをとって構成等の基本情報を得ること，構造の仮説を家族図に描くことは有益である[▶2]。

　面接の当初から，その場にあらわにされる関係を観察する。互いの間で交わされるしぐさ（たとえば母が素早く合図して子が椅子に座る）や表情・身体言語（たとえば父が話し始めると子が顔をしかめる）に注意し，会話は，内容と共に進行のパターンに注目する。

　関係を推測しながら，家族の話を聞く。あるいは家族に尋ねて確かめるが，直接関係を尋ねるというより，何かのことについて成員間のやりとりを尋ねて，パターンを読み，関係を推測する。ことに，症状をめぐる家族のやり取りの逐一の連なりを詳しく聞いていくことで，症状を維持している機能不全のパターン・関係を読み取ることが要点である。

　ジェノグラムからの情報（兄弟数，三世代同居か否か，ライフサイクル上の位置，喪失等々）から，予想されるストレスとその関係への影響を仮説し（たとえば三世代同居家族に，祖父母・親世代間に境界の問題はないか，子どもたちはそれに巻き込まれていないか），折をみて確認する。

　　◀事例▶　A家族（父母と中学3年の姉と中学1年の弟）では，不登校の弟をIPとして，同席面接が続いた。母が父に向かってこわごわと，弟は不登校なのに遊びに出かけて帰宅が遅いのはよくないと訴えると，父は友達が不良だと断じる。即座に姉が話を変え母に向かって自分は友達が少ないと言い初め，会話が母姉に移って続く。父と弟は母姉を囲む両端に座り押し黙っている。厳しい父と母の間に葛藤があり，姉は巻き込まれて母と連合した会話でその場の葛藤を救おうとし，弟は他の皆と切り離されているようだ。父母姉の三者間に，父に対する母子連合があり，補完するように弟は孤立していると見てみる。父母の葛藤に巻き込まれた母子連合がゆるやかになって，姉は自分自身の関心に向かえるようになる必要があろう。弟と家族とは思春期の子にふさわしく境界も尊重されるような形でもう少し近づけるとよいだろう。父母は，夫婦サブシステムとしては葛藤があるかもしれないが，まずは親サブシステムとして子育てに協力できるような関係が必要だろう。IPは弟であるが，姉も症状的である。

変化への働きかけ

　構造が見えてきたときに，必要な方向に変化を促す非常に多彩な方法——その場でやりとりに介入する・認識に働きかける・機能不全のパターンを現出させる等々——が工夫され開発されている［Minuchin, 1974; 1984; 2007］。

　面接では，何よりもまずは家族が活発に話し，治療者も尋ね，家族同士でも話しこむような場が実現することが望ましい。そこに関係があらわにされ，仮に痛み

▶2
「ジェノグラム」の項参照。

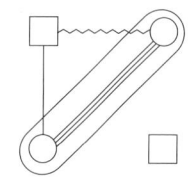

A家の家族図

や怒りが表出されても，働きかけの機会が生まれる。治療者にも家族にも，進むべき方向が見え，面接の内外で家族に自然な動きが出てくることも多い。

構造が明確になったときに，工夫してそれを指摘し，代替のあり方を示唆することは，変化への基本的な働きかけである。肯定してから指摘すること（Yes, but や Yes, and）［Minuchin, 1974］も工夫の一つであろう。

▶**事例** A家族では，その後の面接で，家族を避けていた弟が面接後揃っての外食を喜んだと報告される。父が弟を強く叱らぬよう我慢していると，母が父の努力を認める。父弟が少し近づいている。父母と弟がまずは落ち着いて話せるよう，弟の意志を尊重するような形で話しあえるよう面接を運営する。後には，姉が常に居間にいるのはもしかすると父母の様子が心配なのかと尋ねた。母は驚き姉はうなづくが，心配しないで自室に引き取ってよいと母が言うと，姉は意外そうである。双方から少しずつ母子連合がゆるんでいった。

今ある構造は何らかの関係上の必要から成立している（A家族の姉は巻き込まれて不和の不安を和らげ，父母は葛藤を回避する）ことも多いし，家族は症状の除去は望んでも関係変化は痛みだと感じるかもしれない。個人内的問題があるかもしれない。変化に逆らう要素はさまざまにあろう。ネックに取り組みながら，ケース次第ではゆっくりと進むのが治療の経過であろう。

おわりに

一見混沌として見える家族の姿も，このモデルの視点をもってよく観察すれば，サブシステムが互いに繋がり，複雑にしかし秩序だって動いている様を面接者は実感するだろう。家族を生き生きと理解すれば，その先に援助の方法が見えてくる。臨床（開業）経験からも，家族自身構造を分かっているかのように（実際多くの場合分かっている），受け入れられやすいモデルだと感じている。多くの事例に適用可能であり，家族理解と治療の基本的モデルである。

（信國恵子）

推薦図書

1. ミニューチン, S.（山根常男監訳）:家族と家族療法. 誠信書房, 1983.
2. ミニューチン, S., ニコルス, M.P., ウェイ・ユン・リー（中村伸一, 中釜洋子監訳）:家族・夫婦面接のための4ステップ. 金剛出版, 2010.

文　献

Minuchin, S.: Families and Family Therapy. Harvard Univ. Press, Boston, 1974.［山根監訳: 家族と家族療法. 誠信書房, 1983.］
Minuchin, S., Fishman, C: Family Therapy Techniques. Harvard Univ. Press, Boston, 1984.
Minuchin, S., Nichols, S., Lee, W.: Assessing Families and Couples. Pearson Education, Boston, 2007.［中村伸一, 中釜洋子監訳: 家族・夫婦面接のための4ステップ. 金剛出版, 2011.］

コミュニケーション・モデル

はじめに

　このモデルのアプローチは，通称コミュニケーション・アプローチと呼ばれており，それは MRI（Mental Research Institute）で行われたアプローチのことである。そのため MRI のアプローチともいわれる。MRI は，1959 年にジャクソン Jackson, D.D. がカリフォルニア州パロ・アルトにおいて，統合失調症とその家族の研究を目的として設立した施設の名称である。その設立メンバーに，サティア Satir, V. とリスキン Riskin, J. が加わり，その後ワツラウィック Watzlawick, P.，ヘイリー Haley, J.，ウィークランド Weakland, J. などが参加する。

コミュニケーション・モデルの特徴

　このモデルの治療の考え方に大きな影響を与えたのは，コミュニケーション研究プロジェクトの成果として 1956 年に発表された「二重拘束仮説」（Double Bind Hypothesis）［Bateson, et al., 1956］である。二重拘束仮説は，患者が家族とのコミュニケーションにおいて二つの論理的タイプを混同することによって縛られているという仮説である。二重拘束が起きる状況には，次の六つの必要条件がある。

- 二人あるいはそれ以上の人間
- 二重拘束的できごとの繰り返し
- 一次的禁止命令（Primary Negative Injunction）
- 二次的禁止命令（Secondary Negative Injunction）
- 「被害者」が二重拘束の存在する場からの逃避を禁止する三次的禁止命令
- 「被害者」が現実を二重拘束的パターンで認知するようになること

わかりやすい例として以下の話が挙げられる。

> ◆事例◆　精神病院に入院している青年のところに母親が見舞いに来る。青年が喜んで母親に近づこうとした瞬間，母親がわずかに身を引く。青年がそれに反応して行動を止めると，母親は「お母さんが見舞いに来たのに嬉しくないの？」と青年を責める。青年は母親に近づいても責められるし，身を引いても責められる状態になる。母親が帰った後，青年は暴れ出してしまう［Bateson, et al., 1956 より］。

　MRI では，この二重拘束を治療に活用することを考えた。上述の場合は，患者がどちらに反応しても患者が責められ，パニックを引き起こす。それを治療に用いるということは，治療者の介入に対して，患者が「YES」「NO」どちらの反応を取ったとしても，治癒に結びつくことである。これを**治療的二重拘束**（Therapeutic Double Bind），または**治療的拘束**（Therapeutic Bind）と呼ぶ。
　簡単な例を示す。

第 3 章　家族療法の代表的モデル

第 1 節　第一世代

Key Words
コミュニケーション理論
二重拘束仮説
治療的二重拘束
パラドックス

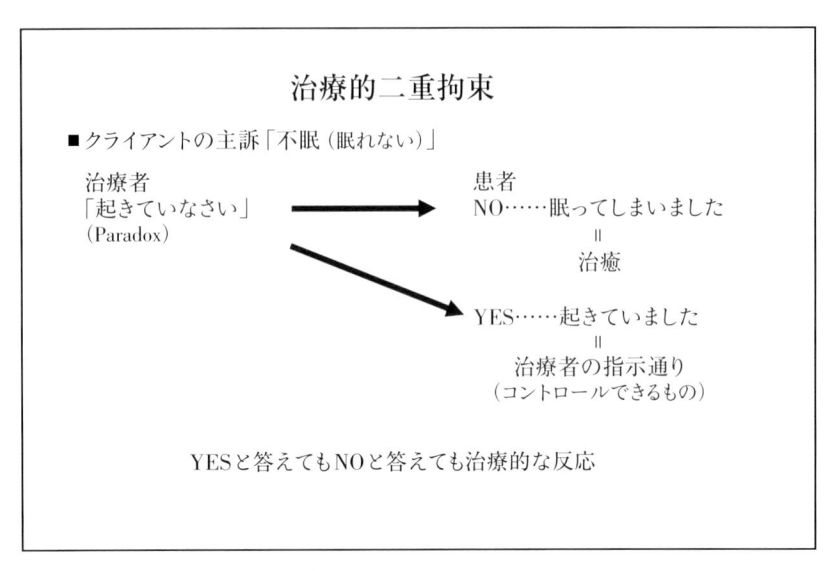

> **事例** 不眠を訴える患者が病院に訪れた。患者は眠れないと訴える。その患者に対して,「起きていなさい」と指示を与える。もしも患者が治療者の指示に従わない場合(NO),眠ってしまうことになる。つまり,症状が解消されたことになる。一方,患者が治療者の指示に従った場合(YES),患者は自分の意志で睡眠をコントロールしたことになる。そもそもの訴えが,睡眠をコントロールできないことであるから,コントロールできる,つまり,患者が扱えるものに変化することになり,これも治癒につながる(図1)。

```
                     治療的二重拘束
 ■クライアントの主訴「不眠(眠れない)」

 治療者                       患者
 「起きていなさい」    ──→    NO……眠ってしまいました
 (Paradox)                        ‖
                                   治癒

                              YES……起きていました
                                   ‖
                              治療者の指示通り
                              (コントロールできるもの)

       YESと答えてもNOと答えても治療的な反応
```

図1　コミュニケーション・モデル

　眠れないと訴える患者に,起きていなさいという逆の指示を与えることから,これをパラドックス(Paradox)処方,もしくは,逆説指示と呼ぶ。この考え方は,MRIの治療における戦略的立場の基本となっており,治療技法として主にパラドックスが用いられ,それは,逆説的アプローチと呼ばれる。

　MRIの考え方では,変化には第一次変化(firsr-order change)と第二次変化(second-order change)がある。簡単に説明すると,第一次変化は量の変化,第二次変化は質の変化といえる。たとえば,手洗い強迫になっている人が,洗い方や回数が減少した場合は第一次変化で,洗うことそのものがなくなる変化が起これば第二次変化となる。第一次変化は逆戻りする可能性があるが,第二次変化は可逆しない変化となる。この第二次変化を狙うことを考えた場合,逆説処方は非常に有効な方法と考えられた[▶1]。

理論的背景

　まず,一般システム論,サイバネティクスの影響がある。対象としたのは,コミュニケーションの相互作用である。そのため,システム論の機能という属性に焦点を当てたアプローチといえる。そして,コミュニケーション論がその中核を成しており,具体的な治療技法については,エリクソン Erickson, M. の催眠の治

▶1
「システム・サイバネティクス」の項参照。

療技法の影響を強く受けている。ワツラウィック，ヘイリーは，直接エリクソンに師事し，学んでいる。

　この中核を成しているコミュニケーション論は，文化人類学者のベイトソン Bateson, G. が，カリフォルニア州パロ・アルトの退役軍人局病院で，1952〜1962 年まで行った，コミュニケーションプロジェクト研究の成果として導き出されたものである。この研究プロジェクトには，MRI の所長のジャクソンがコンサルタントとして参加しており，また，ヘイリー，ウィークランドはプロジェクトメンバーである。ここで行われた研究は特に統合失調症の患者の言語の研究であった。

　このように，コミュニケーション・アプローチは，背景がさまざまな人物たちの頭脳と当時最新の理論として考えられた一般システム論，サイバネティクス，20 世紀最大の理論家といわれるベイトソンの理論，20 世紀最大の治療家といわれるエリクソンの治療技法が融合されてできあがったアプローチといえる。

コミュニケーション・アプローチの治療

基本的な前提
治療における基本的な前提は以下の二つである。
- 根本的な原因や因果関係にかかわらず，持ち込まれた問題は，患者や患者と影響を及ぼしあう人々の，現在進行形の行動によってのみ存続している
- 問題を存続させているそのような行動が，適切に変えられたり取り除かれたりすれば，問題はその性質や原因，持続期間に関係なく，解決ないし消失する

治療原理
主な治療原理は以下の 11 である［Fish, Ray, Schlanger, 2009］。
- 広義の症状志向である。患者が訴える問題が軽減ないし解消することを目的とする
- 問題は，相互作用の問題である
- 問題は，日常の困難に対して誤った対処を行った結果である
- 問題は，家族のライフサイクル移行における誤った対処で起こることが多い
- 誤った対処は，日常生活の困難を過大評価するか過小評価した結果起こる
- 問題は，システムの中の誰かが問題解決をしようとする行動自体が問題を一層強化するという悪循環が形成され，持続している
- 問題が長く続くのは，困難が繰り返しまずいやり方で対処されているからである
- 問題解決には，悪循環を断ち切るための代替行動パターンが必要である
- 一見非論理的に見えても，役に立つ有益な変化の促進方法を追求している
- 小さくても確実な変化を狙う
- なぜ，どうしてにとらわれず，具体的な変化を追求する

治療の実際
　治療の考え方は極めてシンプルといえる。問題が起こった場合，問題を解決しようとする行動が起きる。問題は，その解決しようとする行動によって一層大きくなり，それにより解決行動が強化され，ますます問題が大きくなり，問題が維持される（仮説）という考えである。したがって，その循環を変える（介入）こと

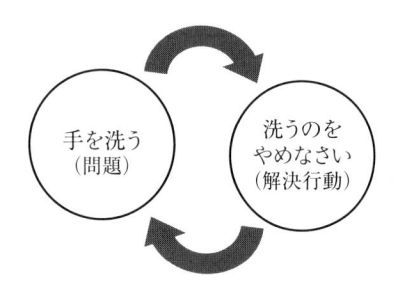

ができれば，問題とされる行動が消失するとの考えである．治療では，その循環を変えることができればよいので，介入はパラドックス処方に限らない．

簡単な例を示す．手洗い強迫の患者に話を聞くと，**図2**のパターンがあることがわかったとする．仮説は，解決しようとする行動（洗うのをやめなさい）が問題（手洗い）を維持させていることになり，介入は，親が患者に対してしっかり洗うように言うこと（パラドックス）を指示することが考えられる．それにより，パターンが消失し問題が解決される．

図2

介入技法

介入技法には以下のものがある［Fish, Weakland, Segal, 1983］．

特殊介入法

- 自然にしか起こり得ないことを無理に起こさせようとする解決策
- 恐怖を感じる事柄を先に延ばすことで，その恐怖を克服しようとする解決策
- 反対のことをすることで合意に達しようとする解決策
- こちらの言うことを相手が進んでやるように仕向ける解決策
- 自分を守ろうとして，責め手の疑惑をさらに確実なものとする解決策

一般的介入法

- 問題解決に当たってゆっくりいくようにとの指示を与える
- 良くなると困ることが起きる，と抑制をかける
- 「Uターン」させる
- 問題を悪化させることを指示する

（村上雅彦）

推薦図書

1. ベイトソン, G.（佐藤良明訳）：精神の生態学. 改訂第2版. 新思索社, 2000.
2. フィッシュ, R., ウィークランド, J.H., シーガル, L.（鈴木浩二, 鈴木和子監修）：変化の技法. 金剛出版, 1986.
3. フィッシュ, R., レイ, W.A., シュランガー, K.（小森康永監訳）：解決が問題である. 金剛出版, 2011.

文献

Bateson, G., Jackson, D.D., Haley, J., Weakland, J.: Toward a Theory of Schizophrenia. Behavioral Science, 1; 251-264, 1956.
Bateson, G., Steps to an Ecology of Mind. Ballantine Books, New York, 1972.［佐藤良明訳：精神の生態学. 改訂第2版. 新思索社, 2000. 所収］
Fish, R., Weakland, J.H., Segal, L.: The Tactics of Change: Doing therapy briefly. Jossey-Bass publishers, 1983.［鈴木浩二, 鈴木和子監修：変化の技法. 金剛出版, 1986.］
Fish, R., Ray, W.A., Schlanger, K.: Focused Problem Resolution: Selected Papers of the MRI Brief Therapy Center. Zeig, Tucker & Theisen, 2009.［小森康永訳：解決が問題である. 金剛出版, 2011.］
Hoffman L.: Foundations of Family Therapy: A conceptual framework for systems change. Basic Books, New York, 1981.［亀口憲治訳：家族療法の基礎理論：創始者と主要なアプローチ. 朝日出版社, 2006.（旧版：システムと進化：家族療法の基礎理論. 1986.）］
遊佐安一朗：家族療法入門：システムズ・アプローチの理論と実際. 星和書店, 1984.

戦略モデル

はじめに

　一般的に，戦略（ストラテジー；strategy）とは「ある目的を持った方策・計画・策略」のことであるが，家族療法で用いられる場合，その目標は「家族システムの変化」あるいは「治療システム（治療者患者間の相互作用）の変化」であり，そのためにセラピストが用いる手練手管はすべてストラテジーと表現できるので，いささか乱暴ではあるが，すべてのシステム論的家族療法はストラテジック・アプローチであると見なすこともできる。

　しかし「戦略」などといった言葉は，一般的には戦争を想起させるので，心理療法・カウンセリングの世界にはどうにも似つかわしくないようである。この言葉を耳にしただけで困惑し，場合によっては侮蔑の表情を浮かべるセラピストはけっこう多い。そして，その反応は実に正しい。心理療法はもちろん，患者とセラピストの「戦い」ではないからである。

　そもそもこの「戦略」は，1963年に出版されたヘイリー Haley, J. の『Strategies of Psychotherapy』に登場する strategy の誤解多き訳が広く定着したものであるが，もちろん strategy そのものは「戦い・争い」の意味を含まない。日本語で「戦略」といったときに多くの人が思い浮かべるイメージは，厳密には military strategy のことであろうと思われる。その意味で，少々残念な訳である。やはり，心理療法は敵と戦ってはいけない。

　ヘイリーの上記の本は高石昇の訳（邦訳1973）であるが，その際のタイトルは『心理療法の秘訣』であり，本文中「戦略」という表現はわずか一カ所しか使われていない。見られる訳は主として「策略」である。しかし後年，多くのリクエストによって再版されたときのタイトルは『戦略的心理療法』となっている。高石は「戦略」という言葉に疑問を感じ，「ストラテジー療法」という命名も考えていたようであるが，しかしその頃にはすでに「戦略」といった表現は少なくとも家族療法の領域においては広く定着していたことから，やむなく上記のようなタイトルで出版されたようである。

　心理療法におけるストラテジーの持つニュアンスをうまく表現してくれる訳語はなかなか見当たらないのだが，少なくとも「戦い」，ましてや「患者とセラピストとの戦い」といったイメージを醸し出すものではなく，冒頭で述べたように「ある目的を持った方策・計画・策略」くらいの感触ある言葉を見いだしたいものである。もちろん，計画や策略も広い意味で戦いをイメージするではないかと指摘を受けそうであるが，それでもやはり，少なくとも「戦略」と訳さない方が穏当ではなかろうか，と筆者は考える。よって，本項ではストラテジー，ストラテジック・モデル，ストラテジック・アプローチなどといった表記で統一する。

第3章　家族療法の代表的モデル

第1節　第一世代

Key Words

ストラテジー
ストラテジック・アプローチ
ヘイリー Haley, J.
マダネス Madanes, C.

モデルの特徴・発展

　ストラテジック・アプローチは広い意味では前項で述べられたコミュニケーション・モデル（コミュニケーション・アプローチ）に含まれるものである。創始者はヘイリーであるが，彼もまたベイトソン・グループあるいはMRI（Mental Research Institute）のメンバーであり，やはり二重拘束理論とエリクソン Erickson, M.H. の治療に大きな影響を受け，グループ内で切磋琢磨の後に「ストラテジック」の旗頭で独立したといったふうである。また次項で述べられるミラノ派のアプローチとの近似性も高いものがある。さらにいうと，これらとはまったく違う治療的枠組みを持つ構造派であっても，一つひとつの技法を吟味すると，ストラテジック・アプローチとほぼ同じと見てよいものがある。それはたとえば，「肯定的意味づけ」をポジティヴ・リフレーミングと呼ぶのか，ポジティヴ・コノテーションと呼ぶのか，はたまたポジティヴ・リラベリングと呼ぶのかといった程度の違いともいえる。実際のところ，現場の多くのセラピストはいろいろな流派の技法を織り交ぜて家族療法を行っているはずであるし，またそれぞれの流派は相互に影響を与えながら発展してきた経緯がある。

　しかし，技法的には各派それぞれに互換できても，やはりその背景にある治療哲学は各派際立った個性がある。特に初期のヘイリーのそれは大変大胆なものであったと思う。詳しくは前述した高石の訳書に当たって欲しいが，一部引用すると，「治療者患者関係を治療者か患者かどちらがコントロールするかという問題をいかにうまく治療者が処理するかがまず重要である。これはどんな種類の治療でも避けることのできない中心課題であり治療効果もこの解決によって生じる，といいうる。患者が心理療法でコントロールをにぎっているかぎり，症状的な方法で支配し続けるので彼の問題はどこまでも続く。もし治療の成功を治療者が患者に対してもつべき関係をコントロールできる過程であるとして考えるならば，コントロールによって相手の感情や体感覚に影響をおよぼすことができるような策略を考えることが必要になってくる」［Haley, 1963］。このように述べた上で，ヘイリーは治療的パラドックスの効果と方法について示していくのである。また，患者は家族関係の中でも同様の原理で症状を持続しているので，家族を一緒に治療対象にすることが一層効果的であるとしている。このように，支配力（パワー）に対する信奉はヘイリーの（初期ストラテジック・アプローチの）大きな特徴であると同時に，好悪・賛否をわかつ大分水嶺でもあった。明白に「治療とは患者（家族）と治療者による関係コントロールの戦いである」と定義しているわけであるから，ならばやはり「戦略」と訳すにふさわしいともいえるだろう。

　『Strategies of Psychotherapy』の序文を担当しているジャクソン Jackson, D.D. は，ヘイリーの優秀であることを褒めながらも，「ヘイリーのやり方を聞き，あちらこちらで苦痛と怒りの叫び声が聞かれるかもしれない」「読者は憤怒から吐気にわたるさまざまな反応を示すであろう」などと述べているが，これが1950〜1960年代当時の，「精神分析全盛」に挑んだヘイリーの戦略であったと好意的に理解してみたところで，このジャクソンの記述はごく普通の感覚ではなかったかと，筆者は思う。

　ベイトソン Bateson, G. もまた，ヘイリーを次のように批判している。「私が見

るところでは，彼（ヘイリー）は，人間関係の勢力というメタファーの正当性を信じていた。私は，勢力という神話は，それが（伝統的ではあるが）常に誤った認識論を提供するため，常に人を堕落させると当時から信じていたし，現在は，なおさら強く信じている」（リン・ホフマン著・亀口憲治監訳『家族療法学』より抜粋）。

ましてや1980年代以降現在に至る家族療法の新しい潮流（社会構成主義に立脚するセラピー，あるいはナラティヴ・モデルのセラピー）からみると，ヘイリーの哲学はもはやとんでもない「過去の遺物」に過ぎないであろう。

もちろん，現代のストラテジック・アプローチは「ヘイリーのまんま」ではない。その発展形はマダネス Madanes, C. のストラテジック・アプローチであるが，ヘイリーの哲学を吸収しつつもずいぶんと柔らかい。「戦略」といった訳がいよいよ似つかわしくなくなっているようである。しかしその分，ヘイリー流ストラテジック・アプローチの際立った個性は薄くなったようで，結果的には他の流派との違いを明確に述べることは一層困難になったともいえる。

ストラテジック・アプローチの実際

ここでは「ストラテジック・アプローチの特徴的なストラテジー」（ややこしい表現であるが）をいくつか紹介する。いくつかと述べたのは，ストラテジー自体はますますその質量とも充実しているのではないかと予測するが，筆者が日頃行っている折衷的な家族療法においても日常的に用いることのあるストラテジーを紹介するという意味である。おそらく，多くの家族療法家もしばしば用いているはずである。

現状維持のすすめ

特に初回面接で，「変化のための」アドバイスを求めてくる患者・家族に対して，「急に変化しないように」求める。「より細かな状況を理解するため，これまで通りのことを繰り返して，その詳細（前後関係やパターンなど）を次回報告するように」といった指示を行う。

リフレーミング，肯定的意味づけ

たとえば，子どもの性格の問題を語る両親に対して，「どのように接していいのか困っておられるのですね？」とリフレーミングすると，個人の問題から「関係性」の問題へとシフトできる。もしも「どのようにコントロールしたらいいのか困っておられるのですね？」とリフレーミングすると，さらに「階層性の問題」にシフトできる。

また，リフレーミングとして肯定的意味づけが頻繁に用いられる。これは症状・問題に対して，その存在の肯定的な意味を発見し付与するものである。これにより，それは「変化すべきもの」でなくなるので，上記の「現状維持のすすめ」にいっそうつながる。

逆説的指示・パラドックス・症状処方

上記の肯定的意味づけの後，より積極的に症状・問題を行うよう指示する（現状維持以上）。場合によっては，両親に子どもの症状を「より上手に行うよう指示・管理させる」。儀式的な処方も含まれるが，症状・問題に肯定的意味づけが行われているといった背景がある一方で，その症状・問題を続けている限り続く「苦行」が含まれることが多い。

セラピストの戸惑いと無力化,再発処方

　上記により,症状が回復し,問題が解決したときは,セラピストは戸惑い,心配する。また,元に戻るようにすすめることもある。それでも「よい変化」が続く場合は,決して「セラピストのおかげ」といった枠組みを受け入れずダウンポジションをとる。

おわりに：最も重要なこと

　最後にストラテジック・アプローチを行う際の留意点を述べる。

- 当たり前のことであるが,セラピストの介入は患者・家族への献身が裏付けされていなければならない。患者・家族をストラテジーの対象にしてはならない。対象はあくまで「システム・相互作用」である。患者・家族を対象と見てしまったとき,それは「戦略」という訳語の登場にふさわしい戦いとしての「治療の場」が形成されるだろう。
- ユーモアがなにより大事である。肯定的意味づけや逆説的指示は現状との乖離が大きいだけに,うまく相手に入ったときは「笑い」となり,うまく入らなかったときは「怒り」となることが多い。よって,「治療の場」「面接の雰囲気」が全般的にユーモアに満ちているとき,これらの介入は成功しやすい。
- 面接中においてはリフレーミングされたもの（特に症状・問題に対する肯定的意味）を真剣に信じること。セラピストにとってリフレーミングは一つの「手段」であり「方便」であるが,それは舞台裏での話であって,面接真っ最中には「確信を持った態度,立ち居振る舞い」が求められるのである。
- 反社会的な症状や問題に対して,これらの技法を用いてはならない。あるいは,たとえばセラピストの逆説的指示通りのことを患者・家族が行った場合を想定したとき,セラピストとして「どうしてよいかわからない」のならば,そのような介入はすでにストラテジックではないので,すぐに放棄すべきである。

（東　豊）

推薦図書

1. 野坂達志：統合失調症者とのつきあい方.金剛出版,2004.
2. 吉川悟：家族療法.ミネルヴァ書房,1993.
3. 東豊：リフレーミングの秘訣.日本評論社,2013.

文　献

Barker, B.: Basic Family Therapy. Blackwell Science, Oxford, 1981［中村伸一,信国恵子監訳：家族療法の基礎.金剛出版,1993.］
Haley, J.: Strategies of psychotherapy. Grune & Stratton, Philadelphia, 1963.［高石昇訳：戦略的心理療法：ミルトン・エリクソン心理療法のエッセンス.黎明書房,1986.］
Haley, J.: Ordeal therapy. Jossey-Bass, San Francisco, 1984.［高石昇,横田恵子訳：戦略的心理療法の展開.星和書店,1988.］
Hoffman, L.: Family Theray: An intimate history. W.W.Norton, New York, 2002.［亀口憲治監訳：家族療法学：その実践と形成史のリーディング・テキスト.金剛出版,2005.］
Madanes, C.: Behind the One-Way Mirror: Advances in the Practice of Strategic Therapy. Jossey-Bass, San Francisco, 1984.［佐藤悦子訳：戦略的セラピーの技法：マダネスのスーパービジョン事例集.金剛出版,2000.］

ミラノ・システミック・モデル（ミラノ派）

はじめに

　このモデルは，その名の通りイタリアの地，ミラノで開花した独自の家族療法である。それまでの家族療法が北米を中心に生まれたものであることを考えた場合，より理論的背景を重視するヨーロッパの中でこのような新しい家族療法が発展したことは，特筆に値する。

　セルヴィニ－パラツォーリ Selvini-Palazzoli, M. らが創始したこの方法論は，発展した地域から本邦ではしばしば「ミラノ派」と称されるが，欧米では「システミック家族療法」(systemic family therapy) と呼ばれることが多い（本項では，以下「ミラノ派」）。それは，1970年代までの家族病因論に依拠する傾向のあった家族療法全体の認識論を超え，後述するようなシステム理論の利点を活用した家族療法として独自の発展を遂げたからである。加えて，ミラノ派は，観察対象を「家族」に特定するという前提を踏襲しながらも，治療者を含めた「治療システム」を観察対象として発展している。

発展の歴史

　ミラノ派は，セルヴィニ－パラツォーリ，プラータ Prata, G. の女性2名と，ボスコロ Boscolo, L., チェキン Cecchin, G. の男性2名の男女2名ずつのチームによる治療が基本となっている。これは，彼女らが，当初は精神分析的立場から重度の摂食障害患者への治療を行なったが，その効果が得られなかったため，その後彼女らが独自の家族療法を創造しようとしたことにはじまる。

　彼女らは，これまでの精神力動や行動療法だけでなく，それまでの家族療法の治療スタイルを含めたすべての前提を放棄し，ベイトソン Bateson, G. の認識論に則った独自の方法論の創設に取り組んだ。その後約10年の間，摂食障害や統合失調症を含む重度精神疾患の事例に対する家族療法の試行錯誤を繰り返し，これまでにない独自の方法であるミラノ派家族療法を提唱するに至った。

　彼らは，ベイトソンのサイバネティックな円環的認識論に基づいて，患者・家族だけでなく，治療者の治療に対する認識のあり方も問題の維持・解決に関わっていると考えた。個人精神療法の中心的課題が「治療者－患者」関係にあることと同様，家族療法において家族内の相互作用だけを観察するのではなく，「治療者－家族」の相互作用を観察対象とし，治療の場の人間関係（治療者－患者・家族関係）そのものをシステムとして理解することを提唱した。

治療理論の骨子

　ミラノ派が提唱した中で特に画期的であったのは，ミラノ派の治療理論を特徴づけている「仮説化 (hypothesizing)」「円環性 (circularity)」「中立性 (neutrality)」

Key Words

仮説化
円環性
中立性
円環的質問法
肯定的意味づけ

と呼ばれている三つの指標である。この三つの指標を基本として，ミラノ派の治療の展開は，定式化されたルーチンが示されている。

仮説化

　仮説化について彼女らは，「治療者が面接している家族から得た情報に基づく治療者による明確な仮説の設定」であると述べている。通常の面接においては，さまざまな情報が治療者に示され，それらの中で治療者が重要だと考える部分に則って面接が展開される。ただ，こうした情報の整理・組織化は，治療者が依って立つ理論に準じて組織化されるのが通例である。一方，ミラノ派が示した仮説化は，面接対象が複数の家族成員であり，それぞれがある出来事に対して多様な視点からの情報を提示する。治療者は，出来事の詳細を把握するとともに，その出来事のどの部分をどのようにパンクチュエーションし，どのような意味を付与したかを理解することによって，仮説の設定を行う必要性があることを示している。

円環性

　円環性とは，すべての行為・認識はそれにつながる事前の刺激による反応であり，かつその行為は次なる行為を引き起こすための刺激となっており，行為・認識は連関してつながっていると考えることを指している。彼女らは，この考え方を治療場面に持ち込み，治療者－患者・家族との間で相互フィードバック・ループを創造することによる効果について述べている。彼らはベイトソンの「情報」は「差異の知らせ」であること，「差異」は「関係（あるいは関係における変化）」[Bateson, 1979]であるという考え方に基づき，家族がこれまでとは違った視点で自らのことを考えられるようになるための出来事の繋がりについての視点を提供する。患者・家族は，それについてのフィードバックを示すことで，治療者－患者・家族の間でこれまでとは異なる出来事についての認識のあり方が作られることを示している。

中立性

　中立性は，複数面接を前提とする家族療法においては重要な概念である。一般的な個人面接では，感情的な転移・逆転移をはじめ，治療者と患者の間に起こる感情や治療同盟などの治療関係に見られる関係が治療に多大な影響を与えることは周知である。

　しかし，ミラノ派のような複数を対象とした家族療法の面接において，個々の家族成員と治療者との連合・同盟関係が形成されることは，システミックな治療を阻害する要因となることも述べられる。したがって，「家族のメンバー，あるいは，サブグループによる治療者との連携，誘惑，特権的関係へのいかなる試みも，われわれはできるだけ早く観察し，中立化しよう」[Selvini-Palazzoli, et al., 1980]とすべきと述べている。

肯定的意味づけと儀式処方

　ミラノ派が提唱した介入方法の中では，「肯定的意味づけ（positive connotation）」[▶1]が最も特徴的である。ミラノ派は，精神力動的な立場と同様に過去を重視し，家族の現在までの成り立ちのプロセス全体を治療場面の話題として直接的に扱っている。そして，その家族の歴史的経緯の中で，否定的に意味づけられていた家族成員それぞれの行動をすべて肯定的に意味づけし，かつ現状に含まれている症

▶1
positive reframing も肯定的意味づけと訳されることが多いため混同されやすい。似ているが別の概念である。実際は，「治療者の意識の再構成化に最も近い」[Boscolo, L., 1987]。

状行動にまで肯定的な意味づけを付与する解釈を作り，「これまでの家族がいかに相互のために肯定的に機能してきたかを解釈し，現在の症状も家族にとって肯定的で必要不可欠なものであるため，変化しない方がよい」との逆説的介入を行うことである。

彼女らは，肯定的意味づけを与えた後，家族の現状の相互作用に最も重要だと仮説化された一部の行動に肯定的意味づけに準ずる行動指示をすることで，現状の相互作用を随意的・意識的に行わせるための課題を与える。これが儀式処方である。これは，逆説的介入を強調するために行われるもので，家族が不随意的・無意識的に行っている相互作用の中から，最も否定的に扱われ着目されている部分ではなく，その周辺の相互作用を意識的に行うことを指示することによって，逆説的介入をより効果的にしているのである。

治療構造

ミラノ派は，「中立性」の原則から，面接場面における家族からの不要な転移・逆転移を回避するため，性差による不要な連合・同盟関係の回避方法として，男女のペアが必ず面接を行い，観察室から治療の進展を観察するチームも同様に男女それぞれが関与する4名のチーム対応を基本としている。これは，特定の治療者の人格やカリスマに依拠した効果ではない方法を見出すためでもある。

ミラノ派の面接は，「プレセッション（presession）」，「セッション（session）」，「インターセッション（intersession）」，「介入（intervention）」，「ポストセッション（postsession）」の五つの部分から構成されている。

彼女らは，まず電話などでの予約段階から，「プレセッション」と呼ばれる面接前の予備的なチームでのケースの検討を行い，家族に会う前の段階で家族の変遷過程と問題との関わりについての「仮説」を設定するため，綿密な情報を集める。それらは，「家族構成・それぞれの原家族の家族構成・職歴・病歴・宗教・趣味・特技・問題に関与している人たちの立場／意見／面接形態／影響力／経過の概要・家族の中で面接に対する希望／期待／予定／印象など」の項目である。これらは，通常初回面接段階で集める情報であると考えられるが，彼女らは予約の電話があった段階でこれらの情報を集めている。

初回面接は，「セッション」と呼ばれ，すでにチームの中で作られていた家族に関する仮説の検証を行うためのもので，その仮説に沿った質問を行うことで，その家族にとって有効な仮説設定を確定するという目的がある。したがって，面接で話されることや，治療者からの質問は，基本的に「プレセッション」でできていた「仮説」に準じたもので，その「仮説」を基にして家族のあり方を尋ねていくために使われる質問法が「**円環的質問法**（circular question）」である。

そして，「セッション」によって仮説設定がある程度確定した段階で，面接を担当する二人は，必ず「インターセッション（面接中のチームとの協議のための時間／休憩時間）」を取り，面接に関してのチームとしての意見をまとめる。

そして「セッション」を再開し，まとめられた「仮説」を基に，家族の反応に応じて「介入」を展開していくこととした。

彼女らは，「セッション」が修了した後，「ポストセッション」を行い，チームが行った介入の有効性を検討し，一連の介入によって家族にどのような変化が起

こるかを想定するなどを基本として，その家族に対する介入後の新たな「仮説」を設定し，次回以降の面談までの家族のチームに対する反応を予期し，対処を決定しておき，次回面接の「セッション」を迎える準備としていた。

この一連の面接構造は，必ずどのセッションでも行われ，チームとしての治療的対応の指針を共有しておくことで，面接の間に起こる家族からの予定外のリアクションにも備えられるようにしていた。

なお，セッション間の間隔も月1回から年数回など長いことも特徴とされている。これは，家族全体に対する逆説的処方の効果が現れるには，家族の日常生活での変化を意識できるための時間が必要だからである。

対象としての「家族」という視点の広がり

ミラノ派の提唱した指標は，これまでの家族療法における「家族」だけを視野に入れた治療ではなく，治療を行う治療者や患者，家族の関係者など，まさに「問題に関わるシステム」のすべてを対象とするものであった。たとえば，家族との間で一定の治療関係を築いてきた専門職の援助者が，実はその家族の変化を抑制するような役割として機能している場合があったり，せっかく家族が選ぼうとしはじめている変化を無効化するためのコメントを与えていたりする場合があることを示している。いわば，「援助」という文脈において行われている行為が，その人の意図とは関わりなく，結果的に家族の問題を維持する役割を担ってしまうことが指摘されている。

おわりに

ミラノ派の4人は，1980年にセルヴィニーパラツォーリ，プラータの女性2名と，ボスコロ，チェキンの男性2名とに分かれ，それぞれの道を進んだ。

ミラノ派の貢献は，それまでの体系化されていなかったサイバネティックな円環的認識論をより忠実に具現化した臨床実践であり，家族療法の枠組みを大きく展開させる契機となったことである。それは，家族療法の観察対象を「家族」だけに限定せず，個人や地域，グループや任意の集団など，治療の対象領域の外側へと広げたことである。

ミラノ派の発想は，その後世界的に広がり，アッカーマン家族療法研究所でのグリークコーラス技法を生み出したり，1980年代後半のアンデルセン Andersen, T. のリフレクティング・チームなど，後のポスト・モダニズムの家族療法を発展させる契機となっている。

（吉川 悟）

推薦図書

1. ホフマン,L.（亀口憲治訳）：家族療法の基礎理論．朝日出版社，2006.（旧「システムと進化」，朝日出版社，1986.）
2. セルヴィニーパラツォーリ,M.，ボスコロ,L.，チェキン,G.，プラータ,G.（鈴木浩二監訳）：逆説と対抗逆説．星和書店，1989.

文献

Bateson, G.: Mind and Nature: a necessary unity. John Brockman, 1979.［佐藤良明訳：精神と自然：生きた世界の認識論．思索社，1982.（改訂版，新思索社，2001.）］

Boscolo, L., Cecchin, G., Hoffman, L., Penn, P.: Milan systemic family therapy, conversations in theory and practice. Basic Books. 1987.［鈴木浩二監訳：家族面接のすすめ方：ミラノ派システミック療法の実際．金剛出版，2000.］

Palazzoli, M.S., Boscolo, L., Cecchin, G., Prata, G.: Hypothesizing-Circularity-Neutrality. Three Guidelines for The Conduct of The Session. Family Process 19; 3-12. 1980.

対象関係論的, 精神分析的モデル

はじめに

　精神分析的（あるいは対象関係論的）家族療法という特定の治療モデルを定義することは容易ではない。いっぽう，家族療法において，家族成員一人ひとりの内面や成員間の相互作用に何が起きていてそれらはどんな意味を持つかを説明するために精神分析的概念を用いることが多いのも事実である。

　内的葛藤は，内面で処理されるだけでなく，知らず知らずのうちに現在の親しい人間関係において，反復され，**行動化**され，制御されることによって対処される，ということをわれわれは知っている。しかもこれらは歴史的に反復されているが，過去そのものの正確な反復ではなく，そのときどきそして現在の状況において新しい意味が付け加えられている。この現象のとらえ方における決定的で根本的な変化は，行動化として克服されるべきだとして否定的に考えられていた**転移**性の反復は，それだけではなく治療関係においても家族関係においても双方向的に起きているということ，そしてそこには建設的な意味があるという認識に至ったことである。

　このような展開の中で，家族を精神療法の対象とするとはいっても，より精神分析的視点に偏る臨床家とより家族システム論に偏る臨床家という広いスペクトラムが認められるようになり，こうした成り行きから，入念な理論的検討を重ねた上で，精神分析的言語と全体としての家族システム言語との相互変換に成功した統合的家族療法を提案する臨床家も生まれてきた。

家族療法における対象関係論の意義

　対象関係論は，精神分析の学派を問わず遍在している考え方で，対人関係の内在化，すなわち対人関係がいかに精神内界の構造を決定するかを重視する精神分析的アプローチであり，翻って，そうした精神内界の構造が，過去の内在化された他者との関係および現在の対人関係の脈絡においてどのように保存され，修正され，あるいは再生されるかを研究するアプローチである。この意味で，対象関係論は，精神内界の対象の世界と個人のもつ現実の対人関係との相互作用を扱うものだといってよい。

　子どもと親は，相互に適応しながら，その関係はそれ自体非常に特異的な一つのシステムとして発達する。発達課題を順にこなしていくことによって，子どもの対人世界が構築されていく。これは後に転移といわれるような行動能力として現れる。より大胆にいえば，対象関係論は，個人と家族とを全体的に理解する視点を提供しているのであって，米国の自我心理学的対象関係論者であるエリクソン Erickson, E.H. が主張するごとく，家族とは共に成長していくような，そしてそれだけで治療する力を持っているような，個体発達的であると同時に世代間の

Key Words

転移
行動化
メンタライジング
治療空間
傾聴する

相互作用を含む「全体的力動」なのである。

　フェアバーン Fairbairn, W.R.D. [1952] は対象関係論のパイオニアであり、その理論は家族療法の臨床家に大きな影響を与えた。彼は、人間は本来的に本能満足ではなく対象を求めていること、そして養育環境は完璧によいものではなく、なんらかの程度に欲求不満的であり外傷的だという観点から出発している。子どもは現実の親がたとえ欲求不満を喚起する存在であっても愛着関係を維持するために、親の悪い側面を内在化し、親をよいものとみなす、そこで本来の自己は分裂し（親とのよい体験と結びついた建設的な中心的自己とは別に）悪い対象と結びついた悪い自己という一連の対象関係セットが精神内界を構成し人格を形成する。すなわち子どもは、自分を犠牲にしてでもあるいは親から嫌われてでも、親や家族の救世主の役割を担うのである。こうした対象関係パターンは、現在の親密な人との関係において、あたかもその人が過去に体験した悪い対象の身代わりとなっているかのように見える振る舞い、いわばあえて嫌われるように振る舞う病的現象を説明している。大事なことは、当の本人は他者との愛着関係を維持するために、自分自身の否認・分裂した側面を相手に背負わせるということである。

　この公式化をディックス Dicks, V.H. [1967] は夫婦療法に応用し、夫婦は互いに、自分自身の一次対象との関係の喪失した側面を、相手の中に再発見しようとして対象選択をする、彼らは互いに喪失した側面を相手に分裂排除し、そのような配偶者との関係において喪失した側面を無意識のうちに再体験する、と主張した。ここで働いている機制が、投影同一視である。この公式化は、夫婦や家族関係において、われわれは愛着関係の維持をめぐる葛藤、すなわち絶えることのない喪の仕事を繰り返しているという人間観によっているといえる。

　こうした公式化はなんらかの程度に精神分析的方向付けをもった訓練を受けたいろいろな職種の臨床家たちに受け継がれた。たとえば、フラモ Framo, J.L. [1982] やボゾルメニ・ナージ Boszormenyi-Nagy, I. らいわゆる統合的家族療法の人々である。

臨床アプローチの特徴

　冒頭に述べたように精神分析的家族療法とか対象関係論的家族療法の治療モデルを具体的に特定することは難しいが、以下に述べるように、精神分析的ないしは対象関係論的（精神力動的といってもよい）な考え方を認める家族療法家に共通するというか通奏低音とでもいえるような臨床態度の特徴をあげることはできる。

治療目標

　精神分析的あるいは対象関係論的な考え方を認める家族療法の治療目標は、家族成員間の相互関係を硬直化させている特定の情緒的役割関係を発見し、それを解決することで、家族成員間の力動的相互関係が展開することだといえる。固定した家族均衡が不均衡になるといってもよい。力動的な相互関係とは、各成員が主体性を持ち、他の成員との間に適度に透過性のある境界をもち、オープンで生き生きとした意見や情緒の交換が生じるということである。すなわち、各成員は、相互関係において相手と自分自身の行動が、多様でありながら合理的に肯けるような信念、思考、情緒、欲望を持っているということを理解するようになることである。これは、心の中に他者の心を理解する心をもつというメンタライジング

能力の促進〔Bateman, Fonagy, 2004〕といってもよい。あるいは，下坂〔1998〕の常識的アプローチが提唱している「患者，家族，治療者の三方に納得がいくこと……腑に落ちる」という感覚とも表現できる。こうした能力の促進の結果，成員間の意見の相違やギャップが現象化することがある。たとえ，症状や問題は消失していなくても，それらの問題に対する家族の対処能力が向上するということを目標とするのである。

しかし，家族療法が個人の精神内界の対象関係の変化をもたらすかどうかというのはいまだ明らかではないが，今後さらなる探求が求められる興味深いテーマである。

治療空間と時間の提供

家族療法は，家族のために，家族が新しい関係性のあり方を経験し，学び，認識できるような抱える環境あるいは時間的に連続性のある治療空間を提供する〔狩野，溝口，渋沢，1994；狩野，2009〕。こうした設定の特殊性は，個人療法と違い基本的には三人以上で構成されるところにある。二人の言語的あるいは非言語的やり取りについて，それ以外の人が第三者としてその場で見て，聞いて，解釈している，あるいは情緒的，知的に体験しているということである。たとえば母親と娘が，特定の文脈で，いつ，どこで，誰について，何を，どのように行うかを，他の成員は観察できる。子どもは，父親が，過去の喪失体験について悲しみに暮れる姿を初めて眼前に見るかもしれないのである。こうした体験は，他者の心を理解するまたとない機会を提供する。

治療者の態度

精神分析に比べれば，治療者ははるかに能動的であるし，自分の考えを伝えるという意味でも積極的であるが，他の家族療法に比べると相手の話を傾聴するという態度を重視する。しかも，家族成員それぞれに対し肩入れしつつである。このまずもって傾聴するという治療者の態度は，相手の考えを無視したり否定したりする前によく聞いてみると，意外なことが理解でき，自分がパターン化して相手をとらえていたことに気付く，といった傾聴するモデルを提供することになる。この傾聴する姿勢をもっと強調したのが「なぞるように聴く」という下坂の技法である。

関係性や問題の成り立ちを考える

家族を歴史的存在として理解するという立場をとる傾向が強い。たとえば，家族ライフサイクルを重視する。また，ジェノグラム技法を活用する〔中村，2011〕[▶1]。治療者は，「今ここ」で現象化している家族成員の間の相互作用を観察するわけだが，それだけでなく，そうした関係性やパターン（たとえば三者関係のあり方，同胞葛藤や問題の表れ方など）には歴史があり，ある程度までは反復しているということを理解することによって，今までとは違うパターンで互いにコミュニケートできるようになる可能性を考えるのである。

家族神話，脚本，物語，伝説，密約，共謀関係を把握する

これらは，家族の相互役割関係を暗黙のうちに規定している一種のワーキングモデルである。分裂，否認，投影同一視など精神分析的対象関係の概念で説明しようとすると大変複雑な家族のありようを，一挙に簡潔に把握し表現するための方法である。同時に，これらは，しばしば，家族の自由な相互作用やコミュニケー

▶1
「ジェノグラム」の項参照。

ションを阻害し，さらには破壊的に作用している。たとえば，ボゾルメニ・ナージの破壊的権利付与［中釜，2001］という概念もそうである。

おわりに

　精神分析の基本治療モデルは「自由連想とカウチ」に象徴されるような一対一の設定に基づくものである。しかしというかそれだけに個人の精神内界や相互作用についてさまざまな概念が生まれ，それが他の精神療法への刺激になってきたという歴史は今後も繰り返されるであろう。加えて，新たに生まれた精神療法が精神分析に影響を与えるということも起きるであろう。さらにいえば，今日われわれの臨床場面に現れるのは個人療法のみには耐えられないような家族を背景にもっている。家族への治療アプローチが治療の第一選択肢である場合が少なくない。その意味で精神分析的ないしは対象関係論的背景をもった臨床家が個人療法と家族療法との対話や統合を試みてきたという努力は今後もなお続けられるべきである。

（狩野力八郎）

推薦図書

1. 小此木啓吾: 対象喪失. 中公新書, 1979.
2. 中村伸一: 家族・夫婦臨床の実践. 金剛出版, 2011.
3. スターン, D.N., スターン, N.B., フリーランド, A.（北村婦美訳）: 母親になるということ. 創元社, 2012.

文　献

Bateman, A., Fonagy, P.: Psychotherapy for Borderline Personality Disorder: Mentalization Based Treatment, Oxford University Press, New York, 2004.［狩野力八郎, 白波瀬丈一郎監訳: メンタライゼーションと境界パーソナリティ障害: MBT が拓く精神分析的精神療法の新たな展開. 岩崎学術出版社, 2008.］
Dicks, V.H.: Marital Tensions. Basic Books, New York, 1967.
Fairbairn, W.R.: Psychoanalytic Studies of the Personality. Routledge & Kegan Paul, London and Boston, 1952.［山口泰司訳: 人格の精神分析学. 講談社学術文庫, 1995］
Framo, J.L.: Explorations in Marital and Family Therapy. Springer, New York, 1982.
狩野力八郎, 溝口健介, 渋沢田鶴子: 新たな家族システムの提供: その1 乳幼児をもった家族の課題とその治療. 小此木啓吾, 小嶋謙四郎, 渡辺久子編: 乳幼児精神医学の方法論. pp.253-265, 岩崎学術出版社, 1994.
狩野力八郎: 方法としての治療構造論: 精神分析的心理療法の実践. 金剛出版, 2009.
中釜洋子: いま家族援助が求められるとき: 家族への支援・家族との問題解決. 垣内出版, 2001.
中村伸一: 家族・夫婦臨床の実践. 金剛出版, 2011.
下坂幸三: 心理療法の常識. 金剛出版, 1998.

象徴的－体験的モデル

はじめに

　象徴的－体験的（Symbolic-Experiential）家族療法は，北米における夫婦・家族療法の黎明期（1940～1950年代），ウィタカー Whitaker, C.A. によって開発され，現在に至るまで多様な症状と問題に活用されてきたモデルである。このモデルの特徴は，セラピーの場における現実を象徴するセラピストと患者，あるいは家族の「いま，ここ」での体験が生み出す情緒的プロセスが症状や家族関係に変化をもたらすところである。また，このアプローチは，精神病患者のみならず，災害，戦争，虐待などの厳しい環境下で発症する PTSD，さらに一般の人々が体験する個人・家族の問題にも適用されている。また，クライアントに対するセラピストの情緒的調律は身体と脳機能への生態学的働きかけによる成長を促すという考え方は，現代のナラティヴ・セラピーにも通じるところがある。

モデルの歴史的背景

　このモデルの背景には，ウィタカーの初期の精神科医としての実践経験があるといわれる［Whitaker, Keith, 1981; Neill, Kniskern, 1982; Roberto, 1992］。

　その一つは，児童精神科医としての遊戯療法の体験である。幼児や非行少年が遊びや非言語コミュニケーションで表現する情緒的変化のプロセスは，子どもたちの現実生活における変化と成長を象徴的に示し，子どもたちが遊びに飽き，現実に関心を向けるようになるとき，セラピーは終結するということである。

　セラピーにおける象徴的変化を活用する技法は，1944～1946年，オークリッジ病院での二つ目の実践で再確認された。原子力兵器研究開発に従事する科学者や軍人とその家族のみを対象とした特異な治療環境 ▶1 で，極度の耐えがたい心身へのストレス下で発症する患者たちのトラウマ（現代のPTSD）に対して，退行を先行させた象徴的介入が有効だったのである。それらは，哺乳瓶「母代りのセラピスト」「父性の発揮を助ける攻撃的やり取り」，セラピストの居眠りと夢などであったという。

　セラピーの場におけるシンボル（象徴）の活用と「いま・ここ」でのセラピストの象徴的，情緒的介入の有効性は，第二次世界大戦後（1946～1955年），エモリー大学精神医学部の創設に際してワーケンティン Warkentin, J.，マローン Malone, T. と共同開発した心理療法モデルに引き継がれていく。治療と教育・訓練に活用されたモデルは，それまでの自己洞察と精神病理の変化に焦点を当てたものではなく，統合失調症患者の症状や言動の象徴的意味を解読するためのコセラピーと対人相互作用を活用した心理療法であった。

　ウィタカーは，ベイトソン Bateson, G.，アッカーマン Ackerman, N.W.，ボーエン Bowen, M.，ウィン Wynne, L.C.，ボゾルメニ・ナージ Boszormenyi-Nagy, I. ら

▶1
第二次世界大戦中，テネシー州にある原子力機密兵器施設内に設けられたオークリッジ病院における7人の精神科医による1人30分，1日20人の面接状況を指す。三つの軍事施設がある町は，塀に囲まれ，そこで働き，生活する75,000人の科学者，従業員，家族は出入りを三つの門で管理され，住民にとっても医療従事者にとっても，異常なストレス状態だったという。

Key Words

シンボル（象徴）
「いま，ここ」での体験
コセラピー

とともに，家族の関係性に注目して独自のアプローチを開発した先駆者の一人であり，心理療法に認識論的転換をもたらしたといわれている所以である。

象徴的−体験的モデルの治療目的

このモデルは，セラピストが夫婦・家族療法の中で家族パターンに生じる変化をコントロールすることはできないという立場に立つ [Roberto, 1992]。したがって，セラピストはセラピーの中で，健康な家族が持つべき価値観，あるいはメンバーの信念，ライフスタイル，言動を決めることはない。また，家族のルーツである独自の文化，信念体系，伝統は心理療法の最中も，終了後も引き継がれていくと考えるので，セラピストは変化の方向を処方しない。

家族メンバーの症状や問題は，なんらかの理由で家族の成長が停滞していることの象徴的表現と受け止め，セラピーでは家族が停滞を脱して，家族独自の新たな習慣を発展させる支援をする。セラピーの目標は，①家族メンバーの異なるニーズを支持しながら，核家族のみならず拡大家族の凝集性と所属感を促進する体験を促し，自分たちが互いにケアし合い，問題解決をする単位となること，②家族メンバーが各々の発達課題を達成するために，夫婦と家族の能力を高め，互いが情緒的にかかわることができるようにすること，である。

セラピストの役割は，セラピーの場を各自の自由な表現の場にして，夫婦と家族がそれまで作り上げてきたパターン化した言動や硬直した考え方がオープンになるようにすることである。それは，いわば上達した運動選手のコーチが選手の習慣化した癖や無駄な動きを明らかにして，本人の持てる能力の発揮を促進するスタンスと似ている。

したがって，セラピーはコセラピーの形式で進められ，セラピストはもちろん家族もコーチ役をとることがある。つまり，セラピーには二人のコセラピストが参加し，一人が家族に介入している間，もう一人は参加者の相互作用のプロセスを観察し，象徴的行動や症状，問題などの意味を解読し，家族をフォローする役割をとる。家族はその家族の価値観や習慣を生きてきた専門家であるという意味で，セラピストにとってはコーチでもある。このモデルでは，ときに拡大家族がコンサルタントとして招かれることもある。その点で，このモデルは多世代理論の一つとされる。

まとめ：セラピストの仲介的役割

象徴的−体験的モデルでは，セラピストはもっぱら上記のような治療的環境，いわば「対

表1 セラピストの仲介的役割

硬直し，繰り返される相互交流を解体する
問題を引き起こす行動に隙間をつくるべく，セラピーのプロセスで表現される慢性的な関係パターンを中断する。この中には，これまで家族内でとったことのない役割をとる試みを奨励し，「遊び」や新たな発見を促す。
建設的な不安や混乱を活性化させ，許容する
症状を出していない家族メンバーが不安や混乱を感じることが重要である。ここでは，否定的な不安，あるいは傷つきへの恐怖と建設的な不安，あるいはすべてを完遂することに失敗する恐怖を区別する。症状は能力を発揮するための努力とリフレームされ，建設的な不安が支援の焦点となる。
主訴を拡張する
主訴をすべての参加者がシステムの緊張に参加するかどうか調べることに活用する。そうすることで，大きな家族が単位として維持され，スケープゴートがいなくなり，グループに焦点を当てた解決が成立する。
新たな方向性を奨励し，支援する
拡大家族が重視する信念，価値観，伝統を大切にし，同時に異なった社会と時代に合った新たな方向性を受け入れるようにする。
世代境界を創る
祖父母世代，父母世代，子ども世代の境界は，適切な決定を行う上で不可欠である。それがあることで相互の関わりにも気づくことができる。
「治療的スープラシステム」を創る
家族とコセラピーチームは別の存在であるが，徐々に意味のシステムとメンバー間の同盟が創られる。それは各セラピストと各家族メンバーのダイナミックな交流である。コセラピストが分かれて動く能力を発揮すると同じように，夫婦・家族も新たな位置を確保し，親密な関係や権威を再考するようになる。

話」の場を創造する仲介役をとる。その環境の中で，家族はそれまでとは異なった情緒的な相互作用を体験し，新たな家族関係を体験することになる。主な仲介役の仕事は表1のとおりである［Whitaker, Keith, 1981］。

家族が進む方向性は，上記のような相互作用の中で，家族とコセラピストチームとの共同作業によって，その家族にふさわしいものが選ばれ，つくられていく。

このプロセスとセラピストの具体的役割取得の動きは，ナピア Napier, A.Y. とウィタカーが実施したある家族のセラピーの記録［Napier, Whitaker, 1978］に詳細に描かれている。一読することで，象徴的−体験的モデルのプロセスと意味が理解できるであろう。

（平木典子）

推薦図書

1. ナピア, A.Y., ウィタカー, C.A.（藤縄昭監修）：ブライス家の人々．家政教育社，1990．
2. ゼイク, J.K. 編（成瀬悟策監訳）：21世紀の心理療法 I．誠信書房，1989．

文献

Napier, A.Y., Whitaker, C.A.: The Family Crucible. Harper & Row, New York, 1978.［藤縄昭監修：ブライス家の人々：家族療法の記録．家政教育社，1990．］
Neill, J.R., Kniskern, D.P.: From Psych to System: The evolving therapy of Carl Whitaker. Guilford, Greensboro, 1982.
Roberto, L.G.: Transgenerational Family Therapies. Guilford, Greensboro, 1992.
Whitaker, C.A.: Symbolic Experiential Family Therapy Model and Methodology. In Zeig, J.K. (Ed.) The Evolution of Psychotherapy: The second conference, Brunner/Mazel, New York, 1987.［成瀬悟策監訳：21世紀の心理療法 I．誠信書房，1989．］
Whitaker, C.A., Keith, D.V.: Symbolic Experiential Family Therapy. In Gurman, A.S., Kniskern, D.P. (Eds.) Handbook of Family Therapy Vol.I, Brunner/Mazel, New York, 1981.

Column

インターネットと家族

インターネットは簡便に，昼夜を問わず即時に，匿名のままメッセージを受けるだけでなく送ることもできる（双方向性）という従来にない強力なメディアである。商業や政治・経済活動，災害対策，さらには「アラブの春」など社会生活を根底から変えたように，家族生活も大きく変えた。

インターネットは家族の境界線を乗り越える。自分を守る術を持たない未成年者が直接外部と繋がり，プライバシーの漏えいや，犯罪・性・いじめなど有害情報の危険にさらされる。大人にとってもネットが有効な出会いとなる一方で，浮気として夫婦関係を揺るがすこともある。インターネット依存症は現実への適応を阻害する。自宅にひきこもり，昼夜オンラインゲームにはまる若者の増加が社会問題となっている。

弊害ばかりでなく良い変化もある。第一に現実では繋がりにくい弱者（マイノリティ）のコミュニティである（例，セクシャル・マイノリティ，子育て中の女性，高齢者，障害や難病を抱えた人々とその家族，メンタルヘルス，自殺予防，自死家族など）。第二に，留学や遠隔地勤務など地理的に離れた家族が繋がる。第三に電話やインターネットを補助的に利用した家族合同面接である。これからの親子や夫婦はインターネットに淘汰されない確実なコミュニケーションが求められる。子どもに対しては学校でのメディア教育とともに，家庭での使い方のルール作りが大切である。

（田村　毅）

行動・認知モデル

はじめに

　行動・認知モデルに基づく家族療法について以下に述べるが，まずは歴史的な発展についてごく簡単にまとめておきたい。そもそも学習理論に端を発した行動療法が家族関係を本格的に扱うようになる前には，治療者が問題行動や症状を呈している子どもに対して行動療法を試みていた。それが発展して，親（とりわけ母親）に，治療者の手技を伝授して家庭内でも同じように子どもの行動に持続的に介入させ，行動変容を確かなものにするように働きかけた。この親子関係の行動変容の段階を経て行動療法は夫婦関係（両親関係）にも拡大され，**行動的夫婦療法**（Behavioral Couple Therapy；以下 BCT）のさまざまな技法が発展してきた。しかしながら BCT で変化する夫婦関係と，そうでない夫婦関係とがあることがわかり，ベック Beck, A.T. の認知療法からの手法も取り入れた多元的で広汎な要因を加味した認知行動的夫婦療法（Cognitive Behavioral Couple Therapy；以下 CBCT）が発展しつつある。

行動的夫婦・家族療法

行動的家族療法

　周知のように行動療法的家族療法は学習理論に基づいてなされる。治療者は問題行動を引き起こす状況あるいは条件を変化させたり（レスポンデント条件づけ），問題行動に伴って引き起こされる状況や反応を変化させること（オペラント条件づけ）で治療を行う。標的となる家族関係は「うまく子どもの行動（特に攻撃的行動）をコントロールできない親子関係」であることが多い。親子関係や夫婦関係の作業仮説の主なものは以下のようなものである。

　　①協力的な関係にある両親には子どもの関係を変化させうる力がある。
　　②問題行動児は両親からの否定的な反応（例：ひたすら「悪い子」だとみなされる）に常にさらされ，肯定的な行動についての強化には一貫性がなく，また懲罰の与え方にも一貫性がなく，しかも不適切であることが多い。
　　③子どもには両親からの明確な行動上のルールや責任が与えられていない。
　　④治療目標は両親に子どもの望ましい行動のレパートリーを増やすようなスキルを教えることを通じて子どもの問題行動の頻度の低下を図ることである。
　　⑤両親あるいは家族が子どもの環境を強化できる最も有力な状況である。
　　⑥否定的な感情の表出の減少が必ずしも肯定的な感情を増やすことにはならないので，肯定的な感情反応の表出を強化する必要がある。

　行動療法の最大の特徴は問題行動のアセスメントの綿密さにある。まず変化させるべき標的となる問題は何なのか，標的となる家族関係とは具体的にどのように記述できるのか，誰がこの関係にかかわっているととりあえずみなすべきか，

Key Words

行動的家族療法
行動的夫婦療法
認知行動的夫婦療法
拡張認知行動的
　夫婦療法

問題が起きるのに先立った状況が何で，問題が起きた後の状況はどうなのか，その長さ，頻度，場所など，ともに変動する因子の重層的なアセスメントがなされる。その結果，その標的行動の定義と状況が分析（問題分析）され，次に問題行動が維持されるに至る家族のインターアクション（機能分析）が仮定される。とくに子どもの問題行動については両親が重要な観察者になるべく指導され，問題行動の頻度，場所，時間，そして長さなどが記録される。

　主な技法は個人の行動療法においても用いられるもので，タイムアウト，モデリング，シェイピング，行動のリハーサル，激励，コミュニケーション・スキル・トレーニングなどであり，望ましい随伴性のパターンと望ましくない随伴性のパターンとを区別し，望ましい随伴性のパターンを強化していく。代表的な治療者としてはパターソン Patterson, G.R. [1982, 1992] とジャコブソン Jacobson, N.S. ら [1979] がいる。

行動的夫婦療法（BCT）

　子どもの問題行動を修正することに焦点を当てた**行動的家族療法**を実践する中で，先に掲げたように両親（夫婦）の協力的関係は欠かせないことは自明のことである。しかしながら，協力関係を築けない夫婦も多数あるのも当然である。こうした場合には，子どもの行動変容にばかり焦点を当てていても治療が進展しない場合さえある。さらにゴットマン Gottman, J. ら [Gottman, Markman, & Notarius, C. 1977] の問題を抱えた夫婦関係の実証的研究もあり，BCTが発展していった。

　初期のBCTでは，社会交換理論と強化理論に多くの影響を受けてきた。社会交換理論では一方が現在の夫婦関係に留まるかを決定するには，そうではない関係を持った場合に想定される「利益」と「コスト」のバランスによるとする。膠着した夫婦関係では，相手に対して否定的な行動を取り続け，一見苦痛な夫婦関係に留まることの方が，肯定的な行動を取るよりも結果的に「利益」が多く，「コスト」が少なくてすむと相互に考えているとした。したがって治療者は肯定的な行動を双方で増やしてみることを提案する。いわば win-win solution である。スチュアート Stuart, R. [1969] は夫婦双方に相手に対して望む行動リストを作成してもらい，さらにそれに対応した強化行動のリストを守るように指示を出す。夫婦でいつも口論になる一方もしくは双方の行動のセットが標的行動となる。ここで双方に二つの契約を結ばせる。一つは随伴性契約であり，もう一つは誠意契約と呼ばれるものである。随伴性契約では，夫婦は自分たちが望む変化のリストを提出し，求めている行動への変化が夫婦間で得られるように交渉する。夫婦双方が，相手に求めている行動のリスト間には明確化された随伴的な関係があり，合意が求められる。もし，一方が自分の守るべき取り決めを守らなかった場合，もう一方は自分も守るべき取り決めに従う必要はない。たとえば妻が夕食を作ったなら，夫が皿洗いをするという契約をしたとする。もし夫が皿洗いをしなければ，妻は夕食を作るという義務から解放され，妻が夕食を作らなければ夫は皿洗いをする義務から解放される。最初に約束を破った方が契約に則して行動するまで，相手は契約に基づく義務から解放される。もう一つは誠意契約で，夫婦はそれぞれ相手の行動に影響を受けずに，特定の自分の行動を変えることに同意し，夫用と妻用に二つの契約がつくられる。行動の強化は誠意契約の要素の一つとなる。誠意契約には好ましい行動変化をもたらす目的で，報酬行動が組み込まれているが，

この報酬行動については夫婦間での交渉は無用である。もし夫婦の上述した随伴契約が守られたなら，夫が皿洗いをし始めてから30分間妻は自分の好きなテレビをくつろいでみるという妻の提示した行動リストに従えるなどがこれに当たる。

　行動交換に加えてBCTではコミュニケーションのスキルアップも重要な要素となる。リバーマンLiberman, R.［1970］は，観察学習の概念を社会的学習理論から採用し，問題を抱えた夫婦を対象に，役割リハーサルと特定のコミュニケーション・パターンを取り上げてのモデリングを行った。ゴットマンら［Gottman, Markman, & Notarius, 1977］により，問題を抱えた夫婦では二人の間に極めて否定的なコミュニケーション・パターンがあることが実証研究され，とりわけ相手への「強制」が頻繁に起こることがわかった。つまり，一方が相手に行動変容を求めて愚痴をこぼしたり，怒鳴ったりといった嫌悪刺激を出す。この嫌悪刺激を回避しようと一方はこうした刺激を引き出さないように行動する。よくみられる例としては，妻の要求に対して夫が撤退するという，要求／撤退パターン（demand/withdrawal pattern）である。妻が精力的に夫に変化を求めるのに対して，夫はその要求に背を向ける。妻の要求が長期にわたって声高になればなるほど，夫は徹底的に撤退し，そのことで妻の要求する行動と夫の撤退行動が相互に強化される。その結果，この関係の変化は期待薄となり，エスカレートし過激な行動に及ぶことにもなる。

　こうした関係にコミュニケーション・スキルを教示して改善を促そうとする。それらは教訓的な指示，モデリング，リハーサルのモニタリングなどを用いて，話し手，聞き手の双方に必要なスキルを教示していく。話し手のスキルには，言い換え，オープンエンドな質問の使用，行動の指摘，感情を表す言葉で話す，二人の「関係」について話すこと，機転を利かせること，間合いの取り方などがある。聞き手のスキルとしては，相手の立場になって聞くこと，受容の態度を明確に示すこと，共感しながら敬意をもって応えることが含まれる（Epstein & Baucam, 2002）。さらに以上のような行動交換とコミュニケーションスキル・トレーニングとの組み合わせが，それぞれ単独で用いられるよりも効果がある。また，BCTに効果を期待できる夫婦とは，若い夫婦，情動的な関係を持てること，関係性についてお互い関心を持っていること，理想的な関係についての共通認識が持てること，そして固定的で伝統的な関係性にとらわれていないという特徴が挙げられる。

認知行動的夫婦療法（CBCT）

　認知療法では，スキーマもしくは中核的信念と定義されるものを非常に重視している。ベックは，いちはやくその著書『Love is never enough』でスキーマ理論を夫婦に導入した［1988］。これに触発されて，ダッティリオDattilio, F.M.［2001］は，家族メンバーは相互に解釈，評価しており，これらを認知することで生じた情動と行動もまた家族メンバーによって解釈，評価されていると考え，家族療法でもスキーマ理論を用いた介入ができるとし実践している。しかし，一般的には認知行動療法はCBCTとして発展してきている。

　CBCTでは，夫婦の関係が単に正の強化子とコミュニケーション・スキルの欠如に由来するのではないと考える。それよりも夫婦が二人の関係に起きる出来事を極端に解釈したり曲解したりすることや，二人の関係がどう機能するべきかについて抱いている不合理な期待について，不適切な情報処理をおこなうために問題が生じるとする。したがって夫婦がこれらの情報処理の誤りと夫婦関係に誤っ

た期待を持っていることに気づかせようとする。こうした気づきによって夫婦間には肯定的な行動の変化が生じることが期待される。

　さらに従来の認知と個別の行動を考慮に入れるばかりではなく，パターンの広がりと核となるテーマ，関係性の発達段階，環境の役割，夫婦が夫婦機能モデルに適応する際のそれぞれの役割といった多元的な要因を加味した**拡張認知行動的夫婦療法**（Enhanced Cognitive Behavioral Couple Therapy; ECBCT）[Epstein & Baucom, 2002]として発展しつつある。そこでは従来のCBCTの要素ばかりではなく，感情に焦点をあてた夫婦療法，夫婦の関係機能を客観的に洞察させること，さらにはシステム論的なものの見方までも推し進める実に包括的なものなので，従来の行動や認知にとりわけ焦点づけしない夫婦療法との差異が明確でないとする批判も生じてきている。しかし，CBCTにしろECBCTにしろ，積極的に異なった技法（療法）間での効果測定をおこなってきたという点で優れて実証主義に基づいている。また何をどのように類型化し多元的要因として包括してきたかが明確でどのような学派が学んでも違和感のないものとなっている。

まとめ

　冒頭にも述べたが学習理論から発展した行動療法は，コミュニケーションや認知の要素をも内包して発展してきている。CBCTやECBCTはそのタイトルに示されているようにカップル療法に主眼をおいた療法である。しかし，ダッティリオとエプスタイン Epstein, N.B.［2003］は夫婦療法と家族療法の双方に言及したレビューを出版したが，それらでは特に家族スキーマに重点が置かれている。従来の家族研究・家族療法の中から呈示された「家族神話」や家族内での（情動と行動の）役割期待などはまさに家族スキーマであり，これらを変容させるために認知／行動療法の技法が試され実証的な効果研究が発展することが今後大いに期待される。

（中村伸一）

▶本項の執筆においては『認知行動療法事典』［2010］の夫婦・家族療法 pp.406-409, 夫婦療法 pp.409-413 の項目に大いに依拠したことをお断りしておく。

文献

Beck, A.T.: Love is never enough. Harper & Row, New York, 1988.
Dattilio, F.M.: Cognitive-behavioral family therapy: Contemporary myths and misconceptions. Contemporary Family Therapy, 23; 63-73. 2001.
Dattilio, F.M., & Epstein, N.B.: Cognitive-behavioral couple and family therapy. In Weeks, G., Sexon, T. & Robbins, M. (Eds.), Handbook of family therapy: Theory research and practice, pp.147-173, Routledge, 2003.
Epstein, N.B. & Baucom, D.H.: Enhanced cognitive behavior therapy for couples: A contextual approach. American Psychological Association, 2002.
Freeman, A., Felgoise, S.H., Nezu, C.M., Nezu, A.M., & Reinecke, M. (Eds.): Encyclopedia of cognitive-behavior therapy. New York, Springer Science, 1970.［内山喜久雄，大野裕，久保木富房，坂野雄二，沢宮容子，富家直明監訳：認知行動療法事典．日本評論社，2010.］
Gottman, J., Markman, H. & Notarius, C.: The topography of marital conflict: A sequential analysis of verbal and nonverbal behavior. Journal of Marriage and the Family, 1977.
Jacobson, N.S., Margolin, G.: Marital Therapy: Strategies Based on Social Learning and Behavior Exchange Principles. Brunner/Mazel, New York, 1979.
Lieberman, R.: Behavioral approaches to family and couple therapy. American Journal of Orthopsychiatry, 40: 106-118, 1970.
Patterson, G.R.: Coercive Family Process. Castalia, OR, Eugene, 1982.
Patterson, G.R.: Reid, J.B., Dishion, T.J.: Antisocial Boys. Castalia, OR, Eugine, 1992.
Stuart, R.: Operant-interpersonal treatment for marital discord. Journal of Counseling and Clinical Psychology, 33; 675-682, 1969.

第2節 第二世代

ナラティヴ・セラピー

はじめに：ナラティヴ・セラピーとは

　ナラティヴ・セラピー（Narrative Therapy; NT）は，オーストラリアのホワイト White, M. とニュージーランドのエプストン Epston, D. によって創始された家族療法の一学派である「ナラティヴ・モデル」[White, Epston, 1990]から発展した対人援助アプローチであるが，一文で定義されてはいない。それ自体がすでに多声性の主張だといえるかもしれない。精神療法の名称には治療対象を掲げるものが多いためか，NT はクライアントの「物語」を治療者が書き換えるアプローチだと誤解されやすいし，クライアントの「物語」を傾聴することの重要性再確認とも解される。しかし，「ナラティヴ」とは，自分たちがユーザーとして受け入れやすい精神療法の実践方向性（たとえば，多声性，透明性，平等主義，コラボレーション，アカウンタビリティ，倫理性など）を一つにイメージしたものくらいに考えるとよい[▶1]。

特徴

　「ナラティヴ（narrative）」には二つの意味がある。「物語」story と「語り」telling だ。
　「物語」が強調されるとはいえ，ナラティヴ・セラピーが傾聴（listening）よりも質問（asking）に精力を傾けることは，大きな特徴である。

▶1
「社会構成主義とナラティヴ・アプローチ」の項参照。

Key Words

ナラティヴ
問題
外在化
足場作り会話
倫理

一方，治療において「語り」が強調されるとどのような影響がもたらされるか。すぐに連想されるのは，「語りの場」である。端的にいって，誰とどのように話すかということがその会話の内容を大きく変える。「物語」を変えるのは容易ではないが，「語りの場」なら即座に変えることができるのだ[▶2]。NTは，ストーリーの将来の展開を確実にするために有効なグループがなにかを見極め，人々の悪戦苦闘において支持を与える連帯経験獲得を目的としている［Beels, 2001］。

彼らが「ナラティヴ・モデル」と呼ばれたのは，「諸個人が自分たちの経験のストーリングによって彼らの人生と人間関係に意味を与えること，ならびに，これらのストーリーの上演を通じた他者との相互作用の中で彼らは自分たちの人生と人間関係を形作ることに関わっていく」［White, Epston, 1990］ことを示して，テクスト・アナロジーを援用したからである。

歴史的背景

ナラティヴ・セラピーは，家族療法の中でも，特に「問題」の定義を重視する流れにおいて誕生した（表1）。問題志向性の家族療法は，人々を理解するのに精神内界ではなくコミュニケーションに焦点を当てること［Bateson, 1956］，家族全員を面接に集めて直にそれを観察すること［Jackson, Weakland, 1961］，しかし家族内コミュニケーションのすべてが問題の形成，維持に重要ではないと判明するや合同家族面接を必須とすることは取り下げて解決努力が問題であること［Weakland, 1974］，そして面接にはクライアントひとりしか来なくても「家族療法」つまりシステミックな治療ができること［Weakland, et al., 1983］などを提示してきた。しかし，その問題システムの中に治療者自らをも内包するために，治療メタファーをシステム論からナラティヴに移行させる必要があったのである［White, Epston, 1990］。

▶2
19世紀の末にウィーンで精神分析家が患者には見られない背後に座り，患者の語りを聴くことに専念したとき，症状が消失したこと。1950年代の末にアメリカ各地で家族全員が面接に集められたとき，治療期間が短くなったこと。ノルウェーのアンデルセンAndersen, T. がワンウェイミラーの灯を反転させてチームの語りを患者たちに聞かせるようになったとき，治療自体がまるごと変わったこと，など。

表1　家族療法，ブリーフセラピー，ナラティヴセラピーの比較

	家族療法	ブリーフセラピー	ナラティヴセラピー
認識論	システム論 （von Bertalanffy）	システム論 （Maruyama）	社会構成主義
方法論			
問題は	機能障害的 家族システム	解決努力	問題
治療は	修正	中止	ユニークな結果の発見
中心概念	ホメオスターシス	悪循環	外在化
技法	ワンウェイミラー 家族彫塑法 ジェノグラム	ワンウェイミラー リフレイミング —	リフレクティングチーム 再著述 リ・メンバリング
例	Minuchin	MRI	White & Epston

実際

現在では，モーガン Morgan, A. によりナラティヴ・セラピーは12の会話として整理され（表2），全体をイメージしやすいものとなっているばかりか，ホワイトもいくつかのナラティヴ実践地図を提示している［White, 2007］。しかし，この地図は，会話において従うべき厳密なステップないし厳格なガイドではなく，会

表2　ナラティヴ・セラピー12の会話 [Morgan, 2000]

ドミナント・ストーリーを脱構築する	オルタナティヴ・ストーリーを分厚くする
外在化する会話	リ・メンバリングする会話
問題の歴史を明らかにする	治療的文書の活用
問題の影響を明らかにする	治療的手紙
問題を文脈に位置づける	儀式と祝典
ユニークな結果を発見する	会話を拡げる
ユニークな結果の歴史と意味を後づけることとオルタナティヴ・ストーリーを名付けること	アウトサイダー・ウィットネスグループと定義的祝祭

話の最中に道に迷った人を援助したり，コラボレーションを未知の志向行為領域に導くための道具であることは明記されなければならない。さらに最近では，それらのメタ・レベルとも呼ぶべき会話，「足場作り会話」が提唱されて，他のアプローチとの差異化が明らかになっている。以下に，そのうちの三つを選んで解説する。

外在化する会話

　難治性遺糞症とされたニックという6歳の少年の家族が代表例である。その家族によって，遺糞症という問題は，「スニーキー・プー」（ずるがしこいプー）と名付けられており，ホワイトはそれをそのまま面接に持ち込んだ。「プーへの家族の影響は？」これは当然ながら問題が擬人化されていたがゆえに促進された問いである。プーがニックを遊び相手にしようと企んでも，ニックはプーに「裏をかかれずに」すんだことが何回かあることを思い出した。母親スーは惨めな思いに抵抗してステレオをつけたことがあった。このような例外的問題解決体験は，「ユニークな結果」と呼ばれ，皆が注目すべきものとされる。2週間後，スーと父親ロンは，プーの策略に乗らないという決定に「真面目に取り組んで」いた。ここから，「人も人間関係も問題ではない。むしろ，問題が問題となる」[White, Epston, 1990]というナラティヴ・セラピーの治療公理が生まれたのである。

治療的手紙

　手紙は，面接での会話を記憶に留めるための手段であるばかりか，あるいはそれ以上に，クライアントの周りの重要な人物との間でそれが流布することで，その生まれたばかりの壊れやすいストーリーが共有されて分厚いものになることが意図された。

足場作り会話

　「足場作り」が治療実践概念として取り上げられるとき，それは，人々が既知の身近なものから分離し，彼らが人生について知ることができそうなこと，やれそうなことへと到着する文脈を提供する上でのセラピストの貢献を指す。セラピストは，人々が既知で身近なものと彼らが知ったりやったりできそうなこととの間のギャップを越えられるよう援助する質問を始めるのである。ホワイトによれば，ロシアの心理学者ヴィゴツキー Vygotsky, L.S. の「発達の最近接領域」は児童期の発達に限定されるべきものではなく，治療面接においても縮めるべきギャップであり，以下の5種類の質問によって構造化する「足場作り会話地図」として提示された[White, 2007]。

初級分離課題

　人々が，世界の特定の対象や出来事を特徴づけるように励ます課題。

中級分離課題

　それらの対象や出来事のあいだの絆や連関を確立するもの。つまり，連想鎖ないし「複合性」の発達において，世界の中の特定の対象や出来事を関係性

に持ち込むよう人々を励ます課題。

中上級分離課題

連想鎖を振り返り，それらから特定の現象についての関係性や学習を引き出すよう人々を励ます課題。

上級分離課題

人生やアイデンティティについての概念を形成するために，人々の具体的な特定状況から理解や学習を抽出するよう人々を励ます課題。

最上級分離課題

この概念発達に基づく特定の行為の結果についての予測形成を奨励する課題，およびそのような行為を開始したり計画することを奨励する課題。

ここでセラピストは，「ポジティヴなことを指摘したり」「肯定したり」「力強さと資源を描いたり」「仮説を立てたり」ないし「介入したり」することはない［Malinen, Cooper, Thomas, 2011］。ナラティヴ実践における私的行為体の発達への親密な結びつきを具体的に表現する方法なのである。

まとめ

最後に，ホワイトが，エビデンスの優先性と治療関係の優先性という現在支配的な二つの主張に対して，自らの個人およびコミュニティの倫理を優先する主張がどのような関係にあるかを明確化した文章を引用して，本項を終える。

> しかしながら，私にとって，エビデンスがなければならないとか，治療関係が重要であるという主張は，何もあきらかにしはしない。エビデンスが結果にとって大切であることを疑う者がいるとは思えないし，治療関係が結果に対して重要であることを疑う者がいるとも思えない。しかし，問うべきは，私たちがどんな類いの結果について語っているのかということだ。私にとって，個人およびコミュニティの倫理の問題を最前面に据えるのが，この問いなのである。個人およびコミュニティの倫理を治療実践についての決定的な考察にするのが，この問いなのである［White, 2011］。

（小森康永）

文献

Bateson, G., Jackson, D.D., Haley, J. et al.: Toward a Theory of Schizophrenia. Behavioral Science, 1956.［佐藤良明訳：精神の生態学．新思索社，2000．所収］

Beels, C.: A Differenet Story: The rise of narrative in psychotherapy. Zeig Tucker & Theisen, Phoeniix, 2001.

Jackson, D.D., Weakland, J.H.: Conjoint Family Therapy. Psychiatry, 24; 30-45, 1961.

Malinen, T., Cooper, S.J., Thomas, F.N. (eds.): Masters of Narrative and Collaborative Therapies: The voices of Andersen, Anderson, and White. Routledge, New York, 2011.

Morgan, A.: What is Narrative Therapy?: An easy-to-read introduction. Dulwich Centre Publications, Adelaide, 2000.［小森康永，上田牧子訳：ナラティヴ・セラピーって何？．金剛出版，2003．］

Weakland, J.H.: Family Therapy with Individuals. J of Systemic & Stratefgic therapies, 2(4); 1-9, 1983.［小森康永監訳：解決が問題である．金剛出版，2011．所収］

Weakland, J.H., Fisch, R., Watzlawick, P., et al.: Brief Therapy: Focused problem resolution, Family Process, 13; 141-168, 1974.［小森康永監訳：解決が問題である．金剛出版，2011．所収］

White, M.: Maps of Narrative Practice. W.W.Norton, New York, 2007.［小森康永，奥野光訳：ナラティヴ実践地図．金剛出版，2009．］

White, M.: Narrative Practice Continuing the Conversations. W.W.Norton, New York, 2011.［小森康永，奥野光訳：ナラティヴ・プラクティス：会話を続けよう．金剛出版，2012．］

White, M., Epston, D.: Narrative Means to Therapeutic Ends. W.W.Norton, New York, 1990.［小森康永訳：物語としての家族．金剛出版，1992．］

リフレクティング・プロセス

はじめに

　リフレクティング・プロセスとは，会話の場において多様な参与者が織り成す外的会話（outer talk）と内的会話（inner talk）の転換プロセスである。1985年，ミラノ派家族療法の影響のもとで実践と探求を重ねていたノルウェーの精神科医アンデルセン Andersen, T. らによって生み出された方法であり，1987年の論文において最初に「リフレクティング・チーム」という名称で紹介された。ただし，当初紹介されたチームとワンウェイ・ミラーを用いる形式は，多様なリフレクティング・プロセス実践の一形態に過ぎず，その本質はあくまで外的会話と内的会話の転換プロセスにある。日本では，ナラティヴ・セラピーの主たる三潮流の一つという位置づけで2000年前後に紹介がなされ，広く知られるところとなったが，その形式的側面への注目に比して，理論的含意については必ずしも十分に吟味されていない。ここでは，その特徴と理論，実際について見ていく。

特徴

　リフレクティング・プロセスが臨床の場で誕生したのは，1985年3月のある木曜の晩のことである。この日，一人の若い医師がある家族との面接を行っていた。当時，ミラノ派の面接スタイルを用いていたアンデルセンらは，再三にわたりワンウェイ・ミラーの背後で面接者に指示を与えたが，面接室に戻った若い医師がすぐにまたその家族の悲惨さの中に引き戻されてしまう様子に直面し，それまで温めていたアイデアを実行に移す。彼らは，面接室のドアをノックし，その家族らにしばらく自分たちの話を聞いてみたいかどうか尋ねたのである。

　　われわれの一人が，自分たちは彼らの会話に役に立つかもしれないいくつかのアイデアをもっている，と話した。「もし興味がおありなら」彼は言った。「あなたがた家族とドクターは，そのままこの部屋で座っていらっしゃってください。この部屋の明かりを落とし，私たちの部屋の明かりを点けます。そうすると，皆さんは私たちを見ることができ，私たちからは皆さんを見ることができなくなります。音声も切り替えられますので，皆さんには私たちの声が聞こえ，私たちには皆さんの声が聞こえなくなります」［Andersen, 1991］。

　そして，「なにか」が起こった。アンデルセンらの会話が一段落した後，ふたたび明かりの切り替えられたミラーの向こうに現れた家族たちの様子は，先ほどまでとは大きく異なるものだった。彼らは，短い沈黙の後，互いに微笑みながら今後について前向きに話し始めたのである。

　リフレクティング・プロセス誕生の物語として知られる上記の場面には，このプロセスの特徴が凝縮されている。ワンウェイ・ミラーの背後にチームを置き，面接中にチームを利用するという点では，従来のミラノ派の方法と似ているが，

Key Words

外的会話と内的会話
ヘテラルキー
適度な差異
リフレクティング・チーム

ミラノ派がクライアント家族にチームの協議の模様を見せないのに対し，リフレクティング・プロセスは，全てをオープンにするという点で大きく異なる。また，介入をする段階を設けず，先入観を避けるために面接前の協議を行わない点も，ミラノ派と異なる。端的にいえば，リフレクティング・プロセスは，従来の家族療法のように家族に積極的に介入することで変化を生み出そうとはしない。こうした特徴は，従来の家族療法におけるクライアント家族との関係に対してアンデルセン自身が感じていた「居心地の悪さ」から生じたものといえる（その居心地の悪さとは，あたかも自分たち臨床家が，クライアント家族よりも，なにを，いかに話すべきか，さらには，クライアントが何を理解し，なにを成すべきかをよく知っているかのようにふるまうことに由来するものであった）。

理論と基礎概念

　無論，たんにオープンに話すというだけのことであれば，あえてリフレクティング・プロセスと称する必要はない。その実践の理論的含意は，次のようなものである。

　第一に，ヘテラルキー（heterarchy）的関係の創出。ワンウェイ・ミラーを挟んだ二つの部屋の明かりと音声を切り換える，という一見ごくシンプルな試みは，従来の〈観察する者＝治療者〉／〈観察される者＝クライアント〉という固定化された一方向的な階層構造を大きく転換させた。ヘテラルキーとは，よく知られたヒエラルキー（hierarchy）という言葉の対語であるが，それはたんなる治療者とクライアントとの「平等な関係」や「立場の逆転」を意味するものではない。明かりと音声が切り換えられたとき，クライアントたちは，「自分たちの会話について会話する治療者たち」を観察することを通して，自分たちを含む世界の記述が必然的なものではなく偶発的なものであること（すなわち，「あれかこれか」ではなく「あれもこれも」であり得ること）を看取した。そしてさらに，次のターンでは，同様の事態が治療者たちの側にもたらされたのである。

　第二に，外的会話と内的会話の往還。他者と話すとき，われわれは外的会話を行っており，他者の会話を聞きながら自分自身と話しているとき，われわれは内的会話を行っている。すなわち，リフレクティング・プロセスにおいて，（自分たちの会話に関する）他者たちの会話を静かに聞いている間，人々はそれぞれの内で自分自身との内的会話を行い，ときにそれを次なるターンでの自分たちの外的会話に映し込んでいくことが可能となる。こうした外的会話と内的会話の往還は，ワンウェイ・ミラーによる二つのチームの分断という場の構造を通して，たとえば一方のチームにおいて外的会話がなされる際の他方のチームの「聞かなくてもよい自由」さえも確保することによって，多種多様な内的会話と，それに引き続く外的会話とを促進する。

　第三に，適度な差異への感受性。小さすぎて気づかれないような差異でも，システムを壊してしまうような大きすぎる差異でもなく，気づかれるのに十分な大きさの適度な差異だけが，時を経た差異，すなわち変化を生み出すことができる。アンデルセンは，このような実践のスタンスを，ノルウェーの理学療法家たちとの出会いやベイトソン Bateson, G. らのシステム理論からすでに学んでいた。1985年3月の晩に成された明かりと音声の切り替えは，たしかに大きな転換であったが，それがクライアント家族に変化をもたらした背景には，「もし興味がおありな

ら」と語りかけたアンデルセンらの家族たちに対する繊細な感覚が存していた。そこでは「あなたたちに役立つ」ではなく，「あなたたちの会話に役立つかもしれない」という呼びかけがなされている。

実際

　リフレクティング・チーム形式は，その表面的形式のシンプルさゆえに，種々の分野におけるさまざまな実践に応用が可能であり，実際になされてもいる。比較的近しいところでは，ナラティヴ・セラピーで知られるホワイト White, M. が，定義的祝祭におけるアウトサイダーウィットネスによる「語り直し」に本形式を導入している。臨床場面以外でも，教育・研修の方法としてリフレクティング・チーム形式を用いたケース検討が，国外・国内ですでに広く実施されている［矢原，田代，2008］。さらに，リフレクティング・チーム形式に限定されないリフレクティング・プロセスについては，アンデルセン自身，いったんその本質を了解すれば，多様な文脈とやり方でそれを体現できると述べており，応用例の一部として，スーパーヴィジョン，スタッフ会議，管理者会議，質的研究におけるデータ分析といった場面での活用可能性にまで言及されている［Andersen, 1995］。

　なるほど，リフレクティング・プロセスの応用範囲は幅広いものであるが，はたして 1985 年 3 月の転換が有していた変化のベクトルとはいかなるものであったのか。アンデルセンのその後の実践に一部を垣間見ることができる。たとえば，1990 年代に入り，アンデルセンは，北ノルウェーとスウェーデンのチームの協力を得て，治療者が治療的会話に寄与しているかどうかを調べるために，治療終了後しばらく経過したクライアントを共同研究者として招集し，かつての治療面接を再検討するといったリフレクティング実践を行っている。また，スウェーデンのカルマル刑務所においては 16 年間にわたり元収容者，刑務所職員，政策決定者といった構成によるリフレクティング実践にかかわっている。そして，2004 年には，オスロで精神保健サービスにおける強制治療に関する会議を開催し，そこで専門職グループ，当事者家族グループ，当事者グループ，政策決定者グループがその問題について順に壇上で話していくというリフレクティングを行い，その後の政策に影響を与えたという。

まとめ

　　「たぶん，この本を読みつつ私たちとともに歩む読者は，のちに，私たちがしたのとは異なる仕方でそれを用いることができるよう，取っておくべき何かを見つけることだろう」［Andersen, 1991］。

　アンデルセンは，その主著における「まえがき」をこのように締め括っている。たしかに，リフレクティング・プロセスは，さまざまな工夫や応用の可能性を有する画期的な方法として私たちに提示された。しかし，それがどれほど画期的なものであれ，一定の形式（たとえば，リフレクティング・チーム形式のような）に留まるものとしてではなく，その場に変化を生みだすようなパースペクティヴ転換の構えとして，リフレクティング・プロセスにおいて私たちが「取っておくべきなにか」は，今も 1985 年 3 月の晩に残されている。

（矢原隆行）

文 献

- Andersen, T.: The Reflecting Team: Dialogue and Meta-Dialogue in Clinical Work. Family Process, 26 (4) : 415-428, 1987.
- Andersen, T.: Relationship, Language and Pre-Understanding in the Reflecting Processes. Australian and New Zealand Journal of Family Therapy. 13 (2) ; 87-91, 1992.
- Andersen, T.: Reflecting Processes: Acts of informing and forming. In Friedman, S. (eds.) : The Reflecting Team in Action. Guilford, New York, pp. 11-37, 1995.
- Andersen, T. (eds.) : The Reflecting Team: Dialogues and dialogues about the dialogues. W.W.Norton, New York, 1991.［鈴木浩二監訳：リフレクティング・プロセス：会話における会話と会話．金剛出版，2001.］
- Friedman, S. (eds.) : The Reflecting Team in Action. Guilford, New York, 1995.
- 矢原隆行：リフレクティング・プロセス再考：リフレクティング・チームをリフレクティング・プロセスにするもの．家族療法研究．28(1) ; 70-77, 2011.
- 矢原隆行，田代順編：ナラティヴからコミュニケーションへ：リフレクティング・プロセスの実践．弘文堂，2008.

推薦図書
- アンデルセン，T.（鈴木浩二監訳）：リフレクティング・プロセス．金剛出版，2001.
- 矢原隆行，田代順編：ナラティヴからコミュニケーションへ．弘文堂，2008.

Column

IPについて

家族療法に特有な用語にIP（アイピー）というのがある。これはIdentified Patientの略である。あえて堅く訳すと「患者と同定された者」（本用語集では「患者とみなされたひと」）となる。家族療法における最重要な仮設として，家族ある治療（援助）システムにコミットしてきたかといったシステミックな視点を自ずと生まれさせてくれる。

たとえば拒食が続きやせ細った娘のことでまずは母親が大変心配し，病院に連れて行こうとするが激しい拒否に会う。娘の通う学校の担任や養護教諭もガリガリに痩せた生徒をはらはらしながら見ていた。養護教諭から母親に，拒食症の可能性もあるので受診を学校からも勧めてよいものかどうかとの連絡が入った。母親は家でも受診を勧めたが激しい拒否に会い途方に暮れているので，養護教諭や担任からもプッシュして欲しいと頼んだ。娘をIPと同定したのは母親ということになるが，ほぼ同時に学校システム（養護教諭・担任さらには同級生など）もこの生徒をIPとみなしていた。最終的に父親の知れるところとなり，家族システムと学校システムが連携し，IPの拒食を何とかしようとしている。このようにIPという概念のお陰で，すぐれてシステミックな視点が生まれる。

システムの機能不全が特定の家族員に問題行動や症状を生じせしめるという理論を反映した名称である。

この概念は臨床実践にとってきわめて重要である。たとえば誰が誰をIPと同定し，誰が治療あるいは面接場面で

（中村伸一）

コラボレイティヴ[1]（協働的）アプローチ

はじめに

　サイコセラピーはどのようなスタイルや伝統によるものであっても，セラピストとクライアントの会話であることには間違いないだろう。この点に立ち返って考えてみたい。つまり，会話として，あるいは対話として，成立するか否かは，なにもセラピーに限ったことではない。友人とのおしゃべりも，商談も，メールのやりとりも，それぞれ立派な会話である。この会話，もしくは対話が，人にとってどのようなメカニズムをもったものか深く考えると，なにが変化や変容を生んでいくのかという「からくり」が見えてくる。

会話の世界

　会話からみれば，「病理」も，「悩み」も，「欲求」も，それらは言語によって括られ，その意味や経験を，言語でもって伝えるコミュニケーション現象である。会話としてみれば，それらは双方向に向かう意味の交渉であって，そこに確固とした客観的なリアリティがあるのでもなく，なにか実体として手で触れる病理があるのでもない。あるのは，「リアリティ」についての物語であり，「病理」についての物語である。それは，ある状況，社会関係において誰かが誰かにむけたメッセージや伝令なのだ。そこにあるのは，コミュニケーションによって，言葉のやりとりをとおして，ソシアル（社交上）に人と人が交流して語られる経験と生成しつづける意味である。

　それがたとえ専門家を交えた会話であっても，事情は変わらないだろう。専門家が真実や実体を扱っているのではないし，その場に持ち込んで見せているわけでもない。あるのはその時その場に即して表現され応答される思いの交差である。社会的文脈と一体となった（ローカルな）言語行為がそこにはある。もちろん，ここには非言語という翻訳しにくい言語も介在している点を見落としてはならない。

　さて，会話は噛み合わないと長く続かない。会話は噛み合うと，弾みがつき，深められ，詳細におよび，違うトピックに移り，そうして関係を進化させる。思わぬ方向に発展したり，偶然の発見があったりと，会話は時に人の予想を超える。完全なる予測は無理である。会話は一人間のコントロール域を超えているが，人のもつ経験の意味が変化，変容するのは，このような予測の難しい会話を通してである。

会話のロジック

　ここに，もう一つ重要な会話が潜んでいることも忘れてはならない。それは，会話に参加しながら，または会話の場を離れてからも続く自分の内なる声との会話，対話である。この「内なる対話」は，他者との対話と切っても切れない関係

---

[1] 英語の「collaborative（コラボレイティヴ）」に近い日本語には，「共同」「協同」「協働」などがある。それぞれニュアンスは違うものの，重なる部分，共通の意味合いも大きい。本項では「コラボレイティヴ」の語で統一する。なぜなら「コラボする」など，現在ほとんど日本語として通用しているからである。お互いが助け合い，協力し合って，なにかの目標に向けて一緒になってことに当たる。そのような意味であることは，多くの人がすでに了解している。では，サイコセラピー（精神療法あるいは心理療法）において「コラボする」とは，いったいどういうことなのだろうか。セラピストがクライアントを「治す」という過程において，どこがどうコラボレイティヴといえるのだろうか。

Key Words

コラボレイティヴ
会話
無知の姿勢
会話的質問

にある。連動していたり，ウラ－オモテの関係だったり，他者との会話の続きだったり。人の変容もイマジネーションも時空間を超えたこの対話の豊かさに実は深く関係している。

可能性を奪い，気持ちを消沈させ，自信を喪失させるのも，やはりこの会話を通してであることを，私たちは経験から知っている。どのような方向に会話は進もうと，それに伴って私たちは自分のアイデンティティを調整し少しずつ書き換えていく。したがって，「こんな自分」という頑固な自己イメージであっても，これまでの会話の集積からでき上がったストーリーと捉えてよい。ストーリーである限り，改訂できないものはない。

会話が成立するとその関係は前に進む。しかし，権威的だったり，一方向的だったり，上から目線であったら，それはどうであろうか。新たな展開を期待できるだろうか。会話は対等で自由な雰囲気の中で最も成長しやすい。植物は陽が当たる環境で成長しやすいように，会話も生き物のような性格を備えている。会話はお互いを構成していくので，精神病理の専門知識を念頭に，クライアントに会えば，クライアントはその精神病理を絵に描いたような人物になっていく。それが会話の力学（からくり）である。ならば，クライアントをその人の人生についての専門家として敬意（リスペクト）をもって会話すれば，その人はリスペクトに見合った自分のイメージ調整を始めることになる。これもまた会話の仕業なのである。

ポストモダンの会話

「ナラティヴ」「コラボレイティヴ」「リフレクティング」などで呼ばれるポストモダンのサイコセラピーは，皆このような会話の特徴をしっかり押さえている [Malinen, Scot, Thomas, 2012; McNamee, Gergen, 1992]。会話者として互いが，対等であること。そして，とり上げられる悩みや問題や病理などの専門家は，実はクライアントの方なのだということ。その問題に近い場所から長きにわたって内なる声と対話してきたのは，他でもないクライアント本人だという自覚と敬意のスタンス。このとき，臨床家の専門性は，心理学や精神医学の科学知識のみではなく，いかに会話を持続させ，発展させるかを腐心する会話のコンダクターでもあり，それを促進させる"話芸"の持ち主ということにもなるだろう。ポストモダン・セラピーにおいて臨床家の専門性は異なるところにその重心をゆっくりと移していく [Anderson, 1997; Anderson, Goolishian, 1988]。

これは，臨床家にとって大きな挑戦に聞こえるかもしれない。この新たな方向性，新たな学習を選択しない臨床家も多いことだろう。しかし，このポストモダンの認識論への転換は，これまでの自分の枠組みを捨て去って，新たなものが取って代わることをイメージすると，的外れである。ポストモダンの思考は，モダンのように正か否か，白か黒か，をあまり強調しない。むしろ，正も否も，白も黒も，という考え方でいく。したがって，今までの枠組みに並ぶもう一つの選択肢としてこの新たな認識論が並列に加わるのだとイメージしたらよい。選択肢が増えるのであって，前のものを否定するのではない[▶2]。

▶2
ベイトソン Bateson, G. は，確立した自分の流儀，スタイルから一歩抜け出て，代案を探すプロセスを歩み始めることを学習Ⅲと呼んでいる[Bateson, 1972; 野村, 2012]。それは確立した自分のスタイルを捨て，新たなスタイルに移行してしまうことではない。それは学習Ⅱからもう一つの学習Ⅱへの平行移動にすぎない。学習Ⅱから学習Ⅲへの移行には，この選択肢を広げる試行錯誤（トライアル・アンド・エラー）というプロセスが関わっている。

ハリー・グーリシャンの貢献

　セラピストが変わった分だけ，クライアントが変わる。会話という力学上，そういうことになる。会話が双方向の性質をもっているからである。これを，グーリシャン Goolishian, H.A. は，臨床の場においてセラピストに変えることのできる誰かがいるとしたら，それはセラピスト本人をおいてはいない，と表現している［Anderson, Goolishian, 1988.］。

　このような考え方を，グーリシャンとアンダーソン Anderson, H. の開発したコラボレイティヴ（協働的）アプローチは前提としている。1988 年にこの二人によって発表された Human Systems as Linguistic Systems（言語システムとしてのヒューマンシステム）［Anderson, Goolishian, 1988］という論文が，ポストモダンセラピーの幕開けを告げた。こののちアンデルセン Andersen, T. のリフレクティング・チームやホワイト White, M. とエプストン Epston, D. のいわゆるナラティヴ・セラピーが次々登場してくることになる[▶3]。

　1970 年アンダーソンはグーリシャン[▶4]に出会い，のちにその愛弟子となる。二人はその後有名になる not-knowing（無知の姿勢）という概念にたどり着く［McNamee, Gergen, 1992; Anderson, 1997］。では，この二人の発展させたコラボレイティヴ（協働的）アプローチとは具体的にどのようなものなのか。

　1960 年代，家族療法はサイコセラピーの世界を大きく書き換えた。それは個人内に起こる心理現象から病理を診るというフロイト Freud, S. 以来の認識論から離れて，家族など社会的な関係の病理としてみていく認識論への移行だった。この認識論は，同時に特別な言語を発展させた。それは「コミュニケーション言語」，あるいは「関係性言語」といってよいものだろうが，それにはベイトソンらによるダブルバインド理論［Bateson, 1972］による貢献が大きかった。これ以降，臨床領域にこの新たな言語が根付くことになるが，ポストモダンのセラピーには，この認識論の転換が基礎にあると筆者は考えている。つまり個人ではなくコミュニケーションが単位になるということである。ただ，社会的な関係の中に病理が潜むとした初期の考え方は，次第に支持を失っていく。

　しかし，ものごとが個人の心理ではなく，双方向のやりとりを単位としているとする認識論が家族療法の土壌にしっかり根を下ろしていたため，その認識論と「物語」や「ストーリー」への注目（それはナラティヴ・ターンと呼ばれる）があいまって，コラボレイティヴ，ナラティヴ，リフレクティングの登場を後押ししたように思う。なかでもグーリシャンとアンダーソンの特徴は，会話そのものの主体性（エージェンシー）を信じて一方向的な制御を排そうとしていることである。会話のゴールは協働して決められ，その責任も両者が公平に負う。

無知の姿勢（Not-knowing）

　この二人のセラピーを理解するには，「not-knowing（無知の姿勢）」から入っていくことが順当であろう。「無知の姿勢」とは，その言葉のとおり，「知らないので教えてください」という素朴で謙虚な構えのことである。クライアントこそ，その人の人生とそれにまつわる不都合についての「専門家」のはずである。それを教えてもらう立場の者が，セラピストということになる[▶5]。

[▶3]
「社会構成主義とナラティヴ・アプローチ」の項参照。

[▶4]
グーリシャンは 1991 年この世を去ったが，アンダーソンはコラボレイティヴ・アプローチのもとにサイコセラピー以外の分野にもこの考え方，実践を広げ多方面で活躍している。

[▶5]
以下は，何度も引用される有名な出来事である。

グーリシャンのところへ知り合いの精神科医からある困難なケースのことで相談がきた。それによると，患者は自分の恐ろしい病気が他人に感染し相手を死に至らしめるという妄想に取り付かれているという。ハリーはその男ラースに会い，彼の苦悩の物語に耳を傾けた。その話の中で，ある質問を投げかけた。それは，「この病気にかかってどのくらいですか？」という何気ないものだった。しかし，この質問が，精神療法の歴史に大きな足跡を残すことになる［McNamee, Gergen, 1992; Anderson, 1997］。

ラースははじめびっくりしたようだったが，やがてこれを契機に多くのことを語りはじめたという。グーリシャンはラースの

会話的質問

　日常生活では会話はいとも簡単に成立する。それは，話し合いをもちたい者同士が対等な立場で自らを脅かされることなく対話できるからである。専門家を交えたとしても会話の自然さが二の次にされてよいわけはない。会話を発展させ，前に進める質問のことを，グーリシャンとアンダーソンは，「会話的質問」と呼んだ［McNamee, Gergen, 1992］。言語的可動域を広げる働きをする質問のことである。会話的質問こそ，ポストモダンセラピーにおいて，セラピストに与えられたもっとも強力なツールの一つといえそうである。

　そういう質問やそれに続く応答は，専門用語を多用するよりもクライアントのわかる日常の言葉で語られる方が適している。そういう言葉使いのことを，「ローカルな言語」と呼んでいるが，そもそもセラピーはその時代の日常言語で語られる会話に過ぎない［Anderson, Goolishian, 1988］。

　この見方では，「問題が解決する」という言い方よりも，「問題は解消する」という言い方のほうがより適している。なぜなら，問題は，対話が熟し進化していくとともに，その意味を変容させ形を変え，やがては消えていくからだ。その際のポイントは，会話，対話が続いていることである。クライアントを理解するというのは，どこまでも両者の間の対話なのである。対話が問題を解決するのではない。対話が解決なのである。

話をたんなる「妄想」として聞いていなかったのだ。その病気への純粋な好奇心から，その病気についての質問を発した。その病気について知らないから，教えてほしい，と。もしこのときハリーが，「この病気にかかったと思ってどのくらいですか？」と聞いていたら，どうなっていただろうか。ラースは自分の物語が真実だとは思われていないことを察知しただろう。それでは会話は成立しない。ラースはこの主治医に行き着くまでにクリニックを含め多くの門を叩いた。しかし，どこへ行っても自分の話を信じてもらえなかった。

おわりに

　このように，対話においては相手のことをゆっくり着実に理解していく必要があるだろう。なぜなら，それは専門知識からの理解ではなく，やりとり，応答形式を通しての理解だからである。したがって，早とちりして理解してしまわない方がよい。早く理解し終われば，会話はそこで一休みしてしまう。会話が一休みすれば，理解も一休みである。早く理解できたと思うのは，自分の枠組みに入れただけに過ぎない。「無知の姿勢」とは，クライアントのライフストーリーの詳細を，綿密さをもって共同で書き上げていく過程のことである。その人の人生のストーリーには，未だ語られていない埋蔵資源（not-yet-said）が無限にあって，それらは聴き手，つまりセラピストにむけて，語られるのを今かと待っている。

（野村直樹）

文　献

Anderson, H.: Conversation, Language, and Possibilities: A postmodern approach to therapy. Basic Books, New York, 1997.［野村直樹，青木義子，吉川悟訳：会話・言語・そして可能性：コラボレイティヴとは？　セラピーとは？．金剛出版，2001.］

Anderson, H., Goolishian, H.: Human Systems as Linguistc Systems: Preliminary and Evolving Ideas about the Implications for Clinical Theory. Family Process, 27（4）：371-393, 1988.［グーリシャン，H., アンダーソン，H., 野村直樹（野村直樹訳）：協働するナラティヴ：ハリー・グーリシャンと「無知の姿勢」．遠見書房，2013.］

Anderson, H., Goolishian, H.A.: The Client is the Expert: a Not-Knowing Approach to Therapy. In: McNamee, S., et al. (eds.)．: Therapy as Social Construction. London, Sage Publications, 1992.［クライエントこそ専門家である：野口裕二，野村直樹訳：ナラティヴ・セラピー：社会主義の実践．金剛出版，1997.］

Bateson, G.: Steps to an Ecology of Mind. Univ of Chicago, Chicago, 2000. (Originally published by Ballantine, 1972.)［佐藤良明訳：精神の生態学．新思索社，2000.］

McNamee, S., Gergen, K.J. (eds.): Therapy as Social Construction. Sage Publications, London, 1992.［野口裕二，野村直樹訳：ナラティヴ・セラピー：社会構成主義の実践．金剛出版，1997.］

野村直樹：みんなのベイトソン：学習するってどういうこと？．金剛出版，2012.

Malinen, T., Scot, J.C., Thomas, F.N. (Eds.): Masters of Narrative and Collaborative Therapies: The voices of Andersen, Anderson, and White. Routledge, New York, 2012.

ソリューション・フォーカスト・アプローチ

はじめに

ソリューション・フォーカスト・アプローチ（Solution Focused Approach：以下，SFA）は，ブリーフ・ファミリー・セラピー・センター（BFTC[▶1]）のディ・シェイザー de Shazer, S. とバーグ Berg, I.K. らにより創られたアプローチである。

BFTC を訪れるクライアントのほとんどは，経済的に厳しい状況にあり，薬物や飲酒問題，虐待といった多くの問題を抱えていた。また彼らは，自らの意志ではなく，裁判所や，家族が再び一緒に暮らせるかどうかの決定権を持つ他機関から命令されて来談していた。クライアントと家族の力を信頼することで成り立っているSFA が，そのような「自発的ではない」クライアントたちとの関わりの中から生まれたということをまず覚えておいてほしい。また BFTC では，治療だけではなく，臨床家はもちろんのこと，社会学や言語学，コンピューターなどさまざまな分野の専門家が参加して，日々研究とトレーニングが行われていた。彼らが目指していたのは，SFA をよりシンプルで効果的なアプローチに洗練していくことであった。

ソリューション・フォーカスト・アプローチの主な概念

「問題解決」と「解決構築」は異なる

SFA の理論も質問も，すべてシステム的な視点に基づいている。ただ他の療法との大きな違いは，病歴や症状といった問題の査定を厳密に行い，その問題に応じた仮説を立ててクライアントを解決に導くといった「問題解決」の思考をとらないことにある。したがって SFA は，「クライアントにとっての解決（目標・ニーズ）は何なのか，そのためのステップは何か」に焦点をあて，「解決構築」の文脈[▶2]を構成していくアプローチである。

目標志向

SFA の面接においてもっとも重要なことは，「クライアントが何を求めてここにいるのか」ということを，クライアントとセラピストの両者が合意し，認識していることである。それが明確にならないと，どこに向かっていくのか，何が進歩なのかも分からない。したがってセラピストの仕事は，常に"知らない姿勢"を保ちながら[▶3]，質問によって，クライアント自身にもまだ不明瞭な解決を，彼らが言語化できるように手伝うことである。意外に思われるだろうが，このクライアントの解決／ニーズは，主訴とは関連がないようなことが述べられることも多々ある。

実際の進め方としては，まずクライアントの訴えに耳を傾け，十分な労いをすることから面接は始まり，それから目標を明確にする協働作業に入る。ひとたび目標が明確になれば，そこに近づくためのステップを話し合い，応援していくというシンプルな過程をたどることができる。

▶1
Brief Family Therapy Center: BFTC アメリカのウィスコンシン州ミルウォーキーに，ディ・シェイザー de Shazer, S. とバーグ Berg, I.K. を中心に 1970 年代に設立され，1980 年代に SFA が開発された。

▶2
文脈（Context）という言葉は，家族療法においては頻繁に用いられるが，初心者が Contents と Context の違いを理解するのは難しいかもしれない。面接という場面においては，文脈はクライアント（家族）とセラピストとの間で構成されるものであり，変化していくものである。セラピストは，その文脈構成に大きく関与している。

▶3
Not Knowing [Goorlishin, H. & Anderson, H., 1992.]

Key Words

解決構築
コンプリメント
有益な質問法
ソリューション・トーク

SFAの特徴と技法

コンプリメント（敬意をもってほめる）

　誠意あるセラピストはみな，クライアントへのねぎらいや称賛を十分に行っていることだろう。その当たり前の行為を，SFAでは"コンプリメント"［DeJong & Berg, 2002］として特記し，面接の間中，つねにコンプリメントすることを強調している。それは，セラピストが称賛し肯定的な評価を伝える『直接的コンプリメント』，関係性の質問（後述）や，「どうやってやったのですか？」と尋ねることで，クライアントの『セルフ・コンプリメント』を引き出す『間接的コンプリメント』などに分類されている。

　セルフ・コンプリメントとは，クライアントが，自分の力や能力，成長に気づき，それを自ら口にすることである。このセルフ・コンプリメントを，セラピストが質問等によって引き出すことが，もっとも効果的なコンプリメントとなる。

SFAの有益な質問法

　『ミラクル・クエスチョン』（Miracle Question; MQ）——〈今晩，あなたが眠っている間に奇跡が起きて，あなたがここに相談に来ることになった問題が，すべて解決してしまったとします。でも，あなたは眠っているので，奇跡が起きて，問題が解決してしまったことは知りません。明日の朝，どんな違いから，奇跡が起きたということに気づくでしょうか？〉

　このMQの後，セラピストが〈それから？〉〈他には？〉といった質問を続け，まるでビデオで見ているかのように，クライアントの「奇跡の一日」を詳細に描くことが重要である。それが具体的で現実的であるほど，彼らがその奇跡のかけらを行動に移しやすくなる。

　MQをするときのコツとしては，子どもに対しては，「奇跡」を，「魔法」とかその子にとってのヒーローなどイメージしやすい言葉に置き換えるのもよいだろう。だが大人の場合には，できるだけ定型通りに尋ね，「明日の朝」等の時間枠を強調することをお勧めする。もし非現実的な答えが最初に出てきたとしても，動じずに，ウェルフォームド・ゴール（後述）に則った対話によって，その後の変化を詳細に引き出していくとよいだろう[▶4]。

　『スケーリング・クエスチョン』（Scaling Question; SQ）——通常は，1から10のスケールを用い，1をネガティブな状態，10を望ましいものとして尺度を定めて尋ねる。例〈あなたが最悪の状態のときを1として，普通に過ごせているときを10としたら，今はいくつですか？〉

　クライアントの答えXに対し，〈1からXまで，どんなことが改善してきたのですか？〉と続け，それが十分に出つくしたら，次にその上のステップを尋ねていく。

　その際，クライアントが答えた数字じたいにとらわれないこと。それがほんのわずかでも，1からクライアントが答えた数字（X）までの進歩を丁寧に引き出し，それから次のステップを尋ねていくこと。また，何について尋ねると解決構築に役立つか，それを考えて用いることが重要である[▶5]。

　『コーピング・クエスチョン』——〈そんなに大変な中を，いったいどうやって何とかやってきたのですか？〉

▶4
MQをすると，突拍子もない答えが返ってくるのではという心配から，なかなか試すことができないという声をよく聞く。しかし，筆者の体験からいうと，そのような答えが返ってくることはごくまれである。

▶5
筆者のSQの工夫としては，1の方は「最悪」とか「まったくダメ」というように強調し，逆に10の方は理想の状態ではなく，「そこそこ」「ほどほど」といった状態を10として尋ねている。

『関係性の質問』──息子のことで母親のみが相談に来ているケースでも，〈息子さんがここにいたとしたら，お母さんのしている，どんなことが助けになっていると言うでしょうか？〉といった関係性の質問を用いることで，来談していないクライアントにとって重要な他者の視点を取り入れることができる。SFA では，来談者が個人でも，家族，教師と生徒／保護者といった複数であっても，基本的な面接の進め方は同じである。それは，個人面接の場合でも，この関係性の質問によって，常にシステム的な見方をしているからである。

『どうやってやったのですか？』

『他には？』

面接構造（メッセージを伝える）

　SFA の面接では，各セッションの終了前に一度ブレイクを取り，その間にセラピストはメッセージを作成し，クライアントにフィードバックする。メッセージとは，面接中にクライアントが述べた進歩や努力を整理し，コンプリメントすることで構成される。このフィードバックは，クライアントに達成感を根づかせるだけではなく，面接の意義も明確にすることができる。

ウェルフォームド・ゴール Well-formed Goal; WG（ソリューション・トークのコツ）[▶6]

　ウェルフォームド・ゴールは，解決のための対話（ソリューション・トーク）の要素である。MQ や SQ を尋ねた後の対話は，常に以下のポイントを押さえて展開していくことが大切である。「特定の具体的な行動の形で語られること」「社会的な関係性，相互作用またはその文脈で語られること」「問題の終わりや消失ではなく，何か望ましいことの始まりや出現として述べられること」「小さい目標，最初のステップであること」「現実的で達成可能であること」「クライアントにとって，明らかで，重要であること」「クライアントが，自分たちの努力と取り組みが必要だと感じること」

ソリューション・フォーカスト・アプローチ事例

　中学3年生の女の子 A は，万引きで捕まり，担任の勧めで母親と二人でカウンセリングにやって来た。セラピストの〈今日ここでどんなことが話し合えたら，ここに来てよかったなと思えますか？〉という問いに対し，A は「先生に行けと言われたから来ただけで，別に私は困っていない」と最初は答えていた。母親は，障害を抱えた兄に手がかかって A に我慢をさせてきたのではないかと思っていること，万引きの件もあるが，それよりも A が自分の気持ちや将来の希望をここで話してくれたらと述べた。その後セラピストは，A と母親との共通の面接目標を探索していった。A の「自分は大丈夫だし，お母さんが安心してくれたらそれでいい」という言葉から，その母親の安心のために，万引きはもうしないと A が決心していることや，進路について話をしていくということで，両者が同意した。（中略）（以下，セラピストを Th と記す）

　　Th ──〈A さんが今話してくれたことを続けていく自信について聞きたいんだけど，きっと大丈夫だろうというのが 10，まったく自信がないのを 1 としたら，今いくつ？〉

　　A ──「8 くらいかな」

▶6
ウェルフォームド・ゴールというと伝わりにくいので，筆者は『ソリューション・トークのコツ』と呼んでいる。SFA はセラピー以外の分野でも幅広く活用されている。学校におけるクラス運営や教育相談，病院で患者さんと立ち話をするとき，保健指導，企業内のメンタルヘルス・ケアのみならず業績向上にさえ SFA が役立つのは，このソリューション・トークが，どこででも応用できるからである。

Th──〈すごいね。どんなところから8くらいも自信が持てているの？〉
A ──「今も一人で帰らないようにしたり，コンビニとか寄らないようにしてるし」
Th──〈他には？〉
A ──「イライラしたときには，友だちと遊んだり，ゲームしたり，お母さんと料理を一緒に作ったり，高校について調べてみたり。どうすると大丈夫か今は分かってるから」

(中略)

Th──〈お母さんは，Aさんの今の話しを聞いていかがですか？〉
母 ──「本人なりにちゃんと考えているのが分かったので，安心しました。私がいきなりあれこれかまい過ぎるのも，負担かもしれないですね。私がこれから自分の趣味に時間を使った方が，Aもうれしいと聞いたので，何か始めてみようと思います」

メッセージでは，〈来談してくれたこと，Aは母親の安心を願い，母親はAの幸せを願うとても良いご家族であること，Aが自分の考えをしっかりと持っていて，それを話してくれたこと〉等をコンプリメントした。そしてAがSQの内容として語った，〈Aが今既にやっていることを続け，母親も一緒に料理を作ったり，自分のために時間を使うことでAを応援していくこと〉を課題として付け加えた。

おわりに

SFAは，MQやSQといった有益な質問法でよく知られ，それらは初心者が解決の文脈を構築するための近道としてとても役に立つものである。しかし，質問はあくまで手段であり，目的ではない［磯貝，2005］。クライアントの思考の流れに添いながら，適切なときにそれらの質問を行えば，彼らはたくさんの宝物を返してくれる。解決の宝探しに常に関心を持ち，それをクライアントと共に発見していくことが，このアプローチの大切なところである。

(磯貝希久子)

推薦図書

1. バーグ, I.K.（磯貝希久子監訳）：家族支援ハンドブック. 金剛出版, 1997.
2. ディヤング, P., バーグ, I.K.（桐田弘江, 玉真慎子, 住谷祐子訳）：解決のための面接技法. 金剛出版, 2004.
3. 宮田敬一：解決志向ブリーフセラピーの実際. 金剛出版, 1997.

文　献

Berg, I.K.: Family Based Services: A Solution Focused Approach: W.W.Norton & Company, 1994［磯貝希久子監訳：家族支援ハンドブック. 金剛出版, 1997.］
De Jong, P., Berg, I.K.: Interviewing for Solutions: Wadsworth, 2002.［桐田弘江, 玉真慎子, 住谷祐子訳：解決のための面接技法：ソリューション・フォーカスト・アプローチの手引き. 金剛出版, 2004.］
磯貝希久子：子ども支援におけるソリューション・フォーカスト・アプローチ. 現代のエスプリ, 451; 99-108, 2005.
McNamee, S., Gergen, K.J.(Eds.): Therapy as Social Construction. Sage Publications, New York, 1992.［野口裕二, 野村直樹訳：クライエントこそ専門家である：ナラティヴ・セラピー：社会構成主義の実践. 金剛出版, 1997.］

第3節 第三世代

家族心理教育

はじめに:心理教育(psychoeducation)とは

　心理教育という言葉は疾患教育を行うこと,あるいは単なる情報提供を指して使われることが多いように見受けられる。多くの場合精神科医療領域においてであるが,認知療法,行動療法の前提として疾患の説明を行う場合や,学校教育,療育場面での指導などの場合にも心理教育という言葉が使われている。しかし,たとえば欧米の統合失調症治療ガイドラインでは単なる疾患教育としての心理教育は良質の協働的治療のインフォームド・コンセントと区別できないとされ,単独の心理社会的治療としては推奨されていない。

　一方「心理教育を中心とした心理社会的援助プログラムガイドライン」[「統合失調症の治療およびリハビリテーションのガイドライン作成とその実証的研究」研究班,2004]では,エンパワメント(empowerment)や,自己決定・自己選択の促進,主体的な社会資源利用や治療参加,などを目指す体系化したプログラムを心理教育として定義していて,①精神障害やエイズなど受容しにくい問題を持つ人たちに(対象),②正しい知識や情報を心理面への十分な配慮をしながら伝え(方法1),③病気や障害の結果もたらされる諸問題・諸困難に対する対処方法を修得してもらうことによって(方法2),④病気や障害,問題を抱えていても生活を主体的に営めるよう援助する(目的)技法である,としている。

　精神療法,心理社会的治療としての心理教育は一方的な専門家からの疾病教育ではなく,認知行動療法の技術を取り入れた相互関係・相互交流を重視する体系

Key Words

複合家族心理教育
行動療法的家族指導
EBP(Evidence Based Practice科学的根拠のある実践)
感情表出(Expressed Emotion; EE)

化されたプログラムであり，家族（本人を含む場合も家族のみの場合もあるが）を対象にした心理教育を家族心理教育という。家族心理教育は家族療法の一形態として日本に紹介されたが，現在は前述のように一般的な支援技術と考えられており，また多くの疾患において再発予防に効果が確認されている「科学的根拠のある実践」（Evidence Based Practice; EBP）の一つである［日本精神障害者リハビリテーション学会・日本心理教育家族教室ネットワーク監訳, 2009］。

家族心理教育の歴史

家族療法は1940年代以降の統合失調症における家族研究に端を発していることはよく知られているが，1970年代の英国におけるEE（Expressed Emotion; 感情表出）研究においては，統合失調症の病因としてではなく再発の1因子として家族の高い感情表出（高EE）が見いだされ，高EE家族との同居は低EE家族と比べて再発率が高いとされた［Leff, Vaughn, 1985］。家族の高EEと再発との関連は日本も含めて多くの追試によりほぼ確実なものとされ，EE研究は家族への教育的介入の必要性を推進する元となり，当初はEEを下げることで再発を予防することが目的とされた。しかし現在ではストレス－脆弱性－対処モデルに基づき，家族の高EEは長期にわたる精神障害のもたらす種々の負担，スティグマや社会的偏見による家族自体の孤立と深く関連しているとされ，そのことによる家族の対処能力の低下がまたストレスを増大させ病状悪化につながるという悪循環を改善することが臨床的には重要となってきている。そのため現在の家族心理教育は「不適切な行動を修正する」家族介入ではなく，「家族の力を回復する」という家族支援の側面が強調されている［後藤, 1998; 心理教育実施・普及ガイドライン・ツールキット研究会, 2009］。また，このような悪循環は，継続的に困難な問題を抱えて専門家に援助を求める家族には共通して認められるので，家族心理教育は精神科疾患に限らず，慢性身体疾患，発達障害，不登校やひきこもりといった行動上の問題などにも適応されて，効果を上げている。

家族心理教育の実際

家族心理教育プログラムにはいくつかの種類があるが，以下に家族グループを対象とする場合（複合家族心理教育）と単一の家族を対象とする場合（単家族心理教育）にわけて紹介してみたい。統合失調症についての研究ではグループの場合も単家族の場合も再発予防効果には差がないとされている。

グループで行う家族心理教育（複合家族心理教育）

プログラムの一例を表1に示した。頻度は基本的に月1回，計5～10回を目安にしており，時間配分は情報提供のための講義は約1時間，問題解決型のグループワークは2時間程度である。講義は教室形式で20～30名，後半のグループワークは1グループ8～9名の小グループで行う。ス

表1 家族心理教育のプログラム例
（統合失調症6回コース）

	実施内容
1回目	オリエンテーション・自己紹介 情報提供① 心理教育とは・なぜ家族が知識を持つことが必要か 問題解決型グループワークのやり方紹介
2回目	情報提供② 統合失調症：概念・症状・経過・ストレス――脆弱性モデル 問題解決型グループワーク
3回目	情報提供③ 統合失調症：生物学的治療と心理社会的治療 問題解決型グループワーク
4回目	情報提供④ 生活支援・社会資源・再発予防 問題解決型グループワーク
5回目	問題解決型グループワーク
6回目	問題解決型グループワーク まとめ

タッフは，最低でも2名は必要である。当事者も参加できるが日本の場合家族のみの場合が多い。

1，2回目は導入段階で，スタッフが主導しつつ，同じような，悩みを抱えている者同士で，安心して自由に話せる雰囲気を作る。以後は構造に合わせて，個々の問題を一緒に考える段階で問題解決型のグループワークを行う。ただ問題解決だけを求めるのではなく，体験を語ることが受け入れられかつ他の参加者の役に立つという自己効力感の増大の体験を重視する。最終回はまとめと，終了後も自助グループやOB会のように集まることなどを話し合う。

教育セッション（情報提供部分）では，①なぜ家族が病気や治療について知識や情報を持つことが必要なのか，②スタッフとしての家族に対する基本的な考え方（家族病因論の否定），③疾患についての知識・情報，④治療やリハビリテーションについて，⑤社会資源や制度的サポートについて，⑥家族の対応，家族のできること，などを伝える。全部家族心理教育スタッフが行う方法もあるが，医師，PSW，薬剤師，看護師，心理士などそれぞれの項目の専門職に依頼する方法が勧められる。これは担当スタッフ以外にも家族心理教育の理解を進めることにつながるチーム医療の実践の一つとなる。

表2 問題解決型のグループワーク

ウォーミングアップ
グループのルール，グループの進めかたを確認する
それぞれが相談したいことを言う
どの相談を今日取り上げるかを決める
相談したい話題について状況の説明と参加者からの質問
改めて相談者が，どんなことがわかるかできるようになればよいか目標の再設定
役に立つようアイデアを出し合う
相談者が自分に役立ちそうなアイデアを選ぶ
今日の感想を言って終了

表2にグループワーク部分の進め方を示した。これは行動療法の技法の一つである問題解決技能訓練の応用である。ウォーミングアップは「最近あったよかったこと」「うまくいったこと」などをみんなで語るというパターンが勧められる。ここでは，参加者だけではなくスタッフも積極的に発言し，同等の参加者であることを強調する。その他，通常の治療的なグループワークと同様，プレ・ミーティングとポスト・ミーティングを行い，そこでは，今日の役割分担（リーダー，コリーダー，書記，板書），参加家族の状況について，前回から今回までの情報，予想される相談事についてなどをプレ・ミーティングで，グループの進行について，困ったこと，よかったこと，個々の家族，スタッフ同士の役割についての振り返り，今後の課題などをポスト・ミーティングで話し合う［心理教育実施・普及ガイドライン・ツールキット研究会, 2009］。

単家族への心理教育

単家族への家族心理教育はリバーマン Liberman, R.P. らの**行動療法的家族指導**（Behavioral Family Management; BFM）が典型的である。教育的部分はグループで行い，家族セッションを単家族で行う［Liberman, 2008；日本精神障害者リハビリテーション学会・日本心理教育家族教室ネットワーク監訳, 2009］。

①**ジョイニング・セッション**——3～5回担当スタッフと家族の間で持たれる。

②**教育ワークショップ**——典型的には8時間の教室形式のワークショップで知識・情報を共有するが，個別家族に教育がなされることもあり，家庭でなされることもある。

③**地域への再参加プログラム**——隔週ごとに予定された単家族対象のミーティングで，継続的に問題解決技法とコミュニケーション・スキル・ト

レーニングによるセッションが行われる。問題解決技法は複合家族グループと同じだが単家族セッションでは参加者と解決のためのアイデアをもらう人が同じなので，結局家族が自分たち自身でブレイン・ストーミングすることで問題への新たなアプローチを創り出すというのが大きく違う。

トレーニングするコミュニケーション・スキルは，①肯定的な行動に対する肯定的な感情のコミュニケーション，②否定的な行動に対する否定的な感情のコミュニケーション，③問題や他の重要な家族内の出来事を議論する際の注意深い聴き取り方（アクティブ・リスニング），からなる。いわば家庭で行われる単家族に対する社会生活技能訓練（Social Skills Training; SST）である。

他の形態の家族心理教育

日本で数多く見られる形態は家族教室の形態である。家族会の定期的なミーティングなどで知識情報提供があり，その後の家族同士の自由で支持的な会話，自然発生的な問題解決の話し合い，経験の分かち合いなどが行われ，上記複合家族心理教育と似たような効果が生ずる。プログラムとして構造化されているわけではないが，家族支援の重要な方法の一つでもある。

また家族心理教育の考え方と方法を日常的な家族面接に応用すれば，①ジョイニング，②当面の問題についての会話，③これまでの対処を聞く，④参加者みんなでアイデアを出してプランを立てる，というプロセスの心理教育的家族面接となる。

おわりに

家族心理教育の基本要素は，①教育セッション（病気・治療・リハビリテーションについての知識と情報の共有），②対処能力セッション（問題解決技法，コミュニケーション・スキル・トレーニング）であり，基本姿勢として，家族病因論の強い否定，家族を治療の同伴者と考えること，家族負担の軽減と家族の通常の生活を回復することを目標にすること，などが上げられる。家族心理教育の再発予防効果の多くは，家族からのストレス低減と同時に，家族を治療の同伴者とすることから生ずるスムーズな治療アドヒアランスの維持によると思われる。ゆえに適切な薬物療法，個人的リハビリテーション，地域ケアと組み合わされること，つまり包括的な治療の一部として行われることが重要である。なお最近は欧米のNAMI（the National Alliance on Mental Illness）を代表とするような家族の自助団体では「家族自身による家族への（Family to Family）」心理教育が盛んであることも附記しておきたい。

（後藤雅博）

推薦図書

1. 後藤雅博: 家族心理教育から地域精神保健福祉まで. 金剛出版, 2012.
2. 鈴木丈, 伊藤順一郎: 心理教育とSST. 中央法規出版, 1997.
3. 心理教育実施・普及ガイドライン・ツールキット研究会, 大島巖, 福井里江: 心理教育の立ち上げ方・進め方ツールキットI. 地域精神保健福祉機構（コンボ）, 2009.

文献

後藤雅博編: 家族教室のすすめ方: 心理教育的アプローチによる家族援助の実際. 金剛出版, 1998.
Leff, J., Vaughn, C.: Expressed emotion in families. Guilford Press, New York, 1985.［三野善央, 牛島定信訳: 分裂病と家族の感情表出. 金剛出版, 1991.］
Liberman, R.P.: Recovery from Disability-manual of psychiatric rehabilitation. American Psychiatric Publishing, 2008.［西園昌久総監修, 池淵恵美監訳, SST普及協会訳: 精神障害と回復: リバーマンのリハビリテーション・マニュアル. 星和書店, 2011.］
日本精神障害者リハビリテーション学会・日本心理教育家族教室ネットワーク監訳: アメリカ連邦政府EBP実施・普及ツールキットシリーズ3: FPE・家族心理教育プログラム. 地域精神保健福祉機構（コンボ）, 2009.
心理教育実施・普及ガイドライン・ツールキット研究会編（大島巖, 伊藤順一郎, 池淵恵美他著）: 心理教育の立ち上げ方・進め方ツールキットII. 地域精神保健福祉機構（コンボ）, 2009.
「統合失調症の治療およびリハビリテーションのガイドライン作成とその実証的研究」研究班: 心理教育を中心とした心理社会的援助プログラムガイドライン（暫定版）. 厚生労働省, 2004.

メディカル・ファミリーセラピー

はじめに：BPSモデルからメディカル・ファミリーセラピーへ

　メディカル・ファミリーセラピー（Medical Family Therapy; MFT）とは，医学的問題を抱える患者と家族に対する，BPSモデル（bio-psycho-social model）[▶1]に準じて行われる家族療法や家族支援のことである。このセラピーはエンジェル Angel, G.の愛弟子であるマクダニエル McDaniel, S.H.が中心となり，理論や技法が体系化された。

　メディカル・ファミリーセラピーを行うためには，生物，心理，社会という三つの次元を理解し対応していく必要がある。この三つの次元についての理解は，一人ひとりの臨床家がもつべき視点であるが，これを一人の実践家が行うことは容易ではない。つまり，メディカル・ファミリーセラピーは心理社会的次元の理解と介入に長けている家族療法家と，生物学的次元の理解と介入に長けている医療スタッフとの「コラボレーション」である，とマクダニエルは強調している。

メディカル・ファミリーセラピーにおける技法

　メディカル・ファミリーセラピーの目的は，病人や障害者を抱えた家族が「支援」や「介入」を受けることで，病人や障害者，そしてその家族が，より幸福になることを目指すことにある。健康や病気を家族システムという文脈から理解し，適切なタイミングで支援や介入を行うことにより家族機能を高め，家族ケアの質を向上させることが目的である。メディカル・ファミリーセラピーは七つの基本的な技法から構成される。

生物学的次元を認識すること

　メディカル・ファミリーセラピーの対象となる家族には，「患者」や「障害者」が最初から存在している。患者のケアのためにいかなる変化を必要としているかを家族と話し合うことが治療的な介入になる。つまり，病人や障害者を抱えることになって家族はいかに変化したか，これからどのような変化が必要になるかを明確にしていく作業を行うことからメディカル・ファミリーセラピーは始まる。ケアに関連する家族機能が高まり，ケアする側の心理的ストレスが減るように家族システムを変化させることである。メディカル・ファミリーセラピーを行うスタッフは，患者の身体的側面について事前に担当医から情報を得ておく必要がある。

病いの体験を聞くこと

　病気をもつ前と後で家族はどのように変化したか，病気についてどのような不満，不安をもっているか。病気の将来についてどのようなイメージを抱いているか，家族全体に病気はどのような影響を与えているだろうか，もしも，病状が悪化して，新しい治療や入院が必要になったときに家族はどのように対応しようと

▶1
「バイオサイコソーシャル・モデル」の項参照。

Key Words
バイオサイコソーシャル
　　　モデル
病いの体験
コラボレーション（協働）

考えているか……など，病気をめぐる患者自身と家族の体験をメディカル・ファミリーセラピーでは明確にしていく。ジェノグラムを活用するが，その際にも，多世代における病気の既往や，家族におけるケアの歴史と体験を記入していく。また，家庭医や緊急対応してくれる病院の存在なども記入するところが特徴的である[▶2]。

防衛を尊重し，非難を取り去り，感情を受容すること

患者は否認（denial）を多用する。狭心症と診断され入院を勧められたのに，「痛みはないから」と言って仕事へ行こうとする人がいたりする。否認は患者だけではなく家族にも生ずる。入院が決まっている夫に，仕事に行くための用意をしてしまう妻など。特に認知症の初期症状については家族の多くが否認する。そのため早期発見が遅れることが知られている。健康でいたときの生活スタイルを維持したい願望が否認を助長するのである。

医師に入院を勧められている夫が，「仕事があるから入院はできない」と治療を拒絶している。この場合は，「あなたは本当に仕事に献身的なんですね」と仕事を理由にしていることをリフレーミングした後に，「よい仕事をするためには，今は入院すべきなのではないでしょうか」と勧めたりするわけである。患者のライフスタイルをすぐに変えるのではなく，それを尊重した上で治療に協力していく方策を探していく。

コミュニケーションを維持する

しばしば医療スタッフは，病気を生物学的モデルで捉えるし，家族は病気を患者の体験として理解する。このためニーズに葛藤が生ずることもある。病気を治したいと躍起になる医師，早く退院して家に帰りたい患者の場合もあれば，治療の必要性を認めていない医師，執拗に無駄な治療を望む患者の場合もある。医療スタッフは，病気の体験をもう一度考えるべきであろう。家族は病気の現実的情報を正確に理解しておくことが重要になる。コミュニケーションの問題は，患者を抱えた家族にも生ずる。その背景には否認，罪悪感，怒りなどが影響している。患者や家族が病気についての否認を強めると，事実について話し合うこと，将来について話し合うことがタブーになっていく。家族にとって，一番大切でありながら一番コミュニケーションができないテーマは「死」である。

家族の発達を考える

家族のライフサイクルの途上でメンバーは病気や障害に出会う。児童・思春期の子どもがいる家族と，老夫婦だけの家族では，家族における病気の体験は異なる。病人の存在は家族としての機能に影響を与え，家族としての発達にも影響してくる。慢性疾患の介護のために，特定の家族メンバーがその役割を担い，社会性を失うこともあろう。患者が家族にいても，家族は，家族としての休日を楽しんだり，家族としての伝統を尊重したりするべきであり，病気や障害によって阻害される家族としての発達を最低限に抑える必要がある[▶3]。メディカル・ファミリーセラピーでは，普通の家族としての機能や活動を尊重し，家族としての正常な発達を促進するように助言したりする。

患者と家族の遂行能力を高める

患者と家族は，病気によって自分たちの生活が支配されてしまうような感覚に陥る。このような状況では，無力感や悲しみなどのマイナス感情が支配し，家族

▶2
それらは，患者を抱えた家族にとっては，重要な社会資源でもある。家族外に病気について重要な鍵を握る人（たとえば宗教家，隣人など）がいれば記載しておく。

▶3
そのために，家族メンバーの心の中では「病気を適切に置いていく（putting the illness in it's place）」という作業が大切になる。病気に支配され，病気が中心化してしまうと，家族としての発達が阻害されてしまう。

としてのパワーが十分に発揮されない。そこで、患者と家族が本来持っている遂行能力を高めることが重要になる。そのため、患者と家族が治療について自己決定できるように情報入力を高めるように医療スタッフとのコミュニケーションを促進し、適切な結論が導き出せるように助言することが大切である。

遂行能力を高めるためには、家族についての健康や病気についての考えや信念を理解した上で、それを尊重しつつ、現実的で確かな対応を引き出すことである。そのためには、患者と家族は、できる限り正確な医学情報を得ることが必要であり、医療スタッフは、患者や家族の考えやニーズを理解することである。

ドアを開けておくこと

家族療法家が終了時に考えておくべき第一のポイントは、家族には患者や障害者が存在し続けており、家族には医師や看護師が今後もかかわり続けるという点である。一度メディカル・ファミリーセラピーが終了すると、医師も家族もふたたび家族療法家のドアを叩くことは少ない。その意味からも、メディカル・ファミリーセラピーの実践者の方から、医師や家族に積極的に働きかけて、関係性を維持することが大切である。マクダニエルは、半年か1年後に電話か手紙で、その後の様子を聞くことを推奨している。メディカル・ファミリーセラピーの効果について重要な情報を提供してくれる。

対象領域

メディカル・ファミリーセラピーの実践のために、家族療法を行う専門職は、どこでどのように医療と協力関係を築いていけばよいのだろうか。メディカル・ファミリーセラピーが貢献しうる医療現場について紹介する。

プライマリ・ケア

日本におけるメディカル・ファミリーセラピーの理論や技法は、プライマリ・ケア医が日常臨床の中で応用している。家庭医は、家族メンバー全員の健康状態を把握したり、生活習慣、家族の介護力などのアセスメントが要求される。

在宅ケアと家族

病気と家族は、その予防、発生、管理という次元で深く結びついている。糖尿病、肥満、高血圧などは、家族における食生活が影響する。米国には糖尿病センターで雇用され、健康管理能力を高めるために家族へ介入しているメディカル・ファミリーセラピストもいる。在宅医療が推進されているため、今後は医療・看護・介護スタッフが家族に入っていくことが日常的になっていくであろう。こうしたスタッフに対して、家族の理解と介入に関するコンサルテーションを引き受けるのもメディカル・ファミリーセラピー実践者の役割になる。

小児医療

小児科医の大変さの一つは親への対応である。小児科医は親への対応にエネルギーを使う。小児科医療は、発達障害、小児神経症、心身症、不登校などの精神的問題の入り口でもある。幼い頃から子どもを診てもらっている親にとって、小児科医は家族の指南役であったり、感情を吐露する対象であったりする。IP (identified patient) [▶4] という理解が小児科医にあれば、不登校や心身症などへの家族介入も可能である。家族療法家とコラボレーションが期待される領域であり、小児科医自身がメディカル・ファミリーセラピーの実践者になることもできるだろう。

▶4
「基本用語88」参照。

リハビリ医療

　高齢化社会の到来により，リハビリテーション医療のニーズは高まっている。脳卒中で倒れた夫のことを想定してみよう。急性期の治療が行われた後に患者はリハビリテーションを受ける。今日のリハビリ医療では比較的早いうちに退院を促される。ここで，問題が生ずる。家族は「以前のような状態でないと引き受けられない」と訴え，退院をめぐり葛藤が生ずるのである。その理由は，医療スタッフ側が家族が「介護家族」へ移行する時の変化について意識化していないからである。在宅ケアは今後ますます推進されていく，リハビリ入院に，メディカル・ファミリーセラピー的なかかわりで家族を支援しておく必要がある。

先端医療

　遺伝医療の進歩により疾患遺伝子がいくつか解明されてきた。がん化する家族性大腸ポリポーシスは常染色体優性遺伝の形式をとる。患者の子は50％の確率で原因となる変異APC遺伝子を受け継ぐといわれており発症前診断が可能である。その情報提供やそのことを知った後の家族の変化についてなど，遺伝カウンセリングにおいてはメディカル・ファミリーセラピー的な視点が重要である。移植医療においても家族の理解は不可欠である。筆者は生体腎移植の親子や夫婦に術前に面接を行っているが，それは単なる精神疾患の有無や関係性の評価だけではない。移植が家族にどんな変化をもたらすかを予測してもらい，家族の一体感や連合を一時的にでも強化することを意識している。46万人（2003）いるという不妊治療においても家族アプローチは必要である。不妊治療中は治療自体が夫婦の絆となるが，不成功になったとき潜在的な夫婦葛藤が顕在化することがある。

まとめ：スーパーヴィジョンを学ぶ要点

　日本におけるメディカル・ファミリーセラピーを普及させ，BPSモデルに準じた効果的な医療，看護，介護が推進されていくためには，今後も二つの変化が必要である。

　第一は医療関連スタッフ自身（医師，看護師，介護福祉士，リハビリ訓練士など）が疾患や障害だけではなく「家族」を理解できるようになることである。そのためには卒前教育が重要になる。家族志向医療のための研修場所の提供なども今後は重要になる。

　第二は，精神科医，臨床心理士，ソーシャルワーカーが「家族理解を普及させることができる」という意識を持つことである。米国に比べると家族療法を専門とするメンタルヘルスの専門家は少ない。そのため家族療法の普及そのものがメンタルヘルス関連職種には必要になる。

（渡辺俊之）

文　献

栗原由香，渡辺俊之：脳出血の姉，介護に追い詰められた家族へのメディカルファミリーセラピーの適用：リハビリテーション医療におけるメディカルファミリーセラピーの意義についての一考察．家族療法研究，26（2）；146-155，2009．
McDaniel, S.H., Campbell, T.L., Seaburn, D.B.: Family-Oriented Primary Care. Springer, Berlin, 1990.［松下明監訳：家族志向のプライマリ・ケア．シュプリンガー，2006．］
McDaniel, S.H., Hepworth, J., Doherty, W.J.: Medical family therapy. Basic Books, New York, 1992.
渡辺俊之：介護者と家族の心のケア．金剛出版，2005．
渡辺俊之，小森康永：新しいバイオサイコソーシャルアプローチ．金剛出版，2013．

カルガリー家族アセスメント・介入モデル

はじめに

カルガリー家族アセスメントモデル[▶1]とカルガリー家族介入モデル[▶2]は，家族療法家であり，精神看護学を専門とするカルガリー大学のライト Wright, L.M. とリーヘイ Leahey, M. によって開発された。これは，システム理論を基礎に開発された家族療法モデルを看護実践の中に取り込んだシステム看護モデルである。看護界では世界的に最も広く取り入れられ，活用されている。

▶1 Calgary Family Assessment Model; CFAM

▶2 Calgary Family Intervention Model; CFIM

モデルの特徴と理論の基礎概念

本モデルでは，家族を「強い感情の絆，帰属意識，そして，お互いの生活に関わろうとする情動によって結ばれている個人の集合体」[Wright, Leahey, 1996]と定義し，臨床の中では「その人が家族という人が家族」と柔軟に捉える。

また，本モデルでは，システム理論を基礎として，家族を一つのケアユニットとして捉える（表1）。つまり，家族は，夫婦システムやきょうだいシステムといった下位システムから構成され，同時に地域社会や職場といった上位システムから影響を受ける。下位システム間，家族と上位システムとの間には境界（バウンダリー）があり，システム間の関係性のルールを示す。家族員は互いに影響しあっていることから，家族員の行動は原因-結果の直線的な因果関係よりも，相互作用による円環性から捉える方がよく理解できる。

表1 家族の重要概念 [Wright, Leahey, 1996]

1. 家族は大きなシステムの一部であり，多くの下位システムから構成される
2. 全体としての家族は，その部分の総和よりも大きい
3. 家族一人の変化は家族全体に影響を与える
4. 家族は変化と安定の間にバランスを創造することができる
5. 家族員の行動は，直線的な因果関係よりも円環的視点からのほうがよく理解できる
6. 家族はフィードバックプロセスを通して自己調整する能力をもつ
7. フィードバックプロセスは家族のいくつかの異なったシステムのレベルで同時に起こりえる

家族には，家族の安定を揺るがすさまざまな出来事が起こるが，家族はシステムであることから，家族の保存のゴールに向かって，異なるレベルのシステム間においてフィードバックループを通して，自己調整し，安定を創造しようとする。

ライトらは，家族療法で用いられているさまざまな理論や概念を柔軟に取り入れており，臨床の中で，家族の置かれた文脈に沿って，最も適したアセスメントの視点と介入方法で家族にアプローチするとよいと考えている。

カルガリー家族アセスメントモデル（CFAM）（図1）

構造，発達，機能の三つの主要な側面から家族をアセスメントする。それらは，さらに複数の下位カテゴリーから構成される。家族の構造をアセスメントするツールとしてジェノグラム（内的構造）とエコマップ（外的構造）を活用する。家族の構造は，内的構造，外的構造，そして家族を取り巻く文化的背景を含む状況背景からなる。

家族の発達は，カーター Carter, B. とマクゴールドリック McGoldrick, M. の分

Key Words

家族看護
家族システム
アセスメントモデル
介入モデル

類（結婚前から老後を迎えた家族までの6段階）を用い，ライフサイクル上のステージ，発達上の危機と発達課題，さらに，アタッチメントについてもアセスメントする。

機能においては，日常生活の実際である手段的機能，そして，表現的機能として家族のコミュニケーション，問題解決能力やパターン化された方法，役割やパワーバランス，信念（ビリーフ）をアセスメントする。特に，家族員の言動を支配する信念（ビリーフ）については，問題の中核となることから，そのビリーフがジェンダーやコミュニケーション，パワーバランスなどのどこに強く影響しているのかを中心にアセスメントする。

カルガリー家族介入モデル（CFIM）（表2）

本モデルでは，家族の変化を促す領域を，「認知領域」「感情領域」「行動領域」の三つに分類している。アセスメント結果に基づき，これら3領域の中で家族に適する領域から介入を行う。家族は一つのシステムであることから，一つの領域への介入は他の領域への変化も引き起こす。ライトらは，CFIMは「家族機能の特定領域と看護師が提供する特定な介入との適合の概念化のためのシステマティックな枠組みであり，介入リストではない」と述べているが，認知領域への介入技法では「家族の長所／強みの賞賛」「問題の再枠組み化」「問題の外在化」「教育の提供」などが挙げられ，感情領域では「ノーマライゼーション」「病いの語り」などが，そして，行動領域では「課題の提供」「新しい習慣を作り出す」など，家族療法で用いられるさまざまな技法を用いることを示している。また，治療的質問ともいわれる，家族の関係性（円環的コミュニケーション）を見出し，思考を促す質問は特に重要であり，家族の変化を引き起こす（表3）。的を射た，家族に思考を促し，自

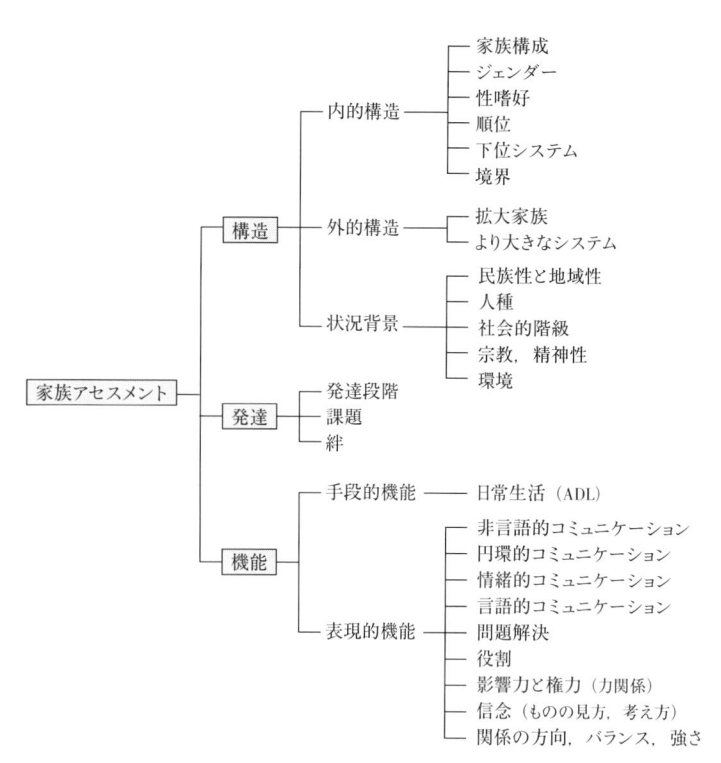

図1　カルガリー家族アセスメントモデル［森山, 2001, p.65］

構造
- 内的構造
  - 家族構成
  - ジェンダー
  - 性嗜好
  - 順位
  - 下位システム
  - 境界
- 外的構造
  - 拡大家族
  - より大きなシステム
- 状況背景
  - 民族性と地域性
  - 人種
  - 社会的階級
  - 宗教，精神性
  - 環境

発達
- 発達段階
- 課題
- 絆

機能
- 手段的機能
  - 日常生活（ADL）
- 表現的機能
  - 非言語的コミュニケーション
  - 円環的コミュニケーション
  - 情緒的コミュニケーション
  - 言語的コミュニケーション
  - 問題解決
  - 役割
  - 影響力と権力（力関係）
  - 信念（ものの見方，考え方）
  - 関係の方向，バランス，強さ

表2　カルガリー家族介入モデル［森山, 2001, p.119］

		看護師の介入する領域と技術
家族の機能領域	認知領域	領域の選択が家族のニーズと適合すること家族の変化を促すような介入技術の選択
	感情領域	
	行動領域	

表3　治療的な質問［森山, 2001, pp.126-127を参考に改変］

相違を見出す質問	人と人，関係，時間，考え方や信念の違いを探究する質問
行動への影響を探る質問	定義：家族員の行動がほかの家族員に与える影響とその関係を探究する質問
三者関係を探る質問	家族の将来的な選択やこれまでとは異なった新しい行動，異なった問題の意味づけを探究する質問
仮定的・将来志向的な質問	家族の将来的な選択やこれまでとは異なった新しい行動，異なった問題の意味づけを探究する質問

発的に気づかせる質問は簡潔でありながら，アセスメントにもなると同時に，変化に向けたパワフルな介入にもなる。

モデルの展開方法

アプローチ方法は家族との面談を基本とし，可能な限り問題に関係する家族員を集めてインタビューを実施し，家族の関係性を観察する。展開のプロセスは，以下の通りである。

- 導入：家族または看護師が問題を特定し，双方が治療的な関係を作り上げる段階
- アセスメントインタビューを通して問題の明確化を行う段階
- 介入：解決に向けての支援
- 終結：家族に変化が現れた段階で，第一段階の変化（表出されている問題の解決），第二段階の変化（家族システムの変化）のいずれかの変化に到達した段階

展開の実際は，家族面接の前に病歴やジェノグラム等の情報から「家族に何が起こっているのか」の仮説を立てて面接に臨む。面接では，仮説を立てた領域を中心に，中立性を保ちながら，円環性を見出す質問／治療的質問を行っていく。質問自体が家族に思考を促すことから介入となる。

インタビューを通して問題の明確化を行い，家族員の相互作用と健康問題の関係を探り（悪循環パターンと健康に関する信念（ビリーフ）），問題の解決策，問題の影響について話し合う。また，目標を設定し，どのような結果を導きたいのかも話し合う。家族はアセスメントのためのインタビューの中で自分たちに何が起こっているのか，その悪循環パターンに気づき，自己調整しようと変化し始めるので，看護師はアセスメントの結果を家族に伝え，解決に向けて家族の力を引き出すように働きかける。

モデルの適用の実際：
家族の置かれた文脈と二つのパラダイム

システム vs ナラティヴ

CFAM と CFIM はシステム家族療法を基盤に構築されているが，ライトらはモデル開発の初期から「家族のビリーフ（コア・ビリーフ）が家族の思考や行動に決定的に影響を与えること」に注目しており，家族の抱える苦悩に対して，家族の思考や行動を制限する拘束的ビリーフを前向きな助成的ビリーフに変化させる，ナラティヴ・アプローチを展開している［Wright, Watson, Bell, 1996］。つまり，家族の置かれた文脈から，看護師が，悪循環コミュニケーションであればシステム論によるアプローチを，苦悩しているときにはナラティヴ・アプローチを選択することができる。

事例展開

臨床での展開例を示す。この事例は，夫婦のコミュニケーションの悪循環と息子の死に対する苦悩を抱え，これが療養に影響していた。

> **事例** A氏，65歳，男性，無職，慢性心不全
> （60歳から急性増悪で6回入院）
>
> **担当看護師がとらえた問題**——病識も知識もあるが，治療に前向きに取り組む様子はなく，妻に対して威圧的で，頻繁に口論をしている。

現在ある情報とジェノグラムから仮説の立案

担当看護師は，①治療管理をめぐって家族の中にコミュニケーションの悪循環があるのではないか，②子どもが病死し，また，両親もすでに亡くなっていることから，病気と向き合う意欲がなくなっているのではないか，③子どもの病死に対して悲嘆が十分に行われておらず，これが家族の発達課題の遂行を妨げているのではないかと仮説を立てた。

CFAMを用いたアセスメントと悪循環コミュニケーションの解決

家族インタビューを行った結果，食事療法をめぐって，夫婦に悪循環コミュニケーションが起こっていることがわかった。このため，看護師はこの悪循環を図示し，夫婦に気づいてもらい，その解決を話し合った。

家族の苦悩に迫るナラティヴ・アプローチ

夫婦は時間をかけながら，どんなに息子の死に苦しんだかを話してくれた。両親も息子も亡くなってしまったことから，生きる意味を見失っており，それが療養に向き合えない要因となっていた。妻や娘のためにも食事療法を守り，体調管理を行うことを看護師と夫婦とで話し合った。

おわりに

「Illness is a family matter.」家族は病気を予防し，また病気に対処する個人の社会資源における第一次資源であって，①予防的な役割を担い（健康行動や病気への対処行動は家族の中で形成される），②治療や療養に対して重要な意思決定者となり，③支援者として家族がもつ共感や問題対処能力が強く患者のコンプライアンスレベルに影響する［Walsh, Anderson, 1988］。看護の歴史の中で，家族は常に看護の対象であった。そして，看護師には，家族の健康的な発達を促し（家族のヘルスプロモーションと疾病予防），疾病や事故，障害等に関連して起こる問題に対処できるよう家族のセルフケア能力（問題解決と意思決定能力）を高め，家族の成長・発達を支援する機能がある［森山，2007］。

家族の置かれた文脈に応じて方法論を使い分ける柔軟なモデルは，臨床の中で有効に活用できる。

（森山美知子＋二井谷真由美）

推薦図書

ライト，L.M.，ワトソン，W.L.，ベル，J.M.（杉下知子訳）：ビリーフ．日本看護協会出版，2002．

文　献

森山美知子：家族看護：新たな発展の方向性と政策への反映．家族看護学研究，12(3)；162-168, 2007.
森山美知子編：ファミリーナーシングプラクティス：家族看護の理論と実践．医学書院，2001．
Walsh, F., Anderson, C.M.: Chronic Disorders and the Family. Routledge, New York, 1988.［野中猛，白石弘巳監訳：慢性疾患と家族．金剛出版，1994．］
Wright, L.M., Leahey, M.: Nurses and Families: A guide to family assessment and intervention. F.A. Davis, Philadelphia, 1996.
Wright, L.M., Watson, W.L., Bell, J.M.: Beliefs: the heart of healing in families and illness, Basic Books, New York, 1996.［杉下知子監訳：ビリーフ：家族看護実践の新たなパラダイム．日本看護協会出版会，2002．］

統合的家族療法

はじめに

　統合的家族療法は，その定義や理論については議論の途上にあるが，ここでは，伝統的心理療法が繰り広げる個人心理力動への介入と，家族療法が開発した対人的相互交流への介入を，どちらの効果も相殺せず統合するためのアプローチとして紹介する。内的過程を独自に生きる面と，対人的相互影響関係に常に開かれた面の両方を持つものという人間観に拠って立ち，関係系の詳細な理解に基づいて行う心理援助実践であると言い換えることができる。

　統合的家族療法の発展史に目を向けてみると，家族療法は，個人心理療法のアンチテーゼとして誕生した経緯を持つが，発展の初期より統合への親和性が認められる。1960 年代には，ヘイリー Haley, J. を筆頭に，個人心理療法と家族療法の違いを橋渡すものは何かについて熟考し，1970 年代には，家族療法内での統合や折衷の試みが，そして 1980 年代以降の成熟期には，個人心理療法との統合を目指す研究者も散見されるようになった。最近の動向としては，家族の枠や縛りを超えて，システム論に基づいた多様な統合が実践されるようになってきた。

　関係系の詳細な理解のためには，家族関係・二者関係・個人のアセスメントを含む包括的アセスメントを先立って行い，同定したクライアントシステムに見合った面接形態を選択する。また，個人面接と家族面接の不連続性の生起に期待して，それを変化のきっかけとして生かしていく。面接形態を家族と共に柔軟に選び取ることで，個人の主張や個人的視点が尊重されながら，なお他者の視点をおざなりにせずそこにも開かれた援助が推し進められるとよいだろう。

理論と基礎概念

クライアントシステムのアセスメントのために

　個人レベル，対人関係レベル，組織的・体制的レベルのアセスメントを行うと，関係倫理のレベルのアセスメントも同時進行的に実施されうる。

　この包括的アセスメントを経て，①目下の問題の生起と悪循環の維持にかかわっているのはどの範囲のシステムまでかという判断に基づいてクライアントシステムを同定し，②それに見合った面接形態を選びとって提案する必要がある。ピンゾフ Pinsof, W.M.［1983; 1995］の指摘に倣えば，患者（クライアント）システム同定のためには，以下の 2 種類の問いを向けることが役立つ。一つは，「どの範囲の人を巻き込むか，つまり，どの範囲の人と協働するか」という問いであり，もう一つは，「いま・ここの文脈で生じている表層的事象を取り扱うか，それとも歴史や時間軸を遡って歴史や過去をより深く探究するか，どのあたりの次元の働きかけと捉えるか」という問いである。問題中心の視点を持ち，「いま・ここ」の次元に収束するよう働きかけることによって，問題のいたずらな拡大，不必要な掘

Key Words

包括的アセスメント
関係系
面接形態の併用

り下げは未然に防げる。その一方で，忠誠心が絡んだ拘束や内的対象関係が絡んだ拘束が立ちはだかる問題については，歴史や時間軸を遡って過去を振り返る大掛かりな作業に取り組むことを視野の外に押しやることなく，問題解決へと繋げていく必要がある。

同定したシステムに見合った面接形態を選ぶために

　個人療法と家族療法の統合という問題は，個人面接と家族合同面接の併用として反映しうる。大枠としては，個人面接は「自分について振り返り，自分をよく知る」ことを推進する面接構造であり，合同面接は，自己理解の深みやエネルギーをいくらか減ずる反面，「他者の言動に触れて他者をよく知る」ことを推進する面接構造とまとめられる［中釜，2007］。そして，個人面接から家族合同面接へと開かれていくベクトルと，家族合同面接から個人面接へと進むベクトルの，2種類のベクトルが考えられる。

面接形態を併用する上での配慮点

　フェルドマン Feldman, L.B.［1992］によると，異種の面接を定期的なペースでシステマティックに組み入れるレディメイドの併用法は，混乱が少ないとされている。一方，セラピーの進展を見極めながら，セラピストと家族双方が話し合い，構造を段階的に修正・変更させていくオーダーメイドのやり方が，下坂［1998］，ワクテル Wachtel, P.L.［1997］によって提唱されている。解決困難な事例に対しては，個人面接と家族合同面接を行ったり来たりし，2種類のベクトルを臨機応変に家族と共に選び取っていくやり方がよいだろう。その際には，面接形態をクライアント家族が決定するのに役立つ手がかりを提示して，協働のスタンスを取ることと，面接形態の変化に伴って生じる不連続性への手厚い配慮が求められる。たとえば，不安や被害感，怒りなどの理由から，家族合同面接の場にすぐにのぞむことができないクライアントや家族の場合には，併行面接を取り入れるところから始め，徐々に関係援助の方向へ誘うということができる。

　そのためには，合同面接において治療者が多方向の肩入れ，すなわち，「一人ひとりの言い分にしっかり耳を傾けることによって，全員から等距離に立とうと努める。面接には姿を見せないが，家族にとって重要な登場人物たちのナラティヴにも積極的に関心を寄せる」［中釜，2008］ことを，粘り強く続けることが必要な要素となる。また，不連続性へのアウェアネスを高めるためには，ジェノグラム面接に精通することと関係の公平性を熟考する機会を持つことなどが役立つ。

治療の実際例

ケース概要

　中学受験に失敗して以降，社会的活動に携わっていない少年 A を IP とする家族の事例である。この事例では，ケースの進展に応じて，面接構造が柔軟に変化した。相談申し込みの電話をかけてきた母によると IP の来談は難しく，これまでのカウンセリング経験からも，面接に対する期待は低いという。治療者から両親面接を提案したところ，予想に反して初回面接では両親と IP の3人が来談した。当初は「面接に行けば欲しい物を買ってやる」という交換条件に惹かれ IP も来談していたが，それに Th が異を唱えたことで IP の来談は中断。その後の両親面接では，母が父に長年の違和感や疑問を投げかけることで衝突し，父の欠席が増え

母のみの面接が数度行われた。その中でIPの出産をめぐるファミリーシークレット（家族が抱える秘密）がおもむろに開示されると，以降，両親面接における母の言動が和らぐという変化が起こった。それに伴って日常生活の中での父の言動やIPへの対応の変化が報告されるようになり，父がIPを面接に誘ったことによって，再びIPの来談が実現した。同一Thによる両親面接と本人面接を並行してスタートすると，その過程で，IP曰く「約束を果たさない」両親がIPの信頼を獲得する動きを見せ，その姿を見たIPが「今度は自分の番」と動き出すという良循環が生まれた。IPの頑張りはアルバイトや大検合格という形で実を結び，IPの頑張りを讃える"卒業式"としての合同面接をもって，面接は終結となった。

考察

個人面接と合同面接の併用　この家族との心理援助では，IPの社会適応の促進と，家族の信頼関係の再構築が課題となった。後者については，この家族が長年苦しんだ問題でもあり，些細な負荷で相互の信頼関係がぐらつくということが家族内で起こっていた。本事例では，合同面接，両親面接，IP本人と（両）親面接の併用を経て，再び合同面接を行うという枠組みで異種の面接を組み合わせ，心理援助を提供した。初期の合同面接と比べ，後期には話し合いの場としてそれが機能し，期待される合同面接の効果がより発揮されたが，その効果は，家族メンバー，特にIPの情緒安定感と，関係の安定感によって生じたといえるだろう。先述の通り，不安や緊張が高い，もしくは情動統制力が弱すぎる時期には，合同面接の効果が発揮されることは難しい。家族内の葛藤が少しでも緩和する可能性が感じられたり，わずかでも家族が協力体制を組めるという手ごたえが得られたときには，それが合同面接が生きる条件とみることができる。本事例では，このような手がかりを元に，先述のオーダーメイドのやり方によって心理援助が進んだとみることができる。

家族面接に個人面接を併用する意義　本事例での個人面接の役割としては，次の2点が挙げられる。

　第一には，個人の内的プロセスの探究である。本事例では，初期に個人面接がもたれたことでこの役割が果たされ，IPとは長く続いた不全感について話し合うことができ，母とは，孤独と向き合った妊娠・出産期を振り返ることができた。

　第二には，合同面接の補助としての役割が果たされた。両親面接では，夫婦が揃ってIPを抱える環境作りに取り組み，その姿をIPに見せたことで，それが合同面接にIPを誘う好条件となったのである。

　この二点で個人面接はとても重要な働きをしたが，それでも心理援助の過程で面接構造が合同面接へと戻っていったのは，家族関係への働きかけが重要であるという点で治療者と家族が一致したからであろう。各自が自己理解を深めるだけでなく，他の家族メンバーとの間で互いを思いやる関係を再び築くことができるかどうか，この点が心理援助のゴールとして目指された。家族それぞれ（特にIP）が，他の家族メンバー（特に両親）に対して信頼可能性を獲得できるかどうか，その手段として合同面接という枠組みが選択されたとみることができるだろう。

異種面接の組み合わせを活かしたケア授受関係の再構築：多方向への肩入れという視点　これまで事例を通して異種の面接の組み合わせについて見てきたが，このように，個人面接と合同面接でできると期待されることを治療者がよく知った

上で併用していくことが必要である。また，合同面接によって関係性を扱う以上，先述のような関係倫理への配慮を欠かさずにいることも重要である。この点から再度事例を読み解くと，多方向への肩入れの援助指針である三つの視点，すなわち「公平性」「探究」「挑戦」についてもこの心理援助が果たした役割がみて取れる。ボゾルメニ・ナージ Boszormenyi-Nagy, I. は，関係系理解を"差し出したものと受け取ったものの収支がそこそこ釣り合うとき，信頼できる場という意識を所属集団に対して抱く"としたが，本事例では，IPこそが，その収支のアンバランスさによって，周囲からケアを受け取るという点で不公平さを抱えていた。これに対して心理援助の過程では，公平性の原則を家族に示し，それについて繰り返し扱うことで，公平性が目指された。「探究」という点では，家族，特にIPの不公平性の背後にある家族の文脈，人間的事情が，隠された問題の暴露という形ではなく，本人による説明責任として探究され，これによって，それぞれの人間的事情が具体的に語られることとなった。そしてこの過程は，合同面接ではなく，主に個人面接の中で促進されたといえるだろう。また「挑戦」という点では，家族それぞれが，ケアの提供者になることの可能性について問われる体験をした。自分に向けてケアが注がれれば，それを糧とし同じケアを他者に向けることができるようになるかという問いが，治療者を通じて家族に度々投げかけられ，絶えず挑戦していくことが促された。本事例では，両親の取り組む姿を見てIPが「今度は俺の番」と大検にチャレンジしたが，これこそが，自分に向けられたケアや信頼を糧とし，相手に同じ信頼や忠誠心を向けていく動きとなってIPの背中を押したのだと思われた。

このように，本事例では異種面接の組み合わせによって，個人面接ではそれぞれの内的プロセスを探究し，それを元手として，合同面接では関係系への働きかけ，すなわちケアの授受関係の再構築に取り組むことができたといえるだろう。

まとめ

統合的家族療法というと，単に個人面接や家族面接の組み合わせ方や面接形態の選択について注目しているアプローチと認識されかねない。本項でもさまざまな面接形態の選びとり方やその影響について解説してきた。コミュニケーションの混乱や誤解から，自己の尊厳についての問いまで，心の問題には実に多層レベルの悪循環がかかわっているが，枠組みに縛られず，個々の家族が必要としている援助を柔軟に展開していくためには，どの層のどんな問題まで含め，どの範囲の関係者を心理援助に誘い入れるのがよいか考えるところから始めたい。

（丸山由香子＋中釜洋子＋須川聡子＋大瀧玲子＋中島隆太郎）

推薦図書

1. 平木典子：統合的介入法. 東京大学出版会, 2010.
2. 中釜洋子：個人療法と家族療法をつなぐ. 東京大学出版会, 2010.
3. プロチャスカ, J.O., ノークロス, J.C.（津田彰, 山崎久美子訳）：心理療法の諸システム. 第6版. 金子書房, 2010.

文献

Feldman, L.B.: Integrating Individual and Family Therapy. Brunner/Mazel, New York, 1992.
中釜洋子：心理療法の統合の新しい動向. 精神療法, 33(1); 31-39, 2007.
中釜洋子：家族のための心理援助. 金剛出版, 2008.
Pinsof, W.M.: Integrative Problem-centered Therapy: Toward the Synthesis of Family and Individual Psychotherapies. Journal of Marital and Family Therapy, 9; 19-36, 1983.
Pinsof, W.M.: Integrative Problem-centered Therapy: A synthesis of Family, Individual, and Biological Therapies. Basic Books, New York, 1995.
下坂幸三：心理療法の常識. 金剛出版, 1998.
Wachtel, P.L.: Psychoanalysis, Behavior Therapy, and the Relational World. American Psychological Association, 1997.［杉原保史訳：心理療法の統合を求めて：精神分析・行動療法・家族療法. 金剛出版, 2002.］

治療的司法
(Therapeutic Justice)

治療的司法は，アメリカやカナダにおいてドラッグコート，メンタルヘルスコート，DVコートなど特定の犯罪類型を専門にした問題解決型裁判所として実践されている。問題解決型裁判所では，臨床心理学に習熟した裁判官，検察官，カウンセラー，精神科医，ソーシャルワーカーなどがチームを組んでアプローチしていることが特徴である。このような治療的司法を支える司法観が治療法学である（図1）。

伝統的な刑事司法モデルは，刑事訴訟における手続構造としての当事者主義モデルである。検察側と弁護側が対立して，当事者能力のある者が法的論戦を行い法的結論に至るという構造である。当事者主義モデルは，原理的に臨床・福祉の枠組みは採用せず，そこから派生するところの治療や実体的解決にはつながらない。それに対して，治療法学による司法観は，治療的結果を求めて司法と臨床が協働することを重視している。そのために，法の作用だけでなく人間関係諸科学を適用し，治療や改善の効果をあげている。

このような治療的司法に基づく問題解決型裁判所に類似したものとして，わが国の家庭裁判所がある。家庭裁判所における少年司法は，制度的に臨床・福祉の枠組みを導入して，職権主義モデルによって少年の更生を図る。その意味においてわが国の家庭裁判所調査官は，司法の場で臨床・福祉的役割を展開する治療的司法の担い手であるといえよう。

（廣井亮一）

図1［指宿, 2012］

文　献

指宿信：治療的司法. 廣井亮一編：加害者臨床. 日本評論社, 2012.

第2部 臨床編

第1章
領域ごとの臨床実践

　この章では，本邦において，家族療法が実践，応用されているそれぞれの臨床領域を取り上げて概説している。
　言うまでもなく，家族を対象として臨床活動を行っている領域は多岐にわたる。それぞれの領域ごとに，職能集団が形成され，専門職による独自の臨床活動が展開されている。家族療法が多職種によって実践されているゆえんであるが，一方で，その多職種にわたる臨床家が一堂に会して協働し，対等に議論を交わすことができるのは，システム論という共通の認識論的基盤を共有して発展してきた歴史によるものでもある。
　本章では，各臨床領域ごとに，家族療法がどのように応用，実践されているのか，その特徴的な臨床テーマ，クライアント・家族への理解，アプローチ，現状や課題などが事例も含めて述べられている。なお事例は，各著者の臨床経験を背景に各項の趣旨に沿って再構成されたものである。

第1節 精神科医療保健領域

児童思春期精神科医療における家族療法

はじめに：児童思春期精神科と家族療法

　医療では受診した患者の状態について診察と治療を行う。これは精神医学でも同様である。しかし子どもや思春期の若者のこころの問題は，ひきこもり，不登校，家庭内暴力など，周囲の環境や家族と影響しあっていることが多く，これらについて考えることが不可欠である［Goodman, Scott, 2005］。

　発達障害など子ども自身の問題があっても，発達障害をもっていることにより，友人関係がうまくいかなくなったり，そのことで本人が落ち込んでいたりと，障害そのものよりも，障害が本人の関係性に及ぼす影響が受診の契機であることも多い。また，障害が子どもの周囲，特に家族に及ぼす影響によって問題が長期化することもある。子どものもつ問題が似ていても，家族との関係のあり方によって，問題が深刻化したり，解決しやすかったりもする。

　家族療法は子どもの問題を理解し，解決への糸口を探すための理論を提供してくれる。子どものみではなく，子どもを囲む家族や学校などの環境，また家族それぞれを囲む周囲の状況，社会的状況まで含めて体系だって考えることで，困難に思える問題であっても，治療が可能になることが少なくない。**児童思春期精神科サービスに携わる者にとっては家族療法的な視点をもつことが必須である。**

　以下に児童思春期における家族療法の臨床で，よく用いられる技法や臨床的視

Key Words

児童思春期精神科
ライフ・サイクル
子どもの心
レジリエンス
子どもをとりまく環境

点について，具体的な症例を挟みながら述べる。

家族全体や，家族構成員それぞれを取り囲む環境，関係性，社会的状況を視野に入れて治療を考える

◆事例　多動で衝動的な小学校1年生のA男が，母親と2歳下の弟と外来に来た。A男と弟は，診察室に駆け込み，部屋の中を走りまわり，呼び出し用のマイクをいじろうとした。母親がなにも言わないため治療者が注意をした。母親は「A男は全然いうことを聞かない」と言う。A男がだだをこねると，「家庭の平和のため」A男のいいなりになってしまうことがある。しかしその後，それではよくないと思い直し，同じことをA男が求めてきたときに，叱りつけて拒絶することもあると話した。

　治療者は，子どもの行動に対して，母親が一貫した対応をとれていないと考え「ペアレント・トレーニング」を勧めた。母親はしぶしぶ参加したが，新しいやり方を勧められても「それはすでにやってみたが，うまくいかなかった」と繰り返すのみであった。そのうち母親とA男の通院は途絶えがちとなった。

よくあるシナリオである。ペアレント・トレーニングの効果を望むならば，子どもを囲む家族内でなにが起きているか，そして，家族員を囲む環境や社会的状況はどうなっているかについても考えて治療を進める必要がある。父母が親として協力しあえているか，親子のヒエラルキーがきちんと成立しているか，誰が子どもの面倒を見ているのか，その人と周囲の人との関係はどのようなものかなどである。先ほどの事例では，母親や家族を囲む状況について以下のことがわかった。

◆事例　小学校の先生が，連日電話をかけてきて，「今日また，A男君は友達を叩いた，親御さんとしてなんとかしてもらえないか」と言われ，母親は大変な思いをしている。A男が乱暴なので，周りの保護者からも，苦情を言われる。父親は単身赴任で不在がちで，月に2度ほど帰宅する。A男は父親のいうことは聞くので，父親は「母親の対応が悪い」と責めるばかりで子育てには何も協力してくれない。近くに住む父方祖父母も母親の対応が問題であると考えている。

上記の例では，母親が周囲の皆から責められる一方で，援助を受けられずに孤立していた。母親は疲弊しており「皆私が悪いと文句を言うが，悪いのはA男や，協力をせずに文句ばかり言う父親だ」と考えていた。そこへ治療者から「ペアレント・トレーニング」を勧められたとき，母親は「自分は悪くないのに，ここでも自分のせいにされる」と考え，治療へのモチベーションが下がった。

その後，治療者が母親のこれまでの苦労を労い，悪戦苦闘している母親への支援策を考えるようになってはじめて，母親と治療者との関係は改善し，ペアレント・トレーニングにもふたたび参加し始めた。この症例では周囲の環境への目配りが治療の成功の鍵となった。

子どもの問題を，子どもを囲む家族との関係性という文脈の中で捉えると同時に，子どもを囲む家族が周囲とどんな関係をもっているか，家族を囲む環境についても思いを巡らすことが重要である。上記の例でいえば，父母の関係，母親と学校の先生との関係や，母親と祖父母の関係が問題に直接影響を及ぼしているし，

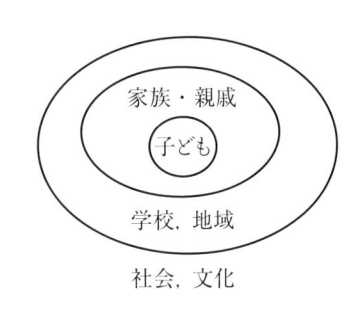

図1　子どもをとりまく環境

（図：同心円　内側から「子ども」「家族・親戚」「学校，地域」「社会，文化」）

さらに視野を広げると，父親を囲む仕事の状況（不景気で常にリストラの不安にさらされている，仕事が多忙で疲れていて，子どものことまで考える余裕がない）など，現在の社会的状況が影響を及ぼしていることもある。また，「子育ては母親がするものだ」という考え方に，その家族を囲む社会のありようや，制度，習慣が影響していることも頭にとどめる必要がある。これらを整理すると図1のようになる。

このように視野を広げていくと，学校など子どもがかかわっている機関との連携も重要となる。これらの機関が複数ある症例（学校の普通級，特別支援学級，児童相談所，子ども家庭支援センターなど）も多い。子ども・家族を支援する諸機関のネットワークが有効に機能するためには，相互の連携がよくとれていて，治療の方向性を皆が共有していること，どの組織がなにをするかの役割分担が明確になっていることが重要である。これら関係機関との調整も，児童思春期精神科における家族療法の重要な一部分である［Hardwick, 1991；厚生労働省］。

子どもをとり囲む周囲の状況を考える際に，時間軸についても考える

ファミリーライフサイクルは，時間とともに変化する家族を発達論的に捉える視点である。家族がいくつかの発達のステージを踏んでいくという考え方で，一つの時期から次の時期への移行期には，家族員の相互の関係や，おのおのの果たす役割が変化する必要があり，この移行がうまくいかないと，家族員の誰かが精神や行動面での問題を生じることもあると考えられている[▶1]。また，家族を囲む環境の影響を受けながら，時間の経過とともに「一般的」な家族の発達段階に沿って家族が変化する以外に，離婚・再婚，家族員の病気，死，失業，被災などの予想外の出来事によって家族が変わることを余儀なくされるライフサイクルもある［Carter, McGoldrick, 1999］。

▶1
家族の発達のプロセスを画一的に捉えるのは，文化や社会，個人的嗜好によって，ファミリーライフサイクルの内容やプロセスが異なることへの考慮が欠けているという批判がある。これらは，「事実」「正解」ではなく，一つの目安として捉えておくことが必要である。

　　■事例■　A男の小学校入学とともに，父の単身赴任というライフサイクル上の変化があり，二人の子どもの世話がすべて母親に降りかかり，母親がそれに対応できなくなって問題が生じたと考えることもできる。したがって，父親や母親に向かって，「A男君が小学校に上がると同時にお父さんが，単身赴任になって，皆の生活が大きく変わった。A男君も弟さんもその影響を受けていますね。子育てや，その他のことすべてがお母さんの肩にかかってしまって大変になったのですね」と伝え，この変化をどのように乗り切るのかを家族と一緒に話し合うのもよい。この視点に立ち，問題が母親の子育てや，A男本人にあるのではなく，家族が経験したライフサイクル上の変化であると見ることで，家族全員が，解決のために協力することが可能となる。幼稚園では問題なかったA男の行動が，小学校という新しいステージでは，うまくいかないと考え，A男に，「小学生になったので，新しいやり方の方がうまくいくかもしれないね」と働きかけることも，A男の自己イメージを尊重しながら，行動の変容を促していく方法と考えられる。

変化の主体は家族や本人であること，そして悪循環のサイクルのどこか一カ所を変えることを目標とする

　家族療法では，原因がなにかを特定しようとするのではなく，悪循環のサイクルの結果，問題が持続してしまうと考え，そのサイクルの一カ所の小さな変化が全体に波及して全体が変わっていくと考える。このスタンスをとることで，原因探し＝責任の所在探しを止めて，問題解決のために本人や本人の周囲の家族，学校などが協力し合うことが容易になる。

　また，家族に対し「治療の主役は子ども本人と家族であること，固定した『正しいやり方』は存在せず，それぞれに合った解決方法を家族が自ら選択していくことが治療の目的であること，治療者の役割は，家族の『解決の力』を引き出し，家族が解決に向けての決定を下す援助であること」を伝えていくことが重要である。たとえば，本人や家族が「どうすればいいか」と尋ねてきたときに，「あなたはどうしたいですか」「お母さんはどう思いますか」「解決方法はたくさんあります。私（治療者）にあった解決方法ではなく，あなた方にあった解決方法が必要なので，あなた方が選ぶ必要があります」と答える。これが「子どものことを最もよく理解しているのは家族である」という治療者の確信や信頼を家族に示すこととなる。

　事例　A男は元気のよい子で，以前は，休みの日に父が近くの公園に連れて行き遊んでやっていた。幼稚園でもちょっと乱暴だけれど優しい子として人気があった。しかし小学校に上がると，授業中座っていることができず歩き回るため，先生の絶え間ない叱責を受けるようになった。A男は，周りの子どもたちにも「先生，Aちゃんがまた悪いことをしています」などと言われるようになり，つい，かっとなって手を挙げてしまうことが増えた。家でも注意されるとすぐにかっとなって，物を投げたりするようになった。

　この場合「いつも叱られる→自分に自信がない→自分が嫌いでイライラ→注意される→イライラしているのですぐにキレる，やけっぱち→いつも叱られる」という悪循環が成立している（図2）。この悪循環のサイクルのどこかが変われば，連鎖反応が生じて全体が変わると考え治療を組み立てる。たとえば，ペアレント・トレーニングに参加した母が，A男を褒める努力をしたり，ペアレント・トレーニングに来ていた別の子の親がA男を褒めることで，A男の行動が変わるかもしれない。学校の先生に「A男は褒め言葉によく反応する子なので，褒められる所を見つけて褒めてやってほし

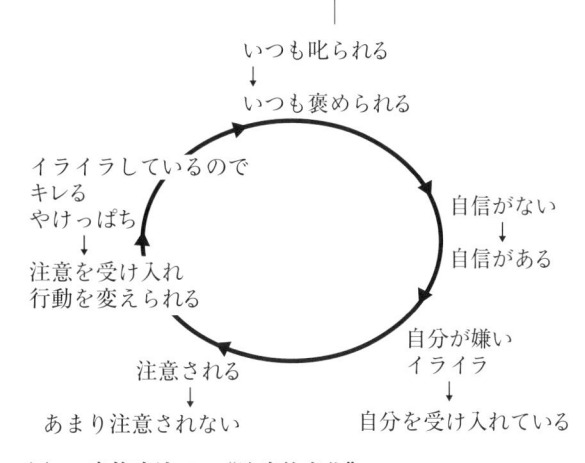

図2　家族療法での"治療的変化"

い」と治療者や母が依頼することで，A男の自己イメージや，学校の先生との関係に変化が起き，A男の行動の変化につながることもある。

家族のレジリエンス・保護因子・家族のもつリソース（支援ネットワーク）に目を向ける

◀事例▶　A男の父はA男を可愛がっていた。それで，母のA男に対する苦情を聞くのが辛く，「母親が悪い」と考えがちであった。父方祖父母もA男を可愛がっていた。以前は，A男は父方祖父母の家に頻繁に泊まりに行っており「よく気がついて，進んで手伝いをしてくれる」と褒められていた。しかし，A男が小学校に入学して学校でのトラブルが増えてから，A男のしつけを巡って祖父母と母親が口論になり，A男は父方祖父母の家に遊びに行かせてもらえなくなった。

上記を家族のもつレジリエンス，保護因子の観点から見てみると，
- 祖父母はA男を可愛がっており，A男は祖父母との良好な関係をもっている
- 父とA男は仲がよい
- A男は乱暴ではあるが，気持ちが優しく，外向的で，よく気がついて手伝いも得意である

などが挙げられ，これらを治療に生かしていくことが重要である［Rutter, 1999］。具体的には母親と祖父母の関係の調整や，父母の協力態勢を取り戻すことなどが考えられる。両親からA男のよい所，得意なことを聞くことも大切である[▶2]。

祖父母と母親との関係が修復されれば，A男はふたたび以前のように祖父母と時間を過ごすことができるようになり，祖父母に褒められるチャンスも増えて，自己イメージが改善し，それが行動の改善につながるかもしれない。また，父親や祖父母が母親に協力することで，母親の負担が減り，母親に余裕ができると，A男に対しても叱責ではなく，できていることを褒めるという対応ができるようになるかもしれない。学校の担任との関係も，父親が担任との話し合いに加わることで，学校での異なった対応方法を求めていくことが容易になるかもしれない。家族全体が，自分を巡って対立し合っている構造から，自分を囲んで仲良くしている構造に変わるということはA男にとっては，失った自信を取り戻すきっかけにもなりうる。

おわりに：発達の視点を忘れない

子どもは発達の過程のただ中にいる存在であり，周囲の人とのかかわりを通じて，それぞれの自己認識を作っていく。周囲との関係が変われば，子どもの自己認識も変化する。学校の担任が変わって，子どもが急に生き生きとして自信を持ち出すこともあれば，逆もある。学校でいじめられ，自信をなくした子どもが，入院生活の中で，よい友人を作り，別人のように自信を回復することもある。

問題が深刻で長期化していたり，家族がいくつもの問題を抱えていたりすると，家族と同様，治療者も問題の深刻さに圧倒され，悲観的になりやすく，家族や子どものもつレジリエンスやリソースを見落としやすくなる。しかし子どもは発達・成長する存在であり，時間が問題を解決することも珍しくない。視点を変えて家族の現状を改めて見直してみれば，それまで活用されずにいた支援者が家族の周

▶2
初診の際に，子どもの前で両親から，その子のよい所，得意なこと，好きなことを聞くことは，子どもとよい治療関係を確立するのに役立つ。両親にとっても，子どものよい所を思い出す機会の提供ともなる。

囲に見つかることも少なくない。厳しいケースであるほど，それまでの治療経過の中から，よい変化や成長・発達の兆しを見出すことが重要である。治療者は，これらの変化の目撃者であり，家族がそれを忘れてしまったときに，それを家族に思い出してもらうこともその役割の一つである。

両親との関係がうまくいかずに抑うつ状態となり，リストカットを繰り返していた高校生が，数年後にアルバイトをしながら一人暮らしを始めて，職場の上司から評価されることで自信を取り戻し，リストカットが減っていったり，家庭でも学校でも些細なことで癇癪を爆発させていた子どもが，数年後に，嫌なことでも我慢できるようになって，嬉しい驚きを感じることがある。これらは子どものもつ成長の力である。

（森野百合子）

文献

Aggett, P., Swainson, M., Tapsell, D.: Seeking Permission: An interviewing stance for finding connection with hard to reach families. Early View (online version of record before inclusion in an issue), Journal of Family Therapy, 2011.
Arnold, L.E.: Helping Parents Help their Children. Brunner/Mazel, New York, 1978.［作田勉監訳：親指導と児童精神科治療. 星和書店, 1981.］
Asen, E., Dawson, N, McHugh, B: Multiple Family Therapy: The marlborough model and its wider applications. Karnac Books, London, 2001.
Carter, B., McGoldlick, M.: The Expanded Family Life Cycle: Individual, Family, and Social Perspectives. 3rd Ed, Allyne & Bacon, Boston, 1999.
Goodman, R., Scott, S.: Child Psychiatry. 2nd Ed, Willey-Blackwel, Oxford, 2005.［氏家武, 原田譲, 吉田敬子監訳：必携児童精神医学. 岩崎学術出版社, 2010.］
Hardwick, P.: Families and the Professional Network: An attempted classification of professional actions which can hinder change. Journal of Family Therapy13; 187-206, 1991.
厚生労働省：青年期・成人期の発達障害者に対するネットワーク支援のガイドライン.［http://www.rehab.go.jp/ddis/］
Morgan, A.: What is narrative therapy?: an easy-to-read introduction. Dulwich Centre Publications, 2000
Reder, P., Duncan, S., Gray, M.: Beyond Blame: Child Abuse Tragedies Revisited. Routledge, London, 1993.
Rutter, M.: Resilience Concepts and Findings: Implications for family therapy. Journal of Family Therapy, 21 (2); 119-144, 1999.
Vetere, A., Dallos, R.: Working Systemically with Families: Formulation, Intervention and Evaluation. Karnac Books, London, 2003.

精神科医療における家族療法

はじめに

　近年の精神科医療の現場では，地域に精神科クリニックが増えるなど精神科医療の敷居が低くなったこともその背景となり，診療場面に家族も気軽に登場するようになった［楢林，2004］。また，かつての統合失調症中心であった精神科医療のテーマも，近年はうつ病をはじめ双極性障害，不安障害，発達障害，ひきこもりなどはるかに多様化している。それぞれ程度や内容に差こそあれ，家族にさまざまな不安や葛藤をもたらし，家族自身も援助を求めてくることが希ではない。つまり，患者だけでなく家族もまた精神科医療サービスの利用者であり，クライアントとなるのである。そのような家族の訴えに耳を傾けることが，今日の臨床家には求められている［楢林，2006］。

　このような事情は，日本精神神経学会の専門医制度における研修目標を示した「研修ガイドライン（総論）」［日本精神神経学会，2006］の中にも見ることができる。そこには，「患者を全人的に理解し，患者・家族との良好な人間関係を確立し……」と記され，また，「行動目標」に「①患者及び家族のニーズを……把握し……」（下線筆者）と記され，さらに，「Ⅵ．精神療法」において家族との協力関係を構築すること，家族の潜在能力を大事にできること，家族関係の特徴を把握できること，疾患教育ができることと記され，これからの時代の精神科専門医は「家族」との関係が築けることも求められている。

　本項では，主に青年期から成人期，中高年期にかけての日常的な精神科医療の現場で，どのように家族療法の考え方を応用できるかについて述べる。

精神科臨床に家族療法の視点を取り入れる

　日常の精神科臨床に家族療法の視点を取り入れる場合のいくつかの要点を取り上げてみたい。

家族を臨床の対象として捉えること

　伝統的に精神医学は，精神疾患を個人の病いと捉え，治療も患者個人を対象に行うものと考えてきた。家族は，患者を治療するに当たって患者の生育歴，家族歴その他患者についての情報を提供することや，外泊や退院後の受け皿など介護者としての役割を求められ，家族はあくまでも患者本人の治療にとっては脇役に位置づけられていたといえる［楢林，2006］。

　しかし，精神疾患はしばしばその治療経過が長期にわたり，患者と共に生活する家族にもさまざまな影響を与える。家族自身が抑うつ的となり，治療を要することもある。さらに，近年重要なテーマになっている「ひきこもり」の問題では，引きこもっている本人は受診せず，両親のみが相談に訪れることも希ではない。「本人を連れてこなければ，診療にならない」と突き放すような態度では，ひきこ

Key Words

円環的思考
合同家族面接
ジェノグラム
文脈
地域ネットワーク

もりの臨床は始まらないといえよう［栖林，2001］。

このように，家族の持つ困難に耳を傾け，援助を提供しようとすることが，家族療法の入り口となろう。

家族の話を聴くこと，体験を語ってもらうこと

家族への援助は，まず家族自身の話を丁寧に聴くことから始まる。それは，単に患者についての情報を集めることに留まらず，患者が病気になったことを家族自身がどのような思いでそれを受けとめ，どのように体験したのかを家族が主語となって語る固有のストーリーを聴くことである。

たとえば，初診時に患者を医療機関に連れてくるまでに家族はどれほど苦悩したのか，家族の話を丁寧に聞いてみるとよい。しばしば，家族は受診までに患者の問題を何とか解決しようと家族なりのさまざまな工夫や努力をしている。にもかかわらず，受診させざるを得なかったことの無念さや敗北感，自責感が語られるかもしれない。特に，子どもを精神科に入院させざるを得なかった親は，子どもを守れなかったことへの無力感や自責感を感じていることが多い。受診までに他の医療機関を訪れ，冷たくあしらわれて医療への不信感を抱いているかもしれない。そのような家族のさまざまな思いを受けとめ，これまでの家族の苦労をねぎらい，家族なりにさまざまに努力してきたこと（たとえそれがどんなに稚拙に見えても）を認めること，また，その中に家族の回復への力を見出し，励ましていけるような会話を進めていくことが，それから先の治療の行方を左右する大切な一歩となる。

家族を理解すること

家族の話を聴きながら，この家族はどのような家族であるのか，どのような歴史や価値観を持ち，家族間の交流関係はどのようなものか，社会とどのような交流を持っているのかなどを順次理解していくことになる。

中でも，ジェノグラムを描くことは家族を理解する上で貴重な情報を与えてくれる。伝統的に精神科医は「家族歴」の中に家族構成や遺伝負因に関する主に生物学的な情報を記載するよう教育されている。しかしそのような家族歴とは異なり，ジェノグラムを描くことにより，家族の誕生，変化，別離，死別や喪失などの家族の歴史や出来事，原家族との関係，情緒的な結びつきなどを聴き取る中から，家族の持つ固有の信念，感情的な態度，行動パターン，伝統など家族が生きてきた独特な世界を浮かび上がらせる[▶1]。

このようにして家族との対話を続けていくことにより，病いの背景にある家族的な文脈を理解することに繋がり，臨床の奥行きを増すことになる。

原因探索をしない

システム論的家族療法の視点から見ると，人間関係の中に起こる出来事は相互に影響を与え合い，相互関係の網の目の中に置かれている。繰り返される夫婦喧嘩の原因が夫にあるか妻にあるかを議論した場合を考えてみると分かるように，原因と結果は一義的には決定されず，しばしばどちらも原因であり結果でもあるというしかない状況が浮かび上がる。臨床的に大事なことは，夫婦のどちらに原因があるかを追求することではなく，どうすれば事態をよりよい方向に進めることができるか，いかにして未来に向けた希望を取り戻すことができるかという点にある。つまり，原因探索よりも問題解決に視点を移すこと，過去に遡るよりも

▶1
「ジェノグラム」の項参照。

現在に注目すること（here and now），未来を射程に入れることが家族療法の基本的なスタンスとなる[▶2]。

家族を結び合わせること

　家族は相互にコミュニケーションで結ばれていることから，家族をシステムとして捉える視点が有効となるのであるが，中にはコミュニケーションが途絶えている家族もあり得る。そのことが問題となるとき，治療者は時に疎遠となり交流のない家族成員を呼び集めてコミュニケーションの再開を図ることもある。たとえば，統合失調症の患者で長く親が介護していたことにより交流の途絶えていたきょうだいが，親の死後，患者の病状悪化などを契機に再び出会う必要が生じた場合や，あるいは長年入院して家族と疎遠となった患者が，退院促進を機に家族と再会する場面など，家族療法に限らず臨床的にはしばしばあり得ることであろう。それまで不在であった家族を再び結び合わせることも治療的となり得るのである。

　さらに，孤立した家族を地域のネットワークと結びつけ，より拡大した問題解決／支援システムを構成することも，家族療法の延長線上にある。システム論的アプローチは，対象を家族に限ることなく，繋がりあう人々のネットワークすべてを対象に応用可能だからである。

　以上のように，家族療法の視点から精神科臨床の幅を広げることがさまざまな場面で考えられる。

臨床例

　日常の精神科臨床の場面で家族療法を応用したいくつかの事例を挙げる。

◀事例1▶　疎遠となった兄弟の関係回復のケース

　　A夫。双極性障害（躁状態）にて入院中の50代の男性。

　　若い頃は優秀な社員として評価も高かったが，30代半ばに期待が重圧となりうつ状態を発症して退職。以後，躁うつの病相を繰り返して就労は困難となり，悪化時には数回の入院歴もあった。両親は他界しており，近くに弟家族が住むが，弟が大手企業の役員として出世するにつれ，その格差が負荷となり，兄弟関係は次第に疎遠になっていた。

　　今回の入院前，躁状態にて易刺激性の高まっている中，些細な行き違いから弟夫婦が長男である自分を除け者にしたと誤解したA夫が激昂し，弟夫婦の家に上がり込み，怒鳴りつけるという事件が起きた。

　　入院後，躁状態が沈静化するにつれ，A夫は弟に対して取った行動を悔やみ始め，弟に顔向けできないと強く悩むようになった。特に，退院後に予定されている親の法要の場で弟にどう接してよいか悩んでいたため，主治医は弟との関係改善を図るため，A夫と弟との合同面談を設定した。

　　はじめに主治医は弟と面談し，兄への理解や気持ちを聞いた。弟は，両親が他界した後は兄弟が集まることもめっきりと減り，兄の病気についても詳しくは知らなかったが，事件のときは逆らわないで聞いていたと冷静に述べた。しかし，兄と今後どのように接していけばよいかと困惑も述べた。主治医は，双極性障害の病気と行動について説明を行い，疾患への理解を求め，その後A夫を面接室に招き入れた。

▶2
「円環的認識論」の項参照。

入室後，挨拶もそこそこに「ひどい暴言を吐いてすまなかった」と涙ながらに謝るA夫を前に，聞いていた弟も涙を見せ，「気にしないでいいから」といたわりA夫の手を握った。その後穏やかに言葉を交わし，翌年の両親の法要を協力して行う約束を交わし，面談は終了した。

後にA夫は，事件のことはずっと気にしていたが自分から謝りに行く勇気がなかった。面接の場を設けてもらい大変ありがたかったと礼を述べた。退院後，法要も和やかに行われたことが，後に報告された。

まとめ

精神疾患，とりわけ躁状態はしばしば親しい間柄の人間関係を破壊してしまう。その結果，病相を繰り返すにつれて，次第に家族，親族，友人たちと疎遠になり，社会的な孤立を招くことになる。その関係修復は困難なことも多いが，主治医が介在して家族の関係を結び直すことは，そのような弊害を予防し，予後の安定にも繋がる。この事例の場合，基本的な心理教育的な説明以外は特別な技法を用いたわけでもなく，弟との関係を結び直す場の設定をすること自体が重要であり，むしろ，弟の冷静さが重要な資源であったと考えらえる。

◆事例2◆　心理教育を応用し，家族との関係が変化したケース

B子。統合失調症にて通院中の20代の女性。

高校生頃より気分の不安定，リストカットを繰り返していた。高卒後，ひきこもり生活を送るうち幻聴が出現，近医の精神科で統合失調症と診断され，通院，投薬を受けていた。しかし幻聴が続き，情動不安定で突然の希死念慮やリストカット，家の中で暴れるなどを繰り返していた。一方，家事をまったく手伝わないため，家族はB子が怠けていると責め，B子がさらに興奮して暴れるというパターンが繰り返されていた。母も長引く娘の問題の対応に疲れ，抑うつ的になっていた。

主治医に転医して3カ月ほど経った頃，家庭内でB子と妹の激しい口論が起き，B子が興奮して包丁を持ちだすなど家族内の緊張が極度に高まった。しかしその背景には，B子の疾病に対する家族の理解が不足していると感じられたため，ある受診日，主治医はB子と母親同席の面接を設定し，統合失調症の家族向けのパンフレットを手渡しながら，約30分ほどの時間を割いて病状の説明を行い，特に現在の意欲低下が回復期に特有の治る過程の一部であり，怠けではなく「充電期」と説明した。

2週間後に来院した際，B子は流行の最先端を取り入れた化粧やファッションに身を包んで元気に登場し，主治医を驚かせた。母親が前回のパンフレットを妹にも見せて主治医の説明を伝えたところ，妹は「家でごろごろしているのは充電期」と理解をみせ，それまでと違い，B子への対応がとても優しくなったとB子は嬉しそうに報告した。以後，家庭内の雰囲気はすっかり変わり，喧嘩はまったく見られなくなった。

その後1年が経ち，時に多少の気分の変動はあるものの，少量の非定型抗精神病薬を服用してB子は安定しており，家族のB子に対する非難的なメッセージも影を潜めていた。B子は毎回お洒落をし，活き活きとした表情で通院している。母は，病気だと納得したら皆腹が立たなくなったと述

べ，家庭内の緊張もほぼなくなり大変楽になったと述べた。

まとめ

診断的には発達障害を背景に統合失調症症状を発症したと考えられる。衝動的な問題行動が家族全体を巻き込み，家庭内の緊張は高かった。B子の意欲低下を怠けと捉えて家族はB子を責め，B子がさらに反応するエスカレーションのパターンを繰り返していた。家族向けのパンフレットを用いた心理教育的な説明が殊のほか家族によく理解され，B子の「怠け」が「充電期」と意味づけを変えることにより，その後のB子に対する対応が大きく変化，家庭内の緊張は低下し，B子の病状も安定した。

事例3　家族面接を契機に症状改善したケース

C子。パニック障害，社交不安障害の診断で通院中の30代女性。

両親と3人暮らし。20代後半より過呼吸や人前での緊張などが見られ，30代になり外出困難が強まり，精神科外来を受診した。2年ほどしてようやくアルバイトには行ける程度になったが，苦手な接客業務のため疲労，緊張感が強く，しばしば仕事を休んでいた。

通院を続けるうち，C子は小さい頃からプライドの高い両親に厳しい躾けや教育を受けて育ち，思春期頃から反発を覚えていたが，反抗する勇気が持てず，親の言うとおりに生きてきたと訴えるようになった。

ある日，C子が仕事の疲労から抑うつ，焦燥が強まり，主治医の勧めでしばらく休むことになった。しかし父親からはそれ位で休むなと叱られ，C子は反論もできず，気がつけば自室で前腕に無数のリストカットをしていた。父は，主治医の指示があっても出勤するよう頑として譲らないため，主治医は両親を交えた面接を提案した。

両親同席面接でC子は，現在も疲労感が続くが，家よりも気が紛れるので短時間職場に出ていると話した。次いで，父の考えを尋ねると，父はC子のどこが病気で休ませる根拠は何か，休ませる必要があるのかなど，主治医に挑戦するように次々と論理的に問い詰めてきた。そこで主治医からは，C子が仕事と家族からのプレッシャーの板挟みになりうつ状態を呈しているが，家族への気遣いから正直に話せていないことなどを丁寧に説明した。一方で，親が娘のことを心配するのは極めて自然なことで，父の厳しさも父の愛情としてよく理解できることを伝え，ただ父の言葉が少し足りず，C子に父の心配がうまく伝わっていなかったかもしれないと述べ，C子が「プレッシャー」と感じていることを「親の愛情ゆえの心配」として肯定的に意味づけ直した。それを聞いていた母親は，C子は昔から自分の辛いことを言わない子だったので，C子の本当の気持ちは親もなかなか分からなかったとやや後悔をするように述べた。C子は，親が自分を心配し，励まして言ってくれる言葉がすべて偽善的に聞こえて，全部嘘に聞こえていたと述べた。

はじめ主治医に挑戦的で前のめりに座っていた父も，しばらくして無言となり主治医と母，C子のやりとりを聞く側にまわり，やがて崩れるようにイスにぐったりと座り込んでしまったのが印象的であった。

面接の最後に主治医から，今日はC子の病気について家族皆の共通理解

を得られたことが大変よかったのではないかと伝え，当面の安静休養を確認，C子には底力があるので必ず復職できると思われることを伝え，約45分ほどの面接を終了した。

この面接を機に，C子の不安，抑うつは改善し，対人緊張もほぼ消失，外出する機会も増え，親からのプレッシャーも大分ましになったと報告された。やがて仕事にも完全復帰し，投薬も徐々に減り，約半年後には通院も終了した。通院終了後約2年経つが，特に再発もなく経過している。

まとめ

長年の症状の背景に両親との葛藤がみられたが，仕事を休む話を契機にその葛藤が表面化し，家族同席面接に至った。面接では，それまで家庭では語られなかったC子の葛藤が語られ，同時に家族の心配も語られた。主治医は，家族の誰も責めずに，家族それぞれの行動がお互いの心配や思いやりによるものであることを肯定的に再意味づけ（reframing）しつつ，家族間の情緒的な交流が図られ，それまで言語化されてこなかった感情が表出されるように配慮して面接を進めた。最後には両親はC子の葛藤を理解し，症状を受容するに至った。この面接を契機に，症状自体も消失していき，治療終結に至った。

家族同席面接では，治療者がいる安心感によって，普段家庭内では緊張が高く話題にできないようなテーマについても会話が可能となり，家庭では見られない家族内交流パターンが生まれ，家族の新しい文脈が創造される。家族同席面接の利点の一つである。

おわりに

日常の臨床の多忙さや家族療法が診療報酬で点数化されていないことなど，精神科医が日常的に家族療法を行うには環境が整っていない。そのため，時間と料金を設定する治療構造の明確な家族療法を行っている精神科医は，現実にはごく少数である。

むしろ，精神科医療の現状では，日常の臨床の中に家族療法の方法を応用することが実際的である。家族への臨床的アプローチが精神科医の方法の一つに加わることにより，精神科臨床の可能性が大きく広がるといえよう。

（楢林理一郎）

文　献

楢林理一郎: 子どもの「ひきこもり」に悩む家族への援助. 近藤直司編: ひきこもりケースの家族援助. 金剛出版, 2001.
楢林理一郎: 精神科クリニックにおける家族へのアプローチ. 精神科臨床サービス, 4(2); 187-191, 2004.
楢林理一郎: 精神科医療の中の家族と家族療法. 牧原浩監修, 東豊編集: 家族療法のヒント, pp.47-57, 金剛出版, 2006.
社団法人 日本精神神経学会: 精神科専門医制度 研修手帳. 社団法人 日本精神神経学会出版局, 2006.

地域精神保健と家族支援

地域における家族の孤立

　本項では，主として，通院・通所などが困難になっている本人と，その家族に対する支援を述べる。

　通院・通所が困難になっているとは，本人に出会うには，こちらから本人宅に訪問することが必要な状況ということである。このような状況は，ひきこもり状態になっていたり，あるいは第三者から見れば精神医療が必要と思われるのに，本人としては「精神医療が自分を助けてくれる」とは思えずに暮らしているような状態である。このようなときには，他の家族，たとえば親や配偶者，きょうだいなども，しばしば孤立無援の状態になっている場合が多い。あるいは本人と家族の関係がいわば断絶し，両者の間にほとんど交流がないという場合もままあることである。

　そういう状況の中での支援活動である。関わりの初めは，本人は関わり自体を望んでいなかったり，疑心暗鬼であるから，家族がその入り口に立つ，ということになる。その場合も，家族が支援を望んでいるばかりとは限らず，支援を受けるに至ったのは，大家や民生委員，あるいは親戚や近隣住民の強い勧めだったりもする。なかには，過去に精神医療との関係において失望や怒りを経験していて，精神医療や支援そのものに否定的な場合もある。つまり，家族自体の態度も，今差し出されつつある支援に対してアンビバレントであることがたいがいである。このアンビバレントであることを前提として受けとめていないと，地域における訪問型の支援は円滑には進まない。ふつうに考えても，長期間孤立しながらも必死に生活を守ってきた家族にとって，支援者はいわば「素性のわからない侵入者」である。「余計なことをして本人の気持ちを傷つけ，混乱がひどくなるのではないか」「支援者のしりぬぐいを家族がさせられたらたまったものではない」などの気持ちを持ったとしても，不自然とはいえないのである。

　したがって，本人の生活をとりもどすように地域において支援を始める場合に，家族に対する配慮は大変重要な課題である。家族の信頼を得られなければ，本人の支援は円滑には進まない。

　ところで，このような状況であっても，なぜ，私たちは支援を始め，続けようとするのか？　むしろそっとしておくことの方がよいのではないかという意見もあろう。

　これについての私たちの答えは，この状況において，本人が抱えている精神疾患が，より健康で質の高い生活を本人や家族が送る権利を妨害していると考えるから，というものである。精神疾患の症状のために，自由な意思の発動が困難になっていたり，選択肢の幅が狭められ，本来ならば可能であるはずの，ふつうの市民生活が困難になっていると考えられるからである。であるから，この治療や

Key Words

訪問（アウトリーチ）
家族心理教育
家族の困難を楽にする
ケースマネジメント
ネットワーク
家族相談会

支援は，強制力をもってするものではなく，本人や家族が，納得ができる形で進めなくてはならない。そこで，コミュニケーションの基本である，「聴く」「伝える」「関わる」そして，「つなげる」といったことが，ていねいに行われる必要がある。以下，それぞれの要点を述べる。

訪問（アウトリーチ）による家族支援：「聴く」

　支援を始めるにあたって，入り口に立っている家族に信頼されるためには，まず，訪問する支援者が「害をなすもの」ではないことを伝える必要があろう。そのための重要な作業に，相手の語る物語に耳を傾けるということがある。

　どのように支援や治療をおこなうかということに考えをめぐらすまえに，まずは応対してくれている目の前の家族がどのような苦労をし，どのような対処をしてきたかという物語を把握するのである。

　この場合，どのような問題をこの家族が持っているのかを分析することに熱中してはいけない。目の前の家族が「何を苦労と感じてきたのか」「何を問題と感じてきたのか」を知り，そしてそのような苦労や問題に対して「どのように対処しようとしてきたのか」を知ることが重要である。そして，苦労話とともに表出される悲しみや後悔を受けとめ，懸命に対処してきたことをねぎらい，頑張りをほめるのである。

　　「お母さんは，お子さんがひきこもりがちになり，独り言を言ったり，風呂にも入らず，食事も自分の部屋で食べ，話しかけても返事がない状態を，病気なのか反抗しているだけなのかわからず，つらく悲しい気持ちで過ごしてこられたのですね。そして，少しでも会話を増やそうと，毎日，こちらから声をかけ，明るく接してこられたのですね。返事が返ってこないときにも，明るくしているのは，なかなかできることではないと思います。いったいどんなふうに，ご自分の気持ちを保ってこられたのですか？」

　本人と出会えるまでに，家族と話を重ねるために何度も訪問する必要があるかもしれない。けれど，応対に出てくださる家族の信頼を得ることができたときに，次の展開は必ずや見えてくる。家族が訪問する支援者の前で安心することができ，気持ちや身体をゆるめ，笑顔で話ができるようになれば，それは家族間の関係においても，概してよい変化が起きるきっかけになるのである。

訪問（アウトリーチ）による家族支援：「伝える」

　ところで，精神疾患のために苦労しているときに，関与のはじめに家族がもっとも望んでいるのは，患者本人の安定，患者－家族間の穏やかな関係の出現であることは言うまでもない。そのような状況の構築のために，患者のもつ精神疾患にいかに対処できるのか，その工夫について家族と話し合う機会は，早期に必要である。家族から得た情報をもとにしたアセスメントにより，見立てがつくのであれば，**家族心理教育**の機会の到来であろう。この場合，情報とは，精神医学的にみて正確な，詳細な情報である必要はない。家族としてもっとも知りたいのは，「私たちはどうしたらいいのか」であろう。そこで必要なのは，手元において地図やガイドラインとして「役に立つ気がする」情報なのである。したがって，中身も大事であるが，「伝え方」は，さらに大事である。イメージとしては，情報を家

族と支援者が共に眺めるという，三角形をつくるようなつもりで情報を差し出すのがよい。三角形を意識すると，図やイラストを描きながら話をするという伝え方の利点がわかるであろう。また，簡単なテキストを持参し，一緒に見るというのもよい。共に眺め，一緒に考える姿勢がとりやすいのである。また，家族が疲労しているときには一度にたくさんの情報はとりいれられない。情報量はすくなめにして，ゆっくりと伝えることも大事である。質問や意見交換など，双方向性のコミュニケーションができるようにする時間も確保するのもよいであろう。積極的に家族が学ぶ機会になるし，相手がどのように理解したかを知る機会にもなり，対処をさらにいっそう考えられるからである。

　疾患についての理解が，こちらの思惑と異なっていても，焦って訂正する必要はない。対話の中で，家族が「確かにこれは病気の仕業だ」と納得できるものが，当面の「病気」と考えてよいのである。時には妄想や幻聴のあるなしは，家族にとって重要な「症状」ではなく，「一日中布団にもぐりっぱなし」とか「夜中に起きている」ということが，まずは気になるところということもありうる。その場合は，その気になるところに焦点をあて，それが，病気のためになぜ起きていると考えられるのかを伝え，対処はどのようにしていくのがよいのかを共に考えていくという方針で当面は相談を続けるのである。

訪問（アウトリーチ）による家族支援:「関わる」

　家族との面接をより実りあるものにしていくときに大切なのは，まず，目の前にいて話をしてくださる人の「生活をとりもどす」ことに焦点をあてるということである。

　たとえば，患者である子どもの拒絶にあい，悩まされている家族がいるとする。そして，支援者はその家族にしか会えていない。その場合第一に行うことは，どうやったら拒絶する患者を変えられるかという作戦をたてることではなく，まず，拒絶が家族をどのように悩ませるのかを知り，その家族の悩みが楽になるための手立てをともに考えていく，ということなのである。支援者の目の前にいるのは，患者ではなく家族なわけで，「患者を変える」ことよりも「家族自身が変わる」ことを話題にしたほうが，より幅広く，具体的な対処が見えてくる。患者への対処以外にもある，家族の困難を楽にする対処が，実際は役に立つ手立てとなることが多い。

　「お話を聞いていると，息子さんは，なにかの思い込みから，お母さんがインベーダーの一味とつながっていて，自分に敵意を向けていると思い違いをしているように思えます。そこに，病気が絡んでいて，その影響で息子さんは，思い違いをしていることは間違いないでしょう。そういうふうに思っている息子さんのほうも，けっこう苦しいように思うのですがいかがでしょう？……ここは，二つのことを考えてみたいと思います。一つはどうしたら，息子さんが少しは安心できるようにお母さんと工夫できるかです。もう一つは，その前提になると思うのですが，お母さんがゆったりと息子さんに接することができるようになるための工夫です。お疲れだと，お母さんもイライラして，余裕がなくなってしまうでしょう。お母さんの余裕を増やすためにどうしたらいいかも考えたいと思うのですが，どうでしょう。こういう考えって

いかが思いますか？」

　家族が生活をとりもどしていく文脈の中で，本人と支援者が出会えると，支援は道半ばまで来たといってよい。支援者が家族から信頼され，ケアの主体を委譲され，家族から紹介される形で本人に出会うのである。家族からの紹介で出会うと，「家族の味方をするやつ」という認識を本人が持ってしまうのではないかと心配する支援者もいるが，「本人と家族の関係は今はこじれているかもしれないが，長期間つながりを持ち続けてきた関係であり，どこかで互いに頼りにしているところもある」という信念をもちながら会うと，それほどひどい誤解は起きない。家族と本人の間にあって裁判官のように判定をするのではなく，双方のありかたを肯定し，それぞれと良好な関係を結ぶなかで，各自の生活や人生をとりもどすために関わることが，可能性を膨らます関係性となる。

　また，訪問による支援の場合の醍醐味は，具体的な生活支援も可能なことである。たとえば，患者本人の買い物の同行支援，ものの片付けの手伝い，これらは患者本人の力を伸ばす支援にもなれば，家族の負担を減らす支援にもなりうる。支援者が，人としても患者や家族と生活圏を共有していて，食事によく行く店の話や，どこの店で買うと安く買えるというような話題で盛り上がれることも，支援の基礎を豊かにする。支援−被支援という関係以前に，同じ町の市民であるという感覚は，コミュニケーションをなだらかにするのである。あるいは，たとえば家族や本人の誕生日にごくごくささやかでもお祝いをする，何かの記念日（もしかしたら退院1周年とか，就労3カ月目とかかもしれない）にお祝いの食事をする，などの小さなサプライズを用意することも，支援者と家族や本人との関係性に何かを付与するであろう。

　そして，「家族も支援する」という支援者の姿勢を，家族が深く受け入れられるのは，現実的には，支援者が本人に対する支援にも熱心で，家族との協働作業のなかで，患者本人が少しずつ元気になってきていたり，笑顔が見えたり，今までとは違って暴力や自殺企図，無茶な行動などが確かに減ったと，家族が認識できたときであろう。一人の人の変化は，関係性を通じて，他の人にも影響を与える。本人が変化をおこせば，家族にも何らかの影響が生じるし，家族に何らかの変化がおこれば，本人にも変化は起こりうる。人が支援を受けることによって，元気になっていく過程は，時間を共にした人々にとっても一般的には嬉しいことであろう。

　しかし，時には「親離れ子離れ」に伴う不安のような事柄も，支援の過程の中では生じうる。本人と家族との関係は多面的なところがあって，本人の回復の一歩が家族の不安の種になるということがあるのである。新たなストレスになる場合すらある。「一人暮らしをしたいなんて言いはじめたけれど，本当に大丈夫かしら」「仕事をしたいらしいが，再発でもされたのではかなわない」など，家族にふつうにみられる心配である。

　このような場合は，変化を前にした家族の心配も当然のことだと受けとめ，そのうえで，そのようなリスクもある状況だから，高い密度の支援が必要と考えていることも伝える。密度が高いとは，一人暮らしの準備であれば，本人のアパート探しに支援者が同行するということであり，就職の準備であれば，ハローワークに同行したり，就労支援の専門家を紹介して，チームで支援する体制を組んだ

りすることをいう。このように，必要に応じた行動計画をたてていくことをケースマネジメントという。対話の場面の関わりだけではなく，家族の負担を増やすことのないよう支援者が患者とともに具体的な行動をおこせることが地域支援の強みであろう。

また，「小さな失敗から，多くを学ぶ」とか「かわいい子には旅をさせよ」など，家族の不安にも寄り添う言葉で起きていることを説明し，家族・本人・支援者の三者で今起きていることを乗り越えていくことの提案をすることもある。高い密度の支援のもう一つのかたちとしては，家族支援の支援者と本人支援の支援者を分け，それぞれの生活に寄り添うように別々の訪問支援の計画を立てることもある。家族の支援者は，本人がここまでできるようになったのは，本人の努力とともに家族の頑張りの成果であることを家族に伝え，旅立ちのさみしさと充実感を共有するように努めるのである。

訪問（アウトリーチ）による家族支援:「つなげる」

家族と支援者が築いてきた関係性は，閉じた関係で終わらせることなく，彼らを地域社会の人々につなげるというように開かれると，家族の孤立感は一段と減り，自助の力は，さらに豊かなものになる。

たとえば，支援者が訪問活動で，何組かの家族と関わっていれば，合同での「茶話会」や「食事会」も可能であろう。そこでは，似たような体験をもつ母親同士が出会い，語り合い，これからも連絡を取り合える機会をつくることもできる。地域の他の支援者とも協働すれば，**家族相談会（家族心理教育）**の場をつくることもできよう。地域家族会と協力しての「家族による家族のための勉強会」など，地域社会の中につながっていくイベントを企画して，家族や患者本人を招いたり，あるいはともに活動したり，そのような中で家族の中の風通しを良くしていくことも可能である。そもそも，家族は家族である以前に，人としてさまざまな特技を持っていたり，いろいろな人脈も持っている場合も多い。それらを活用して，地域社会のために貢献できるようなイベントづくりも可能なのである。地域の中で活動している強みを生かした，訪問以外の支援の創出も，家族や患者が，自分の住んでいる町での生活をとりもどすことに貢献する可能性をもっている。

このような支援ができるためには，支援者は患者や家族の支援のみならず，地域のさまざまなネットワークに身をおき，まずは支援者自身が必要に応じてつながりをもてる相手を確保していることが必要である。精神医療や臨床心理領域だけでなく，さまざまな社会資源や，町の資源についても見聞を広げておくことが，家族が「あたりまえの生活をとりもどす」支援において，役にたつのである。

追補：きょうだいについて

同じ家族といっても親子ときょうだいでは，関係性は異なる。きょうだいが親ともっとも異なるのは，きょうだいは，本来，本人の世話をする役割ではなく，自分自身の人生を本人と同世代の人として生きる存在だということである。したがって多くの場合，本人の世話を託されることは，時に自分の人生を犠牲にすることであったり，大きく生活の方向を変えることであったりする。このときの痛みは，時にとても強いもので，かかわる支援者がきょうだいの痛みを過小評価す

ると，関係づくりが難しくなるかもしれない。

　もし，きょうだいが結婚もしていて自分の仕事ももち，そのうえで本人の世話の責任も負っているような場合には，多くの場合，支援者は，世話の責任の主体としての重さを軽減する方向で働きかけることがよい。それは本人が，自分の生活の責任を自分にとりもどす過程でもあり，同居していた者であれば，別居するとか，世帯分離をするとか，そのような動きもあり得ることである。いきなり行動を起こさないまでも，きょうだいの負担を減らし，きょうだいにはきょうだいの独立した暮らしがあることを保障するために私たちの支援はあるのだという考え方を差し出し，その考え方についてきょうだいの意見を伺う。受け入れられるのであれば，具体的な方法について協議をしていくのがよい。

　もし，きょうだいが結婚をせず，仕事も十分にすることがなく，本人の世話にかかりっきりである場合は，物事は少々複雑である。この場合は，本人やきょうだいが，それぞれ今後どんな人生を送りたいかについて，注意深く話を聞く必要がある。なぜなら，このような状態は，きょうだいにとってもさまざまな可能性の中から他の可能性を捨て去って，選び取ってきたものであるからである。選び取ってきたものを否定する権利は誰にもない。しかし支援者が訪問支援をするようになり，ご本人ときょうだいの間の風通しがよくなったときには，今までと違った希望が，本人やきょうだいに起き得るかもしれない。その方向性がどのようなものかは，あらかじめわかるものではなく，丁寧な語りを聞く過程の中で生れてくるものである。それが見えてきてから，きょうだいの支援の方向性を定めていくのである。

（伊藤順一郎）

推薦図書

1. 伊藤順一郎: 精神科病院を出て, 町へ. 岩波ブックレット, 2011.
2. 西尾雅明: ACT 入門. 金剛出版, 2004.
3. 髙木俊介, 藤田大輔編: 実践! アウトリーチ入門. 日本評論社, 2011.

第2節 一般身体科領域

プライマリ・ケア

はじめに：家族という枠組みの中で行うプライマリ・ケア

　プライマリ・ケアとは，患者の抱える問題の大部分に対応でき，かつ継続的なパートナーシップを築き，家族および地域という枠組みの中で責任を持って診療する臨床医によって提供される，総合性と受診のしやすさを特徴とするヘルスケアサービスのことである［The National Academies Web Site, 1996］。

　家族という枠組みの中で行うプライマリ・ケアは，すべてが家族療法に直結するわけではない。それは大きく三つに分けられる。一つめは家族介入であるが，二つめは家族の健康管理，そして残りの一つは，家族の環境調節である。

　プライマリ・ケア医が行う家族介入には2種類ある。一つは病状説明を中心とした現状とリソースの確認（説明面接）で，もう一つは家族問題などに対する家族間調節（狭義の家族介入）である。これらを行う目的は，家族の不安の解消・軽減と，家族の自律性の回復・獲得である。

　家族の健康管理は，健康診断のほか，家族に共通する生活習慣に介入したり，家族内に感染症が蔓延するのを防いだりすることである。

　家族の環境調節とは，家族看護領域でよく利用されるエコマップ（ecomap）などを利用して，家族の外部資源を探ったり，家屋の配置や状況から，転倒などの外傷や，ダニ・ハウスダストなどによるアレルギーの予防などに努めたりすることである。

Key Words

プライマリ・ケア
家族アプローチ
家族問題
一般化
コラボレーション

この「家族介入，家族の健康管理，家族の環境調節」を併せて**家族アプローチ**という。

プライマリ・ケアの場で見られる家族問題

大学附属病院総合診療部外来，一般病院糖尿病外来，一般病院外科外来，および診療所で患者が有する家族問題について行った調査によると，病院に通院中の患者の約30％，診療所に通院中の患者の約45％がなんらかの家族問題を有している［竹中，伴，立木，他，2001；竹中，佐藤，生田，他，2001；Takenaka, 2004；Takenaka, Ban, Kido, 2004］。それらの家族問題の内容は，セッティングによる差がほとんどなく，家族の健康問題が30～40％程度，家族の発達課題上の問題が20～30％程度で，両者で約6割を占める。嫁姑問題などの家族力動の問題は2～8％程度である。よって初期診療を行うプライマリ・ケア医が主に対象とするのは，家族の健康問題と家族の発達課題上の問題だといえよう。

病状説明を中心とした現状とリソースの確認

家族の健康問題に対しては，病状説明を中心とした現状とリソースの確認が重要である。患者・家族は医療に関する知識が乏しく，不安の渦中にいることが少なくない。そのような患者・家族に対して行う説明には，現在かかっている病気とその進行度，今後どのような経過をたどるのか，介護が必要な場合は誰が（どこが）どの程度助けてくれるのかということを含めると，わかりやすい説明になる。特に治らない病気の場合，正確な予想は非常に困難なものの，おおむね，あとどのくらいの命なのか，意識はどのような状態なのか，トイレ，歩行，入浴などの日常生活はおおむね，いつ，どのように不自由になっていくのかなどを可能な限り説明すると，患者・家族のニーズに合う場合が多い。

介護に関しては，地域や事業所ごとに事情が異なるため，ケアマネジャー（介護支援専門員）など，直接ケアに携わる方やコーディネートしてくれる方からお話いただく方がよい。

家族の発達課題上の問題へのプライマリ・ケア医の対応

家族の発達課題上の問題が生じた場合，当事者はたいてい責められ批判されると思い，また起こったことについて強い罪悪感を覚えている［Barker, 1986］。プライマリ・ケアの場では，「このようなときには程度の差こそあれ，誰でも同じような気持ちになるものです。今の気持ちや出来事は，あなたが悪いから起こったのではありません」などといい，今の気持ちや反応が当たり前のことと受け止めてもらう**一般化**（normalizing）の技法を用いるだけで解決することがある。ちなみに一般化は normalization とも表現されるが，医学で normalization というと，障害を持っていても，健常者と平等に当たり前に生活できる社会こそノーマルな（当たり前の）社会であるということを指す場合が多いため，normalizing を採用している。

なお，一般化を行う上で重要なことは，行う前に十分傾聴，共感を行っておくことである。

プライマリ・ケア医の対応の一例 [竹中, 2007]

▶**事例** 2年前，両親待望の男児として出生。生まれたときから愛情いっぱいに育ってきた。しかし生後2カ月時に当時5歳の長女が先天性心疾患にて入院することとなった。母は「長男の出産のために病気に気づいてやるのが遅くなった。自分のせいだ」と自分を責めた。父はちょうど人事異動で新しい部署に変わったばかりのところで，長女の病院にもできる限り顔を出し，余裕のない状態に陥っていた。母は軽いうつ状態になり，長男の子育てに対する意欲をだんだん失っていった。しかも祖父母はすでに他界し，親戚はみんな忙しく，ベビーシッターを雇う経済的余裕もなかった。

ある日，テレビのCMを見て泣き止む長男に気づき，「この子はテレビが好きで，テレビを見ているとき，一番情緒が安定している」と母は思い込むようになり，いつからか長男をテレビの前に置いておく生活が続いた。

2歳のとき，法事で親戚から「○○君はいくつ？」と話し掛けられた。しかし長男は無表情で，黙ったままであった。

母は心配になり，すぐに大学病院の小児科を受診。しかし脳や聴力など身体的な異常はないという診断だった。

現在，3歳になるが，喃語しかしゃべらない。大学病院や大病院の小児科は何カ所も回ったが，どこに行っても異常はないと言われるばかりで，母は長女のことも長男のことも自分の育児能力のなさが原因なのだと自分を責め続けていた。

このケースを発見したきっかけは，母親が「不眠，疲れやすい」ことを理由に受診した際，「ご家族のことでなにか心配なことはありますか？」とお聞きしたことである。後日，父母（夫婦）との面接が可能となり，両親の感情を受け止めつつ相談した結果，器質的疾患がないのだから，今まで手を掛けることができなかった分，過保護になるぐらい手を掛けてやり直そうということになった。一般的な子どもの成育から逸脱していたため，一般化（normalizing）は行わなかった。

両親のアイディアで，テレビは電源を抜いたままにし，これまで父の帰宅が遅かったため別々に寝ていたのを，家族みんなで寝るようにした。日中，母は長女と共に長男に付き添い，アーと言えば，アーと返してあげるように心掛け，また休日には父がなるべく長女と共に連れ出すようにし，多くの人とコミュニケーションをとるように心掛けられた。

医師からは，一緒にケアを行ってくれる長女を十分にねぎらってもらうように両親にお願いした。そして，両親のモチベーションが高かったので，あえて両親の思うように行ってもらい，しゃべることができてもできなくても，半年から1年ぐらいはがんばってみようということになった。

約10カ月後，初めて「ママ」と言えたとき，両親は涙が止まらなかったと報告してくれた。

今後の課題はコラボレーション

プライマリ・ケアの現場では，上記のようなケースが，感冒や高血圧などに罹患した患者と共に現れるため，常時，このような対応をできるわけではない。また，「このパターンにはこの技法を用いればよい」というようなことはなく，実際には困り果てて，一例一例，介入というよりも，家族と共に歩んでいる（working with families）といった方が正確であろう。

最近，日本プライマリ・ケア連合学会で家庭医療専門医を取得する際，作成するポートフォリオの20のエントリー項目に「家族志向のケア」が含まれるなど，家族に対する関心が高まりつつあるが，反面，家族療法という言葉すら知らない医師もまだまだ少なくない。

プライマリ・ケアの現場では，面接という改まった形での相談ではなく，たとえば風邪の診療を終えた後や，関節注射を行っているときなどに世間話的に家族問題について切り出されることが少なくない。よってプライマリ・ケア医に限らず，他の身体疾患の診療を専門とする医師も家族について学ぶことは重要であり，家族療法を専門とする精神科医，臨床心理士，ソーシャルワーカーとの協働が，臨床面でも教育面でも，今後ますます重要となってくるだろう。

〔竹中裕昭〕

推薦図書

1. 日本プライマリ・ケア連合学会編：日本プライマリ・ケア連合学会基本研修ハンドブック．南山堂，2012．
2. マクダニエル，S.H.，キャンベル，T.L.，ヘプワース，J.，ロレンツ，A.（松下明訳）：家族志向のプライマリ・ケア．シュプリンガー・フェアクラーク東京，2006．
3. ワルシュ，F.，アンダーソン，C.M.編（野中猛，白石弘巳監訳）：慢性疾患と家族．金剛出版，1994．

文献

Barker, P.: Basic Family Therapy. Collins Professional & Technical, London, 1986.〔中村伸一，信国恵子監訳：家族療法の基礎．金剛出版，1993．〕
社会福祉法人ノーマライゼーション協会のホームページ．〔http://normalization-kyokai.jp/〕
竹中裕昭：サイレント・ベビーの一例：家庭医によるアプローチ．JIM, 17(11); 972-974, 2007.
竹中裕昭，伴信太郎，立木茂雄，他：大学附属病院総合診療部外来における家族問題，家族機能．家庭医療，8(2); 40-48, 2001.
竹中裕昭，佐藤寿一，生田美智子，他：糖尿病と家族問題．日本プライマリ・ケア学会第15回近畿地方会抄録集，53, 2001.
Takenaka, H.: Family Issues and Family Functions with Outpatients at a Surgical Department in a Community Hospital. Primary Care Japan, 2(1); 41-50, 2004.
Takenaka, H., Ban, N, Kido, T: Family Issues in Japanese Family Practice. 2004 WONCA 17th World Conference of Family Doctor 一般演題．2004.
The National Academies Web Site: NEWS (March 12, 1996).
〔http://www8.nationalacademies.org/onpinews/newsitem.aspx?RecordID=5152〕

心療内科

はじめに

　近代医学はデカルトによる心身二元論を基にして発展してきたが，心と身体を切り離して考察することの歪が拡大し，それぞれを関係性の視点で捉え直そうとする姿勢が強調されるようになってきた。こうした背景から，心療内科が専門とする「心身症」という病態概念が生まれてきたともいえる。心身症は，身体疾患の中でその発症や経過に心理社会的因子が密接に関与した病態と定義されるが，身体・心理・社会などの関係性を重視した捉え方はシステム論的家族療法の視点と通じる。

歴史的観点からの心療内科

　わが国の心療内科創設は昭和36年に遡り，内科から展開した診療科である。近代以後の身体医学は心身二元論的思考に基づいて発展してきたが，しばしば臓器医学と揶揄されるほど細分化が進み，そのアンチテーゼの意義が心療内科創設に含まれていたものと思われる。創設者の一人である池見酉次郎は「心療内科」[1991]にて，心療内科が基盤とする心身医学は，各臓器と周囲臓器や心身相関，人間同士の関係性，さらには気候や風土などの条件も含めた関係性の視点も含めて考察をおこなっていく学問であるが，科学的な立場から心と体に現れるさまざまな現象を理解する姿勢が重要であると説いている。前半はシステム論的家族療法の視点とも通じようが，「科学的な立場から……理解する」とは，現在でいうエビデンスを重視する姿勢を強調したものといえる。

　その心身症と呼ばれる病態であるが，日本心身医学会による定義では「身体疾患の中でその発症や経過に心理社会的因子が密接に関与し，器質的ないし機能的障害が認められる病態をいう。ただし，神経症やうつ病など，他の精神障害に伴う身体症状は除外する」[日本心身医学会，1991]となっている。池見が心身一如という言葉をよく用いているが，広義にいえば，どの身体的疾患も心理社会的因子から無縁であるはずはなく，すべて心身症と考えるべきであろう。一方で，慣用的な（狭義の）心身症といえば，心理社会的因子の比重が大きい病態となろうが，スペクトラムとして捉えるべき病態であり本質的には境界線はない。心身症はもともと病態であり，問題となるものは病理そのものでなく，記述の対象となったコミュニケーションと考えていくことが本質ともいえる。しかし，社会的コンテキストとして客観性や普遍性に基づくEBM (Evidence-Based Medicine) が医療における主軸であり，心療内科もその関係性から無縁ではいられない。主観性や個別性要素を含めた当事者の生き方に耳を傾けるNBM (Narrative Based Medicine) を補完しなければ臨床が語れないように，エビデンスを重視しながらも身心を切り離さずに考察していく医療姿勢を強調する意味で心身症の定義は理解した方がよい。

Key Words
心療内科
心身症
心身医学

ところで，心療内科の正式標榜が許可されたのは平成8年と新しい。名前の始めに「心」が付いていることから，最近では内科的スタンスとしての心療内科ではない精神科の先生方の標榜が急速に増えた一方で，心理的背景に興味を持ついわゆる身体科医が心療内科を標榜されることもある。心療内科を広義に解釈して，心身一如的な心身症的医療を実践する医療姿勢に意義を見出すとすれば，混沌な現状は必然的な流れであるのかもしれない。

システム論的視点で語る心身症

心身医学についてはシステム論的視点で説明しやすい概念といえる。要点的には，従来の医学モデルは要素還元的な bio-medical model で，本来の病態とは多要素の影響を受ける bio-psycho-socio-eco-ethical …… model と述べることもできる[▶1]。熊野は「心身医学がシステム論的視点を持つことは，それが本来心身二元論を医学の立場から超克しようとする試みであることを考えれば当然かもしれない」と語りながらシステム論に関する考察［1993］を述べている。

bio-medical model は，主にミクロシステムの病態を客観的に捉え，他のシステムとの関係性をできるだけ排除した要素還元的探求を進めた結果，急性疾患を主としたいわゆる身体的医学の急激な発展をもたらした。しかし，次第に器官システムごとに細分化が進み，それぞれが閉鎖システムのごとく発展した感が強くなってきてしまった。その中で起こった心身医学は，各システムの心身相関を重視するムーブメントといえる。こうした流れは，EBM が強調される医学会において，イギリスの一般診療医から NBM を重視するムーブメントが起こってきた関係性と類似している。今後も言説を変えながら繰り返されていくのであろうが，疾病構造が急性から慢性疾患へと相対的比重を移す現代社会において，bio から psycho-socio-eco-ethical …… といったマクロレベルの関係性を考察する必然性が増した結果，あえて心身症を定義せずとも心身一如を語る医学や医療が浸透しつつあるといえるのかもしれない。

▶1 「バイオサイコソーシャル・モデル」の項参照。

心身症のアセスメントと治療の流れ

繰り返しになるが，現代医学においては心身医学もできるだけ科学的にアセスメントする姿勢が医療者に求められ，特に医師はその責任性を負う立場にある。この責任性を追及する過程で，狭義的心身症概念を考察する必要性がでてくるのも必然といえる。言い換えれば，一般疾患よりも幅広い関係性に配慮しながら，ミクロ・マクロレベルを含む病因や診断の考察も重視しなければならないわけで，病態と疾患の並列という困難さをもつ。そのため，どうしても身体疾患を疑うのと同様に，本来は病態を示すはずの「心身症」という診断を疑う心身二元論的プロセスになってしまい，心身一如という姿勢に対しての矛盾を孕みうる［町田，2009］。

しばしば典型的心身症といわれる病態は，精神症状はほとんど訴えずに身体症状を訴えてくるという。このような心身症の人の人格特性として，アレキシサイミア（失感情症）という概念がよく取り上げられる。自分がさらされているストレス状況と身体反応との相関への気付きが乏しい人格特性を指し，いわゆる神経症における環境への適応は，言語化愁訴が増えて不適応反応であるのに対し，アレ

キシサイミアにおいてはむしろ過剰適応で外見上は問題が乏しいようにみえ，何らかの身体症状として表出しやすくなるという。こうした心身相関の自覚に乏しい人格特性あるいは心身症の病態であればあるほど，精神科や心療内科に受診するよりも一般身体科へ受診する方が多くなる。この概念の正否は別として，心身のシステムの相互作用をより客観的に捉えようとする過程において有用な概念かと感じられる。

当事者の訴える身体症状を重視する医学的枠組みの下では，身体面に対する除外診断をしっかりと行うことが不可欠となる。したがって，いわゆる心身症の実践においては，当事者と医療者において精神症状よりも身体症状を優位に語り合う関係性を認識することからアセスメントが始まる。その枠組みに沿って，身体的疾患の評価をしながら心理的アセスメントを適宜並行していく方向性が心身症診療の基本といえる。

心身症事例

事例 女性40代

診断 —— 頚椎捻挫（いわゆるむち打ち症），慢性疼痛症

主訴 —— 頚部痛，倦怠感，保険会社の担当者の声を聞くとおかしくなりそう。

現病歴 —— X年運転中に後部追突を受け失神して救急車搬送されたが，検査で異常なく帰宅となった。事故後2日ほど症状はなく，次第に頚・頭・腰痛などが生じ整形外科にて頚椎捻挫と診断され，後部追突のため治療費は全額保険会社から補償されることとなった。症状は悪化して耳鼻科，眼科，神経内科での精査やペインクリニック治療にて効果がないため，鍼灸院など複数の代替医療でも治療した。しかし，半年が過ぎても症状改善がないことから整形外科にて症状固定（継続補償の打ち切りを意味する）を告げられた。保険会社からも症状固定の説明があったが納得できず，次第に電話が鳴るだけで気分が悪くなり，高血圧も併発したため心療内科受診を勧められた。当初は不快感をもったものの仕方なく承諾したという。心療内科初診は全身の圧痛が顕著で，診察ごとの痛みのVAS (Visual Analog Scale: 0～10点) は最高点の10点が一日中持続していた。

解説 —— 頚椎捻挫では器質的障害が不明確なことも多く，痛みや体調不良などの主観的訴えのみで病態を判断せざるを得なく，発症時の心的ショックや補償問題も絡んで複雑化しやすい。しばしば詐病的に疑われ，症状固定をめぐって加害者，医療者，保険会社，家族などとの関係性が悪循環していく場合がある。疼痛行動の強化が推定されれば，周囲との関係性を考慮しながら治療していくことが不可欠となる。しかし，身体的愁訴が目立つ患者さんでは，まずは身体症状を受容する必要がある。医師の立場なら，身体診察し必要に応じた検査をしていくことは身体的疾患を見落とさないために不可欠なだけでなく，ジョイニングとして重要となる。そして悪循環した患者−治療者のコミュニケーションを解除していく介入にもなる。また，病因が不明確な場

合や医療不信が推測されるほど，初診に充分な時間を割くことが以後の治療効率をよくする。

　ジョイニング成功後には，治療枠組設定が重要となる。ちなみに，心療内科では予約診療が一般で，これも一つの枠組みである。上記症例では最終的に軽快したが，1年程度，週1回で10分ほどの外来診療が続き，適宜，家族や保険会社と面接もおこなった。特に心身症的慢性疾患では，通常の身体的外来より時間を要し，心理的距離を保つ意味においても，予約枠でないと治療者が疲弊しかねない。さらに，補償が絡んだ器質的病因の不明確な疾患では，しばしば検査的治癒評価は困難であり，ジョイニング後の早期に限界設定を提案することが効率的となる。たとえば上記症例では「症状固定」を利用する。症例ごとに異なるが，慣例的に半年という期間設定が多いといわれている。

　「心療内科的治療はおおよそ6カ月の治療期間を目安とし，その時点までに症状に変化がないか悪化がみられれば症状固定するが，以後も一般保険診療にて継続的治療は保障する。また，明確な改善傾向がみられるならば症状固定の延長もありうる……」といった内容である。この枠組みが受けいれられないようなら，残念ながら診ることは難しいことを伝え，他の治療機関も紹介する。しかし，すでに多数の医療機関受診後の最終受診に近い段階であり，ジョイニングが上手く運んでいれば受けいれられることが多い。当初から症状固定について契約するほうが，患者さんとともに疲弊している保険会社側や家族も治療延長を受容しやすくなる。

　いわゆる心身症を診ていく場合，まずは患者さんが語る身体的枠組みに徹底的に合わせ，必要に応じた検査や紹介も行う。同時並行して行動療法的治療や薬物療法などを取り入れながら治療を進めていくことが多い。その詳細は省くが，身体枠に合わせることが心理療法となり，引いては心身相関についての新しい語りが構成されうる。

おわりに

　医療者は常に変化し続ける当事者の身体や心理的訴えのナラティヴに沿い，実際には心身を区別する境界はない。一方で，社会的コンテキストにおいて生物学的立場に立つ医療者は，病因を診つけ症状をコントロールする責任性を負う。その相互作用により，身体的病因のごとく"病因"を診つけるというパターンが強化されやすい。しかし，常に症状を起こす心因や人間関係に問題を求めすぎていないかを修正し続けることも必要である。心身症を解釈するとすれば本質的な病因も関係性も特定できない病態であるが，だからこそ理解し続けながら問題の症状をコントロールできるようさらなる援助を模索していく姿勢が問われるといえる。

（町田英世）

文　献
池見酉次郎：心療内科．中公新書，1991.
熊野宏昭：システム論による心身医学．imago（5）；66-79，青土社，1993.
町田英世：多方面からのアセスメントが大切な心身症という病態．吉川悟編：援助組織の協働．pp.77-85，金剛出版，2009.
日本心身医学会教育研修委員会編：心身医学の新しい治療指針．心身医学，31；540-542，1991.

緩和ケア

はじめに

　家族は「第二の患者である」とは精神腫瘍学の常識である。よって，家族をケアしていくことは当然であるが，その目的が自宅で患者をよりよくケアしてもらうという，そもそもその家族をストレス下に置いた状況の再現である以上，医療従事者はジレンマを抱えざるを得ない。緩和ケアとは，「生命を脅かす疾患による問題に直面している患者とその家族に対して，痛みやその他の身体的問題，心理社会的問題，スピリチュアルな問題を早期に発見し，的確なアセスメントと対処（治療・処置）を行うことによって，苦しみを予防し，和らげることで，クオリティー・オブ・ライフ（QOL：生活の質）を改善するアプローチである」[WHO, 2002] が，本項では，がんを対象として解説する[▶1]。

がんサバイバーシップ

　アメリカではすでに1985年に，ミュラン医師（当時32歳）が自らの異所性精上皮腫治療体験を「New England Journal of Medicine」に報告し，「治癒するか否かという医学的二分法では自分の体験を到底表現することができない」とそのサバイバーシップを明らかにした。がん体験とは，診断後の生を生きるプロセスであり，①急性期，②延長期，③長期的な安定期（治癒とほぼ同義）に大まかに別れる中でそれぞれに固有の援助が必要とされることを主張した。表1にその要旨をまとめてみたが，それがいかにバイオサイコソーシャル・アプローチ[▶2]に沿った主張であるかは一目瞭然であろう。急性期から長期安定期へ向かうに連れて援助の次元は生物的なものから社会的なものへマクロに移行する。つまり，左下から右下へ，主たる要求が移っていくわけだ。

急性期，バイオサイコソーシャルな視点

　緩和ケアにおいて対象となる精神疾患は，適応障害，うつ病，せん妄の三つで

表1　Seasons of Survival [Mullan, 1985 より筆者作成]

	急性期	延長期	長期安定期
倫理的			
社会的	家族の，および家族へのサポートが必要	家庭，地域，職場における身体的制約への対応／ボディイメージ変化と職業的役割変更（強さ，忍耐，ユーモアが必要）／グループ	雇用と保険の問題／偏見／昇進転職困難
心理的	恐怖 不安 死の直面化	再発の恐怖 さまざま（孤立，荒廃，抑うつから不安まで）	
生物的	診断 検査治療	寛解，治療終結，間欠的治療	治癒／二次性腫瘍？／生殖に関する健康

▶1
2012年のがん対策推進基本計画の改訂にみられるように，その重心は，いわゆる疼痛緩和から患者の就労支援に移行していることより，ここでは「心のケア」に焦点をあてる。

▶2
「バイオサイコソーシャル・モデル」の項参照。

Key Words

緩和ケア
がんサバイバーシップ
バイオサイコソーシャル・アプローチ
時間精神医学
ディグニティセラピー

8割近くを占める。たとえば，急性期の適応障害は，がんの告知や苦痛を伴う検査・治療，再発告知，腫瘍マーカーの変動などを機に発症することが多く，その人の生物的要因ではなく心理社会的状況因が大きいと考えられている。パニック発作や再発不安に顕著なように，人々は将来に対する不安にとらわれる。先取りできないものを決まってネガティヴに先取りし，気持ちは動揺する。一方，コンサルテーションが必要となるせん妄（身体要因による一時的認知障害を伴う意識混濁）症例は，生物的治療と同時に（心理）社会的治療，つまり家族への援助が必須となる場合である。せん妄は，こころの病いではなく，脳の一時的機能障害であることを家族にしっかり伝えた後に，すみやかに生物的治療が始まる。症状が派手な分，家族のショックも大きく，罪悪感にも結びつきやすい。せん妄が出現した際，それが不十分な介護，ないし面会不足のせいだと思わない家族はない。いずれの場合も，家族への心理教育が大切であり，特に，患者の時間感覚（適応障害では，過剰に未来に目が向き，うつ病では過去にとらわれ，そしてせん妄では時間感覚自体が混乱する）を外在化してやると，家族は病状を理解しやすく，落ち着いて患者のケアを行うことができるようになる［小森，2010］。

▶ 事例　Aさん

Aさんは乳がんの55歳女性。X－1年8月に右乳房腫瘤に気づいたが放置。なぜなら，その数カ月前にパーキンソン病の夫が遂に入所となり，その後は肺がんの父親を看取らねばならなかったからである。長男は遠方で暮らし，長女は就職活動に忙しい大学生である。近医よりA病院を経て，12月27日当院乳腺科紹介初診。診断前から抑うつと不安は強く，X年1月8日に右乳房全摘手術され，術後補助療法として化学放射線療法追加。2月6日に抑うつ，不眠を主訴に当科紹介となった。表情は暗く，流涙しながら，父親の介護で忙しく受診が遅れた後悔や夫の面会にも思うように行けないこと，子どもたちの重荷になってしまったことを語る。不眠と食欲低下も顕著。うつ病と診断し，薬物療法および支持的精神療法を開始する。睡眠は速やかに改善し，2月9日に退院。その後，抑うつは徐々に改善し，X＋1年4月に投薬終了した。5月より当院乳がん集団療法（筆者が運営）に参加しつつ，本格的就労復帰となる。しかしX＋2年7月に再発および肺肝転移を告知され，化学療法を再開。その際，再度不眠となり当

表2　事例：55歳女性，乳がん

倫理的視点					人生を納得のいく形で終わらせたい。子どもへの愛情表現のためディグニティセラピー実践。
社会的視点	6月夫，入所 11月父親，肺がん死去		職場復帰		
心理的視点		うつ病 （不安／抑うつ）	集団療法	不眠	
生物的視点	診断	全摘手術化学放射線療法	ホルモン療法／リンパ浮腫	再発，肺肝転移	呼吸困難。せん妄。
主訴	右乳房腫瘤 （放置後受診）				
時間（年月）	X－1年8月／12月	X年1／2月	X＋1年5月	X＋2年7月	X＋3年8月／ X＋4年5月死去

科を再紹介されるが，睡眠導入剤調整により睡眠改善。X+3年8月胸水にて入院中，9月22日に実存的不安にて当科再々紹介となる。患者は人生を振り返り，納得のいく終わり方をしたいことと，子どもたちの将来の不安などを語り，ディグニティセラピーを希望する。退院後，肺転移による呼吸困難のために入退院を繰り返していたが，せん妄も合併したため長女への家族心理教育的アプローチを行い，自宅でのせん妄コントロールを実現した。X+4年4月に最後の入院数日後，死去。

　乳がん患者は他のがんに比べ，適応障害，うつ病の発症率が高く，ホルモン療法による更年期症状，リンパ浮腫，さらには再発転移などでも，精神症状の悪化，遷延化が問題になりやすい。本例は，当初の精神症状自体は定型的薬物治療に反応したが，集団療法への参加，実存的不安への対処，家族心理教育など断続的に精神科的援助を必要としたケースである。夫の入所，両親の死去，子どもたちの独立に伴う資源不足など，がんが発症しやすい高齢者においては珍しくない状況である。いかに効果的に家族と共に患者を支援し，かつ家族をも支援できるかが鍵となる。

延長期，サイコソーシャルな視点

　延長期においては，サイコソーシャルな視点，中でもレジリエンス（resilience）な捉え方が必要とされる。たとえば，ウォーリン Wolin, S.J. とウォーリン Wolin, S. は，洞察，独立性，関係性，自発性，ユーモア，創造性，そしてモラルという七つの因子を抽出した［Wolin, Wolin, 1993］。たとえば，洞察，関係性，そしてモラルを足がかりにこの苦難を乗り越えたBさん（乳がん，38歳女性）による，サバイバル4年後の医療従事者へのメッセージの一部を紹介しよう。

　　▶事例　今もなお勤務継続できるのは，医療従事者が，逃げずに向きあい支えてくれたから。医療従事者に少しでも応えたいという気持ちでしょうか……復職するまでいくら長く勤めていた経験があっても，はじめの一歩を踏み出すには勇気が必要です。もちろん，生活するために働いている訳ですが，それだけでは力尽きます。自分自身に負けない気持ち，支えてくださった人たち……私は，仕事で迷惑をかけたのなら仕事で返すという思いもありました。

　昨今，レジリエンスを社会的構成として，社会福祉援助を重視するコミュニティも含めた理解が登場［Ungar, 2012］し，レジリエンスは「個人と環境とのあいだの相互作用，特に当人の手に入りやすく利用可能な個人的発達の機会を反映する，時間経過のある行動セット」と定義される。たとえばウンガー Ungar, M. が，navigate（自らを導くこと）と negotiate（協議を実現すること）という二つの過程が重要だと指摘するのは，レジリエンスが，心理的，社会的，文化的，そして身体的資源を手にするための個人的能力と，その資源が提供され文化的に意味のある形で協議する個人および集団的能力の両方により成立するからだが，後者こそが社会的あり方を問うものである。資源は，用意されても使われなければ意味がない[▶3]。

▶3　「レジリエンス」の項参照。

終末期患者のための精神療法

　終末期において重視されるのは尊厳である。尊厳について，人々がその言葉に

表3　ディグニティセラピーの質問 [Chochinov, 2005]

- あなたの人生において，特に記憶に残っていることや最も大切だと考えていることは，どんなことでしょう？　あなたが一番生き生きしていたのは，いつ頃ですか？
- あなた自身について，大切な人に知っておいてほしいこととか，憶えておいてもらいたいことが，何か特別にありますか？
- （家族，職業，地域活動などにおいて）あなたが人生において果たした役割のうち，最も大切なものは，何でしょう？　なぜそれはあなたにとって重要なのでしょう？　あなたはなぜそれを成し遂げたのだと思いますか？
- あなたにとって，最も重要な達成は何でしょうか？　何に一番誇りを感じていますか？
- 大切な人に言っておかなければならないと未だに感じていることとか，もう一度話しておきたいことが，ありますか？
- 大切な人に対するあなたの希望や夢は，どんなことでしょう？
- あなたが人生から学んだことで，他の人たちに伝えておきたいことは，どんなことですか？　残しておきたいアドバイスないし導きの言葉は，どんなものでしょう？
- 将来，大切な人の役に立つように，残しておきたい言葉ないし指示などはありますか？
- この永久記録を作るにあたって，含めておきたいものが他にありますか？

よって何を意味しているのかというところから研究を始めたチョチノフ Chochinov, H.M. は，終末期患者のためにディグニティセラピーを考案した［Chochinov, Hack, Hassard, et al., 2005］。それは，終末期患者がこれまでの人生を振り返り，自分にとって最も大切になったことをあきらかにしたり，周りの人々に一番憶えておいてほしいものについて話す機会を提供する。実際には，患者は九つの質問（表3）を手渡され，2，3日かけて答えをイメージする。そして患者は質問紙に沿って，面接者を相手に，愛する家族や友人に言い残しておきたいことを語る。それはオーディオ録音され，その逐語録を基に面接者は，文書を作成する。文書は後日，本人の前で読み上げられ，内容確認の上，郵送ないし直に渡されることになる。1週間ほどで終結可能な簡便なアプローチである。これは，患者本人のやすらぎを目的とすると同時に，将来遺族となる家族への治療的アプローチともなっている。

まとめ

バイオサイコロジカル（BPS）なアプローチは，急性期には正確な診断治療を行うため，延長期以後にはサイコソーシャルな視点（殊にレジリエンス概念）により患者が社会資源により多くアクセスし，より多く利用できるようにするために欠かせない。そのようなマクロな BPS の流れと共に，常時ミクロな BPS 会話（殊に家族との対話）が進行していなければならない。なぜなら，BPS という複数のレベルで病いの体験を理解する／される中で医師患者関係は構築されるからである。

（小森康永）

文献

Chochinov, H.M., Hack, T., Hassard, T., et al.: Dignity Therapy: A novel psychotherapeutic intervention for patients near the end of life. J Clin Oncol, 23; 5520-5525, 2005.［H・M・チョチノフ：第3章　ディグニティセラピー：終末期患者に対する新しい精神療法的介入．小森康永，H・M・チョチノフ：ディグニティセラピーのすすめ．金剛出版，2011所収．］
小森康永：緩和ケアと時間．金剛出版，2010.
Mullan, F.: Seasons of Survival: Reflections of a Physician with Cancer. N Engl J Med, 313; 270-273, 1985.
Ungar, M.: Social Ecologies and their Contribution to Resilience. In Ungar, M (ed.): The Social Ecology of Resilience: A handbook of theory and practice. Springer, New York, 2012.
Wolin, S.J., Wolin, S.: The Resilient Self. Villard Books, New Jersey, 1993.［奥野光，小森康永訳：サバイバーと心の回復力：逆境を乗り越えるための七つのリジリアンス．金剛出版，2002.］

リエゾン精神医学

はじめに：リエゾン精神医学とは

　リエゾン精神医学とは，コンサルテーション・リエゾン精神医学の略称である。リエゾン（liaison）とはフランス語で連携，連結，調整といった意味を持つ。

　本来，リエゾン精神医学は関係性を扱うという目的において，力動精神医学やシステム理論の恩恵を受け治療論が展開する領域であった。しかし，EBM（Evidence-based medicine）が精神医学界をも凌駕するようになると，リエゾン精神科医の関心は身体疾患における精神疾患の有病率の研究などへと移行した。こうした流れが，これまで不明確であった身体疾患患者の精神医学的問題の明確化に多大な貢献をしたことは事実である。しかし一方で，治療技法への関心が低下してしまった印象を受ける。サイコネフロロジー（透析・腎移植），サイコオンコロジー（がん領域）など，学問としての洗練を高めている領域もある。しかし，リエゾン精神医学における治療論，とりわけ精神療法や家族療法に関連した論議は1980年代に比べると減ってしまった。これは本邦に限った問題ではない，アメリカにおける身体疾患患者の精神療法や家族療法の技法についての論文は，ほとんど1980年代のものである。

　総合病院の精神科外来患者数は多く，病棟からの依頼も増え続けている。その割に勤務する精神科医数は少ない。その結果，患者に対して時間を必要とする精神療法的なかかわりは行えない実情があり，ましてや家族へのかかわりなどは意識にも上がらない。

　こうした現状の上で，家族療法がリエゾン精神医学にかかわり，なんらかの貢献を提供する余地はある。

　第一に，総合病院という組織をシステム論の観点から理解することにより，混乱や分裂しやすい医療の場への対応が可能になるという点。第二に，今後も増加すると予想される高齢者医療，緩和医療，移植医療，遺伝子医療などにおける家族への理解と介入が否応なしに必要になるという点，第三に病院医療から在宅医療への移行推進という流れで，病院システムと家族システムの上位システムである地域システムへの理解と介入が重要になるという点である。

システム論的思考と総合病院

　ウィン Wynne, L.C. ら［1986］は Systems Consultation で，それまでの精神医学が，コンサルティー，患者などと区分して介入対象を選択することを諫め，対象システムを上位システムや下位システムとの相互性において理解することを強調している。その上で介入におけるコンセプトとして①コンサルテーションでは，問題を先行判断しない，②コンサルタントはシステミックな関係性やパターンから自由な位置に己を置くことで評価が可能となる，③問題についてのリフレーミ

Key Words

リエゾン精神医学
システム
　コンサルテーション
バイオサイコソーシャル
　アプローチ

ングを促進する，④健康や強さ，そしてポジティヴリソースを強調する，⑤コンサルタントとコンサルティーの協働的関係を迅速に作り上げる，⑥コンサルタントは状況に応じて己の役割を迅速にシフトさせることができる，を挙げている。

キンボール Kimball, C.P. [1979] は，アメリカインディアンの代替医療例を使って，医学的病気（disease）と病い（illness）の違いを述べ，システム論の観点からは，病気を自己（self）に与える影響，環境，適応，コミュニケーションとから理解することを推奨している。

吉川［2009］はメタアセスメントという観点で，援助組織をシステム論的な視点からアセスメントすることの意義を述べている。組織に関与する観察者（リエゾン領域であれば，精神科医，臨床心理士，ソーシャルワーカー，リエゾン看護師であろう）が，組織とのやりとりをしつつも，同時に自らを含めた対象全体を観察対象とするメタレベルの視点を持つことの有用性を強調している。

木村［1990］は，専門性により細分化されている総合病院が持つ境界例との高い親和性について述べている。総合病院の即時性，つまり自傷行為などで救急搬送の受け皿となる点が境界例の衝動性と結びつきやすいことを挙げ，総合病院における「統合性」の重要さを論じている。総合病院の組織レベルでは互いの専門領域への親近感や気心しれた関係が重要となり，個人レベルでは精神科医アイデンティティの確かさが重要であると述べている。木村の論説は，システム論的な観点から言い換えれば，サブシステム（各科）間の情緒交流や情報交換の有用性と，適切な境界調整の重要性，つまり精神科医としての個のアイデンティを踏まえた上での他科との交流を経験的に論じているものである。

渡辺ら［1994］は，システム理論の諸概念をParaganlioma（良性だが再発を繰り返す腫瘍）の患者に応用した。30回以上の手術を受けている26歳の女性は，再手術が必要となりうつ状態となった。再手術前には，治療システム（主治医やナース），家族システム（父親と母親はどう対応してよいかわからない），個人システム（うつ状態患者）の境界は閉じていて，各システム内のエントロピーが高まっていた。リエゾン・カンファレンスを頻回に行い，家族システムと治療システムの境界を開き，情報を共有し，そして，患者の意志を確認する作業を行った。リエゾン精神医学のシステム理論の意義として，各システムの状態，システム間の状態に注目し，介入効果が大きいシステムを選択，多層性（生物・心理・社会的）にシステムに介入するための準拠枠となることを明確にした。

リエゾン精神医学における家族システムへの理解と介入

リエゾン精神医学における家族システムへの理解と介入については，BPSモデル（Biopsychosocial Model）に基づき行われる。生物学的次元，心理的次元，社会的次元における相互作用を考え，特に治療的効果が大きい「家族システム」を介入対象にすることは多い。

リプシット Lipsitt, D.R. ら［1981］は次のように述べている。「医学教育の関心の多くが急性期医療に注がれており，そこでは，患者志向性（patient oriented）よりも疾患志向性（disease oriented）に傾いている。このような背景から，医師の関心が家族に向くことが少ない。入院治療の短期化などにより，家族構成や家族の歴史を知ることは体の治療においては，さほど重要ではないと見なされてきた。

しかしながら，予防医療や家族ケアの重要性が高まっており，病気に対する家族の反応や対応へ関心を向けるべきであろう」と指摘している。

リプシットらはリエゾン領域における家族への介入について，現場で事例化して依頼を受ける原因を明確にしている。以下にその例を挙げる。

▶事例1　腹部の大手術を受けた長期入院中の80歳の老婆の転院をめぐる問題

彼女は落ち込みと焦燥が強く，リハビリテーションへの意欲も低下していた。老婆はナーシングホームに行きたくなかったし，あそこに行くなら死んだほうがましだと語る。50年以上，亡き弟の嫁（義妹）や甥たちと一緒に住んでいた老婆にとって，一人にされることは恐ろしいことであった。見舞いにくる義妹はスタッフに対して敵意といらつきを示し，老婆は他の病院に移されるに違いないと感じていた。リエゾンチームにいるソーシャルワーカーの介入で，老婆の予後についての知識がないこと，義妹と老婆の病前からの「敵対しつつ依存しあう関係」をチームで共有した。義妹も参加した合同ミーティングでは，義妹は老婆への関心を示すことができたし，彼女の世話役割が病院スタッフによって奪われてしまったように感じていることも理解された。老婆のうつ状態が改善し，将来への希望が見え始めると，義妹は安心し，改善を認めると老婆の将来についての話し合いにも参加するようになった。そして患者は機能回復のための一時的なリハビリ施設への転院も受け入れた。

この事例では，患者と家族の間の理解と交流を改善した点，スタッフへ向けた態度の意味を理解し，これらにより，患者が抱く拒絶されることへの恐怖，死への恐怖を軽減したことが役割である。「転院」という簡単な依頼は，複雑なシステム（病院システム，家族システム）への介入を導いている。

▶事例2　93歳の農業を営む一人暮らしの未亡人

彼女は夫と死別した後に自立した生活を送り，子どもも育て上げていた。僧帽弁の置換出術が必要になった時には，彼女以上に子ども達が動揺し，手術をしてもとの機能に戻してあげたいと躍起になったのである。そんな家族の希望とは裏腹に，未亡人は抑うつ気分と不安を示すようになっていた。それは手術前に麻酔科医が診察に行ったときに明確であった。リエゾンコンサルタントは「自己決定したい」という未亡人の気持ち，それは家族の中に以前からある信念でもあったことだと助言した。リエゾンコンサルタントが未亡人のところにいくと，彼女は「手術は止めたのよ，少し畑仕事を減らせばよいだけのことだもの」と以前とは違う表情で述べた。

この事例では，家族のライフサイクルの移行によって，互いの理解やコミュニケーションに障害が生ずることを示している。家族には，文化，経済状態，教育水準などの要素があり，健康に関する「信念」システムを作っている。それが治療においてどのような影響を与えるかを理解することが必要である。

リプシットら［Lipsitt, 1981］は，リエゾンにおける家族介入において重要なものは，家族の強み（family strengths），適応のスタイル，問題を生成するような患者と家族の動き，抵抗，外傷的な体験としての病気への病的心理反応を評価することであるという。臨床的に役立つ形式で，家族力動を定式化し，患者への効果

的な診断，治療，管理を推進させること．家族については，その連続性を維持し，支援することが目的だと述べている．

家族アプローチの実践者は誰か

　家族療法を勉強した対人援助者は，一般の医療現場における問題がすでに連想されていると思う．「身体疾患を抱えた家族はどのように変化するのだろうか」，「心身症を来たす家族はどのようなものか」「介護における家族の問題は」「患者が健康な家族メンバーに与える影響」など，たくさんのテーマがそこには積み残されている．

　医療現場における家族アプローチは，大きく分類すれば四つの領域から行われている．

医師によるアプローチ　プライマリ・ケアや在宅緩和ケアの領域では家族との協力関係の構築が重要課題となる．第一線で働く開業医たちは，家族療法的な関わりを毎日，意図的，非意図的に行っている．また，家族関係の評価と変化の予測が必要となる生体腎移植や生体肝移植なども家族アプローチは必須事項である．

看護師によるアプローチ　看護領域では家族看護学と専門分野があり，カルガリーモデルを中心に論議が行われている[▶1]．病棟や訪問看護場面で，看護師は家族にもっとも近い位置にいる．看護師が家族へ介入するための理論や技術は，創傷ケアの知識と同じくらい重要なテーマである．

ソーシャルワークにおけるアプローチ　ソーシャルワークの領域で培われてきた心理・社会的療法という方法論自体が，家族システム理論と深い関係がある．特に在宅医療と在宅介護が推進されている今日，ソーシャルワーカーによる家族評価は重要になっている．

心理士によるアプローチ　小児科（発達障害との関係から），リハビリテーション科（在宅ケアの関係から），緩和医療や遺族ケア（サイコオンコロジー），透析医療（サイコネフロロジー）などでは心理士が活躍している．

　こうした四つの領域が職種間葛藤を引き起こすことなく協力しあうためには，システム論的なメタアセスメントが必要であろう．職種間の役割を明確にしてかかわりを持つためのリーダーシップを誰が担うのかという問題がある．基本的にはどの職種が担うことも可能であろう．リーダーを担えるだけの力量や人望があれば，組織はうまくまとまる．とはいえ，医療システムの決定サブシステムが医師が中心であることを考えると，家族アプローチの基盤作りは主治医が担うべきではないか．であるからこそ，医学部卒前卒後教育において家族療法的観点を育てていくことが重要になる．

（渡辺俊之）

▶1
「カルガリー家族アセスメント・介入モデル」の項参照．

文献

Kimball, C.P.: Liaison Psychiatry as a Systems Approach to Behavior. Psychother. Psychosom, 32; 134-147, 1979.
木村智：総合病院の境界性と統合性について．総合病院精神医学, 2(2); 123-128, 1990.
Lipsitt D.R., Lipsitt M.P.: The Family in Consultation-Liaison Psychiatry. General Hospital Psychiatry 3; 231-236, 1981.
渡辺俊之，池田公，長野広敬：リエゾン精神医学におけるシステム理論の臨床的意義．臨床精神医学, 23(6); 611-617, 1994.
Wynne, L.C., McDaniel, S.H., Weber, T.T.: Systems Consultation: A New Perspective for Family Therapy. Guilford Press, New York, 1986.
吉川悟：システム論からみた援助組織の協働：組織のメタ・アセスメント．金剛出版, 2009.

第3節 教育領域

学校臨床

はじめに

　学校臨床と呼ばれる領域は，1980年代以降急増した不登校，非行や対教師暴力，家庭内暴力などの顕在化した問題とともに，普遍的に思春期に生じる集団不適応や，近年教育現場に大きな波紋を投げかけている特別支援教育など，多彩な問題が見られる。これらの問題に対して教育現場では「教育相談」「生徒指導」として不適応や問題に対する相談・援助が教員を中心として実践されてきた。しかし，こうした問題は，学校現場で個人を対象とした援助だけで完結するものではなく，学内の人間関係や学外の相談・援助機関とのつながりが不可欠である。

　戦後，近年まで，文部省（現，文部科学省）が「不適応指導」のガイドラインとして学校現場で活用している相談・援助の基本的な方法論は，「非指示的療法」のオリエンテーションに基づく「カウンセリング」を基本としており，この立場から指導書を作成してきた経緯がある。しかし，スクールカウンセラー事業などにより，「保護者への対応の必要性」が強調されるようになったことから，近年，家族療法的な対応が着目されはじめ，その必要性が強調されるようになった。

　本項では，学校現場の実情を概観し，そこで実践されている家族療法的な実践の概要について述べることとする。

Key Words

家族を視野に入れること
子どもの発達
問題解決

教育現場でのさまざまな問題

問題の多様化

　教育現場の相談活動に関しては，戦後より学校における生徒指導の対象とされてきた中核群は，非行などの反社会的行為であった。その後特徴的な変化は，1980年代に顕著となった不登校と家庭内暴力である。これらの問題は，学校という教育の現場で起こっている問題ではなく，いずれも教員が直接的な指導を行えない「家庭内の問題」であったため，学校現場では多くの混乱が見られた。学外の専門家への支援要請が叫ばれるようになるとともに，学校教育の枠組みでの「教育相談」という立場から「家族」を含めた相談・支援が教員によって行われるようになった。その後，不登校の増加傾向など，学校教育の重要な要素である学習指導以上に，生徒指導や教育相談についての教員の負担が大きくなることを危惧した文部省は，1995年より臨床心理士を中心としてスクールカウンセラー事業を開始した。ただ，学校教育という援助の場においては，個人心理学を基本とした臨床心理学の視点から提供できるものに限界があり，「個」に対する支援だけではない「集団内の個」という視点が必要とされるようになった。そこから学校教育における家族療法的対応の重要性が注目されるようになった。これらの経緯の中で対象症例とされてきたのは，学校不適応だけではなく，思春期・青年期のさまざまな問題であった。

　他の臨床・相談機関と学校現場の相談の違いは，問題の多彩さである。思春期・青年期の児童・生徒・学生という子どもが相談の主体となる中では，いわゆる教科書的な事例よりも，例外的な事例が多く見られる。不登校という一つのカテゴリーを検討した場合でも，それぞれの不適応を表現するならば，「登校できない」「登校しない」「登校できる状態にない」「登校させない」「登校しようとしない」など，多彩な事情・背景が存在する。

　これは，児童・生徒・学生という年齢や発達などの問題が個々の疾患の背景にあるため，いわゆる教科書的な疾患は皆無に近いくらいが実情である。したがって，これらの問題に対応する側にとっては，臨床的な技能だけではなく，柔軟な問題に対する視点の転換が求められるため，学校教育の現場での臨床活動は，困難を伴うものとなっている。

学校における問題規定の準拠枠

　学校においては，児童・生徒・学生が教育現場での基準に適応しているかどうかが，「問題」を規定する準拠枠となる。したがって，対象とされる児童・生徒・学生は，必ずしも精神疾患として分類される問題を持つものだけでなく，教育現場に適応できない行動を伴う問題が相談対象となる。それは，特定の神経症的病態を持たない不登校や怠学を含む就学拒否をはじめとして，社会的逸脱行動として規定される非行，対教師暴力やいじめ，集団行動に適応できない集団不適応や場面緘黙など，多彩な問題が示される。

　家族療法の立場では，集団不適応，不登校，非行，家庭内暴力，対教師暴力，そして特別支援教育対象となる発達障害などのいずれであっても，児童・生徒・学生に対してだけではなく，その保護者を含めることも，有効な対応であると考えられる。それは，これらの多彩な問題が児童・生徒・学生が発達的な視点から

見れば，発達途上にあるがゆえに問題行動を示していると考えられるからである。人格形成の途上にあり，自我機能が充分な発達を遂げていないため，言語化能力の未成熟を背景に行動化という表現型を取りやすい。加えて，未熟さや反抗期特有の行動特性から，集団不適応や社会的逸脱行為に奔る事例など，自我発達との関連を常に考慮する必要が生じる問題である。したがって，自我発達に最も大きく関与する「家族」を支援の前景・背景として援助にかかわるという家族療法的対応は，成長過程にある子ども個人への支援以上に有効であると考えられる。

家族療法的対応

　こうした思春期・青年期の発達的要因がかかわる問題，たとえば，親からの分離独立という発達上の課題がかかわることが学校臨床の特性であると考えれば，「家族」との関係性の変化が問題の背景として存在していると考えられる。それは，子どもの発達にとって，成長・発達のモデルとして「家族」が意識され，家族との葛藤が子どもにとっての大きな課題となるからである。こうした家族関係などの関係性の改善を目的とした心理療法は，家族療法以外には見られず，いわゆる関係調整が必要とされるような事例に対する対応においても，有効性が実証されている。

　村田［2003］は，学校での生徒指導活動を円滑に行うために，家庭訪問を含めた積極的な活動や，地域との接点の作り方，学校としての地域に対する対応など，多様な領域でのシステムズ・アプローチによる取り組みを示している。黒沢ら［1999］は，地域との接点をどのように作ることができるかの可能性について，現場で直接的に語られなかった視点を家族療法的視点から提供している。

　楢林ら［1994］は，教員に対してシステムズ・コンサルテーションという家族療法的視点に基づくコンサルテーションを1980年代中頃からはじめ，クライアントである児童・生徒と接触することなく，担当教員に対するコンサルテーションによって，学校現場で見られる問題の解決に有効である可能性を示している。これを基本とした学校でのシステムズ・コンサルテーションを発展させた研究［吉川，2000a］も示されている。

　また，教職員の日常的な対応によってできる不適応に対する予防的対応について，家族療法的立場からの提言や［吉川，1998］，学級崩壊の改善過程についても，家族療法的視点を用いることによる有用性について述べている［吉川，2001a］。加えて，不登校からひきこもりに繋がる家族の無力感を小学校の段階からの教員の家族に対する対応のあり方を改善することが，予防的な対応となることについても述べている［吉川，2001b］。

　学校現場に導入されたスクールカウンセラーの活動のあり方について，吉川［1999］は，学校現場に家族療法的視点を導入するための具体的なガイドラインを整理した。こうしたスクールカウンセラーが家族療法的視点による活動を行うことによって，学校現場で求められているスクールカウンセラーへの期待に応えられることを示している［吉川，2000b］。

　また，2007年に法制化され，現在実施がはじまっている「特別支援教育」では，発達障害という新たなテーマに対する取り組みとして，障害を持つ子どもに対する療育プランには，子どもにかかわる家族の意向を尊重した対応をすることが示された。いわば，これまでの障害児・者本人だけに対応するのではなく，そ

れぞれの障害を特性の一つとして位置づけ，ケアの主体者としての家族との「人間関係」を考慮する必要性が認識されるようになった。

療育についてのこのような視点による活動は，加来ら［1995］が，早期から障害認定に家族や関係者を視野に入れた家族療法的な取り組みを行い，学校や施設・療育・治療などを含めた療育に関わる「人間関係」全体を構成する必要があることを述べている。また，緒方［2007］は，特別支援教育における家族に対する支援のあり方の事例を提示して，障害児・者を含む家族全体を療育の全体性を通じて視野に入れることが必要であることを示している[▶1]。

多様な問題への対応のための視点

教育現場で必然的に求められる相談の一つは，「保護者対応」と呼ばれるものである。臨床心理学的にはコンサルテーションと呼ばれるものだが，厳密な意味での方法論がないため，教員は「自己の経験からのアドバイス」をするに留まり，スクールカウンセラーなどの専門家も「子どもの治療への支援要請」という立場に留まっている。

家族療法的な視点では，教育現場のさまざまな問題に対して，その原因究明をしようとするかわりに，問題をコミュニケーションの一形態であると考える。すなわち，問題とされる行為そのものを変化させようとするのではなく，この「問題」というコミュニケーションをめぐる相互作用そのものを変化させることによって，問題とされている行為が消失することを目指す。たとえば，発達段階の途上にある子どもの問題を本人の資質に原因を求めるのではなく，他者に対する意思表示の一形態であると考えたり，多様な問題や症状行動の意味を考えるのではなく機能性を考えたり，問題が，それにかかわる人間関係の中でのみ意味ある行為であることを象徴していると考えるなど，その理論的背景はともかく，実践的な立場から問題に対応するための一つの視点として，家族療法的視点での現象理解が役立つことも少なくない。

学校現場でのさまざまな問題に対応する教員・外部の専門家・スクールカウンセラーなどの援助者が，児童・生徒・学生だけでなく保護者を含めた支援のために，家族療法的な視点を活用することが有用である。

（吉川　悟）

▶1
「発達障害」の項参照。

文献

加来洋一，吉川悟：ひきこもりの続いた一症例に対する家族療法を振り返って．家族療法研究，12(2)；143-151, 1995.
黒沢幸子，森俊夫：外部関係機関との連携：in システム論からみた学校臨床．pp.168-179, 金剛出版, 1999.
村田武司：学校現場における独断的ブリーフセラピーの実際．ブリーフサイコセラピー研究，12；51-55, 2003.
楢林理一郎，三輪健一他：学校教育におけるシステムズ・コンサルテーションの可能性：滋賀県での「さざなみ教育相談」の経験から．家族療法研究，11(2)；3-11, 1994.
緒方明：軽度発達障害の親子例の家族支援：成功例と失敗例を通して．家族療法研究，24(2)；129-135, 2007.
吉川悟：協同的学校システムのあり方：教育相談への効果的な学校システム形成に向けて．宮田敬一編：学校におけるブリーフセラピー．pp.105-124, 金剛出版, 1998.
吉川悟：システム論からみた学校臨床．金剛出版, 1999.
吉川悟：学校精神保健のサポートシステムとしてのシステムズ・コンサルテーション：教育現場の要求するコンサルテーションに向けて．家族療法研究，17(3)；238-247, 2000a.
吉川悟：学校臨床における心理療法の工夫：プロフェショナルなスクールカウンセラーが増えることを期待して．精神療法，26(4)；30-37, 2000b.
吉川悟：学級崩壊と学級経営をどのように見立てて対応するべきか：「学級崩壊」指導の手引き．pp.78-95, 教育研究開発社, 2001a.
吉川悟：学校現場でできる範囲の予防的介入．近藤直司編：ひきこもりケースの家族援助：相談・治療・援助．pp.189-199, 金剛出版, 2001b.

家族支援

はじめに

　教育現場での家族支援は，教師，スクールカウンセラー(SC)，スクールソーシャルワーカー(SSWr)などによって行われる。なかでも一番の担い手は，児童生徒と保護者にとってもっとも身近な支援者たる教師であるが，教師による家族支援は教育相談の一環として行われるので，これについては次項を参照されたい。

　本項では，公立学校に配置されるSCによって行われる家族支援の概要について述べ，その具体的な事例を挙げる。加えて，同じく近年文部科学省の活用事業として自治体によって配置され徐々に定着しつつあるSSWrの家族支援について述べる。

スクールカウンセラーによる家族支援

　SCの配置方式・勤務形態などは，自治体により違いがあるものの，〈週に1日・2日の非常勤職員〉として〈外部から派遣〉され，〈児童生徒・教職員が校内で活動している時間帯〉に，主として〈校内に設置された相談室で〉相談活動を行うということは，どの学校にもほぼ共通する状況である。

家族支援の場としての学校

　主訴として持ち込まれる問題の多くは，他ならぬ学校へのなんらかの不適応であることから，当該児童生徒(IP)が，時にはその保護者(家族)も，校内の相談室への来談に抵抗を示すことがある。また，その他さまざまな理由によっても，来談が望めない事例は少なくない。そのため，児童生徒(IP)不在での保護者(家族)面接や，家族に直接関わる教職員との面接(コンサルテーション)により間接的に家族支援が行われることも多い。

　その一方で，主訴によっては保護者だけでなく，かかわりのある教職員らが一堂に会し，SCが同席して話し合う場合もある。学校における支援の形態は，多様である。

　また，校内だけに限っても，当該児童・生徒とその保護者への支援を行う人，また行うべき立場の人は，SC以外に多数存在する。それは，担任，管理職，養護教諭，部活動の顧問などさまざまで，SCがアプローチを始める以前から，それぞれの立場から家族に接触し影響を与え，また影響を受けてきており，情報と影響力をもっている。

支援の際の留意点

　基本的な家族支援の進め方は，他の臨床現場と大きな違いはない。むしろ，前述のような特徴をもつ現場であるからこそ，家族療法の視点と手法はより有効性を発揮すると思われる。

　〈児童生徒とその保護者〉に，〈支援を意図して関わる教職員ら〉は支援者シス

Key Words
スクールカウンセラー
スクールソーシャル
ワーカー

テムであり，相互作用する両者を合わせて『支援システム』と呼ぶことができるだろう。その支援システムの中に，当然SC自身も含まれている。家族システム内・支援者システム内それぞれの相互作用のあり方，メンバー同士の関係性，家族システム－支援者システム間の相互作用に焦点を当てつつ情報を収集し，検討することが必要となる。

SCは，どのメンバーに対してもその立場や枠組みを尊重し，解決を目指しての努力をねぎらい，基本的には中立を保つ。各メンバーと協働しつつ，問題解決に向けて，具体的で実行可能な手立てを探っていく。

スクールカウンセリングの事例

以下，支援の過程で，保護者との面接・担任へのコンサルテーション・保護者と教師らとの合同面接・外部の医療機関との連携を必要に応じて行っていった事例を，要約して紹介する。

◀ 事 例 ▶ 小学4年生の男子，A男

父母との3人家族。担任の勧めで母親が一人で来談した。「『授業中に立ち歩いたり，廊下を駆け回ったりする』と担任から，最近たびたび電話が掛かる。自宅では，ほとんど問題がない。先生の言うことを聞くようにと言い聞かせる以外に，母親としては手がない。この頃は，学校から掛かってくる電話をとるのが怖い。父親は，担任の先生の指導に問題があると言っている」と，母親は疲れた表情で語った。

SCは担任と面接し，コーディネーター役の教師を介して前担任らからも情報を得た。担任は「他児童に対して，暴力的になることがある。トラブルのたびに，保護者に報告をしているが，いま一つ真剣に捉えられておらず，苦慮している」と語った。

〈問題について，両親間に認識の違いがあることがうかがえた。また，母親は精一杯の努力をしているつもりでいるが，担任にはそのようには理解されていない。さらに理解を求めようとする担任の努力は，母親にとっては批判と受けとられ，かえって母親の自信と意欲は低下し，父親の担任への不信も増しているように思われた。加えて，学校でのA男の問題行動は，少なくとも2年以上前から続いているものであることがわかった〉

翌月には，A男が校内の器物を破損するというできごとが起こった。その件につき両親が来校するのを機に，校長・担任・コーディネーター役・SCと両親で，面談を行った。

父親はわが子の不始末を詫びた後，「このごろの先生は叱ってくれない。ビシッと怒ってもらわないと，男の子はなめてしまって，増長してしまう」と，とうとうと持論を述べた。

担任の指導力不足とあからさまに批判する父親の発言に，担任は表情を固くしたが，SCは「お父さんのご意見には，一理も二理もあると思う」と同調した。その上で「授業を受けようと思いながらも，じっとしていられない。目の前の刺激でつい衝動的に動いてしまう傾向をもっているかもしれない」と，A男の行動は発達上の課題によるものという見方もあり得ることを示唆した。

〈上記は，SCは両親の子育ての仕方に問題があるとは認識していないことを表明することで，両親とくに母親の心情を楽にすることを意図した発言でもある〉

SCは，次のような手順で仕切りなおしをすることを提案した。まず，自宅で父親とA男で，学校では具体的にどのような行動をとるかについて話し合いをし，約束をしてもらう。A男が忘れないよう，約束事は紙に書いて学校へ持たせてもらう。それは，学校でA男を守る『お札』となる。

〈上述の提案は，①父親の方針に沿う形で，両親－担任間に協力関係を形作ること，②父親主導の形をとることで，疲弊した母親に余裕をもたらすこと，③『約束事』で，どの程度A男の行動がコントロール可能かを査定すること，などを意図したものである〉

教室場面でのサポートの仕方については，SCが仲介して担任と父親がやりとりをし，具体的な対応方法について合意を得た。

数日後，A男は『お札』を持参して登校。3日目には，担任に注意を受けた際，『お札』を放り投げてしまった。担任から報告を受けた父親はショックを受けたが，引き続き担任と連絡を取り合い，対応を再検討した。SCは月に1回のペースで母親と面接，その度ごとに担任とも面接して情報を共有した。並行して，落ちつかないときの校内での『居場所』の確保，医療機関への紹介などを行う過程で，A男は格段の落ち着きと成長をみせている。

本事例では，SCの介入（情報の収集と共有・支持・助言など）により，A男の問題行動の原因をめぐる『家庭でのしつけの問題』か『担任の指導力不足』かという父親－担任間の対立が解消し，父親はより積極的に問題解決へ向けて関わるようになり，板ばさみ状態から開放された母親は情緒的に安定し動きやすくなった。家族と学校の協働体制のなかで，校内での具体的な対処方法の検討や医療機関との連携など，必要な支援が円滑に行われるようになったと考えられる。

スクールソーシャルワーカーによる家族支援

日本での教育現場におけるソーシャルワーク[▶1]は，必要に迫られた自治体や教育委員会がそれぞれ独自のやり方で導入してきていたが，2006年に文部科学省が，児童虐待に関する学校現場での対応について調査研究をするなかで，ようやく検討の俎上に載った。そして，これまで学校現場に問題対応策として投入されているさまざまな施策を，ダイナミックに連動させる機能と役割を担うものとして，2008年にスクールソーシャルワーカー活用事業が開始された。

今日，地域社会における住民どうしの相互扶助機能が低下し，家族は孤立しがちとなり，世帯規模[▶2]も縮小するなか，よほど深刻になるまで問題が表面化しないといった事態が生じている。一方で，児童生徒に甚大なダメージを与える児童虐待や家庭内暴力は言うまでもなく，経済的困難を抱える家庭やひとり親家庭，心身に障害のある家族を抱える家庭の問題などは，当然のことながら児童生徒に影響を与え，学校において，そのサインが感知されることはまれではない。SSWrは，教職員と協働しつつ，それぞれのニーズに応じて社会福祉制度やサービス，ボランティアなどさまざまな社会的資源が有効に活用できるよう調整を行う。

家族への個別の支援においては，家族療法的な視点でアプローチするSCのスクールカウンセリングとスクールソーシャルワークの間には，共通する部分も多い[▶3]。しかし，基本的に校内の相談室で行われるSCの活動とは異なり，SSWrの活動は，校内に留まらない。社会福祉に関わる知識と援助技術を駆使し，積極的に環境に向けての働きかけを行う。問題が複雑に絡み合い，学校だけでは解決

▶1
〈個人と社会環境の関係において問題を捉える〉ところから出発した社会福祉の専門的な援助技術であり，さまざまな領域で展開されてきている。

▶2
家族を構成する人数のこと。

▶3
隣接諸科学の成果や法則を援用して展開してきている。1930年代には精神分析論の影響を強く受け，1960年代後半にはサイバネティクス，70年代以降にはシステム理論と生態学が導入され［加茂 ほか, 2000］，家族療法の理論や技法が多く取り入れられてきている。

困難な課題について，社会福祉の観点から関係機関と連携しつつ，より大きなシステムのなかで支援を展開することが，SSWrによる家族支援の特徴だといえよう．

おわりに

児童生徒が生活時間の大半を過ごす学校は，保護者にとっても，ある意味特別の場である．良くも悪くも，学校（とその教職員）と家族との距離は近い．特に小・中学校は，さまざまな形で地域に深く根ざしており，地域の状況は学校風土に影響を与える．学校は，地域社会の重要な『部分』でもある．課題山積の学校現場に参入し，共に荷を負おうとするいわゆる支援の専門家たち（SC・SSWrら）は，そのシステムの一員となる．

より効果的な家族支援のため，連携や協働という言葉を単なる理念や掛け声で終わらせることなく，なおかつ複雑な相互作用のなかで自らの立ち位置を見失わないためには，システムに積極的に自らを添わせていく柔軟性と，自分を含めたシステムをたえず俯瞰しようと努める姿勢が特に必要とされるだろう．

（金丸慣美）

文　献
加茂陽編：ソーシャルワーク理論を学ぶ人のために．世界思想社，2000.
文部科学省：学校等における児童虐待防止に向けた取組について（報告書）．文部科学省，2006.
文部科学省：平成23年度スクールソーシャルワーカー実践活動事例集．初等中等教育局児童生徒課，2012.

Column

世間体と恥

「世間体」も「恥」もわが国の家族を理解するために必須なキーワードである．一般的には「世間体」は，人に対する対面や体裁，面目のことをいう．しかし，この「世間」には，古くから「世間様に顔向けできない」といった個人や家族をとり囲む社会や交流のある人々にたいする畏敬の念が日本社会にはあった．これは社会にたいして面目や体裁が損なわれるという「恥」の概念につながる．

わが国の家族（正確には「家」思想を背景に持つ集団）は，その構成要素である個人を超えて，この「世間体」とそれに連動した「恥」を社会規範にして生活してきた．したがって家族内の個人の社会での問題行動や常軌を逸した行動は，その個人が所属する家族（「家」）の恥とされた．家族の全体責任が問われると恐れた．こうした構造は，社会だけでなく，精神病者や障害者を持つ家族自身がこうした家族員に対するスティグマを生むことにもなる．家庭内暴力やひきこもり，さらには不登校でさえも家族は「世間」に知られまいとすることがよくある．

（中村伸一）

教育相談

はじめに

　学校教育は，教科指導と生徒指導との両輪で機能しており，そこでは「教育相談」は，教師による生徒指導の一環として位置づけられている。

　また，「教育相談」は，教育行政の分野では，教育委員会の一機能として，教育センターなどが所管する相談支援活動である。

　さらに，民間施設では学習塾が進路相談との関連から，また子ども支援の民間団体などが支援事業との関連から，「教育相談」活動を実施している場合もある。

　ここでは，学校教育としての教育相談と，教育センターの公的教育相談について説明する。特に，後者について，学校との連携や教員へのコンサルテーションも含め，学校システムを対象とする教育相談のあり方や，支援介入の留意点について解説する。

学校教育として行われる教育相談活動

一般的な学校教育相談活動

　学校教育では，すべての教師はいじめや不登校に限らず，学校生活になんらかの困難を感じている児童生徒に対して，日常的に教育相談活動に取り組む必要がある。そこで多くの学校では，年度前半に教育相談週間を設け，担任教師がすべての児童生徒に対して，個別面談を実施し，問題の発見，支援に取り組んでいる。

　また，学校によっては，校務分掌で教育相談担当教諭を位置づけ，問題をかかえる子どもに対する肯定的理解，発言への傾聴，感情の受容などを心がけ，問題解決を支援している。さらに，教育相談担当教諭は，児童生徒や保護者への相談支援だけでなく，関係教員により支援チームを組織する「校内連携」や，児童福祉や児童青年期精神保健領域など校外の専門機関とのネットワークを活性化させる「学外連携」を目指している。学校教育相談は，子ども，家庭，学校，関係機関，地域の諸関係を社会システムの観点から捉えた支援活動である。

予防・開発的教育相談

　また，近年はいじめや不登校，ひきこもりや暴力行為を予防するために，「予防・開発的教育相談活動」に取り組む学校もある。「予防・開発的学校教育相談」とは，いじめや不登校などのさまざまな問題が起こる背景には，児童生徒の社会性の未熟さや，耐性の弱さらがあると考え，それらの獲得を目的に，学校教育の中にソーシャルスキル教育やストレスマネジメント教育，ピアサポート活動などを組み入れるものである。これらの発想も，いじめや不登校が単に個人の内面の問題ではなく，所属する学級集団との相互作用の結果だと考えるシステム論的発想がある。すなわち「予防・開発的教育相談」は個別のいじめや不登校事象への対応ではなく，それらが発生する上位システムとしての学級集団に事前介入し，

Key Words

学校教育相談
予防・開発的教育相談
教育行政
公的教育相談
学校システム

より健全な雰囲気やルールを育成しようとする教育活動である。

教育行政としての「教育相談」活動

家族を対象としたシステムズ・アプローチ

　教育委員会は市民サービスとして，子どもの教育についての相談機関を設置している。その規模，人員構成，機能など自治体によりさまざまだが，教育センターなどに教育相談室として設置，運営している場合が多い。公的相談機関なので無料である。また，教育に関する機関なので医療機関に比べ，学校は紹介しやすく，保護者も申し込みやすい。多くの教育相談室は，学校教師で生徒指導や特別支援教育の経験がある指導主事の相談員と，臨床心理や発達心理の専門職相談員とで構成されている。

　そこでは予約来談による面接相談を基本に，電話相談や訪問相談，精神科医による医療相談，保護者対象の心理教育などの事業をしている。主訴としては，不登校，ひきこもりなどの非社会的な不適応に関する相談と，学習面，行動面，社会性での発達障害に関連する相談とが多い。それ以外に強迫症状や摂食障害など精神疾患や心身症の疑いのある相談や，子どもをめぐる家族関係についての相談，養育不安に関わる相談など多様である。

　来談による面接相談では，保護者の電話申し込み，受付面接を経て，必要に応じての心理テストや医療相談を組み合わせ，子どもや保護者を対象にプレイセラピーやカウンセリングを実施する。そこでどのような相談戦略を持つかはその相談室の考え方によるところが大きく，家族を対象として家族療法による相談面接を展開することもある。

　　▶事例　中学1年生の女子。6月後半から，毎朝，登校時刻になるとなんとなく体の不調を訴え，体調が戻ってからも登校しぶりが続いている。心配した母親が本人を伴って来談した。相談担当者は相手のペースを尊重しつつ，社交的あいさつ，来談へのねぎらい，来談の意図を聞き取る。同時に，母子の心理的距離が年齢相応かなどの相互関係に注目する。また，他の家族メンバーの相互作用についても，典型的なエピソードを聞き取る。
　　　困っていること（主訴）や，今までの対応方法（解決努力）を聞く中で，本人や家族のさまざまなリソースについて話題にしつつ，相談面接の目標の一致を目指す。また，面接の方法，時間，場所，回数など大枠について，合意する。
　　　相談面接は守秘義務が前提だが，相談者のニーズに応じて学校などの関係機関と連絡を取ることについても説明する。

　多くの事例では継続面接の結果として，子どもが家族の中で新しい位置を見出し，承認され，活発になることで解決していく。

　子どもの教育に関する問題では，家族が関与することが多いので，家族をシステムとして対応する家族療法が有効である。

学校システムを対象としたシステムズ・アプローチ

　子どもの教育に関する相談なので，家族以外に学校，学級というもう一方のシステムが関係している場合が多い。保護者の申し込みによって始まる教育相談が，

表1

学級・学年	働きかけの主な対象	学級担任, 保健室
	聞取り内容	児童生徒に関する情報提供（日常の態度, 学力, 交友関係, 学級内での位置, 作文絵画などの作品, 家族に関して）
	提案内容	問題をめぐる連鎖の観察方法, 当該の児童生徒や保護者への対応方法, さまざまなリソースの発見
	留意点	学級担任の努力, 工夫をねぎらう
学校全体	働きかけの対象	管理職, 生徒指導, 特別支援, 研修担当, 保健室, 学年全体,
	聞取り内容	同様の事例に対する過去の取り組み例（不登校対応, 発達障害対応）
	提案内容	校内実態調査, 校内ケース会議, 対応チーム作りと役割分担, 校内研修会
	留意点	相談事例への取り組みを核にして全校に発展させる, 過剰負担にならないように
地域	働きかけ対象	校内チーム, 各専門機関（福祉, 保健, 医療, 司法）, 教育委員会, PTA
	提案内容	合同ケース会議, 専門性を尊重した役割分担, 保護者啓発研修会
	留意点	組織事情の相互理解, 組織的な悪者探しに陥らない, ネットワーク作りへ発展, 組織連携とヒューマンな交流の両面での働きかけ

　保護者との合意を前提に, 学校関係者をも対象にした相談に発展する場合もある。相談システムの中に学校を巻き込むかどうかは, 巻き込む目的とそれに必要なエネルギーと効果との関係で決まる。いくつかの工夫をすることで, 少ないエネルギーで効果をあげることができる。

　学校システムに介入する場合に必要な要領について, ①介入するシステムの階層レベルについて, ②介入する学校システムのアセスメントについて, ③学校システムに介入するときの留意点についてそれぞれ説明する。

介入するシステムの階層レベルについて,

　学校に関わるシステムは, 学級, 学年, 学校全体, 子どもに関わる地域組織など, それぞれが独立しながら, 層構造をなしている。課題となっている児童生徒の問題の解決のためには, どのレベルのシステムに介入することが有効かについては, 事例に即して検討する必要がある。ここでは, ①学級・学年, ②学校全体, ③学校を含む地域, に対する介入について比較する（表1）。

介入する学校システムのアセスメントについて,

　学校に介入するには, 対象となる各システムの個別性を尊重し, そのシステムを理解し支援する姿勢が必要である。ここでは, 「歴史経過」「環境構造」「相互関

表2

歴史経過	i)	当該の学校がここ数年どのような状況の経過をたどっているのか　ここ数年で学校がもっとも力を入れて取り組んできた課題は何か
	ii)	この学年は入学以来どのように発展してきたのか　どのように評価され, どのように取り組まれてきたのか
	iii)	また, 1年というサイクルの中で現在がどのような段階か, 4月以来の成長変化の評価
環境構造	i)	学校の文化的環境, 立地条件, 物理的構造は問題とされる状況とのような関係か
	ii)	人材配置や校務分掌上の人的環境, 各種校内委員会の権限内容, 教職員の年齢構成, 性別構成, 在籍年数構成, 学校群での当該学校の位置や役割
相互関係	i)	児童生徒, 保護者, 教職員三者間の相互関係, 特にルールとその運用に関する力関係,
	ii)	三者それぞれがもつ下位システム間の関係, たとえば児童生徒の中で（部活動も含め）主導権のあるサブシステムはなにか, PTAの活性度や役員会の指導性

係」の側面から学校学級システムを理解する（表2）。

学校システムに介入するときの留意点

外部の相談機関が学校に対して，協働を申し込む場合に留意すべき「専門性」「中立性」「機動性」について示す（表3）。

表3

専門性	介入内容についての専門性。介入内容はいじめや発達障害や不登校など，教職員にとって関心があり，かつ解決困難な内容なので，介入には教育学とは別分野または別レベルの知識や説明原理が必要である。ただし，教育学による教職員の認識については理解していること。
	介入方法に関する専門性。半閉鎖システムである学校に対するアセスメントや，ジョイニングに関する専門的技法が必要で，特に支援介入に対する学校システム内の反応など相互作用を俯瞰的に観察する視点が必要である。
中立性	学校システム内のサブシステム相互の力関係や，人間関係の対立や葛藤に巻き込まれないように，中立性を確保していること。
	学校システム内外で流通するさまざまな言説，特に絶対化の言説や，価値観から中立であること。「反抗は絶対に許さない」「正義は絶対に譲らない」など反対できない言説について，必要に応じて有効利用するが，言説に動きを縛られないこと。できれば，ラベルの貼替えにより相対化すること。たとえば，「いじめ問題」を具体的行動として記述し相互関係の課題とする。また，暴行などの「犯罪行為」と「いじわる」などの集団形成のルールの課題に分類理解し，対処可能にする。
機動性	学校システム内外のリソース調査段階やリソース活用段階での機動性を発揮すること。公的なネットワークとともに，非公的な人脈を通しての情報収集，関係者との接触を求めてアウトリーチ，相手の要望に応じた多様な形態の面談の保障，また学校の広報活動への協力依頼などの介入も含む。
	介入内容について分野，領域を限定すること。また，期間も限定する。何処まで介入するのか，短期のゴールを設定し，日常的な通常の支援に軟着陸するような，撤退計画をもった機動性が必要である。

まとめ

教育の分野で教師によって行われる教育相談と，教育行政として行われる公的教育相談とを解説した。後者では来談者を含む家族システムに介入すると同時に，学校システムに介入する場合がある。その場合，「学級」「学校」「地域」のどのレベルへの影響をめざすのかを定めること，また対象となる学校システムを理解するために「歴史経過」「環境構造」「相互関係」の観点から分析すること，そして介入時には学校システムに対して「専門性」「中立性」「機動性」を保てるように留意することについて解説した。

（久保幾史）

文　献
春日井敏之：よくわかる教育相談．ミネルヴァ書房，2011．
文部科学省：生徒指導提要．2010．
高野久美子：教育相談入門．日本評論社，2012．

学生相談

はじめに

　大学において，学生相談という言葉は，広い範囲で使用されることもあるが，この項では，狭義の学生相談，つまり，在籍大学生を対象に行う，学生相談室（各大学によってその名称はさまざまである）における臨床を紹介する。

　大学教職員には，大学生は一人前であり，大学における支援の対象は学生本人であるという意識が長年あった。学生相談室においても，青年期の課題ともリンクし「親や家族とのかかわりは，学生の内的作業を妨げる可能性がある」と慎重となり，学生本人との個別面接が中心の対応となっていた。しかし，ときどきに保護者が大学にかかわってくるようになり，現在では，学内他部署でも相談室でも保護者との面接が日常的に行われ，学生と保護者の合同面接の有効性が高まってきている（一人前の大学生として，親に対して，保証人という言葉があてられることもあるが今回は保護者で統一する）。また，わが国では「学生相談」が，独自の専門分野としては整備されてこなかったという問題がある。これは，相談室や相談員の専門性をめぐって，各大学や個人において，位置づけがさまざまであるという問題にも繋がる。そこで，まず，「学生相談」という分野について，歴史的流れを振り返り，大学を組織として眺める際の注意点，そして，症例を提示して面接において家族療法の視点の生かし方を挙げる。

学生相談の歴史と位置づけ

　「学生相談」の分野は，戦後間もなくアメリカから輸入された。以来，文部省（現文部科学省）の方針や大学側の組織や運営方法の変化に連動して注目度も変わりつつ，医療モデルに基づいた個室での個別心理面接が中心となって継続されてきた。しかし，その専門性はまちまちであった。それゆえ，早くに学生相談室を設置した大学ほど，長い歴史の中でその大学特有の相談室の文化が保持されている。1980年代後半には，未成熟な大学生の増加に伴い，一部の学生を対象とする専門的なカウンセラーの必要が言われ始めた。その一方で，全学生対象に大学教職員がカウンセリングマインドをもって「よろず相談」を行うのが望ましいという主張もあり，明確な位置づけはなされないまま歩んできた。

　このような歴史の中，2000年文部省の答申以後，学生相談が学生支援の軸としてかかわっていくという流れができた。そして，日本学生支援機構［2007］では，2007年の報告書において「総合的な学生支援」「専門的な学生相談」「連携・協働」をキーワードとして，総合的な学生支援体制の考え方を示した。その報告書の中で「学生支援の3階層モデル」つまり「日常的な学生支援／制度化された学生支援／専門的学生支援」の3階層が示され，学生相談室は，この中の「専門的学生支援」に位置づけられた。加えて，この3階層の間での交流および「連携・

Key Words

連携・協働
ジョイニング
三角関係化
ジェノグラム

協働」が，学生支援の幅を広め効果を上げる上で有効と強調しており，学生相談室において，これまでの個別面接以外の活動への役割が明確に提示されることになった［高石，2011］。

注意する点としては，先に述べた歴史的背景の上に「学生相談」は学生支援の一部として位置づけられたが，その位置づけ方は各大学によって異なるということである。

大学システムにおける連携・協働：ジョイニングのために

言うまでもなく，「連携・協働」において，システムズアプローチの視点は有益であるが，各大学によって事情がかなり異なり，各担当者とのジョイニングのありようも変わってくる。そこで基本的な視点を表1に示す。

表1に挙げた視点のそれぞれで，恐らく想像以上に期待される役割には違いがある。

相談室内のシステムについても，上記にあげた視点に連動して，さまざまな形が考えられる。室長が異分野の専門家で

表1　学生相談室理解への基本的な視点

①大学の規模：総合大学か，否か。複数校地を有するのか否か。
②組織内の位置づけ：教務の下位組織なのか，学生支援の下位組織であるのか，双方から独立しているのか（組織を超えての動きは特に慎重を要する）。
③相談員の身分：教員か職員か。専任か否か。期限付きか無しか（臨床心理士など専門の知識と経験を有する相談員を雇用する大学が増えているが，その身分はさまざまである）。
④相談室の室長の専門分野：室長には教員が着くのが通常である。ただし，異分野の専門家である場合もある。
⑤大学や相談室の文化：前掲の文脈の中，どのような時期にどのような期待で学生相談室が設置されたのか（表面上組織の変化があっても，大学特有の文化や学生相談室の文化は，簡単には変わらない。各学部もそれぞれが独自の文化，独自のシステムで動いている）。

ある場合や，スタッフ構成によっては，専門性の認識にもずれが生じ，相談室内で混乱が生じることもある。この状況は，恐らく上位システムでも同様の混乱が生じていると考えられる。まずは，相談室内でのシステム理解とジョイニングに務めることが，やがて上位システムにも届き，大学コミュニティ全体にも影響を与えられると考えたい。

個別面接において：家族療法の視点

相談内容としては，精神病の好発期でもあり，病態水準の重い学生から，軽い恋愛相談まで多岐にわたる。学生相談室は基本的には治療機関でないため，必要に応じて学内外の治療機関を紹介する形となり，初期の見立ては重要である（学生相談室が学内の保健センター内に設置されていたり，医師が常駐しているような場合もある）。

対人関係，特に異性との問題には，両親との三角関係化の視点が役立つことも多く，本多［2011］，原［2011］がその例を紹介している。同様に中村［2011］の，大学生は「夫婦の最後の介入期」という言葉は学生相談室での実感にも沿うものである。

次に，学生の個別面接でよくみられるパターンの症例を例示する。

　　◀事 例▶　症例概要

　　入学してすぐの女子学生が「大学がおもしろくない」ことを主訴に，学生相談室を訪れた。入学以前は，診断が確定しないまま自殺企図を繰り返し，精神科への入院歴があった。入学後は下宿生活で，面接では挑発するかのようにリストカットの報告を続けた。自殺願望の言及がエスカレート

した回には，遠方ではあったが，保護者に連絡をし，迎えを依頼した。また，本人の了解を得て，担当教員と連絡を取り，授業の出席状況など情報共有をしつつカウンセリングは週1回で継続した。以後，カウンセラーを挑発するような自傷は減った。併行して医療機関へも受診を促し，「広汎性発達障害」の診断がついた。しかし，納得できない母の指示で，さまざまな機関でさまざまな検査を繰り返した。そこで，両親の来所をお願いし，両親と本人同席での面接が実現した。この面接時には防衛的な両親をねぎらい，学生の力ある部分をサポートしたのみである。以後の個人面接で，両親と同席面接での情報を持ちつつ，祖父母や両親について聞いていった（ジェノグラムの聴取）。その後，学生は実家へ突然帰り，しばらくして，本人から電話が入り，地元の大学病院で改めて検査を受けて，発達障害をベースに社会不安などの診断がついたことが報告された。そして，「やっと親が納得してくれる診断がつきました，いったん，地元で治療に専念します」と明るく語った。

症例のまとめ

　学生相談室の「枠」は大学という大枠の中でのある種の緩さと同時に，下宿生も多く，守りが薄いのも特徴である。そのような中，親との面接は「枠作り」としても有効である。また，本人の了解を得て，学部事務室や担当教員と信頼関係の中，情報共有することは学生の安全を守ることにも繋がる。当初は，発達障害を念頭におきつつ，教育的な関わりと，年齢相応の言動へのサポートなど，出来事への対応で追われていた。しかし，家族面接での情報量は多く，ケースの展開に役立った。家族内の力動，そして，母が診断に納得しない別の意図などが見えてきた。このような情報を持ちつつ，その後の面接で学生から慎重にジェノグラムの聴取を行うことができた。その結果，問題が明確になっていき，本人の困りごとと，両親の問題とが学生自身の中で分けられ，結果，適切な治療へと向かうことができたと思われる。

おわりに

　学生支援の課題は，発達障害を持つ学生への支援，国家対策として推進され増加してきた留学生への支援，ハラスメントの問題，学力の低下，就職難，うつ・自殺の増加など，多岐にわたる。学生相談室でも，それらへの対応を視野に入れて，教職員へのコンサルテーションや研修，自己啓発やコミュニケーションに関わる各種プログラムの実施，そして，大学側へのさまざまな情報発信など，その業務が拡大している（「学生相談」全体と今後の展開に関しては，下山・森田・榎本編［2012］の「学生相談必携GHIDEBOOK」が参考になる）。業務拡大と同時に，学内外他部署との関わりも増加し，いかにジョイニングできるかが問われてくる。「連携・協働」がいわれる中，相談員は非常勤が多く，大学特有の組織や文化の理解が遅れがちであるため，重要事項として，学生相談の歴史と大学内の位置づけについて紙幅を割いた。

(車戸明子)

文　献

原英樹：三角関係化した家族関係で形成された適応性を書いた自己主張の改善過程. 学生相談研究, 32; 1-11, 2011.
本多修：学生相談支援ファンタジー. 武庫川女子大学学生相談センター紀要, 21; 1-10, 2011.
中村伸一：家族・夫婦臨床の実践. 金剛出版, 2011.
日本学生支援機構：大学における学生相談体制の充実方策について：「総合的な学生支援」と「専門的な学生相談」の連携・協働. 2007.
下山晴彦, 森田慎一郎, 榎本眞理子編：学生相談必携 GUIDEBOOK. 金剛出版, 2012.
髙石恭子：学生相談の固有性と専門性についての一考察. 甲南大学カウンセリングセンター学生相談室紀要, 19; 31-43, 2011.

（推薦図書）中村伸一：家族・夫婦臨床の実践. 金剛出版, 2011.

Column

遺伝カウンセリングを考える

　最近，遺伝子にかかわる話題がたびたび報道されている。iPS細胞の研究や母胎血（液）による出生前診断など，これまで治療法のなかった病気に治療への道が開かれる可能性や，母体に負担をかけずに胎児の出生前診断が可能になる等がその内容である。

　ここでは後者について，家族関係から考えてみたい。母胎血による出生前診断は非侵襲的検査で，母体への負担が少ないことから検査を受けるハードルを下げることとなる。その結果，生命の選択というこれまでも論議されてきた出生前診断の倫理的問題に直面する。この倫理的問題はこれまで，当事者の意思決定に従うということでその壁を乗り越えてきた。しかし，妊娠中の女性は誰にも影響を受けないで意思決定できるのだろうか。実際，高齢妊娠の遺伝カウンセリングにおいて，妊婦とその夫の意見が違うことは珍しいことではない。たとえば夫は妻が検査を受けることを望み，妊娠中の妻は検査を受けないで出産に臨みたいと考えている場合である。夫婦にとって待ち望んだ子どもであるはずが，出生前診断可能の情報が夫妻に葛藤をもたらし，ふたりの価値観の問題に発展する場合も少なくない。妊娠には時間制限があるので，一回の遺伝カウンセリングで正確な遺伝医学情報の提供と夫妻のコミュニケーション促進を助けねばならない。少なくともふたりきりではできにくい会話が成立するようにしたいわけである。それは，緊急の意思決定をゴールとする極めて短期の，危機介入的なコミュニケーション支援で，「危機介入の家族療法」と言える。関係性に生きていて，相互に影響し合う中で，苦悶の末，精一杯の意思決定を行うのであって，出生前診断にはどこまでいっても夫妻の相互性がついてまわる。したがって，無菌室で培養するような厳密な自律的意思決定は現実的ではないように思われる。出生前診断における意思決定は医学の進歩がもたらした前倒しの夫婦間葛藤解決課題であって，出生前診断の遺伝カウンセリングは，家族療法の知見を使って夫婦間コミュニケーションを支え，正確な遺伝医学情報の提供を行うというナラティヴ・ベイスト・アプローチとエビデンス・ベイスト・アプローチの統合の場として機能する必要があると考えられている。

（後藤清恵）

第4節 児童福祉領域

児童相談所

はじめに

　児童相談所は児童福祉法に基づき，各都道府県（政令指定都市等も含む）に設置されている相談や判定などを行う児童福祉の専門機関である。満18歳までの児童に関するあらゆる相談に応じることになっている。相談種別としては，養護（虐待を含む），保健，心身障害，非行，育成（不登校，性格行動等）の各相談に大別される。一時保護所を併設しているところや児童以外の相談機関（女性・DV相談等）を併設しているところも増えている。近年の急激な社会情勢の変化とともに，児童を取り巻く状況や相談内容も変化してきており，現在は児童虐待対応の中心機関としての役割も担っている。

　相談業務は児童福祉司や心理職が中心となっているが，従来から，個人療法（個人面接）を中心とした親子（母子）並行面接が主流に行われている。そのような中で，1980年代後半から児童相談所においても家族療法が導入されるようになった。

　ここでは，児童相談所における家族療法が家族援助へとウイングを広げていく流れを紹介していくことにする。ただし，全国の児童相談所の動きのすべてを網羅しきれていないことをお断りしておく。

児童と家族の課題

　児童の抱える課題と家族のあり方には密接な関連があると考えることについては，大きな異論はないだろう。当然，児童が直面する課題の解決と家族のあり方

Key Words

システム
チームアプローチ
構造的家族療法
ジェノグラム
家族理解

（変化）が関連していることも多い。しかし，家族全体を視野に入れた考え方やアプローチの具体的な手段（手だて）が，これまで児童相談現場になかったのも事実である。

個人面接が主流となっている中，児童相談所において，児童の問題を家族システムや家族を取り巻く社会システムとの関連で理解（見立てる）することによって，具体的なアプローチ（手だて）が可能となる家族療法が導入されたのは，ある意味では必然である。

児童相談所における家族療法導入前後

1980年代後半，九州（福岡，ほか），関西（大阪，京都，ほか），関東（千葉，神奈川，ほか）などで，児童相談所の職員が家族療法に関心を持ち，学び始めている。各地で学び始めた背景には，当時，すでに家族療法を学んでいたわが国の先駆者たちの存在があった。取り組みの成果は，日本家族研究・家族療法学会発足数年後の年次大会において，児童相談所からの発表がなされていたことからも伺える。

児童臨床現場における家族療法の実施に手ごたえを感じたメンバーは，ビデオカメラでの録画や家族合同面接の実施など，ハード・ソフト両面の導入に向けて，積極的に工夫し，取り組むことになった。

一つのケースを複数の担当者が共有する援助構造である家族療法の大きな成果の一つは，今では当然のようになっているが，児童相談所に「チームアプローチ」の重要性をもたらしたことである。

また，当時紹介されたミニューチン Minuchin, S. の**構造的家族療法の考え方**（パワー，バウンダリー，サブシステム）は，彼の実践やフィールドが児童を対象にしていただけに，わが国の児童相談所においても，スムーズに受け入れられていったものと思われる。

育成相談（不登校・性格行動）を始め，非行相談や障害相談場面においても，家族システムを視野に入れた面接が積極的に取り組まれ，具体的なツールとして，家族合同描画法なども実施されるようになった。

▶**事例** 男子中学2年生Aの不登校相談

家族――両親・姉（高1）・A（中2）

家族療法実施までの経過――Aは小学校高学年より不登校となる。児童相談所では母子並行面接（母親担当は児童福祉司，A担当は心理判定員）を約3年間，定期的に実施していたが，問題改善（登校再開）には至らなかった。

家族療法実施

面接構造：心理判定員が面接担当。担当児童福祉司および同僚判定員が観察スタッフ

- 初回面接――家族全員の面接を呼び掛けたところ全員が出席。入室後の着席の指示から家族の紹介を始め，さまざまな場面において，母親中心の繰り返し（パターン）が顕著に見られることになった。インターバルでの協議としては，父親のパワーアップを図ることによって，母親の負担の軽減を目指すこと。また，両親（サブシステ

ム）として，Aの問題解決に取り組むことを治療目標にすることになった。

- **初回面接を終えての考察，振り返り**――従来の母子並行面接においては，母は話をよくする人，Aは言葉数の少ない児童という印象であったが，家族全員を集めることによって，具体的なコミュニケーションのあり方がまざまざと理解できることになった。

  また，面接場面での特徴を通して，これまで，家族が繰り返してきたやり方を改めて確認することができた。さらに，従来の母子並行面接が中心の流れの中では，両親の参加はもちろんのこと，家族全員に対して参加を呼び掛けるという重要性について，気づくことができる面接となった。その後の面接は，両親サブシステムの強化をテーマに両親の参加での面接を継続することになった。

- **その後の経過**――数回の家族合同面接および両親面接を毎月1回実施。両親面接では，コミュニケーションのズレの修正や母親主導に対するアプローチを試みることにより，両親（夫婦）サブシステムの強化を目指した。数カ月後，家族の変化に伴い，Aは徐々に登校を始めることになった。

展開期

　全国各地で取り組んでいる児童相談所職員の経験交流の場として，「児童相談所における家族療法の実際 経験交流勉強会」が始まったのは1991年12月である。団士郎（当時・京都府京都児童相談所）と岡田隆介（当時・広島市児童相談所）などの呼び掛けによる自主的な研修の場である。第1回勉強会には全国32児童相談所60名の参加があり，各地でのさまざまな実践の報告がなされた。

　一方，1987年，厚生省（現・厚生労働省）は，全国児童相談所心理判定セミナー（4日間）を京都府との共催で実施した。当時，家庭基盤の弱さが指摘されるようになり，家庭への支えの必要性が強調されるようになってきたことを背景に，「家庭基盤をどう支えるか」というテーマが設定された。そのプログラムの中で，家族療法についての講義（東豊）と演習が取り入れられ，全国レベルにおいても家族療法の導入が後押しされることとなった。児童相談所の実践は，1988年の児童相談事例集（第20集）の特集「家族へのアプローチ」としてまとめられるに至っている。

　なお，「児童相談所における家族療法の実際 経験交流勉強会」は，「児童相談所における家族療法・家族援助の実際」と変更，さらに，2004年以降は「児童相談所と近接領域における家族療法，家族援助の実際」となった。年1回，児童相談所の有志が持ち回りによる開催で研修会を実施し，現在に至るまで継続されている。

　この間，家族へのアプローチは構造的家族療法だけでなく，ブリーフセラピーや解決志向モデルなど，児童臨床現場に役立つさまざまな治療技法を導入するようになっている。

　また，家族療法導入以前，家族情報の記載は統一されていたものではなく，時には医療現場における記号（♂・♀）が使用されていた。そのような中で，ジェノグラムの普及は家族情報の共有や家族理解に大いに役立つことになった。

児童虐待対応機関の中心として

2000年に成立した児童虐待防止法により，児童相談所の業務の中心を占めるのは児童虐待となった。市町村の児童担当が第一線の相談窓口として位置づけられる中で，児童相談所は専門的機関としての役割や機能を求められることになった。

一方，育成相談としての不登校相談はスクールカウンセラーの配置により教育臨床へと移ることになり，これまでの面接室中心の相談業務だけではなく，家庭訪問といったことも頻繁に行われるようになった。従来の治療モデルだけではなく，介入モデルの登場である。

仮に，これまでの治療モデルが心理職中心とするならば，介入モデルは児童福祉司（ケースワーカー）中心で展開されるようになったのである。さらに，家族再統合も大きな課題となっており，治療モデルでもなく，介入モデルでもない，援助モデルの構築への模索が試みられている。家族援助という意味においては，「サインズ・オブ・セイフティ・アプローチ（SoSA）」[▶1]として取り組まれていることはその一つといえるだろう。

相談業務の変化の中で，児童相談所職員にはさらなる専門性が求められるようになった。困難ケースとのジョイニング，ジェノグラムの活用，家族のコミュニケーションのあり方やアセスメント，地域システムへの視点など，家族療法の知見から学ぶことは多い。

おわりに

前述の研修会が「児童相談所における家族療法の実際」から始まり，「児童相談所とその近接領域における家族療法，家族援助の実際」へとウイングを広げたのは時代の流れに沿った変化でもある。今後，社会状況のさらなる変化の流れの中で，家族へのアプローチの重要性がさらに強調され，成果を求められることが予想される。

ところで，児童相談所における人材育成，資質向上が急務の課題となっており，家族に関する研修の充実が不可欠である。

さまざまな介入モデルや援助モデルへの模索が続いているが，いずれの点においても，家族理解が重要であり，家族療法が寄与することが多くあるといえよう。

（早樫一男）

▶1
家族のリソースや強み（ストレングス）に着目し，家族と援助者との協力関係を構築する援助方法。オーストラリアの児童保護現場で開発されたアプローチ。家族療法やブリーフセラピーの考え，技法を援用したプログラム。

文献
団士郎：児童相談所における家族療法の実際：経験交流勉強会. 家族療法研究, 9(2); 56-62, 1992.
厚生省児童家庭局監修：児童相談事例集 (20): 特集 家族へのアプローチ. 日本児童福祉協会, 1988.
村上雅彦：豚と真珠と家族療法. 家族療法研究, 15(3); 56-62, 1998.
日本家族研究・家族療法学会：臨床家のための家族療法リソースブック：総説と文献105. 金剛出版, 2003.

情緒障害児短期治療施設・児童養護施設

はじめに

　現在，約3万7,000人の子どもが虐待を含むさまざまな事情によって家族と一緒に暮らせなくなり，児童福祉施設で生活している［厚生労働省，2012a］。このように家庭に代わって社会が子どもを保護し，養育することを社会的養護という。

　情緒障害児短期治療施設（以下，情短）や児童養護施設は，そうした社会的養護を担う児童福祉施設である。その他にも，乳幼児が入所する乳児院，非行傾向がある児童が入所する児童自立支援施設，里親などがある。

　情短は，全国に37施設設置されており，約1,200人の子どもが措置されている（2010年時点）。児童10名に対して1名の心理士が配置され，医師や看護師も配置ができるため，児童福祉施設の中ではもっとも治療体制が整った施設である。また施設内に分校（分級）を持つ所も多く，生活と教育と治療を組み合わせて援助に当たっている。児童養護施設は，全国に582施設あり，主に2〜18歳まで約3万人の児童が暮らしている（2010年時点）。児童養護施設は，元来子どもたちを育てることが主軸である。被虐待児童の入所が増えてきたことを受け，1999年度より心理士が1名配置できるようになり（2012年度から最低基準），施設のケア機能の向上が求められている。

児童福祉施設における家族支援の状況

　社会的養護における家族支援は，一義的には措置権者である児童相談所（以下，児相）の責務であるが，その業務は多忙を極める。年間5万件を超える虐待通告について，重症度，緊急度の判断をし，在宅における養育の可否判断を迫られる。必然的に在宅ケースの支援に多くの労力を割かざるを得ない。このような状況を鑑み，厚生労働省は2003年に児童福祉施設においても積極的に家族支援を行うよう取りまとめた。施設に家庭支援専門相談員（ファミリーソーシャルワーカー：FSW）を配置し，家族療法事業も予算化されている。家族療法事業とは，「面接，宿泊，親子レクリエーション，家庭訪問等により，心理療法担当職員による心理的な関わりと，児童指導員による生活指導的な関わりの両面から家族全体を支援」するものとされている［厚生労働省，2012b］。措置の決定，解除を行う児相と連携しつつ，児童福祉施設が家族支援機能を高めていくことが期待されている。

児童福祉施設における家族療法

　では児童福祉施設において，家族療法がどのような貢献をしてきたのかを振り返ってみよう。情短においては，子どもの治療に必要不可欠な要素として家族支援を行ってきた歴史がある。情短紀要を1989年の第1号から調べてみると，90年代までは不登校児を対象にした家族療法の試みがいくつも報告されている［長

Key Words

児童虐待
児童福祉施設
家族支援

谷川・藤井，1989；他］。その援助形態は，通所による家族合同面接や，親子宿泊（家族療法）棟を用いて日常的な関わりを見ながら変化を狙うもの，親子キャンプなど施設ならではの多様な形態が試みられている。1995年第6号に至っては，国際家族年記念特集として家族支援の特集号が組まれている。しかし，2000年の虐待防止法施行以降は，児童虐待による入所が増え，子どもの治療への親の参加協力という援助形態が取りづらくなったのか，家族療法という言葉は少なくなっていく。家族への支援は，ペアレントトレーニングなどを中心に，海外のさまざまなプログラムの導入に移行していく［宮井，相坂，池本，2010］。

　児童養護施設においては，家族療法の視点からの援助報告は西原［2006］など限られている。しかし，広く関係性の視点として捉えれば，必然的に子どもと家族の関係性を視野に入れた援助を行っている施設も多い。児童福祉施設における家族支援のレビューは，川﨑［2009］や髙田・田附［2011］に詳しい。次に，システミックな視点に基づいた家族支援の実践について触れてみよう。

システミックな視点による家族支援

　児童福祉施設で出会う家族は，知的障害，精神疾患等の個人が抱える困難さや，多世代の問題やDV，離婚や再婚など関係レベルの負荷，貧困，不定就労，度重なる転居などがついてまわる社会的に置かれた状況など，多要因のストレス状況にあることが多い。そのような生活歴の中で，人からあまりよい思いを受けてこなかった人も少なくないだろう。初めて施設の援助者とかかわるときには，どのように見られるか不安であったり，警戒心が高くなっても無理はない。人をそうやすやすと信頼しないのは，彼らの生きてくる上での防御策であろう。スラムの家族への援助を重ねる中で構造的家族療法を構築したミニューチン Minuchin, S. が，ジョイニングをことさら強調したことが思い出される。家族のシステム，文化を尊重しつつ関係作りをするジョイニング（援助者が家族システムに参入する）と同時に，家族から何かを求められればすぐに手を差し伸べられる施設の援助システム（援助システムが家族を受け入れる）を構築しておくことも関係作りの基盤となる。家族との関係作りをしつつ，アセスメントを確かなものとしていく段階が最初のステップとなる。

　次の段階は，関係の繋ぎ直しがテーマとなる。子どもの入所によって，家族は子どもがいない状況で安定してしまうこともある。入所期間が長くなると，再婚やきょうだいの出生などで家族メンバーが増えたり，離婚や死別などでメンバーが減るなどの変化が生じることもある。こうしたさまざまな家族の変化の中で，子どもと家族を繋ぎ合わせていくことが援助者に求められる。子どもの年齢や発達段階に応じて，子どもが家族に求めるものも，家族が子どもに期待するものも変化していくが，家族それぞれの声を聞きつつ，子どもを家族の中に位置づけていくことが，家族支援のねらいとなる。幼い子の家庭復帰を目標とするのであれば，子どもが必要とする家庭の養育機能は高いものとなるし，中高校生年齢になれば施設から自立することを視野に入れつつ，今まで子どもと親それぞれが抱えてきた気持ちを伝え合うプロセスになることもある。ソーシャルワークによって，生活の基盤が整うことで，子どものことを考える余裕が生まれることもあれば，親と祖父母世代との関係を振り返る個人面接や子どもと親の思いを繋ぐ合同面接

などの心理的援助によって，滞っていたケアの流れが注がれ始めることもある。「（私だって親にちゃんとしてもらえなかったから）子育ての仕方なんて分からない！」という親の訴えによって，ペアレントトレーニングが始められることもある。社会や法的な枠組みを視野に入れつつ，それぞれのニーズを丁寧に聞き取り，膨らませていくプロセスである。次に，一例を紹介しよう。

▶ **事例** 関係回復への小さな期待
（「　」は子ども，『　』は母親，〈　〉は治療者（以下，Th）らの発言）

　A君は3歳の時に母親から熱湯をかけられ病院に搬送された。不自然な火傷に虐待を疑った病院からの虐待通告によって緊急一時保護。その後，Z施設に入所し，中学校進学を機に家庭復帰をしていた。母が再婚し，異父弟が生まれ，安定した生活が見込まれたためである。ところが，半年ほど経った中学1年の9月，A君は警察に補導された。「家に帰りたくない」と訴えたため，児相へ身柄付き通告。児相が母と面接をすると，母も『（異父）弟へのいじめが酷く，私にも反抗ばかり。本人も戻りたいと言っているので施設入所させて欲しい』と言う。母とA君双方の拒否感は強かった。児相の判断により，X施設に入所となった。

　入所当初，A君は家族との交流を拒否していたが，母とはFSWや心理士が折をみて関係作りを積み重ねていた。母が少しずつ伝えてくれたことによると，母自身も虐待的な環境で育ったとのこと。A君が3歳のときは母一人ではどうにもA君の癇癪が収められず，気がついたら熱湯を掛けてしまっていた。慌てて救急車を呼んだのだという。再婚し，今度こそはと異父弟を育ててきた。異父弟が3歳になったあるとき，『こんなに小さい子にあんなことをしてしまった』と愕然とし，すぐに引き取らなければと思った。しかし一緒に住み始めたA君は『すごい目つきで私を睨み』，弟をいじめ，注意すると夜帰ってこなくなったそうだ。〈お互いに思いはあったのに，上手く伝わらなかったのは残念でしたね〉と伝えると『あの子に思いなんてないんじゃないですか!?』と吐き捨てるように言った。A君への期待は小さく萎んでおり，傷つきが怒りとなっているようだった。

　一方A君は入所して1年あまりが過ぎた頃，個別心理療法の時間に「俺なんか引き取らないで，あっちで上手くやっていればよかったのにね。別に家族はどうでもよいけど，飼っていた犬が元気かだけは気になるんだよね」と呟いた。お母さんが何度も電話をしてきてくれて，ThやFSWと話をしていることを伝えた上で〈お母さんに聞いてみる？〉と聞くと頷いた。関係への期待と不安が小さく膨らんだ。

　入所以来初めての面会の場面には，母とA君，児相の福祉司，施設のFSWと心理士，担当職員が同席した。〈A君お母さんに聞いてみたいことある？〉「犬は元気？」母『元気だよ』そんな会話から始まった。A君が言った。「俺なんかいない方が上手くいくでしょ」。しばらく黙っていた母は目を真っ赤にしながら『私のせいで小さい頃から施設に入れてしまって。いつか一緒に住もうとずっと思っていたんだよ』と絞り出すように言った。「いまさらだよ」と答えたA君の目も真っ赤だった。関係修復の第一歩だった。

おわりに

　全国の児童養護施設を対象とした家族支援の実態調査［田附, 2012］によれば，約 85％の心理士が家族への支援にかかわる必要性を感じていながら，実際，家族に援助している心理士は約 1 割に過ぎない。その理由の一つとして「（家族と会う）専門性への自信のなさ（約 25％）」が挙げられている。施設の FSW の約 75％は，心理士に家族支援にかかわってもらうことを期待しているという同調査の結果も踏まえて考えると，FSW を中心に，そこに施設の心理士がどのように貢献できるかを考えることが，児童福祉施設として家族支援機能を高めていくことに繋がっていくだろう。

　どのような援助技法であれ，それのみが有効であるとするのは，実践的ではない。しかしながら，児童虐待は家族の関係性において起こり，また関係性に大きな影響も与える問題であるから，家族という文脈やシステミックな視点からの理解が不可欠であろう。家族療法が積み重ねてきたものが，施設のケアワーカー，FSW，心理士等に学ばれ，今後の社会的養護に役立てられることを期待する。

（大塚　斉）

推薦図書

1. 中釜洋子, 髙田治, 齋藤憲司: 心理援助のネットワークづくり. 東京大学出版会, 2008.
2. ミニューチン, S., ニコルス, M.P., リー, W.Y.（中村伸一, 中釜洋子監訳）: 家族・夫婦面接のための 4 ステップ. 金剛出版, 2010.

文　献

長谷川章, 藤井昌之: 抜毛―一人ぼっちの夢しか見られない少女. 心理治療と治療教育: 全国情緒障害児短期治療施設紀要, 1; 46-54, 1989.

川﨑二三彦, 島川丈夫, 坂口繁男, 城村威男, 橘川英和, 増沢高, 大塚斉, 田附あえか: 平成 19 年度研究報告書. 児童虐待における家族支援に関する研究: 児童福祉施設での取り組み. 子どもの虹情報研修センター, 2009.

厚生労働省: 社会的養護の現状について. 2012a.［http://www.mhlw.go.jp/bunya/kodomo/syakaiteki_yougo/dl/yougo_genjou_01.pdf］

厚生労働省: 社会的養護の課題と将来像への取組. 2012b.［http://www.mhlw.go.jp/bunya/kodomo/syakaiteki_yougo/dl/yougo_genjou_02.pdf］

宮井研治, 相坂聖子, 池本有利子: 児童院における親担当の機能と役割について: サインズ・オブ・セイフティアプローチ (SoSA) を用いたケース処遇. 心理治療と治療教育: 全国情緒障害児短期治療施設紀要, 21; 83-92, 2010.

西田泰子: 情緒障害児短期治療施設から: 共同治療者として保護者と向き合う時の姿勢や工夫. 精神療法, 32(4); 14-20, 2006.

西原尚之, 稲富憲明, 平田ルリ子: 家族再統合の課題としての世代間葛藤: 施設ソーシャルワーカーが行う日常的家族療法. アディクションと家族, 22; 373-380, 2006.

Minuchin, S., Nichols, M.P., Lee W-Y.: Assessing Families and Couples Pearson Education. Inc, 2007.［中村伸一, 中釜洋子監訳: 家族・夫婦面接のための 4 ステップ. 金剛出版, 2010.］

田附あえか: 児童養護施設における家族支援の実態に関する調査. 研究報告書: 平成 22～23 年度文部科学省科学研究費補助金（課題番号: 22730531）, 2012.

髙田治, 田附あえか: 被虐待児の支援. 児童心理学の進歩, 50; 231-254, 2011.

全国情緒障害児短期治療施設協議会: 心理治療と治療教育. 1-22. 情緒障害児短期治療施設研究紀要, 1989-2011.

第5節 ソーシャルワーク領域

女性福祉におけるソーシャルワーク支援と家族療法の適用

はじめに

ここでは、現代の社会と家族における女性の役割を概観して、ソーシャルワーク実践の立場から、女性のウェルビーイングや権利を侵害しないために**家族療法**がどのようにそのニーズに答え、役に立つかについて考える。「女性−家族」を支援するに当たっては、社会的な文脈を理解した上で、本人主体のソーシャルワーク実践にあたることは重要である。

今日の女性福祉

女性福祉とは女性が女性であるがゆえに利益を損なわれたり、人権を侵害されずに人としてのウェルビーイングを追求しうるためのしかけである。今日の女性福祉は、その対象者を、古典的な貧困・困窮などの特別なニーズを持つ人びととする立場と、ライフサイクルや生活上の折々にサポートが必要な女性とする立場で揺れている。後者の対象は広範囲にわたり、たとえば労働環境の改善、子育て支援から家族間葛藤や、介護・看護・養育・家事などすべてにわたっており、ジェンダーやフェミニズムの視点を不可欠とするものである。具体的には三つの軸で考えられる。一つめは前述の伝統的な明らかに保護が必要な問題を巡るものであり、二つめは、「家族内」における女性の役割の問題、三つめが、女性が自立したひとりの人として生きようとするときの困難や課題にまつわる問題である。女性

Key Words

女性福祉
ソーシャルワーク
家族療法
レジリエンス
フェミニズム

福祉といわれる法律は長らく「売春防止法（1956）」と「母子及び寡婦福祉法」（1981）の二つであり、「転落」防止と主に夫と死・離別し、単身で子どもを育てていたり、特別な保護が必要な女性がその対象であった[1]。女性福祉は「未だに社会福祉の一領域として明確に位置づけられていない」［秋元・大島・芝野他編, 2003: 246］のである。その中で、「配偶者の暴力の防止及び被害者の保護に関する法律」（2001）の出現によって母子生活支援施設や婦人保護施設が一連のドメスティック・バイオレンス（以下 DV）対応の受け皿となり、貧困への問題意識から母子家庭にも関心が高まってきた。社会福祉の大きなうねりの中で女性に対しても「自立支援」の方向に舵がとられ、ようやく女性は保護される対象ではなく、自立する主体としての権利を担保されることとなった。それを推進するのは、男女共同参画社会の流れであり、そこには女性が家庭的存在に留まらず、社会的存在として新たな役割が求められるようになった転換がある。

ところで、家族には、伝統的に「産み・育て、ケアする」器であることが期待されており、その役割を担うのは多くの場合、「女性」であり、女性は家族においておおむね母親、母親予備軍、妻として産む性と同時にケアの機能を担っているといういう。しかしながら、公には男女共同参画社会をゴールとし、個人がケアを担うのではなく「地域ケア」や「社会ケア」などによって、男女それぞれ、仕事も家庭生活も同等にエンジョイできる社会作りを進めていこうとする方向性が示されている。少子化対策改め「子ども・子育てビジョン」のもとでの、「社会全体で子育てを支え」、「生活と仕事と子育ての調和（ワークライフバランス）」である[2]。ここに至るには、少子高齢社会や国際的な女性差別撤廃の流れなどのマクロのニーズと同時に児童虐待や高齢者虐待の増加、あるいは顕現化、また貧困の女性化といわれる高齢・女性の貧困が進んでいる[3]ことなどから家族や親の養育力や貧困への危機感が増したことが挙げられる。しかしながら、そこでは子育てやお年寄りの介護、それらを一人で抱える女性の困難などのミクロなニーズは、個別の個人的事情や環境などのディテール、襞を棄却して、虐待や貧困をめぐる社会問題や社会秩序として介護保険や年金、生活保護受給などマクロな問題に収斂される。高齢、傷病、障害、子育てなどを巡る介護、看護、養護などのさまざまな領域で家族支援の重要性は説かれるが、それらは家族福祉や女性福祉という領域には落ちていかない。子ども家庭福祉であり、介護家族へのケアやサポートであり、家族の中で女性が担い続けてきた役割や家族の役割は個人－本人中心、つまり個人の選択と選択責任に溶解する。加えて、未婚、非婚、非産、つまり妻でも母でもない女性は問題の外におかれる。

男女平等で女性の自己実現を目指す流れは、女性に「家庭での産み育てるケアの担い手」と、「社会、職場での（安価な）労働の担い手」の役割を同時に求め、促進するものであり、従来の「家庭か仕事か」という二者択一から「家庭も仕事も」と一つの生き方を迫られた今日の女性はダブルバインディングな状況に置かれ、実は自己決定の術はない。

女性と家族療法

こうした女性や家族を巡る多くの論議や課題を背景に家族は家族療法の現場に来談する。多くの「母親」が「何もかも私が悪いのです」と泣き崩れる場面に何

[1] 今日一般の子育て家庭の保育ニーズが増大し、大きな社会問題として関心を集めているが、保育所は「保育に欠ける」（児童福祉法, 1947）子どものための児童福祉施設である。また、母子生活支援施設（いわゆる母子寮）の根拠法も児童福祉法であり、あくまでも「子どもの福祉」のための社会福祉施設である。つまり厳密には女性（婦人）福祉ではない。

[2] 「少子化社会対策基本法」（2003）は少子化社会対策会議（2010）において「子ども・子育てビジョン」と改められた［「子どもと家族を応援する日本」重点戦略, 2007］。

[3] 『男女共同参画白書（H24年版）』［内閣府男女共同参画局, 2012, pp.187］によると、女性の男性に対する相対的貧困率は、特に高齢単身女性世帯や母子世帯で高い状況が見られる。

度立ち会ったであろうか。DVを訴えて相談にくる妻たちの多くは心身ともの暴力が潜在する家庭に帰っていく。「家族」の問題の責任者は「母親」であるという呪縛から解き放たれることは，あたかも母親を降りることであるかのようである。生活の安定のためや自立の問題でなく，「○○の妻」，「○○の娘」，離婚という「敗北体験」のない社会的な安穏を選ぶのも一つの過程である[▶4]が，現代の女性が家族の中で立ちすくむ経緯には内在化した自らのジェンダーロール遂行へのこだわりがあるのではないだろうか。男女平等であまたの機会を持ちながらも「家庭・家族のケアが第一である」という役割を選んだことを，自らの自己決定の責任として問うことは，victim blaming（犠牲者非難）であろう。多くの女性たちは自らの性があらかじめ権利侵害を受けているとは考えずに，生き生きと自己実現の過程を生きているものと思われるが，それだけにこれらの断層がくっきり見えるのがDVであり，家族療法の現場である。

▶ **事例** 母子生活支援施設でのDV被害の母子家庭の生活の立て直し

ここで社会福祉の現場での困難事例に家族療法で対処した例を紹介する。困難事例といわれるものは家族関係も複雑であり，解決の絵も描きにくい。

同居の男性からの暴力で民間の相談機関に飛びこんできたAさん，28歳。軽い知的障害。子どものころから父と周りの大人たちからの性的虐待を受け，母親は父親と離婚。中学でいじめられ不登校となり，盛り場を徘徊し，風俗に勤めるようになり，そこで知り合った男性Bさんと同居。二人の子どもを産むが，その間もBさんは時々行方不明となり，その間に親しくなった別の男性Cさんと関係し，妊娠，流産。それを契機にBさんの暴力が始まる。Aさんは二人の子ども（姉小3，弟4歳）と共に母子生活支援施設に入所したものの，B，Cさん共に別れられず，就職も育児も生活全般が機能しない状態であった。Aさんからは子どもたちを育てたいという強い意向は見られず，児童養護施設入所も検討された。子どもたちのきょうだい仲がよいことと，Aさんに強い愛着を示していることから，まずは施設で母子の生活を立て直すことが目標とされた。Aさんとの面接はAさんの「どうせダメだけど」という呟きを丁寧に聞き返して，「どうせ」ではない展開を考え，工夫し，その結果を受けて，また新たな工夫をする繰り返しであった。同時に子どもの小学校の教師や保育所の保育士と連携し，Aさんが母親として実感が持てるような関わりを工夫し，Aさんに疲れが見えるときには家事，育児を休めるようなサポート体制も作った。子どもたちは入所してからは，暴力的な心身ともに休まらない生活環境から解放され，表情や会話が活発となり，母親とのコミュニケーションにもぎこちなさが減り，母子が声を挙げて笑う場面も見られるようになった。Aさんの対人関係におけるムラの幅も少なくなった。今後もAさんの社会適応や子どもたちの成長の過程でさまざまな課題が予測されるものの，一時のAさんと子どもたちの無機的で荒廃した感じのやりとりは見られなくなり，母子の生活の安定という当初のゴールは一応達成されたかと思われた。そこに至るには，ほぼ1年間を要した。

▶4 これが一つの過程となるか，「終了」，「中断」の過程となるかは，そのDVの実体やセラピストとしての能力という要素によって当然さまざまである。

事例の考察

　Aさんの問題は，Aさんの個人的な知的能力，社会的スキル，教育の程度，就業の可能性，生活習慣や養育者としての自覚・スキル・モチベーション，子どもたちとの愛着関係やコミュニケーション等々，多くの解決困難な課題があると思われた。何層にもAさんの状況を膠着させているジェンダーの問題もある。子どもの頃から，「女性という性」を生きることが「侵され」「傷つけられる」経験でありながら，「女性という性」でしか生きることを許されなかったAさん。しかしながら，問題や自分自身への気付きは問題の解決には直接的に導かれない。まずは，Aさんの生活の混沌を，Aさんなりに整理することにお付き合いするしかけを作り，「生活」の主体として生きるAさん，同じく主体としての子どもたちをサポートする関係者との連携を計り，母子相互のみならず周囲との相互作用の過程においてわずかの差異を積み上げていったものである。

　ソーシャルワークの母といわれるリッチモンド Richmond, M. は「すべてのソーシャルワークは家族のケースである」［1964］と述べており，現代のソーシャルワークの基盤理論の一つはシステム論である。ソーシャルワーカーたちは，どのような対象であれ，全体としてのシステムの総体を見て，自分とサービス利用者と，環境や社会資源とそれをつなぐ人びとと協働するものである。本事例のようにかなりのサポートを必要とする場合，具体的な社会資源を有効に使うことが解決への鍵であり，その資源やネットワークを綾なすにはソーシャルワークの機能とシステムを動かす技が必要である。

おわりに

　須藤［2007: 188-190］は母子生活支援施設についての支援の柱として，フェミニズムの視点と「低地」[▶5]という視点の二つを挙げている。フェミニズムの視点とは，女性が女性ということで人間らしく生きる権利を剥奪されているのではないかという視点であり，「低地」とは母子生活支援施設の現実の「生活の場」（＝現場）の混沌とした有り様の特殊性であり，それはつまるところ半端ではない人の生活の困難と割り切れなさである。女性福祉におけるソーシャルワーク支援と家族療法の適用を考えると，第一にフェミニズムとソーシャルワークは通低して「低地」での現場実践である。第二にソーシャルワークにおける家族は，むしろ非在，不在，加害し，侵害するものとして立ち現れる場合も多い。と同時に，現場へのアウトリーチによる実践が行われるようになり，家族療法実践の機会は増えている。第三にシステム論に基づく家族療法では，対象が誰であれ問題解決システムを作り動かすことが基本であり，そのときの対象単位は家族である必要はない。とりわけ家族レジリエンス概念[▶6]によれば，本人をとりまく環境にその解決システムを構築しつつ，そこで関わるとりわけ家族（と括りうる人びと）の自然な自己修復力「レジリエンス」が働くためには，家族の自然に元に戻る力を邪魔しない安心できるシステムを用意すれば，人も家族も動きたい方向に動くものなのであると考えられる。

　今日のソーシャルワークの現場では，いわゆる家族という枠組みに囚われないシステミックな視点と人びとに働きかける家族療法は有用であると思われる。

（得津慎子）

▶5
須藤はソーシャルワークの専門性について，ドナルド・ショーンの「低地」［D・A・ショーン（佐藤学・秋田喜代美訳）：専門家の知恵: 反省的実践家は行為しながら考える. ゆみる出版, 2001）という言葉を借りて，母子生活支援施設は「低地」であり，「技術的解決が不可能なほどに状況が〈めちゃくちゃ〉に混乱しぬかるんだ低地」であり，科学的に立証できる厳密性よりも適切性が重要であるとする。

▶6
「レジリエンス」の項参照。

文献

秋元美世, 大島巌, 芝野松次郎他編: 現代社会福祉辞典. 有斐閣, 2003.
須藤八千代: 母子寮と母子生活支援施設のあいだ: 女性と子どもを支援するソーシャルワーク実践. 明石書店, 2007.
杉本貴代栄: 女性が福祉社会で生きるということ. 勁草書房, 2008.
Richmond, M.: Social Diagnosis. Russell Sage Foundation, NY, 1964.
Walsh, F.: Strengthen Family resilience. Guilford Press, NY, 1998.

推薦図書

ファインマン, M.A.(上野千鶴子監訳): 家族, 積みすぎた方舟: ポスト平等主義のフェミニズム法理論. 学陽書房, 2003.
戒能民江編著: ジェンダー研究のフロンティアⅠ 国家／ファミリーの再構築. 作品社, 2008
上野千鶴子: 近代家族の成立と終焉. 岩波書店, 1994.

Column

ドメスティックバイオレンスと加害者臨床

加害者臨床はジャスティス・クライアント (justice client) を対象とする。触法行為や逸脱行動を行った人々であり、一般には、抵抗する、自発的ではない、動機づけられていないクライアントと特徴づけられることが多い。心理的福祉的教育的な要支援ニーズをもっていることが多く、司法的な処分・対応とともに、アセスメントをもとにして臨床的な対応を行う必要がある対象者でもある。ドメスティックバイオレンス (DV) への加害者臨床はその一環として構成されていくべきものである。不寛容政策 (zero tolerance) によるDVへの積極的介入と逮捕政策や接近禁止命令の確立、保護命令制度による被害者保護の制度の構築、ダイヴァージョン政策 (刑事罰を課すことの代替策としてのプログラム受講命令制度) の導入、常習的に殴打を繰り返すバタラー (batterer) としてのアセスメントという一連の加害者化の過程が大切である。その上で、再発防止の脱暴力プログラム (バタラーズプログラム) が編成され、加害者更生を目的として制度化された心理的行動的リハビリテーションによる脱暴力化支援の仕組みが対応し、そこで用いられるアプローチが加害者臨床である。諸外国においてはこれらの諸過程は制度化されており、非行、虐待等もふくめた司法・矯正領域における臨床の一環を構成している。脱暴力プログラムでは自らの暴力を振り返り、暴力を肯定してきた認知的行動的特性を知り、再発しないように自己統制を加えていけるように体系的学習を行う。男性の加害が多いことを前提にしたジェンダー教育プログラムや性別役割についての偏った意識を修正するための心理教育プログラムとしての性格が強い。内発的変化を促すための臨床の技法としては、グループアプローチ、認知の歪みを再構成する認知行動療法、怒りマネジメントスキル学習、アサーション・トレーニング、ソーシャルスキル取得訓練、ソリューション・フォーカスト・アプローチ、夫婦カウンセリング、個人面接等が複合的に用いられる。

(中村 正)

精神障害者・リハビリテーションにおけるソーシャルワーク支援と家族療法

はじめに

　精神障害者やその家族が抱える問題や課題が多様化し，複雑化してきたことに加えて，精神障害に対する理解不足，症状の不安定さなどにより，ソーシャルワーク支援の効果を高めることは困難を伴うことが多い。

　その中で，ソーシャルワーカーは地域や医療機関での精神科リハビリテーションに関わり，家族療法を援用した家族支援を展開している。本項では，精神障害者のリハビリテーションにおけるソーシャルワーカーの臨床実践の具体例を提示し，家族支援の必要性とその意義について述べる。

精神障害者のリハビリテーションにおける家族支援の必要性

　精神障害者リハビリテーションでは，精神障害者の自尊心の回復と主体性の獲得が中心的な課題であり，自立した生活の樹立を目的としている。精神障害者の自立とは，経済的な独立や一人暮らしができるだけではなく，家族と同居していても支配されない，主体的な生活を実現することである。

　家族は，精神障害者にとって一番身近な援助者であるが，保護者として期待されると同時に精神障害者への関わり方については心配のあまり過保護・過干渉といわれることも多い。一方，精神障害者本人は，家族の関わりに一喜一憂しながらも対応し，自信を失うことや病状の悪化を招くことがある。家族は，精神障害をもつ家族メンバーに，何とか自立を援助したいと思いながらも，支配的・過干渉になりがちである。また，入院治療を終えて退院となる際にも，病状の悪化を心配して退院に消極的であったり，家族との同居，あるいは一人暮らしをなかなか受け入れなかったり，就労が最終的な回復と考え，仕事につくことを急がす場合もある。

　遺伝への偏見から周囲の人に病気の家族がいることを知られたくないと考え，家族の中での精神障害者の存在を認めようとしないことから，家族が機能不全の状況に陥ることもある。重い荷物を背負ったと考える家族がほとんどであり，ソーシャルワーカーは援助者としてこのような家族に対してどのように支援していくかを考えなければならない。

　このような現状では，精神障害者本人への支援を含めた家族支援の果たす役割は大きい。以下，リハビリテーションとして対応すべき課題を4点にまとめる。①病気の理解不足（症状，経過や薬など医学的知識の不足と偏見），②家族メンバーが精神科の病いにかかったことを周囲の人に隠したい（社会からの孤立），③親は子どもの発病を子育ての失敗と考える，④就職，結婚，親亡き後の生活，である。

Key Words

主体性
ナラティヴ
家族の力

精神障害者リハビリテーションにおけるソーシャルワーカーの家族支援の目的は，精神障害者やその家族が抱えるさまざまな社会生活上の問題に関わり，彼らの社会復帰を促進することである。利用者とその家族を取り巻く環境システムの調整を通して利用者のみならず家族も含めて社会生活機能を高めるために，家族療法を援用し，家族システムや家族間の関係性に着目して支援を展開することが求められる。

家族療法による家族支援の実際

「道立精神衛生センター」[▶1]の家族会支援とメンバー同士の結婚での家族支援

　同センターは「社会復帰学級」を開設し，「家族連絡会」を開催した。デイケア通所者の家族が中心になり家族会を立ち上げた。話し合いは主に，①会員相互に病気の理解を深める，②家族全員が病気を理解すること，③家族内でのメンバーとの付き合い，④近所や親戚との関係，⑤親亡き後の彼らの生活などが話された。

　そのような活動を通してメンバーのA夫とB子の交際が始まった。そのことは家族会にも伝わり，大きな話題となった。二人の交際に反対していた両家族は，まず医師の意見を聞いた。医師は，「病気の治療として服薬は必要だが，本人同士の結婚は彼らの自由」と述べた。次いで，ソーシャルワーカーと家族と本人たちで，彼らの結婚について話し合った。B子の母は「娘の発病が中学時代，食事作りさえできない」と述べ，A夫の母は「息子は病気で退職した。仕事がないのに結婚生活は経済的に無理」と述べた。当人たちは「早く自分たちの生活を始めたい」と述べ，三者三様の訴えであった。

　ソーシャルワーカーは，アンデルセン Andersen, T. [1991] のいう対等で協働的な関係を念頭に，各自の意見を尊重し，話し合いを進めた。二人も家族も，病気をしたことによって起きる社会生活上の困難さを知っているので，家族が心配して反対することも理解できるようになった。さらに対話を続ける中で今後の生活についてそれぞれの意見を出し合い，「結婚」と「病気」を区別した話し合いに進めていった。二人は結婚生活を始め，両親達は彼らを見守っている。お盆，お正月には二人で，両方の家族を訪問している。

　家族会では，結婚のことから現実の社会生活上の金銭問題などが話し合われ，家族会員の障害者に対する理解が進んだといえる。

　デイケア終了者は，自主的にセンターに集まり「すみれ会」を始めた。その後，彼らは新しい場所に移り，当番制での昼食を作り，作業をし，麻雀し，各自好きに過ごすようになった。「すみれ会」は，当事者の会として活動を続け，参加者それぞれを尊重し，仲間同士で結婚するものも多く，生活の中で当事者同士が助け合って生きている。

「札幌デイケアセンター」[▶2]における家族支援

　「札幌デイケアセンター」では，家族を含めた定期的な面接を取り入れ，メンバー，スタッフとともに病いと闘う同志としての位置づけを明確にした。それは，精神科デイケアにおける家族の役割を従来の家庭での介護に重きを置くのではなく，むしろ精神科リハビリテーションのチームの一員としてプログラムの中に家族の参加を求めた。

[▶1] 現・北海道立精神保健福祉センター（1969年開始，札幌）。北海道内の保健所を中心とした地域精神衛生活動の実践的技術支援部門としてデイケア（1969年9月開始）を設立した。定例の家族会（白石むつみ会・1984年）を開設。患者会（すみれ会）は1971年に開始。1986年に共同作業所設立。

[▶2] 現・こころのリカバリー総合支援センター（1988年開設，札幌）。

スタッフは，メンバーへの関わり方に家族療法を応用し，デイケア通所のために実現可能な課題を設定し，小さな変化に目をむけ，日常行動をポジティブに評価する姿勢を取った。

さらに，家族を含めた面接場面では，家族の支配的・過干渉とされやすい行動を「家族の意欲的な行動力」と肯定的に評価（リフレーミング）し，**家族の力**を信頼した。家族は，スタッフの肯定的言動の影響を受け，自分の子どものよい所を褒めるようになった。このように精神科リハビリテーションの家族支援に家族療法の技法を活用した結果，家族と本人に次のような変化がみられた（「札幌デイケアセンターアンケート調査（2001）より」）。

家族は，本人へのサポートとして「相談に乗ること」を心がけており，本人の話を聴く姿勢になった。メンバーは家族との関係で自分が変化したこととして，『家族の前で自分の意見がいえる』『困ったときに頼れる』『自分の意見をとおす』など，これまで家族の中で援助される側だったのが，主体的な発言がみられるようになった。

また，家族は，『子どもの意見を尊重している』『子どもへの自分の行動や発言が変化した』『話を聞くようになった』『小言をいわなくなった』など，家族自身は本人への関わり方も変化したことを感じていた。

利用者本人の現在の生活の満足度は，約7割が「満足」「やや満足」と答えた。また家族の本人への評価も，約3/4が「よくやっている」「まあまあよくやっている」と答え，これは，本人の満足度より高い。元々自己評価の低かった利用者が肯定的に捉えられるようになり，現在の生活を満足と答えたのは，家族からの評価の高まったことが大きな効果をもたらしたと考える。また，「本人が変化」したことによって，家族自身の変化を促すきっかけにもなったという。

このように相互の関係性の変化はお互いの変化につながっている。当センターの利用者の80％が家族と同居しているが，家族と本人との日常の関係を視野に入れた援助を行うことを通して，スタッフも，家族を援助すると同時に家族に助けてもらう協働作業であることを実感し，スタッフも成長する機会となった[▶3]。

「サタデーピア」[▶4]での家族支援

「サタデーピア」は，精神科診療所の勉強会である「土曜会」として始まった[▶5]。
当初は精神疾患や薬の理解，福祉サービスの実際といった心理教育的なプログラムをソーシャルワーカーが中心となって企画運営していた。「物語モデル」や「システムズアプローチ」「心理教育の実際」「家族SST」等の家族療法の技法を始めとした多くの学びを続ける中で，当事者，家族が知識やスキルを持つことの意義が浸透し始め，当事者，家族自身が勉強会運営を主体的に担うようになっていった。数年後には，「私たちが住む地域の精神保健福祉の状況をよくしたい」という共通の目標のもとに当事者・家族・専門家・市民が対等に共働するNPO法人設立へと進展していった。「土曜会」の頃からのメンバーであるAさんは，「当初は勉強会の内容は解らなかったけれど，ただ藁をもつかむ思いで参加していた」と言い，BさんやCさんは勉強会の度に「医者が病気を治してくれさえすればいいのよ」とか「ケアが必要なのは患者本人なのに何で家族が……」と顔をしかめていたが，今では理事，ピアスタッフ，ボランティアとして10年以上共に活動している。高EEのレッテルを貼られかねない家族が情熱をもって活動に参加し，

第1章　領域ごとの臨床実践

第5節　ソーシャルワーク領域

▶3
その後，家族は自助グループとしての家族会活動を通して，地域での作業所づくり，NPO法人の設立，ボランティア活動など，家族自身が障害を受け入れ，自分の人生を主体的に生きている。

▶4
NPO法人サタデーピア（1999年設立，滋賀県彦根市）。

▶5
「土曜会」には当事者や家族，精神医療に関心を持つ近隣の人々や医師，保健師，教師等の専門家が，共に学び合い，支え合うことを趣意として集っていた。

活動を通してよき援助者となっている。

現在のサタデーピアでは事業所部門として精神障害者自立支援事業所を運営し，研修部門では「ピアカウンセラー養成講座」や「SST研修会」等を定例で実施し，当事者とともに毎年多くの家族が研修を終え，ピアスタッフとしての活動に登録している。

家族支援の意義

ソーシャルワーカーは，家族の病気理解を促すことを目的として家族等（当事者，スタッフも含む）の学習会，心理教育プログラム等を実施している。家族は共に学ぶことで，仲間づくりを促進し，精神障害への偏見をなくし，安心して精神科リハビリテーションに臨むことができるようになる。

精神障害者のリハビリテーションに家族療法の考え方を取り入れることによって，スタッフが家族の力を信じ，肯定的意味づけをし，家族を責めない関わりが可能となる。それにより，家族自身がエンパワーされ，問題解決能力を高め，精神障害者の自己実現に寄与することができるようになる。何より家族自身がNPO活動やデイケア活動，家族会活動を通してエンパワーされる。また，家族を援助者チームの一員として協働して作業をすることで，精神障害者を取り巻くネットワークが充実する。

家族支援の意義として，①心理教育プログラム等を通して，福祉サービスや精神障害を理解すること，②精神障害を抱える子どもたちとの関わり方を学ぶこと，③自分の子どもが障害を抱えながらも元気に生活できるようになった経過を共に体験すること，④活動を通して同じ悩みを持つ家族やスタッフ，当事者と出会いの機会を持つこと，⑤仲間で作ったNPOや事業所のボランティア，ピアスタッフとして，自分の子ども以外の精神障害者と出会うこと，⑥NPOの活動等社会的活動ができたこと，⑦スタッフに自分の苦労話を十分に聞いてもらいサポートされねぎらわれたこと，が挙げられる。

おわりに

家族を支援することを通して，家族自身が障害を受容することができるようになり，精神障害者への認識が変化する。それにより利用者本人の自立を促すことに寄与する。精神の障害は本人も自覚しづらく，家族や周りの人たちも理解しにくいが，家族が病気への知識を深め，彼らに対する接し方を理解していくことで家族の対応が肯定的なものに変化する。そのようにエンパワーされた家族の力は，本人の障害の受容を促す。病いや障害を抱えても誰にも支配されない主体的な生活を再構成していく原動力になるといえる。

（金田迪代＋中野英子＋上ノ山真佐子）

文　献

Andersen, T. : The Reflecting Team : Dialogues and Dialogues About the Dialogues. W.W.Norton, New York, 1991.［鈴木浩二監訳：リフレクティング・プロセス：会話における会話と会話. 金剛出版, 2001.］
Hoffman, L.: Family Therapy: An Intimate History. W.W.Norton, New York, 2002.［亀口憲治監訳：家族療法学. 金剛出版, 2005.］
金田迪代，黒田知篤：当センター社会復帰学級をめぐって. 北海道立精神衛生センター年報, 15; 56-61, 1982.
中野英子：精神科リハビリテーションと家族の力. 家族療法研究, 20(3); 207-212, 2003.
中野英子：精神障害者の生活の再構成：札幌デイケアセンターのおけるアンケート調査を通して. 教育福祉研究, 9; 109-125, 2003.
上ノ山真佐子：支え合いをささえるSST. こころの科学増刊, 本人・家族のためのSST実践ガイド. 日本評論社, 2008.

ソーシャルワークにおける包括的立体的家族支援

はじめに

　20世紀初めにリッチモンド Richmond, M.E. によって専門職の地位を確立したソーシャルワークは，当初より家族そのものを支援の対象としていた。リッチモンドが1917年に著した『社会診断』にはFamily Groupの章が設けられ，The Family as A Wholeの考え方のもとで家族史や家族関係を通して主訴を理解することや家族の凝集性パワーを活用した実践が記されている［Richmond, 1917］。

　しかし，専門職としての科学性を追求する過程で，ソーシャルワーカーたちは当時の主要理論だった精神分析の影響を強く受け，家族の支援を行いながらも個人志向の実践理論に縛られるというジレンマを抱えることになっていった。半世紀を経て，家族への効果的な援助を模索していたソーシャルワーカーたちはシステム論を基盤とした実践的アプローチを手に入れた。ソーシャルワークの家族支援は，家族を対象とした臨床というより，包括的実証的ソーシャルワークとして展開されている。

家族支援アプローチの変遷と家族理解のレベルとの関連性

　日本のソーシャルワーク史における家族支援アプローチの変遷については，4段階（表1，図1参照）に分けて概説し，各段階について家族理解のレベルとの関連性について自閉症の療育を例に用いて述べる。家族問題の理解は，情報の点・線・面・立体という四つのレベを交互作用させて醸成されてきた。

　①人の問題解決アプローチ──20世紀初頭，ソーシャルワークは精神分析の影響下にあった。精神分析家ベッテルハイム Bettelheim, B. は，1950年代にシカゴ大学のソニア・シャンクマン養護学校に自閉症児を収容して治療をした。日本での最初の症例報告は1953年である。家族が自閉症児との生活に困難を訴えると，一時的に，あるいは長期的に施設に子どもを入所させケアを提供し，子どもの心身の発達を図った。この種の支援は，今日でも行われている。

　これは，点レベルの支援であり，特化された情報にのみ注目し，欠如

Key Words

ソーシャルワーク
家族システムズ論
家族支援
パートナーシップ

表1　ソーシャルワークの家族支援アプローチ
［福山, 2013］

アプローチの種類	内容
①人の問題解決アプローチ	病気，非行，精神疾患などの問題に焦点を当てて，支援の専門分化が進んだ。問題は個人の内界にあるとして，家族から個人のみを取り出して援助をする。
②母子関係修正アプローチ	個人の発育，情緒，パーソナリティの発達について，特定の家族成員，特に母親が児童に与える影響を重視する。
③適応行動改善アプローチ	個人の問題行動に学習理論を適用して環境への適応を促す。家族成員はその共同治療者として位置付けられる。
④システムズ・アプローチ	個人と家族を一単位の援助対象とみる。家族を一個の有機体と捉えることにより，家族と環境との交互作用をみて，そのインターフェイスに介入する。

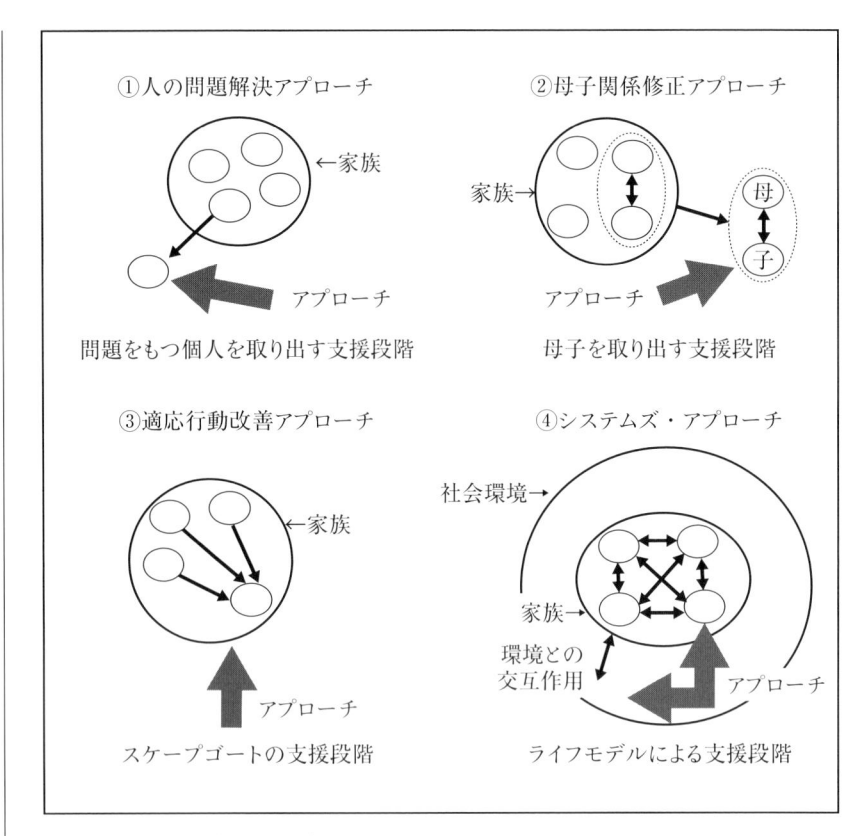

図1　家族支援の段階とアプローチ［福山, 2000］

の補充として，障害を持つ人への支援が展開された。その家族の実体を把握せずに支援計画が進められ，家族との生活の存在を無視した形になる。このような視点から，生活保護や母子施設などの社会資源やサービスの受給資格が決定されていた。これが社会福祉の措置制度の特性であった。

②母子関係修正アプローチ──第二次世界大戦後に乳児院などで育った孤児に関する調査研究，1950年代末のボウルビィ Bowlby, J. のアタッチメント理論とハーロウ Harlow, H. のサルの授乳に関する実験結果は自閉症の治療観を方向づけた。自閉症児と母親の二者関係を家族環境から切り離し，「望ましい母性的養育」を目指した。日本では，心理職が自閉症児の遊戯療法を，ソーシャルワーカーが母親の障害受容を促す目的で，個別やグループ面接による指導をした。

　これは，点・線レベルの支援であり，関係論が取り入れられ，家族成員間の関係や状況と問題との関連性を考慮に入れるようになった。しかし，これは因果論に基づいたものであり，家族は貧弱な取り組みの批判を受ける立場に置かれた。

③適応行動改善アプローチ──自閉症の原因は脳の器質的障害にあると考えるようになる。自閉症の同一性保持の特性を考慮したプログラムの視覚化や，ルーチン化による適応行動の学習を促した。完全参加と平等をテーマとする1980年代の国際障害者年を契機に，養護学校（特別支援学校）を義務化し，「環境の構造化」により社会参加をバックアップした。

これは，点・線・面レベルの支援であり，直面している状況から緊急性を判断し，どのようなサービスが必要かを考え，対処した。支援者が一方的に家族の偏りや傾斜から判断するので，サービスの決定量はやや過剰気味になる。危機介入の理論で捉えるので，幾分か家族の力も考慮するようになるが，支援に家族の能動性を活かしきれない特性がある。

④システムズ・アプローチ──WHO（世界保健機関）は障害の概念から，人の生活機能の個別因子と環境因子との複雑な相互関係がもたらす心身機能や身体構造，参加と活動のありようを「健康」の指標とする国際生活機能分類を体系化した。人と環境の交互作用を支援の視座として，自閉症児・者と家族の「健康」を並行的に維持・強化する支援が行われるようになる。

　これは，立体的レベルの支援であり，家族成員それぞれの情報の交互作用を理解し，家族全体がコーピングを醸成している現象を捉えることにより，家族のストレングスやコーピングの力を明らかにし，家族の能動性を高め，最少量のサービス利用で最大効果を出すことを目的に，利用者である家族に選択権が保持され，しかも包括的立体的家族支援の展開が可能になってきた。

包括的立体的家族支援の実際

◀ 事例 ▶　父親は67歳で，2年後に定年になる。母親は65歳で，娘の障害を受け入れてきた。長女A子は40歳で自閉症，IQ40で，外出時には，ガイドヘルパーを利用している。

エピソード

　A子の母親が通所施設のソーシャルワーカーに相談した。2カ月前，A子が外出した際に騒動を起こしたことを，同行したガイドヘルパー（養成研修受講者）から報告され，母親が大変ショックを受けたという。遊園地からの帰路，電車の中で幼児の泣き声に耐えられず，A子はガイドヘルパーの髪を鷲掴みにした。それを見かねた乗客の男性がA子を怒鳴りつけ押さえつけて，ガイドヘルパーをA子から引き離した。A子は混乱して泣きわめいた。この出来事が起こった後もしばらく，A子は不安定な状況が続き，家の中で襖や壁に穴をあけた。

　「A子は幼少期より子どもたちの泣き声を嫌い，高じると暴れることがあり，そのことはガイドヘルパーには伝えてあったのに，なぜ，うまく対処してくれなかったのか，とても残念に思います。父親に訴えても，あれ以降も，同じガイドヘルパーと遊園地に出掛けているから心配いらないよと言うのですが，その乗客がA子を押さえつけるのをガイドヘルパーが止めてくれればよかったのに。とても悔しいです」と，母親はいった。

検討課題

　ソーシャルワーカーは包括的立体的アセスメントとして6点を検討した。①この家族にとっては，自閉症との40年間の長い取り組みの歴史があり，対処の方法については，母親がそのことの専門家であるといえる。②子どもの泣き声にいらいらすることについては，A子独自の対処方法がある。③ガイドヘルパーからの母親への報告は客観的事実に基づく情報であった。

④社会的には，女性の髪の毛を掴むという行動は暴力として理解されるものである。⑤乗客の男性が暴力を振るわれているガイドヘルパーを助けた。⑥自閉症は脳器質障害と理解されている。これら6点が交互作用してこのようなエピソードとなったと考え，ソーシャルワーカーは母親と面接した。

「あなたはガイドヘルパーさんから報告を聞いて，娘さんが悪者にされ，ガイドヘルパーが良い人のように世間では見られたことを悔しく思われたのですね」とソーシャルワーカーは尋ねた。「あなたは40年間もずっと娘さんのことについては取り組んでこられたのですから，この状況でガイドヘルパーが何をすべきだったのかについてはよく分かっていらしたのでしょう。娘さんを落ち着かせるためのあなたのやり方をガイドヘルパーにお伝えになりましたか？」と問うと，母親は「あえて言いませんでした」という。「言わない方がよいと判断されたわけは？」と尋ねると，「このところ，お願いできるガイドヘルパーさんがなかなか見つからないので，今回もその方の熱心さを打ち砕かないよう配慮して，言いたいことも言わず，我慢していたのです。私は昔から母（祖母）から嫌なことは嫌だと伝えなさいとよくいわれていました。娘の将来の自立生活については，母親として心配しています」と言い，詳しく話しだした。

ソーシャルワーカーは，母親の他者への配慮を認め，それでも，娘の自立を願う母親の気持ちをガイドヘルパーに率直に伝えることの策を一緒に考えた。

おわりに

本事例から，因果関係論で問題を固定しない，提示された問題を外在化する，断面的な問題把握をレジリエンスの視点で立体把握する，問題のコンテントではなくコンテクストに視点を置いたアセスメント，当事者を含めた協働体制の形成，当事者および家族とのパートナーシップに基づく援助関係での取り組みといったソーシャルワーカーの業務姿勢がみてとれる。これは，社会構成主義の流れをくむ家族療法の潮流と軌を一にするもので，家族療法の進展と共にソーシャルワークは個別援助技術論の呪縛から解放され，本来の価値を体現化した実践が可能になった。

人々の生活場面を実践フィールドにしているソーシャルワークでは，常に包括的な支援が求められている。生物・心理・社会的側面を網羅した包括的立体的ソーシャルワークは，実践とのフィードバックが可能な方法論といえる。

（福山和女＋萬歳芙美子＋荻野ひろみ＋對馬節子）

文献

福山和女：医療・保健・福祉の対人援助にみる家族の理解：伊藤克彦，川田誉音，水野信義編：心の障害と精神保健福祉．ミネルヴァ書房，2000．

福山和女：新・社会福祉士養成テキストブック③：社会福祉士援助技術論（下）：第11章個別援助（個人および家族への援助）の理論と技術．ミネルヴァ書房，2007．

福山和女，萬歳芙美子：MINERVA社会福祉士養成テキストブック4：ソーシャルワークの理論と方法Ⅰ：第7章3節家族支援．ミネルヴァ書房，2010．

福山和女編著，萬歳芙美子，對馬節子，荻野ひろみ：ソーシャルワークのスーパービジョン．ミネルヴァ書房，2005．

Kerr, M.E., Bowen, M.: Family Evaluation: An approach based on Bowen theory. W.W.Norton, New York, London, 1988.［藤縄昭，福山和女監訳：家族評価：ボーエンによる家族探究の旅．金剛出版，2001．］

Richmond, M: Social Diagnosis, Russell Sage Foundation p.137. 1917.

変わりゆく日本女性の役割

2012年に行われた21カ国の女性6,500人を対象にした調査で，日本女性の89％が「女性役割」の変化・64％が「男性役割」の変化を感じると回答し，先進国で最高値であった。実際，1985～2010年の日本人女性の就業状態は，専業主婦が421万人（13.7％）から140万人（4.3％）に減少しているのに対して，有配偶雇用者は918万人（0.9％）から1,338万人（40.7％）と著しく増加している［総務省，2011］。

『変わりゆく日本の家族』［Vogel］は，専業主婦という伝統的役割を果たしてきた日本女性たちとの関わりを通し，戦後半世紀，対象家族の語りも含めれば100年にわたる日本の家族と社会の移り変わりについて丹念に描いた著者の遺作である。日本人主婦の担う役割に「プロフェッショナル・ハウスワイフ」と敬意を表し限りなく深く共感しつつも客観的な姿勢を貫く，著者の臨床家としての圧倒的な強さを感じることができる。ひきこもりやセックスレスなどのメンタルヘルスの問題にも，伝統的家族・雇用構造の喪失というよるべのなさと「良妻賢母」の理念が与える影響という臨床的視点を投げかけている。

「良妻賢母」の理想像は明治期に意図的につくられた専業主婦役割と共に浸透し，日本女性の行動規範となった。バブル崩壊後に女性の役割と在り方は多様化し，選択肢と普遍の理想像との狭間で従来にはなかった葛藤を抱える女性も増加した。男女問わず日本人に埋め込まれて消えることはない「良妻賢母」の存在を否定するのではなく認め抱え，心理援助職などの資源を活用しながら自分自身で責任をもって人生の選択を重ね，不確かな現代社会を生き抜いてほしいという，著者から日本人への最後のメッセージである。

（西島実里）

文献

総務省：労働力調査．2011．

Vogel, S.H.: Japan's Professional Housewives: Postwar ideal and present strains. 未完．［西島実里訳，土居健郎解説：変わりゆく日本の家族："ザ・プロフェッショナル・ハウスワイフ"から見た五〇年．ミネルヴァ書房，2012．］

第6節 司法・矯正・更生保護領域

非行・犯罪臨床，被害者支援

はじめに：非行・犯罪臨床と家族

　加害者の年齢によって，「非行」とは20歳未満，「犯罪」とは20歳以上の違法行為を指している。その臨床領域として，司法は裁判所，少年院・刑務所といった施設処遇を「矯正」，保護観察といった社会内処遇を「更生保護」と称している［日本司法福祉学会，2012］。

　非行・犯罪臨床の対象は，加害者本人，その家族，被害者（遺族），そして，彼らが生活する地域社会であり，立ち直りのための地域生活支援を目的とする。関与するのは，公的な専門機関がもっぱらであり，警察からはじまって**司法・矯正・更生保護**，特に14歳が刑事責任年齢の境目であり，それ未満の場合は，児童相談所や児童自立支援施設なども加わって多様な専門組織が協働する〈システムズ・アプローチ〉を特徴としている。

　家族への働きかけは，パーソナリティ形成の基礎的な場である家族の機能不全や病理に着目するものが主流であったが，「立ち直りの手だてとしての家族」という観点が臨床的に有用である。家族との手紙・面会が刑務所や少年院など施設にいる間の心理的支えであり，釈放時には身元引受人となり，家族のもとに帰住できることが，再犯の抑止に大いに関係するからである。しかし，非行・犯罪の要因ともなった家族が，そのまま更生の場となるはずはなく，健全な社会化を支える家族に変容させ，機能するようサポートすることが必要不可欠となる。

Key Words
司法・矯正・更生保護
立ち直り
システムズ・アプローチ
加害者・被害者臨床

犯罪・非行臨床における家族支援

　各専門機関の取り組みを例示すると，非行初期の親面接が中核を占める警察の少年相談があり，軽微な非行への家庭裁判所調査官による〈保護的措置〉の一環として助言指導，親子合宿などがある。また，少年院では，保護者が面会に訪れた際の指導に加えて保護者会を開催し，保護観察所では，少年院・刑務所からの仮釈放に備えて施設収容中から継続して行う〈生活環境の調整〉が重要な職務となっている。さらに，児童相談所では，児童福祉司を中心にして，児童自立支援施設でも，当該児童の入所措置を行った児童相談所と協働して施設退所後に備えて家族調整に努めている。

　その歴史を振り返ると，1960年代に入り，東京家庭裁判所において家族集団療法が実施され，さらに，アメリカのファミリー・ケースワークをモデルとして，法務省により保護観察少年およびその家族に対する実践研究も試みられた。さらに，システム論に基づく家族療法が，1980年代から臨床機関の中で組織的に展開し始め，家庭裁判所調査官［廣井，1988］，児童相談所心理判定員［団ほか，1993］，保護観察官［生島，1993］によるものなど，その成果が公刊された。処遇者が，治療的機能と措置権などの権能を合わせ持つ〈ダブルロール〉が治療構造の特質であることから，それを活かして指示や課題を治療的に駆使し，家族員の行動そのものに着目して短期集中的に変化を目指す家族療法の〈戦力〉は極めて高いものとなる［Fisch, 1983］。

　公的機関が組織的に実施する上では，2000年に改正された少年法（第25条の2）において，「家庭裁判所は，必要があると認めるときは，保護者に対し，少年の監護に関する責任を自覚させ，その非行を防止するため，調査又は審判において，自ら訓戒，指導その他の適当な措置をとることができる」と明文化されたことの意義は大きい。また，少年院法，更生保護法などの関連法規でも，同様の保護者に対する措置が明記され，非行臨床機関において法的な裏付けが整った。だが，非協力的な保護者に対しては，あくまで任意であり，欧米のように裁判所による家族カウンセリング受講命令といった強制力を伴ったものでないことが，児童虐待を行う親への介入と同様の治療構造上の課題といえる。

　ただし，法的にかかわりの期間が限定される非行・犯罪臨床において，家族システムの変化によって，非行・犯罪を改善・消失させることは現実的ではない。ハーシ Harschi, T. の「社会的絆理論（social bond theory）」によれば，愛着（attachment），投資（commitment），巻き込み（involvement），規範理念（belief）の四つを「社会的絆」として挙げ，特に家族への情緒的なつながりである愛着に着目している［Hirsch, 1969］。しつけなどの社会化よりも，「悪いことをすれば親が一体何と思うのだろう」「自分がどこで何をしているかを親は知っているだろうか」といった心理的な側面を重要視している。日本でも，「家族に迷惑をかける」というのが，非行少年・犯罪者にとって再犯抑止の大きな理由であることは，臨床家の常識である。学校生活に加えて，家族からの〈疎外感〉を経験した非行少年・犯罪者にとって，社会から受け入れられていることを体感する〈居場所感〉の獲得こそが，社会への再統合を図る最重要因子であることを強調しておきたい。

　さらに，筆者が1990年より保護観察所で始めた「家族教室」のような心理教育的アプローチや各地で活動している「〈非行〉と向き合う親たちの会」［1999］

といった自助グループなども，家族自身の居場所感を高めるエンパワメントと評価できるであろう。

社会への再統合を図るシステムズ・アプローチ

　システムズ・アプローチの基本は，全体的・俯瞰的・統合的理解であり，家族システムは個人システム同様，内外の多くのシステムとかかわりをもつ〈開放システム〉である。つまり，子どもの非行化という個人システムの問題は，〈子どものパーソナリティの歪み〉という個人システム内の事象でも，〈母子関係の癒着〉という家族システム内の事象でも，さらには，学校からの落ちこぼれを生み出す〈格差社会〉という社会システム内にとどまる事象でもない。「すべてのシステムが関与している」というより広いコンテクスト（文脈）から，居場所感の獲得を図る視点がポイントとなるのである。

　このシステムズ・アプローチのなかで，非行臨床において，実証的に支持された処遇として欧米で名高いのが，「マルチシステミックセラピー（MST）」である［Henggeler, 2009］。社会生態学理論に基づき，家族を中核とする子どもを取り巻く多様なシステムへの介入を図るもので，その特徴は，平均3～5カ月，治療チームが地域の家族のもとに出向くアウトリーチ，1日24時間，週7日，直接現場で介入し，毎週ケースカンファレンスを持ちながら，徹底したスーパーヴィジョンによりモデルへの忠実性（adherence）を高めるところに特徴がある。

　もう一つは，機能的家族療法（Functional Family Therapy）があり，積極的関与／動機づけの構築，家族に焦点化したテーマ創生，家族間の否定・非難の減少，関係のリフレーミングにより行動変容を図ることを特徴としている。リスクおよび保護要因を的確にアセスメントし，直接性・簡潔性・具体性・特定性などをキーワードにコミュニケーションに介入する。研究場面から臨床現場へ導入すると，その効果は半減することから，前述のMST同様，治療者への臨床スーパーヴィジョンに力をつくしており，パソコン画面に事例ごとにセッション経過を入力することが求められ，集中的データベースによる忠実性尺度での測定，体系的スーパーヴィジョン・プロトコルが整備されている［Sexton, 2011］。

　これらに対し，筆者は，非行少年の本質を自他の境界の不明確化さ，自己から他者への視点の移動・拡大が乏しい社会化の未発達として捉えて，臨床場面として合同家族面接を設定し，〈きちんとガタガタする経験〉を持たせることを主眼とした処遇モデルを提唱している。「本人からすれば……」「親からすれば……」と立場が異なると考えも感じ方もこんなに違うという葛藤体験を重視し，それを回避するのではなく，直面化させることを目的とした家族臨床である。たとえば，夜遊びしている子どもから，「カネ，ウルセエ，死ね」と言われた挙げ句，「迎えに来い」との暴言に応じてしまう親が少なくない。「常識的に対応しなさい」と冷静に諌めつつ，精神的に疲弊している親への〈栄養ドリンク〉のような心理的支援が必要である。また，葛藤場面により対処方法が異なるのはいうまでもないが，通底するものは，「自分は自分，ひとはひと」という自他の境界，「うちはウチ，よそはヨソ」や家庭内外の境界の認識を子どもに植え付け，その親にも繰り返し教示することである。「諸事情を勘案する」というコンテクストを読む力を重視し，境界概念を駆使して常識という〈枠〉を教示する家族療法は大変有用である。

犯罪被害

　非行・犯罪臨床において近年重要視されている犯罪被害者への支援を行うときに，家族療法の基礎概念である〈円環的認識論〉が，加害者・被害者を分断化しないものとして有用と考えている。加害者・被害者双方の実相を知るためにも，同一の援助者が，さらには，殺人事件の過半数を占める家族内事件の場合は，同一の家族に対して，**加害者・被害者臨床を同時期に行う必要性・相当性のある事案**が少なからず存在するからである。そして，これまで以上に，システムズ・アプローチに基づく家族臨床が求められる事態が出現している。具体的には，精神障害者の他害行為は，被害者にその家族が含まれる場合が多いことが知られており，被害者としてのトラウマとともに，加害者の家族としての罪悪感への対処が求められている。この領域をカバーする「心神喪失等医療観察法」が2005年から施行され，精神保健観察を担う保護観察所の社会復帰調整官による家族心理教育プログラムが実施されている。また，裁判員裁判において，裁判官裁判よりも「保護観察付き執行猶予」判決が増加しているが，家庭内での重大犯罪や薬物事案に関して，保護観察による家族支援に期待して，実刑を回避する傾向が認められる。

　さらに，犯罪被害者の語りは，たとえば，我が子を殺害された親による理不尽さの社会への告発にとどまらず，「被害者の視点を取り入れた矯正教育」の一環として少年院・刑務所での被害者（遺族）の講演，また，「WILL（少年犯罪被害当事者の会）」［2002］の活動などは，ナラティヴ・アプローチとして，被害者の立ち直りに寄与するものといえるであろう。

〈生島　浩〉

推薦図書

1. 生島浩：悩みを抱えられない少年たち．日本評論社, 1999.
2. 生島浩：非行臨床の焦点．金剛出版, 2003.
3. 生島浩, 村松励：犯罪心理臨床．金剛出版, 2007.

文　献

団士郎ほか：非行と家族療法．ミネルヴァ書房, 1993.
Fisch, R., et al.: The Tactics of Change-Doing Therapy Briefly. Jossey-Bass publishers, 1983.［鈴木浩二, 鈴木和子監修：変化の技法：MRI短期集中療法. 金剛出版, 1986.］
Henggeler, S.W., et al.: Multisystemic Therapy for Antisocial Behavior in Children and Adolescents, 2nd ed. The Guilford Press, New York, 2009.［吉川和男監訳：児童・青年の反社会的行動に対するマルチシステミックセラピー（MST）. 星和書店, 2008.］
廣井亮一：非行臨床における権威とordeal．家族療法研究, 5(2); 128-137, 1988.
「非行」と向き合う親たちの会編：ARASHI：そのとき．新科学出版社, 1999.
Hirsch, T.: Causes of Delinquency, University of California Press, Berkeley, California, 1969［森田洋司, 清水新二監訳：非行の原因. 文化書房博文社, 1995.］
日本司法福祉学会編：司法福祉．生活書院, 2012.
Sexton, T.L.: Functional Family Therapy in Clinical Practice: An Evidence-Based Treatment Model for Working With Troubled Adolescents, Routledge, New York, 2011.
生島浩：非行少年への対応と援助．金剛出版, 1993.
少年犯罪被害当事者の会：話を，聞いてください．サンマーク出版, 2002.

家庭裁判所の家事事件

家事事件の理念

　家族や親族間の争いやもめごとに関する事件を，家庭裁判所では家事事件と呼んでいる。社会における私人間の対立と比較すると，家族や親族間の争いはきわめて情緒的色彩が強く，これを解決するには法律的な解決に頼るだけでなく，争いの背景にある家族等の対人的・心理的葛藤に目を向けた解決が図られなければならない，と考えられている。

　また，家族に関する事件は個人のプライバシーに関連する内容が多く，家庭裁判所における事件処理は通常非公開で行われる。さらに，そこでの解決に当たっては，社会通念上，妥当なものであることが要求される。その妥当性の判断に影響を与える考え方が福祉的見地といわれるものである。子どもなど社会的弱者への後見的姿勢に重きを置く点は，当事者双方の利害関係のバランス，当事者主体による協議，あるいは社会的正義を最優先に考える通常の民事裁判所とは大きく異なる，家庭裁判所における家事事件の独自の理念である。

家事事件の種類

　家庭裁判所の家事事件は，家庭裁判所が設立した当時の昭和 22 年に制定（昭和 23 年に施行）された家事審判法によって基本ルールが定められた。しかし，その後の社会情勢の著しい変化，それに伴う夫婦や親子関係の多様化，国民の権利意識の高揚などから，家事事件の手続をより明確で利用しやすいものにするために，家事審判法は「家事事件手続法」に改正され，同法は平成 25 年 1 月から施行された。法律の改正によって家事事件の基本理念が変更されることはないが，当事者の主体性が以前よりも重視されており，家庭裁判所の後見機能の後退であるととらえる者もいる。

　家事事件の種類は，家事事件手続法において新たに別表第一事件と別表第二事件に整理された。また，従来は地方裁判所で行われていたいわゆる離婚訴訟などの人事訴訟事件も家庭裁判所に移管されており，家庭に関する事件のほとんどが家庭裁判所で扱われることになった。表 1 は，それらの事件を夫婦や男女関係に関する事件と親子および親族に関する事件に分けて，整理・抜粋したものである。

　これらの事件はまた，家庭裁判所の処理手続の方法によって審判事件と調停事件に分けることもできるが，同一事件であっても進行具合によって審判の対象となったり調停に付されたりする。審判というのは，裁判官が当事者から提出された書類や家庭裁判所調査官の行った調査の結果等に基づいて判断を決定する手続である。調停は，民間の良識ある人から選ばれた 2 名の調停委員（男女 1 名ずつ）と 1 名の裁判官からなる調停委員会が当事者の間に入り，当事者から事情を聴くなどして彼らができるだけ納得のいく解決を試みる手続である。調停によって話

Key Words

離婚
家事事件手続
面会交流

表1　家事事件の種類（「家事事件手続法」から抜粋）

事件の種類	夫婦や男女関係に関する事件	親子および親族に関する事件	処理手続
別表第一の事件	夫婦財産契約による財産の管理者の変更等	成年後見，保佐，補助，養子縁組の許可，特別養子縁組，親権喪失，親権停止又は管理権喪失，未成年後見，扶養，その他関連法規（戸籍法，児童福祉法，精神保健及び精神障害者福祉に関する法律など等）に関する事件など	審判
別表第二の事件	婚姻等（夫婦間の協力扶助，婚姻費用の分担，財産の分与に関する処分）	婚姻等（子の監護に関する処分など），親権者の指定又は変更，扶養，遺産の分割など	審判調停
人事訴訟事件	婚姻の無効・取消し，離婚，協議離婚の無効・取消し，婚姻関係の存否確認	嫡出否認・認知，認知の無効・取消し，父を定める訴え・実親子関係の存否の確認，養子縁組の無効・取消し，離縁，協議上離縁の無効・取消し，養親子関係の存否確認	裁判調停

がまとまらない場合，別表第二事件については非公開による審判が行われ，人事訴訟事件については家庭裁判所内にある法廷で公開による裁判が行われる。審判にしろ裁判にしろ，最終的な決定は裁判官によってなされる。

家事事件における家族臨床

　家庭事件手続法の制定によって家事事件の種類を表1のように整理するにあたっては，想定される当事者間の争いや対立の程度と福祉的な観点への考慮，という少なくとも二側面の考えが背景にあろうと思われる。これは冒頭で述べた家事事件の理念とも一致し，論理的整合性が図られたと考えることができる。

　別表第一事件は紛争性が低く，家庭裁判所はもっぱら後見的な立場から申立ての適不適を判断することができる。それに対して，別表第二事件や人事訴訟事件は紛争性が高く，家族臨床の対象となりやすいものが多く含まれている。つまり，それらの事件にはいずれも家族間の対人的・心理的葛藤があり，家族の揉め事（family difficulties）が家族問題（family problems）へと発展し，家庭裁判所の家事事件（family affairs cases）として事件化したという経緯がある［岡本，2010］。

　そのように考えると，家事事件における家族臨床は，その背景にある家族の揉め事に目をやり，問題の発生や維持のメカニズムを知り，家族システムの機能が当事者の力によって回復するよう援助することにあり［井上，2010］，援助のあり方いかんによって家族の生活やのちの心理的健康度が大きく変わってくる。問題解決に対してこのような視点に立つことが福祉的機能を備えた家庭裁判所の家事事件にとって非常に重要である。そして，公権力や社会的正義や交渉取引を主として解決手段とする司法的機能を相補的に活用しながら家族の援助にあたることが，家庭裁判所における家族臨床の特徴である。

子どもの福祉と家庭裁判所調査官

　家庭裁判所の福祉的機能がもっとも重視されなければならない場合は，子どもが家族の紛争に巻き込まれ，子どもの成長や発達が阻害されるときである。新しい家事事件手続法ではこのことがはっきりと明記された。同法152条では子の監

護に関する処分事件において，子どもが15歳以上の場合は必ず当事者である子どもの陳述を聴取することが規定された。また，同法65条では「未成年者である子がその結果により影響を受ける家事審判や家事調停において，子の陳述の聴取，家庭裁判所調査官による調査その他の適切な方法によって子の意思を把握するように努め，審判をするに当たって，子の年齢や発達の程度に応じて，その意思を考慮しなければならない」などと規定された。

　ここには子どもの意見陳述権という権利擁護の思想が背景にあるが，ストレス下にある子どもの言語表明や記憶にどこまで信ぴょう性があるかというきわめて困難な作業が家庭裁判所調査官の仕事に課せられているもので，発達心理学だけでなく，生理学や家族関係学など学際的な研究成果を総動員しなければならない実践分野である。被虐待児に対する司法面接の手法が注目されているが［仲，2012］，子どもの真意を探るだけでは子どもの福祉を全うしたことにはならない。子どもの意見がどのような文脈で語られ，語られた内容が当事者である両親等にどのように活用され，語ることで子どもは家族とどのような関係になるかというシステム的な思考を持つのでなければ，子どもの福祉を実現することにはならない。しかしながら，この分野における科学的根拠をもった家族研究がきわめて少ないのが現状で，学会においても今後の課題となろう。

離婚と子ども

　夫婦関係はもちろん離婚やそれにかかわる子どもへの影響という研究課題は，欧米では古典的な研究テーマの一つであり，すでに大規模研究も相当数なされている。しかしながら，わが国の場合，散発的に質的研究は見られるものの大規模調査となるとほとんど行われておらず，実態が明らかでない。

　子どもの福祉や権利を守るという理念は，家族臨床の専門家ではなく法律の専門家が先導する形で法改正を実現している。平成23年に民法の一部（民法766条）が改正され，離婚のときには「父又は母との面会及びその他の交流」が考慮されなければならないと明記された（この時と期を一にして，民法834条に親権の喪失の事由に「虐待又は悪意の遺棄」が加えられた）。離婚の際の親と子の面会は，子の監護に関する処分事件として扱われ，最近では「面会交流」と呼ばれるようになった。

　子の監護に関する処分（面会交流）の申立ては，平成12年から平成22年の間で2,728件から8,949件と約3.3倍に急増している。これは，離婚した親が別れた子どもと会いたいといって家庭裁判所に申立てをするケースがほとんどで，親側の切実な思いを反映したものである。しかし，面会交流は子どもの側の権利とされており，「会う・会わない」の決定権は子どもの側にあるといわれている。そこで，先に述べた子どもの側の意見表明や意思表示をどのように把握するかが重要な課題になってくるが，だからといって子どもの意見表明や意思表示によって子どもに面会交流の決定責任を負わせてしまうことは必ずしも子どもの福祉に合致するとは限らない。今は「会いたくない」と言っても，将来的にはそのように述べたことを後悔するかもしれない。会いたくないと言ったことで，その後何十年にもわたって罪悪感に苦しめられ，うつなどの精神症状に悩まされた例も報告されている［山口，2012］。このような重要な家族臨床のテーマが家庭裁判所の家事事件の最近のトピックの一つになっている。

家庭裁判所が扱う離婚関連の事件は，離婚全体の1割にすぎず，残りの9割は当事者だけで決定する協議離婚である．今，家庭裁判所で話題になっているこれらのテーマは，将来的には社会の抱える重要な家族臨床のテーマになるものと思われる．

（岡本吉生）

文　献
井上眞理子：リスク・ファミリー．晃洋書房，2010．
仲真紀子：面接のあり方が目撃した出来事に関する児童の報告と記憶に及ぼす影響．心理学研究，83(4)；303-313，2012．
岡本吉生：家庭事件からみる家族支援．家族療法研究，27(3)；248-252，2010．
山口恵美子：子どもが主人公の面会交流：離婚後も子どもの成長を支える父母からの贈り物．公益社団法人　家庭問題情報センター．2012．

Column

犯罪被害者家族支援

　2005年には「犯罪者被害者等基本法」が施行され，警察・検察庁・裁判所・保護観察所・刑務所などの刑事司法機関はもとより，各都道府県にある被害者支援センターや自助組織などによる多様な被害者支援活動が展開されている。

　その対象は，被害者本人やその法定代理人であるが，被害者が死亡，あるいは，心身に重大な故障がある場合には配偶者や直系の親族もしくは兄弟姉妹，つまり，家族が含まれることになる．具体的には，意見等聴取，加害者への心情等伝達に加えて，裁判結果，収容されている施設名や処遇内容，出所に関する情報の通知制度などがある．各機関の被害者対応の専門スタッフが面接することになるが，その際，トラウマを抱えた家族への専門的知識や技法，すなわち家族臨床の知見が不可欠といえよう．さらに，被害者支援センターでは，電話相談，面談，自助グループによる集い，警察，検察庁や裁判所への付き添い支援などを行っており家族へも適用されている．

　家族支援の観点からは，子どもが被害者の場合，当事者支援として母親だけに焦点が当たり，家族の生活を支えるのに精一杯の父親が取り残されたり，同胞が「殺されたお兄さんの分まで頑張れ」と過重なストレスを周囲から課されたりすることのないよう，家族全体を見渡したシステムズ・アプローチが肝要である．

（生島　浩）

文　献
小西聖子編著：犯罪被害者遺族．東京書籍，1998．

ドメスティックバイオレンスと児童虐待

法と臨床の認識

ドメスティックバイオレンス（DV）や児童虐待は，家族内における暴力行為として「加害者−被害者」の関係で立ち上がることが特徴である。こうした行為について，法が個人的法益を侵害していると判断すると，加害行為＝犯罪と見なされ刑事罰の対象となる。

暴力という加害行為については，殴る，蹴る，といった激しい攻撃行動を思い浮かべるが，触れる，撫でる，というソフトな行為も加害になりうる。法が規定する暴力とは，「有形の力（言葉を含む）の行使」を受けた側（被害者）が，痛い，恐い，嫌だ，といった嫌悪感情を抱いたとき（「その行為を承諾しないとき」）に，それを行使した側（加害者）の行為を「暴力」という加害行為と見なすからである。

このように法的な認識は，原因としての加害者の行為と結果としての被害者の影響を直線的な因果論（linear causality）として捉える。

一方，システム論による家族の問題の理解は円環的認識論（circular epistemology）を採用する。すなわち，問題を含む家族全体を連鎖的な関係の循環作用として捉え，家族の問題は家族関係の悪循環の一つの表れとして理解する。

この両者の認識を図式的に示すと図1のようになる。法的な認識は，家族内の円環的な連鎖関係の一部を切り取り，「原因→結果」の因果関係を取り出すことが特徴である。この円環的認識論による家族関係の理解と直線的因果論に基づく法的アプローチは，どのようにDVや児童虐待の問題解決につながるのであろうか。まず，DV防止法（配偶者からの暴力の防止および被害者の保護に関する法律）の保護命令の裁判過程を取り上げて，法と臨床の協働によるアプローチについて考察する。

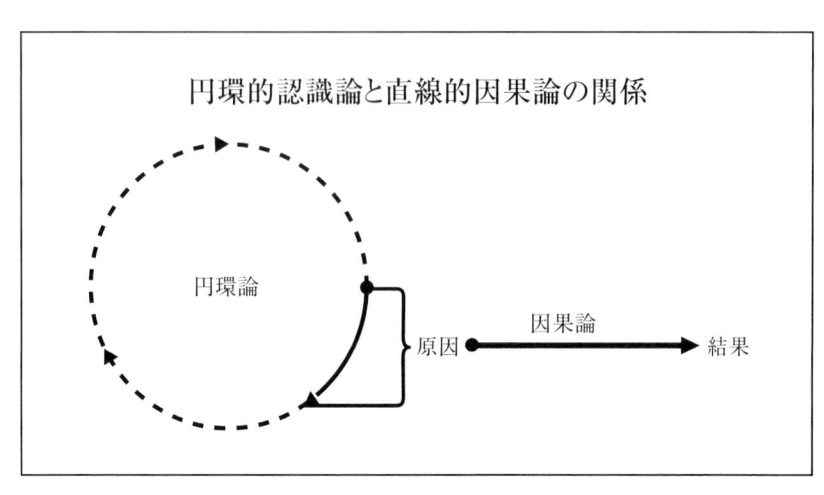

図1 臨床的認識と法的認識の関係［廣井，2010］

Key Words

法と臨床
直線的因果論
円環的認識論
加害者と被害者
暴力

DVに対する法と臨床のアプローチ

　家族システム論によれば，夫婦などカップルは，親密な関係における相互作用を通して，それぞれに規定された役割を演じるようになる。DVの問題も，夫婦の相互作用の過程で形成され，「暴力をふるう夫」と「暴力をふるわれる妻」という相補的な役割関係が形成され維持される（ここでは便宜的にDV加害者を夫，DV被害者を妻，とする）。そのため，DV加害者である夫は妻に暴力をふるうことを当然とみなし，DV被害者である妻は暴力をふるわれることを容認する関係に陥る。システム論に従えば，夫の暴力が激しければ激しいほど，妻は夫の元から離れられないという逆説的関係を生じる。

　そのため，DVの問題解決で困難なことは，このような暴力を介在する夫婦システムの関係パターンが強固に形成されているため，その夫婦システムに二次的変化を生じさせない限り，妻は暴力をふるう夫から離れようとせず，DVの関係が続いてしまうということである。また，DV被害者はDV加害者から悲惨なダメージを受けているにもかかわらず，DV被害者の被害者意識が希薄で，一方のDV加害者の加害者意識が乏しいことも特徴である。

　したがって，DVの解決の要点は以下のように整理することができる。

- DV加害者とDV被害者の関係の遮断
- DVにおける「加害－被害」関係の明確化
- 双方の新しい生き方についての自己決定

DV加害者とDV被害者の関係の遮断：DV被害者の身心の安全確保

　DVの夫婦システムは「暴力－被暴力」の関係で成り立っているため，DV加害者の夫がさらに暴力を激しくすれば，DV被害者の妻との関係が復元されるという逆説的な力動が働く。そのため，DVの問題解決において最も危険なことは，DV被害者がDV加害者から離脱しようとするときに，DVによる妻の殺害や子どもに対する激しい危害が生じることである。したがって，DVの問題解決にとってまず重要になることは，DV被害者の身体の安全確保である。

　そのためにDV防止法10条以下の「保護命令」が有効に機能する。「保護命令」とは，DV被害者の生命や身体に重大な危害を受けるおそれがある場合，DV加害者の追及を阻止してDV被害者の安全を確保するための民事裁判である。保護命令によって，DV加害者に6カ月間DV被害者への接近禁止を命じる接近禁止命令（10条1項1号）や，2カ月間住居等から退去を命じる退去命令（10条1項2号）を発することができる。

　DV被害者を執拗に追ってくるDV加害者を阻止するには，通常の相談機関や心理臨床的関与だけでは不十分である。ここにおいて強制力と罰を伴う法的介入としての保護命令の重要性がある。DV加害者が保護命令に違反したときは，1年以下の懲役または100万円以下の罰金が科せられるが，実質的には，警察による違反行為の取り締まりなど権力行使による実際的効果が大きい。

　こうした法による身体への安全確保と同時に，心理臨床的関与による心のケアを行うことによって心理的な安全確保もはかるという，DV解決のための心身の治療的安全圏を確立するのである。

DVにおける「加害−被害」関係の明確化

　DV加害者に被害者意識があり，DV被害者に加害者意識があるという，「加害−被害」の関係意識の逆転が起きていることが多い。

　したがって，DVの問題解決にとって重要なプロセスとして，暴力をふるう夫が加害者であり，暴力をふるわれる妻は被害者であるという，しごく当然のことを認識させることから始めなければならない。DV被害者が被害者性を自覚するということは，取りも直さずDV加害者の加害者性を浮き彫りにするという重要な意味が付与されるからでもある。

　ところが，DV被害者は，長年の「加害−被害」意識の逆転による相補的関係に固く組み込まれ，深刻なダメージを負っているため，DV被害者に被害者性を自覚させることは，心理臨床的には非常に時間を要する治療プロセスになる。

　その点，法による加害行為の認定は極めて明快である。既述のように，法が規定する加害行為（暴力）とは，有形の力の行使をされた側が，その行為に嫌悪感情を抱いたとき，それを「暴力」と見なす。保護命令についての裁判ではまさにそうした加害行為の有無とその程度が問題になり焦点化される。このような裁判の過程で，DV被害者は今まで自分に向けられた暴力行為の意味を端的に知らされ，自分がまぎれもない被害者であることを認識する。留意しなければならないことは，この法的プロセスはかなり直截で短時間に行われるためDV被害者に自己認識の混乱をもたらすことがある。その際に心理臨床な関与でDV被害者を十分に支えることが必要になる。

自己決定プロセスの援助

　DVの保護命令や離婚の審理は，対審構造による裁判であり原則として公開の法廷で行われる。そうした法的手続のために，DV被害者はDV加害者の暴力などの加害行為を立証するための陳述書を作成したり本人尋問に応じたりしなければならない。DVによってうつやPTSDの症状を呈しているDV被害者が，過去の暴力体験を想起して書面に記したり，DV加害者もいる法廷で加害者側の尋問にも応戦していかなければならない。

　こうした一連の裁判手続自体が，まさにDV被害者としての過去の自己と決別し新たな自己を選択する自己決定になり得る。このプロセスに伴うDV被害者の不安，恐怖，ストレスなどの心的負担を心理臨床家が支えていくことが重要になる。

　以上のような法的アプローチと臨床的アプローチの協働によって，DV被害者は過酷な体験を徐々に対象化し，DV被害者であった自分を客体化していき，DV被害者ではない生き方，主体性を獲得していくことにつながる。一方，DV加害者にとっては，DVの保護命令や離婚裁判の判決が下されることは，DV行為に対する責任を否応なく突きつけられることに他ならない。DV加害者に対する心理臨床による援助者は，DV加害者にその責任を請け負わせながら，暴力をふるわない生き方につなぐための「加害者臨床」が必要になる。

児童虐待に対するアプローチ

　児童虐待の定義については，児童虐待防止法2条によって，身体的虐待，性的虐待，ネグレクト，心理的虐待，であることは周知されているが，留意すべきは，これは児童虐待防止法という法による定義であるということである。既述のとお

り，法による定義は直線的に因果関係を切り取り，虐待する者（原因）→虐待される者（結果）を明示する。保護者の児童に対する行為が，同法2条の定義に該当することを明確にすることによって，はじめて法の作用として，虐待者に対して行為の禁止や身柄拘束などの法的介入を可能にする。

　心理的虐待に該当する行為とは，言葉による脅かし，無視したり拒否したりすること，他の兄弟と著しく差別すること，子どもの目の前でのDV，などによって，その結果として，児童に著しい心理的外傷を与え，さまざまな症状や問題行動を及ぼすものである。

　学説としては，心理的虐待は身体的・性的・ネグレクトによる虐待を含まず，かつ心理的虐待に関する保護者と児童との関連が確証できることを要件とする説がある。これは，権力を伴う法的介入の要件を限定的にするために重要である。

　しかし，心理的虐待は非物理的行為でなされ，身体的虐待による傷など明確な証拠が残らないため見逃されやすくなる。また，心的外傷による悪影響の多くは時間を経て現れ，その症状や障害はかなり重篤になる場合がある。そのように考えると，心理的虐待は単に法による取り締まりのためではなく，子どもの発達の観点から心理的虐待を幅広く捉えて，その予防や教育的なかかわりを積極的に行うことが求められよう。

　もとより心理臨床家は法の番人や執行者ではなく，子どもと親の援助者であるから福祉・臨床的なスタンスで心理的虐待につながるおそれのある行為を「不適切な養育（マルトリートメント；maltreatment）」として捉えて，育児・子育てに支援的かかわりを行う必要がある。そうしたかかわりのなかで，明らかに虐待とされる行為が発見されたり，緊急対応を要する危機介入が必要なときは法的介入を要請しなければならない。

　児童虐待をめぐるわが国の対応は，児童相談所の現状に反映されているように，法による権力的介入を強化する一方で，肝心の福祉・心理的な支援が疎かになったり後手に回っている。そうだとすれば，日常的に子どもと家族に接する機会が多い，私たち家族臨床家は，「加害者としての親－被害者としての子ども」を見つけ出すのではなく，「援助されるべき親子（家族）」に寄り添い援助することが求められるのである。

（廣井亮一）

推薦図書

1. 廣井亮一編：加害者臨床．日本評論社，2012．
2. サトウタツヤ，指宿信，松本克美，廣井亮一：法と心理学への招待．有斐閣，2013．
3. 生島浩，岡本吉生，廣井亮一編：非行臨床の新潮流．金剛出版，2011．

文　献

長谷川京子：ドメスティック・バイオレンス．廣井亮一，中川利彦編：子どもと家族の法と臨床．金剛出版，2010．
廣井亮一：司法臨床入門．日本評論社，2004．
廣井亮一：司法臨床の方法．金剛出版，2007．
廣井亮一：家族臨床における法的介入．家族心理学年報28，2010．
廣井亮一：カウンセラーのための法と臨床．金子書房，2012．
廣井亮一，中川利彦編：子どもと家族の法と臨床．金剛出版，2010．

第7節 産業メンタルヘルス領域

産業メンタルヘルスの臨床構造

はじめに

　近年,産業メンタルヘルスの重要性が認識されつつある。職場におけるさまざまなストレスとそれに関連して発生するうつ病をはじめとした精神疾患,さらには過労自殺とも呼ばれる自殺の問題が社会的な問題となっている。

　産業領域におけるメンタルヘルスの課題は,単に業務負荷や疾病などの問題への対処にとどまらず,ハラスメントなど職場における対人関係の問題や,ワーク・ライフ・バランスなどの働きがいのテーマを含む広範囲な内容を含んでいる。

　このような労働者のメンタルヘルスを巡る問題を解決するうえで,職場や家族をはじめ複数の対象に働きかけるシステム論の視点を持った家族療法は応用範囲が広い。

　本項では,産業メンタルヘルス領域におけるシステム論的家族療法の応用について述べる。

産業メンタルヘルスの基礎構造

メンタルヘルス・ケア活動の方法論

　産業領域におけるメンタルヘルス・ケア活動は,予防精神医学の考え方に基づいて「第一次予防」「第二次予防」「第三次予防」に分けて考えることが多い。
　すなわち,第一次予防とは,「発生の予防」を指し,メンタルヘルス・ケアにおいては心の健康の保持増進を目標とし,労働者全員を対象にした健康教育や健康

Key Words

安全配慮義務
第一次予防
第二次予防
第三次予防
4つのケア

相談，ストレス・コーピングなどストレスへの気づきや対処能力を高め，精神疾患の発生を予防する活動を指す。

第二次予防は，「事例の持続期間の短縮」を指し，精神疾患の早期対応と治療支援を目標に，うつ病や適応障害などの精神疾患の早期発見と治療へ繋げる支援などの活動を行うことや，そのために必要な事業所内の精神保健体制を整えることなどを指す。

第三次予防は，本来「後遺症的な欠陥状態が，その地域社会に生ずる割合を減らす」ことを指すが，産業メンタルヘルス・ケアの文脈では「職場復帰の支援」を目標に，精神疾患による休業者の職場復帰に向けた支援と再発，再休職予防のための支援などの活動を指す。

産業メンタルヘルス・ケアにおけるさまざまな保健・予防活動の内容は，このような予防精神医学の考え方で整理することができる。

制度的枠組み

現在の産業精神保健分野における取り組みは，2000年に厚生省（現・厚生労働省）の作成した「事業場における労働者の心の健康づくりのための指針」が基本となっている。当時の過労自殺を巡る裁判など社会的関心の高まりを背景に，わが国で初めて策定されたものである。その後，2006年に改訂され，現在は「労働者の心の健康の保持増進のための指針」（以下，「指針」）となっているが，その基本的な内容は変わっていない。

この「指針」によれば，職場におけるメンタルヘルス・ケアの進め方は，「4つのケア」の考え方を軸に構成されている。4つのケアとは，表1の通りである。

医療・看護職や心理職として産業メンタルヘルス・ケアにかかわる場合，表1の③〜④の立場で関与することになる。

安全配慮義務

「安全配慮義務」とは，労働契約法第5条「使用者は，労働契約に伴い，労働者がその生命，身体等の安全を確保しつつ労働することができるよう，必要な配慮をするものとする」に基づいて，使用者が労働者に対して果たすべき義務を指す。さらに，2000年3月の電通事件における最高裁判決では，この安全配慮義務について，「使用者は，業務の遂行に伴う疲労

表1　4つのケア

①セルフケア	ストレス・コーピングなど，労働者自身が行う「自分の健康は自分で守る」ためのケア。
②ラインによるケア	管理監督者（直属の上司）による部下のケア。「いつもと様子が違う」部下の把握と対応，部下からの相談への対応，メンタルヘルス不調の部下の職場復帰への支援など
③事業場内産業保健スタッフ等によるケア	産業医，産業看護職等による労働者，管理監督者への支援と心の健康づくり計画の実施，復職支援など。
④事業場外資源によるケア	専門的医療機関，産業保健推進センター，地域産業保健センター等による専門的な支援を指す。

や心理的負荷等が過度に蓄積して労働者の心身の健康を損なうことがないよう注意する義務を負う」という判断が示され，安全配慮義務が精神的健康にも及ぶものであることが明確にされた。これを受けて，事業者はメンタルヘルス・ケアについても取り組む責任を持つことになった。

すなわち，産業メンタルヘルス・ケアの枠組みの中で，医療・看護・心理職は，労働者個人のメンタルヘルス・ケアに関わると同時に，事業者の持つこのような義務をサポートする立場からも個々の労働者に対応することが求められることになる。

守秘義務と安全配慮義務

　産業保健スタッフは，業務上知り得た労働者の健康管理情報については守秘義務を負い，たとえ産業保健スタッフの上司の一般管理職に対してであっても，この守秘義務は及んでいる。しかし，たとえば長時間勤務が続き過労状態にある労働者について，労働環境を変えなければうつ病など精神的な健康を害するおそれがあると判断される場合，労働環境を変えることは事業者の安全配慮義務となる。その場合，産業医など産業保健スタッフは事業者が適切な対応が取れるよう，必要な健康情報を事業者に報告することが求められる。すなわち，事業者が安全配慮義務を果たすことをサポートすることも職務であり，どの程度の情報まで事業者，管理者に報告するかは，現場の柔軟な判断が求められる。

　このように一般の医療，心理臨床における立場とは異なり，時に利益相反しかねない労働者と事業者の間に立って，バランスをとって判断をすることが求められる。

産業メンタルヘルス・ケア領域における臨床のスタンス

　産業メンタルヘルス・ケアにおける臨床活動は，「健康に就労できること」がその目標である。一般的な個人心理的な問題や家族的な問題の解決は，触れることはあってもそれが産業メンタルヘルス・ケア活動の第一義的な目標となることはない。あくまでも，事業者との労働契約を守れるように，労働者が健康を保持・増進し，就労を継続できることが目標となる。

　そのため，産業メンタルヘルス・ケア領域において事例化してくる労働者は，業務負荷や対人関係によるストレスやうつ病などの精神疾患により就労困難となったものが極めて多い。従って，再び健康に就労できるようになることを支援することが臨床活動の中心となり，一般的な疾病の治癒を目指す活動と異なり，職場におけるさまざまな関係性の文脈の中で問題の解決あるいは事例性の解消を目指す活動となる。

　その意味で，関係性の文脈で問題を扱うことに慣れているシステム論的家族療法の視点は，産業メンタルヘルス・ケアの領域において有用であるといえよう。

〔楢林理一郎〕

文　献
厚生労働省：労働者の心の健康の保持増進のための指針．2006．
厚生労働省，他：Relax，職場における心の健康づくり．2012．

システムモデルによる産業メンタルヘルス活動

はじめに

　今日の産業社会を取り巻く内外の環境の著しい変化によって，働く人々が抱える問題もより複雑かつ多岐にわたるようになってきている。その結果，産業メンタルヘルス活動においても，従来からの専門家主導によるいわゆる精神衛生対策から，個々の従業員さらに職場や組織自体が積極的にメンタルヘルス活動を推進し，それらを専門家が支援していくような仕組みへの移行が求められるようになってきている。したがって，専門家にも個人を含めた職場あるいは組織システムのあり方を視野に入れたマネージメントが必要となってきているが，そのための有益な枠組みを提供してくれるのが他でもない家族療法の基礎理論であるシステムモデルではないかと考えられる。

産業組織システムの特性からみたメンタルヘルス問題

　産業組織システムは，垂直および水平方向の「役割」と「分業」により一定の階層性とルールによって成立しており，個々の従業員には，それらに規定された職務遂行が求められる。そして，彼／彼女らが，自らに与えられた職務に対するモチベーションを高め，同時に組織への貢献にもつながっていけるかどうか，ということこそ企業経営の要といえよう。しかし，いうまでもないことだが，このフォーマルな職務遂行は，組織におけるさまざまなレベルでのコミュニケーションに基づく対人相互作用を抜きには実現されず，よくも悪くも常にコンフリクトを抱えざるを得ない。とりわけ，組織メンバー間およびメンバー個人内でフォーマルなものとインフォーマルなものとがせめぎ合うようなコンフリクトはよりストレスフルなものになる。そのとき，特に管理・監督者にはそれらのコンフリクトの解決に向けたリーダーシップを発揮することが求められるが，それがいわゆる偽解決となってしまうような事態となると，ここにメンタルヘルスに関連した諸問題が"事例化"してくると考えられる。したがって，産業メンタルヘルス活動に関わる臨床家には，産業組織に固有のさまざまなレベルでの関係性を視野に入れた幅広いマネージメントが求められる（表1）。

コンサルテーション・リエゾン機能

　表1に示されたマネージメントの内容を見てみると，その中心的な機能はコンサルテーションにあることがわかる。ただし，その際のコンサルテーション関係は，コンサルタント（臨床家）からコンサルティ（管理・監督者等）への単なる指導・助言のレベルだけでは不十分である。クライアント（従業員）とのカウンセリング関係も同時にもち，あるいは，同席面接の実施，さらに，コンサルティが

Key Words

システムモデル
産業メンタルヘルス活動
コンサルテーション・リエゾン機能

表1　産業メンタルヘルス活動における臨床家の機能［乾, 1993, 一部改変］

①職場不適応あるいは精神障害に罹患した従業員個人へのカウンセリング機能と上司や職場内外関係者へのコンサルテーション機能。
②職場環境での安全教育・危機管理・組織ストレスなどの把握とその対処。
③従業員と環境や組織の関係性や問題点に対応する機能。
④従業員の職業人としての仕事設計への援助，すなわちキャリア人材開発の個別的相談業務。
⑤企業の経営方針，人事施策へのフィードバック機能。
⑥①～④それぞれに関わる教育研修の機能。

複数（ラインの管理・監督者と人事・労務担当者や健康管理スタッフ等）の場合など，コンフリクト関係の調整や連携等多重な関係レベルへの介入が求められることになる。こうしてみると，「コンサルテーション・リエゾン機能」と呼ぶ方がより実態に即している。ここで，実際の介入段階で特に留意すべき二つのコンフリクト関係について述べておきたい。一つは，たとえば上司からの要請で当該の従業員と面接する際に臨床家が直面する「守秘義務 vs 報告義務」の問題である。これについては，それぞれの関係者にあらかじめこの状況を説明した上で，当該の従業員とは面接内容のどの点を上司に報告してよいかどうかを確認し合うということになる。実は，この作業自体が関係者間のコンフリクト解消に役に立つ。もう一つは，「医療（健康）管理 vs 労務（業務）管理」の問題である。これは特に復職に際して臨床家が積極的に介入すべき事柄である。すなわち，どの程度の仕事から始めていくかということを，当該の従業員と管理・監督者との間で具体的かつ率直に話し合えるような同席面接場面を設定するのである。

事例

本項では，産業メンタルヘルス活動の中心となるコンサルテーション・リエゾンの実際について筆者が関わった二つの事例を報告する。なお，ここでの事例とは，システムモデルの観点から，個人とその個人が所属する職場の組織システムの双方および，そこに関わる臨床家の立場をも含んだものであるということを確認しておきたい。

◆**事例1**　就業規則違反行為が絡んだ職場不適応の事例

職場の特徴および筆者の立場──A社は建設コンサルティング事業を中核とする100名弱の小規模事業場であり，従業員の大半が大学院卒を含む高学歴集団である。メンタルヘルス対策については，筆者がスタッフの一人として所属している某外部EAP機関との間で契約をし，筆者が，コンサルタントとして定期的にA社に出向いている。

X氏の問題と対応──X氏（30代）は，以前からマイペースで仕事をするタイプであったが，ここにきて業務のパフォーマンス低下が見られるようになり，オフィス内でも孤立傾向がより強まっていた。業務上の指示に対しても細かなところにこだわるなど，上司は対応に苦慮していた。さらに，X氏は顧客とのアポイントを無断でキャンセルしていたことが先方からの苦情により発覚した。上司と人事労務担当者は，X氏のこうした言動をなんらかの"病気"によるものと考え，筆者にX氏との面談を要請してきた。そこで筆者は，まず，今回のX氏の行

動自体が就業規則上の違反行為に相当することを事前に上司および人事労務担当者に確認した上で，X氏との面談に臨んだ。面談において筆者は，X氏へのジョイニングを行いつつ，アポイント無断キャンセルの件を話題にした。するとX氏は，正当化する発言に終始しつつ上司への不満を事細かに訴えたため，次の3点をX氏に提案した。①今回の件は就業規則上，会社から何らかの処罰を受けざるを得ないかもしれない。②しかし，かなりのストレス状態にもあると考えられるため，一時休養の勧めと希望があれば医療機関を紹介できる。③X氏はもう一度上司と直接話し合う必要があるが，その際には筆者が同席してもよい。X氏はこれらを受け入れたため，さっそく筆者同席によるX氏と上司の面談が実現した。この場での筆者は，もっぱらX氏と上司の間での相互コミュニケーションの促進役に徹した。2回の面談を通じて両者の間に合意が得られた。その内容は，①アポイント無断キャンセルについてX氏は上司に始末書を提出する。②X氏は実家に戻って一時休養をとる。その間，上司はX氏復帰後の業務改善を検討する。こうして，復帰後の筆者同席による3回目の面談において，X氏と上司の間で業務改善に関するより具体的な話し合いが行われた。その後，X氏はとくに問題なく仕事を続けている。

事例2　家族ストレスが絡んだアルコール問題の事例

職場の特徴および筆者の立場——B社は，重機メーカーとして3,000人以上の大規模事業場であり，従業員も，技能職から研究等の専門職まで多岐にわたっている。メンタルヘルス対策については，長年の安全衛生対策の蓄積もあり，健康管理センターにおける保健師たちが主にその役を担い，職場内にも徐々に浸透してきている。筆者は，当センター所属の専任カウンセラーである。

Y氏の問題と対応——長年，製造現場で熟練工として働いていてきたY氏（50代）が，数カ月前より休みがちとなり，また，朝からアルコールの匂いをさせて出勤するという事態が頻発するようになってきた。安全管理上からもアルコール問題は重大であるため，上司がその点を指摘したところ，Y氏はそれまでには見られないような攻撃的な反応を示した。対応に苦慮した上司は，まず現場担当の保健師に相談した。この保健師は普段の健康相談等でY氏と面識があったため，まず保健師が対応して筆者との面談を勧めた。しかし，この時点で，Y氏は「もう少し自分でがんばる。すでに1週間断酒している。ダメだと思ったときには自分から筆者の面接を受けに行く」と答えた。その後，しばらくは安定していたが，ふたたび，同様の事態が生じた。上司は前回のY氏の反応が気にかかり，アルコール問題を指摘することを躊躇しながらも，本人を休職させる意向を持っていた。そこで，筆者はまず上司と面談を行う中で，あらためて「安全配慮義務」の観点から，①上司はY氏に対してはっきりと筆者との面談を指示してよいこと，さらに，本人の筆者との面談への抵抗を和らげる目的で，②その際には担当保健師も同席する旨を本人に伝えるよう指示し

た。初回面接では，保健師を介してのY氏へのジョイニングに努めた。すると，Y氏からはこの数年の家庭問題がストレスになり飲酒行動を強めていたことが語られたため，次回，妻との同席面接を実施した。その結果，本人と妻双方の理解がすすみ，それと合わせてアルコール問題も落ち着きをみせてきた。その後，上司からの報告では，Y氏は仕事にも意欲的に取り組んでいるとのことであった。

　二つの事例は，個別問題の内容，職場の特徴および筆者のポジションにおいて違いはあるが，筆者の基本的な対応が関係者間および問題の認識レベル間におけるコンサルテーション・リエゾンを中心にしている点は理解いただけるであろう。事例1では，特にX氏の顧客とのアポイント無断キャンセル問題の認識を巡る上司と本人間の調整・合意に焦点が当てられている。事例2では，上司の役割を明確にして支援しつつ，本人との面談では保健師さらに家族（妻）の同席面接を積極的に導入している。なお，二つの事例それぞれの職場の特徴や関係者の立場，職種，仕事観に応じたジョイニングに心がけたことはいうまでもない。

おわりに

　以上のように，産業メンタルヘルス活動の中心となる「コンサルテーション・リエゾン機能」をより効果的に発揮する上では，なんといっても家族療法が開発した同席面接および，そこに関与する臨床家を含めた「治療システム」構築のための視点と方法こそが大いに役に立つ。最後に，今後の産業組織システムを展望するならば，産業メンタルヘルス活動も個人のレベルでは「ワークライフバランス」の構築，組織レベルでは内外の環境の変化に応じた「組織開発」等にもより積極的にコミットする必要性がでてくるであろう。そのとき，家族療法の基礎理論であるシステムモデルのもつ汎用性がさらに発揮されるであろう。

（児島達美）

推薦図書

渡辺三枝子，渡邊忠，山本晴義編：産業カウンセリングの理論的な展開．現代のエスプリ別冊，2001．

文　献

乾吉佑：産業心理臨床とは．乾吉佑他編：産業心理臨床．星和書店，pp.2-9, 1993．
児島達美：外部のサービス機関による実際．乾吉佑他編：産業心理臨床．星和書店，pp.106-127, 1993．
児島達美：コンサルテーションからコンサルテーション・リエゾンへ．宮田敬一編：産業心理臨床におけるブリーフセラピー．金剛出版，pp.27-37, 2001．
和田憲明：会社組織・職場を見立てることの大切さ．吉川悟編：システム論からみた援助組織の協働：組織のアセスメント．金剛出版，pp.175-180, 2009．
山口裕幸，高橋潔，芳賀繁，他：産業・組織心理学．有斐閣，2006．
山本和郎：コンサルテーションの理論と実際．山本和郎：コミュニティ心理学．pp.87-169, 東京大学出版会，1986．

第2章
現代的な臨床テーマ

　本章では，家族療法が特に応用される本邦における現代的な臨床テーマを，それぞれのテーマが現れやすい家族のライフサイクルの時期ごとに取り上げて概説している。いずれも，疾患や問題を抱えている個人のみならず，共に生活し，問題や困難を共有する夫婦，家族を視野に入れた臨床の実際について述べられている。

　また，社会的なテーマと家族について，近年注目される自死や災害の問題を取り上げ，家族療法の視点からこの領域で貢献できるテーマについて述べられている。

第1節 児童・思春期

子育て支援
子育て観の扱いをめぐって

Key Words

子育て観
子育て支援
心理教育
コミュニケーション・スキル

はじめに

　家族療法では，家族は夫婦・兄弟姉妹などの相互に影響し合う集合体で，家族構成員は特有の交流パターンや役割を通じて家族を形作っていると捉える。個々の行動様式はそれらと深くつながっているため，個人を家族というユニットから切り離して理解することはしない。

　したがって子育ての問題も養育者と子どもの間に生じているのではなく，家族構成員の相互作用がそこに映し出されていると見る。その意味で，**子育て支援**は養育を含む家族機能そのものを支援する作業といえる。

　子育てには，養育者の生育史や人生観からなる子育て観に影響されるという特徴がある。臨床場面で出会うのは，表1のような子育て観である。

　これらは養育者の信念であり，アイデンティティともつながっている。そこで，家族との間に表2のように「コミュニケーション・スキル」を介在［衣斐，2012］させ，そこに向けて**心理教育**的アプローチをする。

　コミュニケーションというテーマは目標としてき

表1

- 子育ては養育者が子どもに施すものである（過保護も虐待もこの一方通行の考えから生まれる）
- 子どもは無垢で可愛いものである（子どもを受け入れられない自分はおかしいと思ってしまう）
- 子育ては心（愛情）があれば誰でもできる（ことさら習うものではないとする考えが孤立感・行き詰まりにつながる）
- 子育ては家族のプライベートな営みである（行政機関や地域のかかわりを難しくする）

わめて具体的だし，互いに評価しやすい。また，そのスキルアップは，直に家族の相互作用に影響する[岡田，2011]。ではコミュニケーション・スキルを介在させた心理教育的子育て支援を紹介する。

子育て支援の実際

子育て相談における実際の訴えは，「子どもが思うように動かない」という促し系と「子どもを止めることが難しい」という制止系に大別できる。いずれも「親の思い通りにならない」という点は共通している。

表2
頑張ってもいい結果がでないのは，努力がいまの子育て観にもとづいているからだ。
子育ては，子どもとのコミュニケーションによって行うものである。
したがって，現状の改善にはそのスキルアップが有効である。
コミュニケーションのスキルアップは，親子だけでなく家族すべての相互作用に変化をもたらす。

◀事例1▶ 「何事にも自信を持てない小2の次男が心配。子どもをたくましく育てるノウハウを知りたい」という訴えで，両親がそろって来所した。すでに不登校の兆しがあり，これまでにさまざまな習い事にも挫折している。今回，不登校対策として自分から塾に体験入所したにもかかわらず，予想通り理由をつけて断った。父親はこれではいけないと圧力を強め，母親はそれが不登校につながると庇う。家族の緊張を感じた当の子どもは新たな挑戦をし，その都度自信を失っているようだった。もっとも，それで母親との結束が強くなることには満足しているらしい。

相談の場でも，両親の意見の対立は顕著で緊張感が高まっていく。ピークとおぼしきところで，どちらにも与せずに切り出した。

「どちらもお子さんのことをよく見ておられますね。感心して聞いていました。これまでのことを振り返るのも大切ですが，これからどうするかを話し合う方がより効果的だと思うのですがいかがでしょう？実は『～ができるだろうか？』の不安や『きっと無理だろうな』の諦めによく効く言い方があるのです。ご存じですか？」

母親――えっ，そんなのがあるんですか！
父親――是非とも知りたいです

「わかりました。それはね，『すでにできている』です」。
両親――……

コミュニケーション・スキルを介在させるタイミングは，面接室が緊張状態から真空状態に変わる潮目がよい。

「もちろん，『すでにできている』と言い切るには証拠が必要です。それは，いまそこに横たわるものでなければなりません。つまり，これまでとの違いを見つけて，それをすでにできている証拠とするのです」

母親――そんなに都合よくできているところが見つかるものでしょうか。

「本当にできているかどうかは，実はたいした問題ではありません。むしろ，取るに足らないもののほうがいいくらいです。本人にしてみたら，『えっ，そんなのでいいの？』となりますから。肝心なのは，驚いた後に腑に落ちることです。『それだったらできる』と。いわば『すでにできている』がホップ，はじめの一歩です。『だったらできる』とその気になるのがステップ，第二の変化ですね。やがてこれが家族の

ジャンプにつながっていくわけです。地味で少々くすんでいる"マジ"なエピソードを『いつもと違う！　どうやったの？』と磨くと，輝きはいっそう際立ちます。

　ということで，今度の塾の件で違いを探してみましょう。なければ創るくらいの勢いでお願いします」

「お父さんに子ども役をお願いして，お母さん，ちょっとやってみましょう」と軽くすすめる。「そうそう，それです」と評価し，「お父さん，感想はいかがですか？」「お母さん，いまのお父さんの感想を聞いてどうです？」とフィードバックする。

　二回目の母親面接で，実際のやりとりを再現してもらった。

　　母親——あのね，体験入塾から帰ったとき，お母さん，実はびっくりしたのよ。

　　子ども——うん。次はがんばるから。

　　母親——そうじゃなくて，すごいなぁって驚いたの。だって，実際に教室まで入って授業を体験して，それから自分で結論出したでしょ。肌で感じたことに従ったのよね。頭でいろいろ考えてばっかりのこれまでとは，全然違うものね。

　　子ども——そうかな，うん，じゃあ次の塾でも確かめてみようか？

　　母親——そうね。頭であれこれ考えるんじゃなくて，身体で判断するってスゴイと思うよ。どこからそんなアイデアを思いついたの？

　親は，子どもの軽いノリに変化を認めたという。私は"身体"を持ち出した母親のセンスに感嘆し，家族に起きている変化を伝えた。母と子のコミュニケーションの変化は，他の家族の相互作用にもいい影響を及ぼすことになった。

◆事例2　「褒めて伸ばしたいが，いいところがまったくない」という小1の男児の促し系の相談である。子育ての講演会や本から「しっかり褒めれば子どもは育つ」と刷り込まれた家族は少なくない。だが成長とともに，褒めることの直接的な効果は減っていく。「無理してでも褒めよう」との頑張りが空回りしだすと「いいところがない」，さらにふと「可愛くない」と感じたりする。他の不調和が家族にあると，子育て場面にすべての不安と怒りを集めて悪循環ができあがる。

　実際のやりとりを具体的に聞き，タイミングを計って心理教育に入る。その際，その内容に想定外の驚きや新鮮さが含まれていなければ，辛い現実とリンクしている子育て観は微動だにしない。

　「めったに褒められるようなことをしないから子どもなのであって，大きくなるに従って褒めるチャンスが少なくなるのは当然です。たくさん食べたとか後片付けができたみたいなあたりまえのことを無理に褒めると，褒められないと動かなくなって逆効果になったりしますよね，よくわかります。私たちは，子どもの行動を〈よい＝適切〉と〈よくない＝不適切〉に二分しがちです。しかし，それだけだと一日の2割にも満たないでしょう。実際は，目立たないごく普通の行いが大

部分を占めています。大切なのは圧倒的に長い8割の扱いではないでしょうか。もちろん，それは他の兄弟や大人も同じです。

　以前，家庭における快・不快場面を列挙して子どもたちにランキングをつくってもらいました。それによると，無視される→叱られる→注意を向けられる→褒められる→認められる→あてにされる，の順でした。叱られるより無視される方が不快なのは意外でしょ？　たとえ叱られても，相手にされるだけマシということらしいです。

　この真ん中は，良きにつけ悪しきにつけ〈注意を向けられる〉です。これと先の8割を占める〈普通〉，これも良いと悪いの中間ですが，それらを組み合わせます。中間と中間だから無理がないしチャンスも多いでしょう。つまり，『普通にしているところに注目し，ひと声かける』のです。無理して褒めるのでも怒りをぶつけるのでもなく。さて，具体的に考えてみましょう」

褒めようと努力して「いつもと違う」を探しても，そう都合よく見つかるものではない。「違い」にこだわるところに，「同じ」にこそ意味があるとの説明は想定外だろう。「いつもと違う」を探した1例目とは逆だが，家族の子育て観の裏返しという点は共通している。いずれも，予想（先入観）を超えた新鮮さが興味を惹き，変化への入り口になったと思われる。その後，家族内の交流パターンの変化を見届けて支援は終了する。

◀事例3▶　「食べもので遊ぶ6歳女児を制止しようとして叩いてしまう」という母と子の二人家庭の相談である。泣き止まない・落ち着きがないといった乳幼児相談，テレビゲーム・携帯電話をやめない等の児童思春期相談，窃盗・性的逸脱等の素行相談など，制止のテーマには深刻な例が多い。制止の定番は，原因を尋ねる否定形の詰問「なぜ～できないのか？」と怒りを込めた一般化「いつもそうだ」である。これらは，しばしば悪循環の形成に一役買っている。

　「なぜ～できないのか？」と理由を問い詰められた子どもが「～だから」と応えると，「またそうやって言い訳をする。いつもそうだ」「いつもじゃない」と怒りのキャッチボールに発展する。子育てに怒りを持ち込むことがパターン化すると，子どもだけではなく自身もコントロールできなくなってしまう。

　「叱るときに『どうして？』と理由を聞くと，答えが返っても返らなくても腹が立ちますよね。質問自体が怒りをかきたてるからです。『いつもそうだ』に至っては，解決策ではなく愚痴というかあてつけに近いです。言わないとおさまらない気持はよくわかりますが，言ったところで別にスッキリしませんよね？　実はもっと楽で効果を期待できる言い方があるのですが，やってみませんか？」

しっかり共感した後に，さらっと「子どもが原因」を「言い方のせい」に置き換える。

　「人は変わっていないところを指摘されると，意固地になってしまいます。それが当たっていればなおさらです。逆に変わったねと言われると，『え，どこが？』と興味を抱きます。自分が気付いていない場合

は，驚きさえします。喜びや安心よりも驚きのほうがインパクトが強いんです。驚くほどのことってなかなかないから，記憶にも残ります。この驚きを，これまで使っていた怒りの代わりに用いましょう。『いつもそうだ！』の入り口から入ると『怒り』の出口に，『いつもと違う！』の入り口だと『驚き』の出口に出る，ということです」。

「怒り・腹立ち」といったキーワードも「驚き」に入れ替える。この後，「いつもと違う！」を取り上げる練習をして次回の面接につなぐ。虐待を疑った場合は，より丁寧に不安と怒りを受け止め，解決のための家族なりの努力をねぎらい，効果的ではなかったと総括し，事の起こりから結論までのストーリーに耳を傾けねばならない。

　　　母親──練習どおりにはいきません。子どものウジウジしたところを見てしまうとそれだけで腹が立ってきて，結局，『どうして』『いつも』を連発してしまいました。

「練習と言っても，まだ一度きりですから。具体的にはどんな場面でしたか」

　　　母親──いつものように食事のときに，私の顔色を窺いながら嫌いな野菜をわざとお皿からこぼそうとしたんですね。食べ物の好き嫌いより，そのやり口というか根性が嫌で。カチンときて，しまったと思ったときには『どうしてお母さんが一生懸命作ったものが食べられないの』とか『いつもそうやって』と。

「はい，それで？」

　　　母親──そのお皿をとりあげて食器ごとゴミ捨てに入れました。

「ええ，ええ」

　　　母親──それでも気持ちが収まらなかったので，子どもをほっぽり投げて隣の部屋に行ってテレビをつけました。最悪です。

「いや，すばらしい。予想以上です」

　　　母親──え，どういうことですか？

「確かに例のセリフは言いましたが，しまったと気が付いたんですよね。それが一番目の変化です。それ以上にすごかったのは，隣の部屋に移動したこと。そのまま向かい合ったままだときっと子どもさんはフリーズしてしまったろうし，それを見たらさらに怒りがこみ上げてきて手が出たかもしれません」

　　　母親──はい，その通りです

「そうならないように視野の外に出たから，叩かないですみました。お子さんは，『あれ，どうしちゃったんだろ』と驚いたと思います。それで，残ってるものを淡々と食べたりして……」

　　　母親──ええ，実はそうなんです。ダラダラ食べてました。

「それだって，経過を見ていないからさほど腹が立たなかったでしょ？　この『見ない！』『見てやらない！』という行動選択は，どこから思いついたのですか？　それはすごいアイデアですよ」

ここでは援助者が家族の「いつもとの違い」を見つけ，意味を添えて伝

える。児童相談所に呼び出されたケースのように，相談動機が低い場合は特にこのことが重要になる。

おわりに

子育て支援における心理教育のポイントの一番目は，家族にとっての意外性と新鮮さである。子育て感は先入観・思い込みともいえるものだから，常識的だと「頭ではわかっているけれど」で終わってしまう。「まさか，思ってもみなかった」くらいのインパクトで興味をひくことが大切である。二番目は，軽さである。頭で理解したことを行動に移す際は，軽く「とりあえず」「試しに」と後押しする。そして，その成果を肯定的に評価する。三番目は，援助者が家族の「これまでとの違い」を見つけることだ。そこに肯定的な意味を見出して返すことがとても重要である。

子育て支援は，虐待に近いものから日常のワンポイントアドバイスまで裾野が広い。また，家族の相互作用にも変化をもたらし虐待を含む問題の発生予防につながるという意味で奥も深い。今後の子育て支援のさらなる広がりに期待する。

（岡田隆介）

推薦図書

日本家族研究・家族療法学会編：臨床家のための家族療法リソースブック．金剛出版，2003．

文　献
衣斐哲臣編：心理臨床を見直す"介在"療法．明石書店，2012．
岡田隆介：家族が変わる，子育てが変わる：コミュニケーションのヒント．明石書店，2011．

不登校

はじめに

　不登校児童生徒数は，1966年の1万2,000人をピークに一時減少傾向であったが，1978年で1万人を超えてから年々増加し，1990年で4万人，1998年には10万人を超え，2001年の14万人弱をピークとして，現在ほぼ12万人で推移しており，社会的に大きな問題となっている。

　アメリカでは，1932年にブロードウィンBroadwin, I.T.が初めて事例を報告し，1941年ジョンソンJohnson, A.M.が，学校恐怖症（school phobia）と命名した。日本で最初に報告された事例が，1950年半ばである。日本では，当初学校嫌いといわれ，それが，登校拒否（School refusal）と呼ばれるようになり，その後不登校といわれるようになっている。その呼び名の変化は，不登校に対するとらえ方の変遷といえる。

　当初は，登校拒否症と呼ばれたこともあり，一つの精神疾患のように捉えられた。そして，特定の性格傾向，特定の家族で起こるものと考えられ，登校拒否になりやすい子どもや家族の分類化などもなされた。その後，その分類化が追いつかないほどに，数も多く，多様化していった。文部省（現文部科学省）では，1992年に，学校不適応対策調査研究協力者会議の結果をうけて，「不登校は，何らかの心理的，情緒的，身体的あるいは社会的要因・背景により，児童生徒が登校しないあるいはしたくともできない状況にあるために，年間30日以上欠席した者のうち，病気や経済的な理由によるものを除いたもの」と不登校を定義し，不登校は誰にでも起こりうるものとの見解を示した。このことにより，それ以前にも増して専門家だけでなく，専門家以外の人や組織が，不登校の解決へのアプローチに携わることとなる。

不登校への対応

　学歴を重視する傾向のある日本においては，不登校は家族にとって大問題となった。基本的には家族は子どもが登校することを願っている場合が多い。したがって，医療などの相談機関に親が訪れる場合，その多くは登校復帰を求めていた。しかしながら，そうした機関が対応に困ったことは，本人がそこに訪れることがない場合が多かったことである。投薬は本人対象であり，カウンセリングも基本的には個人を対象としたものであるので，その場合に家族に対して行ったことは，本人を連れて来ることをお願いするか，もしくは，親自身のカウンセリングを行うことを勧めることで，家族が子どもに対してどのような対応をとればよいのかについて相談できるところはほとんどなかった。しかも，不登校は千差万別のものであるのだが，当初は「不登校は登校刺激を与えてはいけない」という考えが大勢を占めていた。不登校の子どもが問題とされ，親にカウンセリングを勧める

Key Words
家族療法の持つ特徴
拡大システム
パターン

ということで結果的には親が問題とされる形になってしまい，対応としては，登校刺激を与えないことのみで，途方に暮れた親は多かったと考えられる。

そうした状況にあって，以下の二つの動きが出てくる。一つは，親が具体的な対応を求めて，親業訓練（Parent Effectiveness Training）に参加したことである。親業訓練は，アメリカの臨床心理学者ゴードン Gordon, T. が親子関係の人間関係改善のために開発したコミュニケーション法の親の教育用プログラムである。日本では1980年に親業訓練協会が設立され講座が開設されている。それは，不登校の対応のためのものではなかったが，子どもの対応方法を考えるために，親業訓練を選択した親は多かった。

また，もう一つの流れとして，不登校の親の会がある。これは，1980年代から全国各地に相次いで設立されたセルフヘルプグループである。不登校を問題視するのではなく，むしろ学校に行かない生き方を肯定する考え方がとられ，不登校の親子を支える活動となっている。

2000年代に入り，文部省が発表した誰にも起こりうるものとの考えが徐々に浸透し，社会状況の変化もあり，親も必ずしも登校復帰を求めるとは限らなくなり，受け皿も多くなり，不登校への考え方も多様化しているので，現在では，それぞれに合わせた対応をすることが一般的になってきている。

家族療法の持つ特徴

そうした，さまざまな対応の中にあって，**家族療法の持つ特徴**が三つ挙げられる。不登校は，本人が相談機関などに行くことを拒否することも多く，本人以外の家族メンバー，特に親だけが相談に訪れる場合も多い。家族療法は，対象をシステムとして捉えてアプローチする方法であるから，本人の参加が得られなくとも，解決のための援助を行うことができる。それが特徴の一つといえる。

二つ目に，家族療法は，何が原因，何が問題という考え方をとっていないので，解決の目標は家族（本人も含む）の希望に沿って決められるため，家族が必要と望んでいることが得られることが挙げられる。

そして，不登校に対しての援助は，本人にかかわるいろいろな人や組織がかかわっているので，大きなネットワークの中で解決を構築していくことが考えられる。そのため，それらの影響をすべて把握して対応する必要がある。家族療法が対象をシステムとして捉える視点を持っていることから，大きなネットワークを考えていく場合でも，家族療法が持っている理論や方法論の中で考えることができる。それが三つ目の特徴である。

不登校の家族療法

不登校は特定疾患というようなものではないため，どう捉えて，どう解決していくかについては，決まったものがあるわけではない。そのため，かかわる人たちの考えによって大きく変わってくる。特に，家族がどんな子どもに育てたいか，育って欲しいかといういわば養育方針はその大きなものであろう。そのため，専門家が〜すればいいと単純に決められるものではなく，家族の意向を取り入れながら，進めていくことになる。それは家族療法が得意とするところである。また，不登校は学校に行かないことにつけられた名前でいわば分類名であり，そこには

いろいろなタイプがある。しかし、家族療法にいろいろなモデルがあることから、モデルの選択によって多くのタイプに対応できる。こうしたことが不登校の解決に家族療法が効果を挙げている理由かもしれない。

各アプローチについては、各項をご参照いただければと思うが、簡単に紹介すると、構造的アプローチでは家族メンバーの不登校に対する捉え方、考え方、対応から両親間、親子間など家族メンバーの関係性を把握し、家族構造図で整理することができる。家族の関係性に介入することにより、家族がうまく機能できるようになり、解決が生み出される。コミュニケーション・アプローチでは、家族間で行われているコミュニケーションの変化によって、解決を生み出そうと考える。たとえば、親子間で、学校に行きなさい→行かない→行きなさい→行かないという循環が起きていたとすると、対応の一つとして、親が子どもに対して学校を休むように勧めるなどこれまでとは異なる対応をとることによって、そのパターンが消失し、登校するという変化が生まれる。

さて、当初家族に焦点を当ててアプローチしていた考えを、学校で起こっていることに応用できることが気づかれてくる。たとえば、家族の中で父親と母親の意見が違うことにより解決に向けての動きが混乱していると捉えられることがあるが、学校でも、たとえば担任と養護教諭の意見が異なれば、同じように解決に向けての動きが混乱することになる。このように家族を対象として行っていた見方やアプローチを学校を一つのシステムとして捉えると、同じ考え方でアプローチを行うことができる。この考え方は、学校だけでなく、関係機関との連携などでも同じように考えることができる。こうした認識により、家族療法が家族だけを対象とする方法ではなく、対象をシステムとして考えて対応できる方法への認識を高くすることになる。家族療法が名前通り家族を援助するだけでなく、こうした拡大システムへの援助へと発展していくことになった。

事例　本人が来所しないケース

家族構成——父親、母親、B君（中学3年生）、妹小学校4年生

面接参加者——母親、もしくは、両親

初回面接（5月○日）母親

　中学2年生の1学期途中から不登校。その後中学3年生になってもまったく登校できずにいる。Bの外出はほとんどなく、母親は少しでもBに外出して欲しいと思っている。そんな折、Bがある歌手グループのコンサートに行きたいと言い始めた。母親は外出のチャンスと考え、チケットを購入してやりたいと思っている。ところが、父親は、そもそもコンサートは反対であり、Bからその要望が出てきていない段階からこちらから買うことはないと言っているとのことである。母親は父親の対応に不満を述べながらも、Bが母親の言うことを聞かなくなっているので、父親の力も必要と考え、苦悩していた。治療者は、母親がBのことについてとても心を砕いていることを高く評価し、Bの成長のために何が必要かを慎重に考えていきたいと述べた。

　一方学校の対応では、担任の先生は、当初再々家庭訪問し登校の説得を試みている。しかし、Bは徐々に閉じこもる傾向が強くなり、担任と会わなくなった。母親も担任が来ることでBが閉じこもるのではとの心配から

担任の来訪に積極的ではなくなっていた。

第2回面接（1週間後）母親

母親が「Bが新しいゲームを買ってくれれば学校に行けると言っているので買いたいがどうだろうか」と尋ねてくる。父親はそれには反対しているとのことである。以前にオーディオプレーヤーを買った時にBが1週間登校したことがあり，だから母親は買いたいと述べる。しかし，要望するものは変わるが，これまでも同じことが繰り返されていることがわかった。また，担任の先生の対応も，同じパターンの中に巻き込まれていたことが考えられた（図1）。治療者は「買うか買わないかの選択は，どちらにもメリットデメリットがあるので，治療者が決めることはできない。両親で決めて欲しい」と述べた。

第3回面接（1週間後）両親

父親は最初は「Bがとてもわがままであり，それを認めていたらダメだ」と述べ，母親がBの要望を叶えてしまうことを批判していた。治療者が，父親が客観的にBを見ていることを評価し「母親が比較的主観的に見ているので，ご両親でうまくバランスが取れているのですね」と述べた。すると，父親は，「わがままは許してはならないと思う。しかし，実際に対応するのは母親であるから，母親の意見は無視できない」と述べ，どのように対応すればよいのか苦悩していることを語った。

そこで，治療者は「ゲームの購入はあくまでも両親で決めることであるが，今は，Bの要望通りゲームを買う，か，ゲームを買わない，という二者択一の形になっていると思う。問題は何を目標にしてそれを決めるかではないか」と述べると，父親は何かヒントを得た表情となり，よく話してみますと言われた。

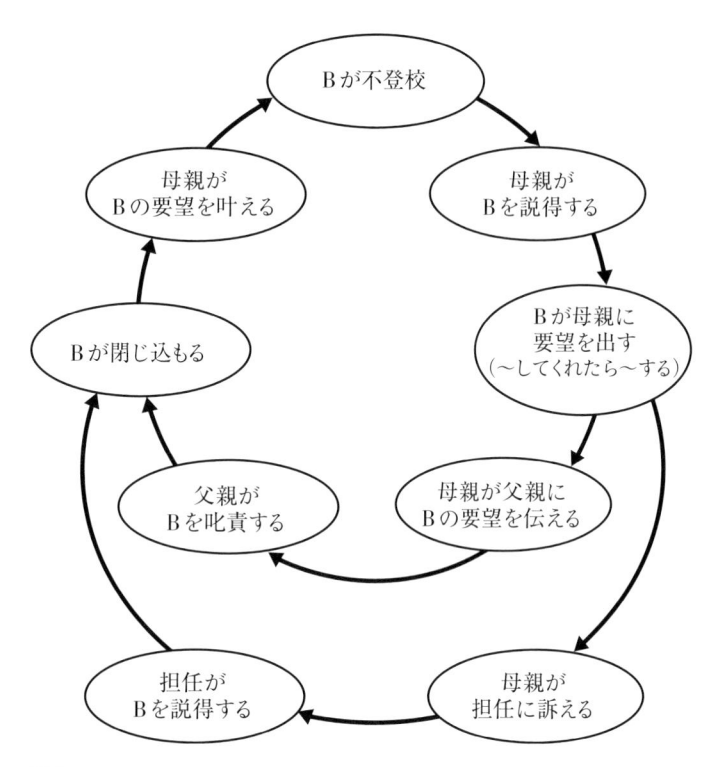

図1

第4回面接（1週間後）母親

ゲームについて両親でよく話し合ったところ，これまでは，ただBの要望通りに実現して，Bが結局言った通りに実行できていないことが再確認され，約束を必ず実行することを条件に購入することに決めたとのことであった。そこで，両親からBに約束すれば必ず実行しなければならないこ

とを伝えた。すると，その後，Bは母親に対して，「友達がどんな目で見るか気になる」とか，「休まないで行けるか不安だ」など，学校に対する不安な気持ちを話し出したとの報告があった。

治療者は，Bの不安を父親にも伝え，両親とBの間でその不安を解消できるように話し合いをし，その上で担任にも加わってもらって解消していくことを提案した。

第5回面接（1週間後）母親

両親との話し合いにより具体的に解決する方法を考えたところ，Bが登校を始めたことが報告された。

その後，Bは徐々に学校に復帰する。Bが不安に思うことはその都度両親と担任の話し合いで解決する形で進めていき，登校を続けることができた。その翌年無事高校に進学し，登校を続けていると報告され終了となった。

この事例では，仮説として図1のパターンが考えられた。父親と母親がBに別々に話すことで力が相殺されてしまい，結局どうしても動いて欲しいと思う母親がBの要望を叶えるという行動となり，具体的な解決を考えるところには至っていなかった。ゲームの購入について父親と母親で話し合ってもらうことで，父親が極端な叱責をすることもなくなり，また母親がいわば独断の形でBの要望を叶えることもなくなり，当初の不登校を維持していると考えられたパターンが解消され，解決について家族で話し合うパターンへと変化したと考えられる。

担任との関係においても，母親と担任との間でもう少し意思疎通が図れる形を作れていれば，このパターンにならなかったかもしれない。この事例については，元々のパターンが変わったことから，担任とのパターンも解消され，担任への介入は不要になったと考えられる。もしも，担任とのパターンに介入する必要があれば，担任に対して対応していくことになった。

このように，本人の来所がなくても，問題を巡るパターンを把握することができ，解決することができる。この事例では，かなりスムーズに進んでいるが，実際には，両親間および，両親と子ども間のコミュニケーションパターンが変化するように細かく介入していく必要のある事例の方が多い。また，実際には家族以外の多くの影響があり，治療を進めていく上で拡大システムの影響を考えていく必要がある場合も多い。その一つの例として，この事例では，わかりやすくするために担任のかかわりの影響のみ挙げた。このように他の影響を考えていく場合でも，この事例で示したように，拡大システムが問題維持に対してどのように影響を与えているかのパターンを把握し対応すればよいことになる。上述したように，不登校はかかわっている人や組織が多いので，不登校への対応の場合，このように家族にとどまらず，IPを中心とした問題維持システムを見つけ出し介入していく視点を持つことが必要となる。

今後の傾向

私が携わっている最近の事例の中に，子どもが発達障害の特徴を持っており，そのことについてはその専門の機関にかかり，その子どもが急にキレて暴れるなど行動化があり，それについては医療機関にかかり，学校生活，友達関係，勉強については，担任およびスクールカウンセラーが対応し，法的問題については警

察が対応し，日常生活のケアについてはスクールソーシャルワーカーが対応し，夫婦間でうまくまとまらないことについては，民間の相談室である私のところで援助するというような事例がある．これまでも，連携して取り組むことは多かったが，ここまで多機関がかかわる事例はあまり経験したことがなかった．今後は，これまで以上にそれぞれの専門性を生かしたネットワークの中で援助を行っていくという形が増えていくのではないかと思われる．そこで重要なのは，そのネットワークにおいて，それぞれの援助が相殺しあわないような連携づくりである．家族療法の考え方では，そのネットワークを一つのシステムとして捉えることができるので，その際にも家族療法の持つ視点が充分に生かしていけるであろう．

(村上雅彦)

推薦図書

1. 団士郎: 不登校の解法: 家族システムとは何か. 文芸春秋, 2000.
2. 東豊: 家族療法の秘訣. 日本評論社, 2010.
3. 吉川悟編: システム論からみた学校臨床. 金剛出版, 1999.

文　献

上出弘之, 伊藤隆二編: 学校嫌いの子ども. 福村出版, 1980.
村上雅彦: 井戸に気がついた蛙: エナクトメントを中心とした事例. 少年補導, 35(2); 14-20, 1990.
村上雅彦: システムズアプローチ: 対象をシステムとして捉えアプローチする. 児童心理, 807; 147-159, 金子書房, 2004.
村上雅彦: 学校臨床における事例. 亀口憲治編: 家族療法, pp.141-158, ミネルヴァ書房, 2006.
村上雅彦: 親面接を有効にするために: システムズアプローチの視点から. 精神療法, 32(4); 446-452, 金剛出版, 2008.
鈴木浩二編: 家族療法ケース研究2: 登校拒否. 金剛出版, 1988.
内山喜久雄編: 登校拒否. 金剛出版, 1983.

発達障害

はじめに

　発達障害とは脳およびその機能の発達に関わる障害を包括する概念である。また，障害の鑑別は症状の有無を基準として操作的に診断される。そのため複数の障害の併存や年齢にともなう症状の変遷が生じる。診断によって一応の区分はあるが，実際には図1に示すように互いが重なり合い，また障害区分の境界が明確でないのが発達障害の実態である。

　このように発達障害という概念は常に曖昧さを伴い，時代とともにその中核となる障害が変化している。発達障害（Developmental Disabilities）という言葉が公式に使われたのは，1970年のアメリカ公法（発達障害サービス法）で，精神遅滞，脳性麻痺，癲癇を対象とした。わが国においては精神薄弱者福祉法（現在，知的障害者福祉法）が，社会福祉六法の一つとして1960年に施行されており，これら法整備の状況からみても，知的障害が発達障害の出発点であったことがわかる。

　この知的障害を出発点とした発達障害の概念は，大きく二つの変節点をもっている。一つは，自閉症が心因によるのではなく脳機能の障害によって生じるとの認識が高まった1960年代後半〜1970年代である。当時は，知的障害とそれを併存する自閉症が発達障害の中心であったといえる。二つ目の変節点は，これらの障害の周辺の問題と考えられていた障害への関心の高まりによって生じた。それが現在の発達障害である。

現在の発達障害

　発達障害の周辺の問題として扱われていた障害に，学習障害（LD），注意欠陥／多動性障害ないし注意欠如／多動性障害（AD/HD），高機能自閉症・高機能広汎性発達障害・アスペルガー障害など知的障害を伴わない広汎性発達障害がある（図1）。

　学習障害は長く多動症（現在のAD/HD）とともに，定義が曖昧なままMBD（微細脳損傷：Minimal Brain Damage，微細脳機能障害：Minimal Brain Dysfunction）として一括されて扱われていた。現在は書字・読字・数理処理など特定の学習分野における障害として詳細に検討されるようになっている。また，多動症は，単に多動や衝動性の問題ではなく，注意集中にかかわる脳機能障害と考えられるようになった。また，長く忘れられていたアスペルガー Asperger, H. の症例報告をウィング Wing, L. [1981] が再評価し，アスペルガー症候群という障害概念の有用性に注目してからは，知的障害を伴わない広汎性発達障害への関心が急速に高まった。

　発達障害という概念にこれらの障害が加わったことは，発達障害への支援の広がりであるとともに，これらの障害の成因と治療の究明が発達障害とは何かを理解することにも貢献したことでもある。たとえば，障害特性を持つ当事者の自伝により，その認知的特異性の理解が深まった [Grandin, 1986; Williams, 1992]。ま

Key Words

発達障害
家族支援
特別支援教育
障害受容

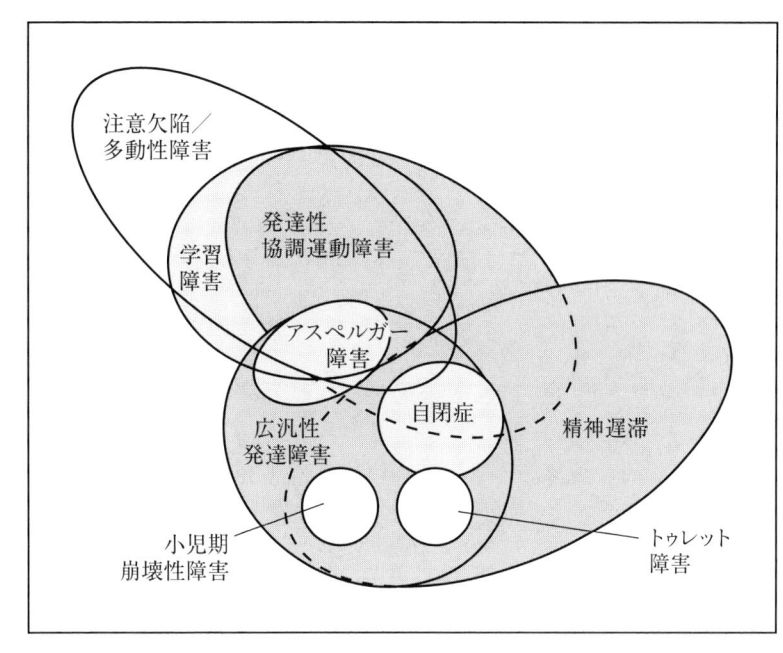

図1　DSM-IVにおける発達障害の診断概念

た，fMRIなど神経画像を用いた認知神経学研究による脳機能の理解，さらに，遺伝子研究による発達障害における家族集積性の問題，また障害特性の素因となる多様な遺伝子が外的要因の作用によって障害として顕現することなど，発達障害の本態の科学的理解が進んでいる。

わが国における特徴

　LD，AD/HD，高機能広汎性発達障害は，2000年以降しばらくの間，わが国では「軽度発達障害」と呼ばれた。しかし，現在は「軽度」という形容を除いて発達障害と呼ばれる。その理由は，症状は軽微であっても，障害がきっかけとなって深刻な二次的障害が起きうることを軽視しないためである。

　「軽度発達障害」という呼称は現在では適切でないとされる。しかし，これまで障害としての認識が薄かったLD，AD/HD，高機能広汎性発達障害の三つの障害を包括し，これらの障害への支援の必要性を広く周知するのに役立った。具体的な成果は，障害の種別を越えて協働する日本発達障害支援ネットワーク（JDDネット）の誕生，2004年の発達障害者支援法の制定，この法律に基づく発達障害者支援センターの設置，2001～2007年にかけての特殊教育から**特別支援教育**への移行であろう。ただし，わが国特有の状況として，発達障害という用語が，LD，AD/HD，高機能広汎性発達障害などに特化して用いられる傾向を生む一因ともなった。

発達障害と特別支援教育

　わが国では2000年以降に発達障害への関心が一気に高まったが，その契機の一つとなったのは，2003年の文部科学省の「今後の特別支援教育の在り方について」の報告であった。この報告において，「通常の学級に多く在籍すると考えられるLD，AD/HD，高機能自閉症により学習や生活について特別な支援を必要とす

る児童生徒」の数が通常学級の 6.3% とされた。この数値の高さは一般の人々の関心をも惹き，これらの障害のある子どもたちへの正しい理解が広がった。また，通常の小学校の 30 人学級に障害がある子どもが 2〜3 人いるという実態は，健常と障害を区分する特殊教育が実質的に成り立ちえないことを示した。

特別支援教育への転換は，特殊教育の対象を LD，AD/HD，高機能広汎性発達障害へと拡げるのではなく，障害と健常の区分を排して，個々の子どもの教育的なニーズに応えるという教育の根本的改革である。その変革の背景となっているのは，イギリスでの 1980 年代の教育改革や 1994 年 6 月に UNESCO 主催による「特別なニーズ教育に関する世界会議」において採択されたサラマンカ声明である。具体的にはイギリスで特殊教育の対象を「障害」のある子どもから「特別な教育的ニーズ（Special Needs on Education）」のある子どもへと転換したことや，サラマンカ声明で健常と障害を区別しないインクルーシブな教育の実現を謳ったことによる。

2007 年から全国で特別支援教育が実施され，現在，特別支援教育のための校内委員会，コーディネーター，個別指導計画，巡回相談などの仕組みが，学校教育の中に用意されている。しかし，教育におけるノーマライゼーションの具現化であるインクルーシブな教育が実際に進んでいるか否かについては疑問の声も多い。

「障害」から「健康」への転換

障害と健常を区別しない考え方は，教育だけでなく保健や医療や福祉の分野においても現在的な課題となっている。なぜなら，周産期医学の発展によって極小未熟児の存命が可能となり，少子社会にとっては一種の恩恵であるが，それは障害の生じるリスクを社会全体で抱えることでもある。また，先進医療は人々の平均寿命を延ばしたが，認知症が広範囲に認められる社会も生まれた。そういう社会変化にともなって，健常者と障害者という二分法はもはや通用せず，すべての人がなんらかの障害をもつことを前提として，障害があっても暮らせる社会の仕組みを作ることが必要となった。

2001 年に発表された世界保健機関 WHO の「国際生活機能分類：国際障害分類改訂版（ICF）」においては，1980 年に作成された「国際疾病分類（ICIDH）」における障害モデルを根底から覆し，図 2 のように「障害」を健康という概念に包括している［上田，2005］。このことは障害と健常を区分しない時代，障害がある人々を差別したり，偏見をもったりしない社会へと転換する必要を示唆するものであろう。

発達障害と家族のストレス

子どもに障害があることで家族にはさまざまな負担が生じる。それは障害の種類や重さによって異なるが，おおむね表 1 のような影響が考えられる。

これらの心理的・身体的ストレスは保護者に大きな影響を与える。たとえば，子ども虐待など不適切な養育（Maltreatment）や，保護者自身の精神的不適応および精神障害のハイリスク要因となりやすい。

障害のある同胞の存在はきょうだいにも多様な影響を与える。たとえば，親の関心が障害のある同胞に偏ることで家族の中で孤立し疎外感や差別感を抱き，そ

れが同胞へのねたみや嫌悪感に発展することもある。また家事の分担や障害のある同胞の世話をしなければならない場合，きょうだいは自分自身の自由が奪われると感じ不満や憤りが生じやすい。さらに，親が障害のある同胞の養育に苦労する姿を見て育つきょうだいは，障害のある同胞の存在と関連して起きる負の感情を抑圧し，それが思春期以降の不適応症状の顕在化の原因となることも多い。あるいは，親が障害のある同胞には期待できない希望を，無意識のうちに健常なきょうだいに託すことがあり，きょうだいがそれに応えようとして精神的に背伸びし，過度な適応や精神発達の早熟化が起き，精神健康を損なうこともある。

　また，障害が軽微な場合，きょうだいにとって同胞の障害を認識し受け入れることは非常に困難で，障害特性から生じる衝動的攻撃行動や固執的自己中心性は，わがままや意地悪として受け止められ，執拗なきょうだい間葛藤の原因となることがある。このようにきょうだいの精神発達はさまざまな影響を受ける可能性がある。

障害告知と障害受容

　保護者にとって子どもの障害を告知されることは大きなストレスとなる。そのため，診断を受けることを躊躇する親もいるし，診断がおりた後も子どもの障害を否認する親もいる。保護者が子どもの障害をどのように認識するかは，保護者を理解するうえで欠かせない要素であろう。

　親の**障害受容**については，ドローター Drotar, D. の段階的モデル，オーシャンスキー Olshansky, S. の慢性的悲哀あるいは慢性的悲嘆，中田の螺旋形モデルがある［桑田，神尾，2004］。段階的モデルは障害告知後の親の感情的な反応が異常な反応ではなく一定の感情的な変化を経て回復することを示す。また，慢性的悲哀は子どもに障害があることによって保護者は恒常的に悲哀感を内在化させており，それは障害のある子どもの多くの親に認められる自然な状態であることを指摘している。さらに螺旋形モデルは，これら二つの理論を統合し悲哀感の再燃と克服，それにともなう障害の否定と肯定の繰り返しを経て，保護者の障害認識が深まっ

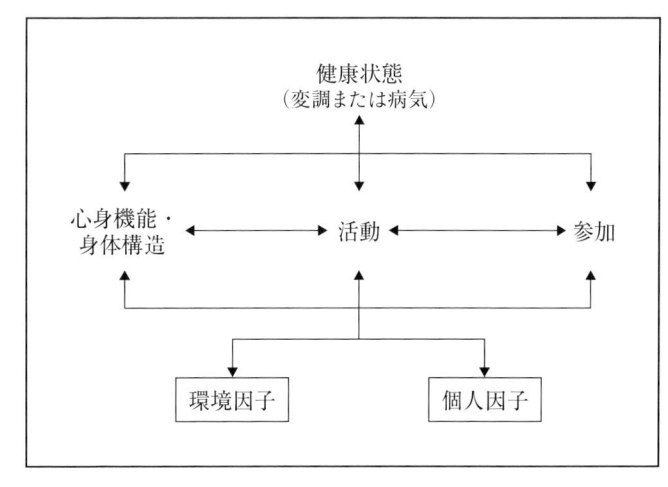

図2　WHO国際生活機能分類ICF［障害者福祉研究会，2002］

表1

心理的・身体的影響
障害のある子どもの誕生は，それが親に情緒的なショックを与えることは稀ではない。怒りや悲しみなど情緒的反応が生じ，そこから精神的に回復することが必要となる。また通常の発育と比べ多くの時間を育児やしつけに費やさなければならず，親は身体的過労状態となりやすい。日常の生活の中では，子どもの睡眠の障害や，偏食，落ち着きのなさ，こだわり，パニックなど障害に応じて精神的また肉体的な負担が生じる。
社会・対人的影響
家庭内においては，子どもの成長が遅れるために生じる家族のライフサイクルの停滞やいわゆる「障害児の親」とか「障害児のきょうだい」といった特別な役割への葛藤が生じる。また家庭外においては，世間の偏見や誤解を受けやすく，家族の外出の制限とともに子どもと外出する際に移動距離や交通手段に制約をうける。また来客の制約もあり，家族がコミュニティと十分に交流できない期間が生じる。
経済的影響
障害がある子どもの育児のために養育を担当する親の就労が制限され，就労する親においては転勤などの制約のために昇進や昇格の機会を逸することがある。また障害に応じて特別な出費が必要となる。たとえば家具などの破損の修理や特別な器具の購入，また治療等のための特別な出費などがある。

ていくことを示している。

　しかし，現在の発達障害においては，保護者はわが子の状態を必ずしも障害として受けとめない。わが子の状態は障害ではなく個性であり，問題は社会と子どもの個性がうまく噛み合わないために生じると考え，周囲が子どもを受け入れてくれないことにジレンマを感じる親も少なくない。このような保護者の在り方を，障害が受容できない状態，あるいは保護者の病的な防衛とみることは容易である。しかし，障害の特性が軽微である場合，また，環境によって問題行動の現れかたが異なる場合，保護者にとって子どもの障害を認めることは重度の障害の場合よりも困難となる。このような状況においては保護者が子どもの障害に対して否定的な態度をとるのは避けがたいことであり，専門家はそのことを考慮する必要がある［中田，2009］。

　そのため現在の発達障害への支援においては，障害の認識や受容を前提とした支援ではなく，保護者が子どもの障害を「個性」として受けとめていても，それに対して許容的な態度で家族を見守ることが大切となる。子どもの障害へのかかわりよりも，障害の特性をきっかけとして起きる行動の問題への直接的な介入と，その予防や改善の手立てを考えることが大切である。

発達障害と家族支援

　発達の障害があることで保護者もきょうだいもさまざまな影響を受け，家族関係が適正に形成されなかったり，家族機能が低下したりすることがある。また，障害の認識は家族にとって困難である。このように発達障害においては，子どもへの支援とともに家族への支援が必要となる。

　家族への専門的な介入には，家族の力では対応できない問題への治療的介入と家族自体の能力や資源を活用する支援的介入がある［伊藤，2004］。家族機能が不全となり保護者に明らかな精神的不適応の症状があるとき，あるいは障害のある子どもやその同胞に不登校や非行などの不適応症状が現れたときには，前者の治療的介入が必要となる。しかし，発達障害の家族支援においては後者の支援的介入が基本であろう。なぜなら，障害のある子どもの家族は，本来，問題解決の能力のある健康な家族である。支援する専門家は家族がその能力を取り戻せるように，問題への家族の主体的な取り組みを支援する必要があるからである。

　専門家の介入の歴史を振り返ると発達障害への専門的介入は必ずしも支援的ではなかった。1943年に米国のカナー Kanner, L.［1943］によって最初の自閉症の症例報告がなされた後，自閉症の原因が親の愛情不足による心因的情緒障害であると考えられた。当時は自閉症に限らず精神的障害を家族関係に見つけようとする傾向があり，家族病理を解明し家族を治療することが必要と考えられた家族療法の黎明の時代でもある。

　その後，関心は病理的な家族から健康な家族へと広がり，家族療法の考え方も家族システム理論へと転換した。発達障害においても自閉症の心因論が否定され，家族は治療の対象ではなく，子どもの発達を支援するための有力な資源であると考えるようになった。そのことから保護者を共同治療者（co-therapist）とする考え方が生まれ，現在，関心をもたれている発達障害のペアレント・トレーニングの原理の一つとなっている［Schaefer, Briesmeister, 1989］。

これまで発達障害は療育や教育の対象であると考えられ，家族療法の対象として取りあげられることは少なかった。しかし，現在の発達障害から理解されることは，治療的介入と支援的介入のどちらも家族にとって必要であり，家族療法が培ってきた理論や技法が，発達障害の支援にも役立つときが到来したことを意味している。

おわりに

　近年，広汎性発達障害に代わって自閉症スペクトラム障害（ASD: Autistic Spectrum Disorder）という用語が用いられることが多い。ASD の概念は広汎性発達障害の下位の障害には互いに境界がなく連続しているという考えのもとに生まれた。さらにこの連続性は健常とされる人々の認知や人格の特徴にまで及ぶと想定されている。このことを，障害のある人々が潜在していると考えるのか，単に支援を必要とするか否かの違いと考えるのかは，社会が「障害」をどうとらえるかにかかっている。

（中田洋二郎）

推薦図書

中田洋二郎：発達障害と家族支援．学習研究社，2009．

文　献

American Psychiatric Association 1994 DSM-IV: Diagnostic and Statistical Manual of Mental Disorders Fourth Edition.1994.［高橋三郎，大野裕，染矢俊幸訳：DSM-IV 精神疾患の診断・統計マニュアル．医学書院，1996．］
Grandin, T.: Emergence: Labeled autistic. Arena Press, Novato, 1986.［カニング公子訳：我自閉症に生まれて．学習研究社，1994．］
伊藤順一郎：コミュニティにおける家族支援：技法・哲学・システム．家族療法研究，21（3）；205-209，2004．
Kanner, L.: Autistic disturbances of affective contact. Nervous Child, 2; 217-250, 1943.
桑田左絵，神尾陽子：発達障害児をもつ親の障害受容過程：文献的検討から．児童青年期精神医学とその近接領域，45（4）；325-343，2004．
中田洋二郎：発達障害と家族支援：家族にとっての障害とはなにか．学習研究社，2009．
Schaefer, C.E., Briesmeister, J.M.: Hand Book of Parent Training Parents as Co-Therapists for Children's Behavior Problems. John Wily & Sons, New York, 1989.［山上敏子，大隈紘子監訳：共同治療者としての親訓練ハンドブック 上・下．二瓶社，1996．］
障害者福祉研究会：ICF 国際生活機能分類：国際障害分類改訂版．中央法規出版，2002．
上田敏：ICF（国際生活機能分類）の理解と活用：人が「生きること」「生きることの困難（障害）」をどうとらえるか．きょうされん，2005．
Williams, D.: Nobody nowhere. Transworld Publishers, London, 1992.［河野万理子：自閉症だったわたしへ．新潮社，1993．］
Wing, L.: Asperger's syndrome: A clinical account. Psychological Medicine, 11;115-129, 1981.［高木隆郎，M・ラター，E・ショプラー編：自閉症と発達障害研究の進歩．4; 102-120, 2000．］

第2節 青年期・成人期

境界性パーソナリティ障害

はじめに

境界性パーソナリティ障害（Borderline Personality Disorder; BPD）は DSM-IV では有病率が0.7〜2％，精神科外来患者の10％，入院患者の20％，そして臨床支援を受けているパーソナリティ障害患者の30〜60％を占めると報告されている。このことから，有病率が1％と報告されている統合失調症と比べても BPD の患者の数は少なくなく，外来患者に占める BPD の患者の割合から臨床的支援を必要としており，入院患者の割合からは特に保護と集中的治療を必要とする傾向が強いことが推測される。また臨床症例の中での BPD の占める大きな割合からは，BPD の患者が臨床的支援を必要とするだけでなく，実際に臨床サービスを積極的に活用していると推測される。

しかしこれらはアメリカの統計であり，日本では臨床的な支援を受けることが非常に少ないと思われる。欧米では**弁証法的行動療法**（Dialectical Behavior Therapy; DBT），スキーマ療法，メンタライゼーションに基づく精神療法など BPD に特化した，効果研究で実証された治療法が発展してきている。特に DBT は保険診療法対象となり，その結果 BPD のための臨床支援，研究，研修の機会が発展していることが大きなファクターだと思われる。それに対して，DBT のような包括的集中的治療法は，日本の国民皆保険制度下の安価な診療報酬とはなじまず，そのために質量ともに高い水準を要求される DBT の研修の機会も限られており，その結

Key Words

弁証法的行動療法
生物社会理論
承認
家族スキル訓練
マインドフルネス

果，欧米のように治療成功体験を体験できる臨床家が限られていることもそのファクターではないだろうか。

そこでここではDBTと，最近発展し始めているDBTを基礎にした家族支援であるDBT家族スキル訓練（DBT Family Skills Training; DBT-FST）を紹介する。DBTをそのまま日本で実践することには多くの困難が伴うと思われるが，DBT-FSTはその治療形態が日本で行われている統合失調症の家族心理教育と似ていることもあり，日本の臨床風土に適していると思われる。そのためにはまずはその基礎となるDBTの説明からはじめる。

弁証法的行動療法（DBT）

弁証法的行動療法（DBT）とは

DBTはアメリカワシントン大学心理学教授のリネハン Linehan, M. が自殺行動，自傷行動の激しい患者の治療のために構築した認知行動療法で，数多くのランダム化比較試験（RCT）により，自殺行動，自傷行為，そして入院期間などに著しい改善が報告された。治療研究の対象となった患者のほとんどがBPDの診断を受けていたことから，DBTはBPDの効果的な治療法として知られるようになった。その後，パーソナリティ障害のみでなく，感情調節の障害が主要な問題であると考えられる摂食障害，薬物依存，思春期の衝動的行動，発達障害，そしてBPDの家族など幅広い分野で応用されるようになってきている［Dimeff, Koerner, 2007］。

BPDは強烈な感情反応，不安定な人間関係，そして衝動的な行動がその特徴として挙げられるが，そのために治療の進展も不安定になりやすく，治療中断や，頻繁に起きる危機などで，治療が困難になる事も多いといわれている。そのような問題に対して，リネハンは弁証法，生物社会理論，承認，スキル訓練，行動連鎖分析，マインドフルネスなどのストラテジー（Strategy; 戦略，方略）[▶1]と呼ばれる幅広い工夫を組み込んだ包括的な認知行動療法システムを構築した。

生物社会理論と承認

リネハンは弁証法的行動療法の理論的基礎として，BPDの基軸となる障害を感情調節機能不全だと捉え，その発達メカニズムの説明概念として生物社会理論を提唱している。生物学的に感情反応性の強い，感情的に傷つきやすい個人が，環境，すなわち社会との相互作用の中でその反応性が強化されることを通して，すべての感情とまではいかなくても，多くの感情の調節が困難になるというのが，その基本的な考えである

感情的傷つきやすさ（脆弱性）はBPD患者の生物学的特徴で，生得的な側面もあるが，発達過程での外傷体験も脳の生物学的な変化に影響を与えるという最近の知見からも［Chapman, Gratz, Hoffman, 2007］，生活体験も重要な影響をもつと考えられる。

このように生物学的に強い感情反応性を持つ個人は，強烈に感情を経験することの苦痛に対して，信頼する身近な他者に理解を求めることから，衝動的に見える自傷行動まで，さまざまな方法で対処しようとする。しかし感情反応性の異なる人間にとっては，患者が何故そのような衝動的な行動をするのかはもちろん，なぜ強烈な感情反応をするのか自体を理解するのは困難である。そのために本人は，その感情反応は理解できない，おかしいという周囲からのメッセージを受け

▶1
LinehanのDBTの教科書の日本語版ではStrategyを戦略と訳している。患者と戦う，患者を操作するという意味合いも感じられるので，ここではストラテジーと呼ぶ。

ることが多い。このような「患者の反応は理にかなっていない，理解，受容できないというメッセージを，患者に伝えること」はInvalidation（非承認）と呼ばれる。感情的に傷つきやすい患者は，周囲からの非承認的な反応でなお一層傷つき，さらに感情反応性を高めるという，「非承認の悪循環」に陥りやすい。

承認の重要性　Invalidationの反対語はValidationである。Validationは承認，認証，有効化，妥当化などの日本語訳がみられる。承認[2]は患者に対して，「患者の反応は現在の生活の状況においては当然のことであり，理解可能なものだと伝えることである」と定義される［Linehan, 1993a, 邦訳 p.300］。

　生物社会理論では，生物学的に感情反応性が高い個人が，非承認的環境に暴露されると，その相互作用で，感情体験がさらに強くなり，全てとまではいかなくても，多くの感情が強くなってしまい，感情調節が非常に困難になってしまうと考える。その結果としてBPDが発展すると考えている。

承認と問題解決：二つの中核的ストラテジー

　DBTで核となる二つのストラテジーが承認と問題解決である。承認の重要性は生物社会理論で説明した。しかし，患者の感情的に辛い体験と，それに対する衝動的な対処のパターンが変わらなければ，たとえ治療者が承認的な態度を示し続けていても，周囲から，そして特に本人が自分に対して非承認的反応をするために，本人の生活上の困難は持続する。したがって，その状態を改善するためには患者が，より効果的な自分の感情の波との付き合い方，そして他者との付き合い方を学習することは必要である。そのための方略が問題解決ストラテジーである。

　問題解決ストラテジーの中心は感情調節のスキル訓練を通して，患者が自分の感情，感情によって引き起こされる行動，そして対人関係での行動を調節する力をつけ，承認体験を増やしていくことである。しかし，問題解決ストラテジーは変化を要求する。変化を効果的に達成することがもともと困難であり，そのために非承認体験との悪循環で苦しんでいる患者のためには，問題解決ストラテジーだけでは患者の苦痛が増幅し，治療中断などの問題が生じやすい。それだけに問題解決ストラテジーと承認ストラテジーのバランスが重要になる。そのためにスキル訓練や個人療法において，治療者が変化を促進することと，承認することのバランスが重要だと考えられ，治療者の患者に接する態度だけでなく，スキル訓練のプログラム自体にも承認の体験ができるような工夫が組み込まれている［Linehan, 1993b］。

問題解決ストラテジーの中心的方略としてのスキル訓練　リネハンはDSM-IVの診断範疇の九つの項目を1. 感情の制御不全，2. 対人関係の制御不全，3. 行動の制御不全，4. 認知的制御不全，そして5. 自己の機能不全の五つのグループに再編した。DBTでは感情調節機能不全がBPDの機軸となる障害と考えているが，生物社会理論からも，感情調節機能不全が対人関係において非承認的反応を誘発しやすく，その結果複数の感情の調節が困難になってしまい，感情に圧倒されたときの対処反応としての衝動的行動が，他者から更なる非承認的反応を喚起するという悪循環を引き起こしてしまうと考えられる。そのために，五つの制御不全，機能不全を改善するために，それぞれのグループに該当するスキルを体系化して訓練する包括的なスキル訓練システムが構築された。

　スキル訓練は毎週一回2～2時間半で，グループ形態で行われる。スキル訓練

▶2
LinehanのDBTの教科書の日本語版ではvalidationを「認証」と訳している。実際にValidationを経験した患者は，「認められた」感じがすると言って，力づけられた，少し自信を取り戻した，といった反応をすることが多いため，「認める」に近い言葉として，ここでは「承認」と呼ぶ。

プログラムは1. 感情調節スキル群（モジュール），2. 対人関係スキル群（モジュール），3. 辛さに耐えるスキル群（モジュール），そして4. 認知的制御不全と5. 自己の機能不全に対してはDBTオリジナルのマインドフルネススキルを発展させ，それらのスキルを系統立てて組み合わせてある。具体的にはマインドフルネス以外の三つのモジュールをそれぞれ8週間ずつ行う。マインドフルネススキルは，各モジュールの最初の2回で扱い，それぞれのモジュールの内容と織りなすように活用される［Linehan, 1993b］。

感情調節スキルのモジュールでは，自分の感情に気づき，言葉にすること，そしてそれらの感情が体験の解釈（認知），考え方のクセ（スキーマ），身体反応，そして行動とどのような関係があるかについて，心理教育的な情報提供と，自分の体験と照らし合わせてその影響，意味を理解するためのグループディスカッションなどを行う。そこでは認知再構成法，行動機能分析などが応用される。また，感情調節が困難な状態が続くと，ネガティブな感情に圧倒されがちであるので，ポジティブな感情体験を増やすためのスキルも扱う。これは認知行動療法の行動活性化の特徴と似ている。

対人関係スキルでは，対人関係場面で自分のニーズを効果的に主張することと，対人関係を維持することと，自尊心を保つことのバランスを取れるように，スキルを学習して組み合わせる。実際のスキルは，アサーション訓練の内容と似ている。

辛さに耐えるスキルとは，衝動的行動の代替行動を身に着けるスキルである。強い感情に圧倒されたときの対処として衝動的行動をとったときに，短期（数秒から数分）であっても強い感情を緩和する効果がある場合，それが衝動的な行動を強化すると考えられる。従って，自傷や器物破損など，非承認的反応を誘発する可能性が高い行動であっても，その行動の直後には，本人はその直前の辛い感情をほんの短期間でも軽減する経験をするので，感情的に辛くなったときに，衝動的な行動をとってしまう傾向が強くなる。したがって，感情的に辛くなったときに，非承認の悪循環を回避できるような，衝動的行動に代わる代替行動を身につけることで，その状態を耐え忍び，他のスキルを活用して感情調節，対人関係を改善する可能性を高めるためのスキル群である。

マインドフルネスは，「意図的に，現在の瞬間に，そして瞬間瞬間に展開する体験に判断をせずに注意を払うことで現われる気づき」［Kabat-Zinn, 1990］と定義される。DBTのスキル訓練では，マインドフルネススキルを三つの把握（What）のスキルと三つの対処（How）のスキルを組み合わせて練習する。三つのWhatは①「観察」すなわち今起きていることに関しての自分の体験に気づくこと，②「描写」すなわちその気づきを，言葉にしてみること，そして③「関与」すなわち，他の考えなどで気をそらしたり回避したりせずに，その経験をしっかり体験することである。そしてその三つのWhatを行うときに気をつける三つのHowは①価値判断せずに，②一つずつ，そして③効果的に，である。

DBT個人療法：行動連鎖分析 スキル訓練グループと並行して，週一回の個人療法が行われる。個人療法ではDBTの訓練を受けたセラピストが，問題状況の行動連鎖分析などを活用して，患者のスキル訓練で学ぶスキル学習の促進と，日常生活で遭遇する困難な状況に対しての具体的な問題解決の支援を行う。セラピストは患者のスキル学習，スキルの活用，自己効能感の強化など変化に向けて支

援しながら，同時に承認的行動を示すことはいうまでもない。

電話コンサルテーション　電話コンサルテーションの目的はスキル訓練で学習したスキルの汎化である。DBT の重要な目標の一つは，感情的に圧倒されて，非承認の悪循環になってしまいそうな状況を，スキルを使って乗り越えることである。日常の生活の中での困難な状況で感情に圧倒されてしまったときに，効果的にスキルを活用して問題解決をすることができることは，自己効能感とも結びつく。そのために，DBT では 24 時間いつでも必要なときにはセラピストに電話をして相談することができる。

電話コンサルテーションは感情的に困難な状況に遭遇したときに，学習した DBT スキルを活用してその状況を乗り切るために活用される。したがって，自傷してしまった場合は，その後 24 時間は電話コンサルテーションを使えないと明示してある。自傷などの行動化以外の効果的なスキルを使って，問題解決するためのコンサルテーションであることが明示されている。

治療チームのコンサルテーション・スーパーヴィジョン　BPD は治療が困難な患者層であるので，治療者は，患者の治療的な変化を効果的に促進するために，常に治療者としての自らの成長への努力が必要である。また，患者の強い感情反応性に反応して，治療者自身も感情的に反応してしまい，患者との非承認の悪循環にはまってしまうリスクもある。そのため定期的な（毎週）治療チームのコンサルテーション・スーパーヴィジョンが含まれないプログラムは DBT と呼ぶべきではないといわれている［Dimeff, Koener, 2007］。また，治療チームのコンサルテーション・スーパーヴィジョンでは，治療者同士も相互に承認しあうことの重要性も強調されている。

弁証法的行動療法家族スキル訓練

フルゼッティ Fruzzetti, A.E. ら［Fruzzetti, Santisteban, Hoffman, 2007］らは DBT を BPD 患者の家族のために応用した DBT-FST というプログラムを発展させた。これは基本的には家族心理教育的なプログラムで，マクファーレン McFarlane, W. らの統合失調症の家族心理教育を参考に構築されている［Dixon, McFarlane, Lefley, 2001］。

DBT-FST は週一回で 6 カ月のプログラムであり，家族が集団形態で約 2 時間，前半が情報提供，そして後半がコンサルテーション・アワーと称して，個別の参加者の具体的に困った状況をグループで問題解決の話し合いをして，具体的な問題解決策を策定するという形態をとっている。

DBT-FST には大きく分けて二つの目標がある。家族も DBT スキルを学ぶことで，①患者の DBT スキル学習を支援し，承認的環境を提供することを通して非承認の悪循環を改善し，そして②家族が自分たちの感情的困難に対処する術として DBT スキルを身に着け，患者との生活に付随する困難を軽減することである。そのために DBT-FST のカリキュラムには，DBT を受けている患者が学習するマインドフルネス・スキルを含むさまざまなスキルに加えて，承認も含まれる。また，変化に向けてのコンサルテーション・アワーを含むセッションの中で，グループリーダーの承認的態度，そして参加者同士の相互の承認的態度が重視される。

DBT-FST は，以下のような内容のカリキュラムで行われる。

- オリエンテーション
- DBT の治療段階について
- 中核的マインドフルネススキルと関係性でのマインドフルネススキル
- 対人関係スキル
- 辛さに耐えるスキル
- 正確な表現
- 承認
- 家族へのコンサルテーション（問題解決・マネジメント）

　また，最近では Family Connections（FC）と呼ばれる DBT-FST に基づく新しいプログラムも広がりを見せ始めている（nea-bpd.com）。これは訓練を受けた BPD の家族がリーダーをつとめる BPD の家族のためのサポートグループである。これは，統合失調症のための家族心理教育（Family Psychoeducation; FPE）に対して，家族による学習会（Family-to-family Education Program; FFEP）に相当するものだと考えられる。FC は 12 週間の心理教育プログラムで，内容も DBT-FST の簡略版で，その目的は家族に役立つ個人スキルと家族スキルの学習，社会支援のネットワークを広げる，そして参加者の幸福・福利を高めることだとされている。

　筆者も日本で DBT-FST や FC を参考にして，感情調節困難な家族のための「家族スキルアップグループ」と称するグループを行っている。このグループは月一回，2 時間半で，暫定的に 6 回 1 クールで行っている。クール終了後次のクールで参加を継続するかは参加者の自由にしているが，2 クール，3 クール継続する方が大多数である。内容に関しても，本人のための DBT が普及していないこともあり，実際にご本人が DBT に参加していない場合が多いので，DBT の詳しい説明は省略した形で行い，マインドフルネススキル，承認のスキルに加えて，ガンダーソン Gunderson, J. が，マクファーレンの統合失調症の家族のためのガイドラインと類似した形で作成した「BPD のための家族ガイドライン」や，クリーガー Kreger, R. のファミリーガイドの中の五つの「パワーツール」等を活用して，その効果を参加者と相談しながら模索している。参加者が，自分の感情調節困難な家族との関係を改善と，自分自身のケアをすることを目的にしている。開始から 1 年過ぎてみて，参加者数は BPD 本人のグループの 2 倍ほどと多く，さらに家族グループ参加者の家族が本人のためのグループに繋がるケースなど，興味深い変化が見られる。また，コンサルテーション・アワーなどで，参加者が自分の反応の変化が本人の反応に好ましい影響があったことの報告が見られることも徐々に出てきており，その際に自然に参加者全体から拍手が起きることは，主催者にとっても力づけられる体験となっている。

まとめ

　DBT は BPD などの重篤な感情調節困難な患者のための包括的で効果的な治療法である。しかし，その包括的特徴は個人療法，集団療法のみでなく，24 時間の電話相談，治療チームのスーパーヴィジョン，そして徹底した訓練をも含むために，心理臨床が未発達な日本での実践は非常に困難なアプローチであると考えられる。そのために，日本の臨床的風土に合った活用，応用が必要である。その意味では，米国でもまだ十分に発達しているわけではないが，DBT-FST と FC が

BPDの家族のための支援法として発展し始めている。家族との関係性がより密接な日本においては，本人の治療の促進に加えて，家族の困難に対する支援としてもDBT-FST的な支援は有意義だと思われる。DBTなどの知恵を活用した，日本の風土に合った感情調節困難な患者のための治療アプローチの発展が望まれる。

(遊佐安一郎)

文献

Chapman, A., Gratz, K., Hoffman, P.: The Borderline Personality Disorder Survival Guide: Everything You Need to Know About Living with BPD. New Harbinger Publications, Oakland, CA, 2007.［新井秀樹監訳：境界性パーソナリティ障害サバイバルガイド．星和書店，2009.］

Dimeff, L., Koerner, K.: Dialectical Behavior Therapy in Clinical Practice: Applications Across Disorders and Settings Guilford Press, NY, 2007.

Dixon, L., McFarlane, W.R., Lefley, H.: Evidence-based practices for services to families of people with psychiatric disabilities. Psychiatric Services, 52; 903-910, 2001.

Fruzzetti, A.E., Santisteban, D.A., Hoffman, P.D.: Dialectical Behavior Therapy with Families, 2007. In Dimeff, L.A., Koerner, K. (Eds.): Dialectical Behavior Therapy in Clinical Practice. Guilford, NY, 2007.

Kabat-Zinn, J.: Full Catastrophe Living. Bantam-Dell, NY, 1990.［春木豊訳：マインドフルネスストレス低減法．北大路書房，2007.］

Kreger, R.: The Essential Family Guide to Borderline Personality Disorder: New Tools and Techniques to Stop Walking on Eggshells, 2008.［遊佐安一郎監訳：境界性パーソナリティ障害ファミリーガイド．星和書店，2011.］

Linehan, M.: Cognitive-Behavioral Treatment of Borderline Personality Disorder. Guilford Press, NY, 1993a.［大野裕監訳：パーソナリティ障害の弁証法的行動療法：DBTによるBPDの治療．誠信書房，2007.］

Linehan, M.: Skills Training Manual for Treating Borderline Personality Disorder. Guilford Press, NY, 1993b.［小野和哉監訳：弁証法的行動療法実践マニュアル：境界性パーソナリティ障害への新しいアプローチ．金剛出版，2007.］

坂野雄二：境界性人格障害に対する弁証法的行動療法の治療効果に関するメタ分析．精神科治療学，20(1); 75-87, 2005.

遊佐安一郎編：特集 DBT＝弁証法的行動療法を学ぶ．こころの臨床 à・la・carte, 26(4), 2007.

推薦図書

フォレンゼティ，A.E.(石井朝子監訳)：パートナー間のこじれた関係を修復する11のステップ．明石書店，2012.

リネハン，M.M.(大野裕監訳)：境界性パーソナリティ障害の弁証法的行動療法．誠信書房，2007.

クリーガー，R.(遊佐安一郎監訳)：境界性パーソナリティ障害ファミリーガイド．星和書店，2011.

摂食障害

はじめに

　周知の通り摂食障害（eating disorder; ED）とは，拒食や過食などの食行動の異常と，体重・体型に関する特殊な感じ方を特徴とするいくつかの病態の総称で，特に女性に多くみられる。一部は慢性化し，典型的なのは**神経性無食欲症**と**神経性大食症**である。

　ミニューチン Minuchin, S. の報告まで，摂食障害（とりわけ神経性無食欲症）は難治の疾患と長年されてきた。彼の家族療法実践を皮切りに，イギリスを中心に追試が行われ，米国精神医学会は摂食障害の治療ガイドライン［APA, 1990］の中にも家族療法が摂食障害に推奨されるとの記載をした。こうした背景となる論文やその後の諸研究の中でもエビデンスとして信頼に足るものを列挙し検討を加え，実践も例として述べる。

実証研究のレビューと評価

神経性無食欲症（Anorexia Nervosa以下：AN）

　ミニューチンら［Minuchin, Rosman, Barker, 1978］は53例のANに対して家族介入を行った。前思春期9～12歳（13名），青年期（31名），青年期後期（9名）の患者たちで，6名の男性患者が含まれていた。発病から家族療法開始までの期間は1カ月～3年。50家族が2カ月～16カ月の期間，治療を受けた。前思春期の患者には家族面接のみで，両親の連合を強めて患者をコントロールする機能を高めた。両親のみの面接も後半用いている。青年期の患者には，自立心を養うべく家族合同面接，両親面接，患者と兄弟の面接，そして個人面接が変化の進度に応じてアレンジされた。青年期後期の患者には，家族から自立し家を離れることを目標に家族面接は初回のみで，個人面接と両親面接が分離して行われた。1年から7年のフォローアップで体重の正常化と摂食行動の改善のみではなく，社会適応においても86％という高い改善率をみている。このようにミニューチンの治療は発達水準にみあった治療を提供するという柔軟な方法であった。

　その後エイスラー Eisler, I. ら［Eisler, et al., 2000］も40名のANに対して家族合同面接による家族療法と随時参加者をアレンジする家族療法を行った。67％で改善し，二者間での差はなかったと報告している。さらにミニューチンの愛弟子であり，共同治療者であったフィッシュマン Fishman, C.H.［2004］は，ANに対して構造的モデルによる家族療法を行った重症例の個々の質的変化を長期にわたって追い，10例のうち8例で改善がみられ，2年から20年のフォローアップでも改善が維持されていたと報告した。そして，結語として現在においても構造的モデルの家族療法がANに対して効果があり，こうした家族療法家が増えてくれることが，ANの予後を良くするものであると強調している。

Key Words

神経性無食欲症
神経性大食症
常識的家族療法

個人療法との比較研究も盛んに行われるようになった。1987年には，ラッセルRussell, G.F.M. ら［Russell, Szmukler, Dare, 1987］にはじまるANに対する家族療法の実証的研究が展開された。最初の効果研究の評価は1年後であったが，その後ラッセルと同じ研究グループのエイスラーら［Eisler, Dare, Russell, 1997］は，3年以下の病歴で19歳以下の患者については，1年および5年のフォローアップで，家族療法の方が個人療法よりも遙かに予後が良好であったことを報告している。

またデーア Dare, C. ら［2001］は，摂食障害に対する（一般的）精神療法と家族療法を比較したところ，家族療法はあきらかに若年発症で病歴も短い摂食障害に対して顕著な効果があるとし，さらに同じラッセルら［Russell, Dare, Eisler, Le Grange, 1992］も，青年期発症の成人のANであれば，家族療法の方が支持的個人療法や力動的個人性精神療法よりも効果があるとしている。

神経性大食症（Bulimia Nervosa以下：BN）

BNについては認知行動療法や対人関係療法での実証的研究ほど家族療法の効果について研究はされていない。しかしながら，周知のように，ANとBNとは区別されてはいるものの，その多くの症状において重複する部分が多い。エイスラーら［Eisler, et al., 2000］は過食嘔吐を伴うANに対しても制限型のANと同じように親を支持しつつの家族療法に効果があることを実証しつつあった。

それまで，BNに対する治療効果については，ラッセルら［Russell, Dare, Eisler, Le Grange, 1992］の研究の対象群の中では23例中4例がドロップアウトし，残った19例についても家族療法および個人療法共に若いANの家族療法の効果に比べると予後が悪いとしている。しかし，前述したように，彼らの予後判定は1年後という短いもので，これをもってBNに対する家族療法を効果なしとするのには難がある。

予後とは別に，このラッセルらの研究でもそうだが，ANに比べてBNの場合はドロップアウトしやすい。BNの患者たちは，特に家族との合同面接を避ける傾向があり，その主要な理由としてペルキンス Perkins, S. ら［Perkins, et al., 2005］は，患者の母親たちからの症状への非難などの否定的態度を原因としてあげている。さらに彼らの研究では，親の参加を拒む患者はそうでないものに比べて，年長で罹患期間も長く，小児期からの肥満の既往歴やうつ病エピソードがみられ，自傷や盗みといった衝動的問題行動もみられやすいことがわかった。また，そもそも両親もしくは片親との同居は半数と少なく，これらの患者たちは，両親を前にして個人的な問題について語る事の不快感を示し，過食は患者自身の問題であり親には関係ないと考えていること，さらにそもそも親は過食の問題にかかわりたくないと思っているだろうとの考えを持っていることがわかった。つまり両親から離れての自活した生活をより求めていることがわかる。こうした自立志向は，とりわけANの患者には見られることはまれである。一方，親の治療参加を受け入れた患者では，ほぼ全員が親と同居しており，上述の参加を拒否したBNよりも家族内のEE（Expressed Emotion）（特に批判，情緒的巻き込み）は低く，過食について親は理解しようと努め，患者に対して支持的で協力的な姿勢を持ち続けていた。

その後，モーズレイ Maudsley グループ［Dodge, Hodes, Eisler, 1995］は家族療法が青年期のBNに対しても有効であることを示そうとした。レ・グランゲ Le Grange, D. ら［Le Grange, Lock, Dymek, 2003］は，過食嘔吐を続ける青年期の患者

をもつ親に対して支持的に患者に接し，食事の計画や過食嘔吐を減らすために協力を惜しまないようにすると，患者の羞恥心や自責感は減少し，医学的および心理的な問題に対する治療者の介入を受け入れやすくし，治療効果をあげると報告している。

◀事例▶　患者は13歳で発症し，初診時16歳の女子。身長150cm，体重30kg。過食嘔吐，リストカット，家族に対する食事のコントロールがみられた。患者自身は「食べ吐きは苦しいので止めたいが，太るのは怖い」とか細い声で訴えた。

家族は会社経営をしている父（62歳）と介護施設に勤める母親（55歳）の3人暮らし。母親が仕事に忙しく，家を空けることが多かったので患者は一人でいるか，母方祖父母が世話をした。父親はせっかちで白か黒かを付けたがる性格で，仕事とゴルフで毎日明け暮れていた。母親は患者が発症してからは様態をいつも気にしており，患者に振り回されていた。

問題の経緯　母親によると，小さい頃の患者は「手のかからない子」で，小学生のときは優等生でスポーツも良くできた。逆上がりができるまで手に血豆ができても練習するような何事にも一生懸命とり組む子だった。私立中学に入学したが，中2のときに同級生からの「いじめ」を受け，その後不登校が始まり，家で過食嘔吐を繰り返すようになる。父は患者が毎日定刻に過食用の食材を買いに行くため，仕事から戻り，娘の買い物につきあうようになった。かとおもうと，父親は我慢できなくなり患者に激怒して殴り，母親はこれを庇ったり，一緒に入浴し添い寝をするようになった。両親は体重の減少（25kg）に不安を抱き，入院させたりもしたが，改善はみられなかった。退院後，家族療法家を紹介された。

治療経過　6年が経過し，1回90分の面接（ほとんどが家族面接）を90セッションもった。現在患者は1年前に結婚し，一児の母である。体重は45kgに近い状態で維持され，過食嘔吐は続けているが，以前のような切羽詰まったものではなく，ほぼ一日1回と決めてストレス発散として行い嫌悪感はない。忘れる日も多くある。軽い抑うつ感がくることもまれにあるが，以前あった自殺未遂や自傷行為，希死念慮はない。

初期の面接で，患者は無表情に体重の増加を恐れていることを訴え続けた。また，過食嘔吐は焦燥感と空虚感を一時的にしろ軽減する効果があるという患者の主張を認めたうえで，過食嘔吐の通常の食事との区別化，回数と時間の規則化を漸次収まっていく方針を示し，なんとか納得させた。症状が改善すると患者はすぐさま親から見放されるとてつもない不安に見舞われるため，好転しても両親の現在の手厚い対応をしばらくは維持するように要請した。予後については，死亡など不幸な事態がなければ約5年で軽快することを保証した。

1年ほどの揺れ動きを経ながら，患者は近くの喫茶店で過ごす時間が持てるようになり，行動範囲の拡大が始まった。それと同時に「病気を早く完全に治したい。でも食べ吐きをする以外の時間が不安だ」と述べ，パニック状態になることがしばしばで，屋上に上り飛び降りようとしたりした。「病気の治療がメインではなく，命を守るために」という目的で短期（1カ月程度）の入院を依頼したりもした。

次第に患者の症状行動が安定してくると父親は以前のように仕事とゴルフに明け暮れるようになり，母親は「娘の病気のことで夫婦が向き合ってきたのに，娘

の症状が良くなると夫は家庭のことに無関心になる」と不満を述べた。こういう母親に患者は，「パパは今でも仕事を削って買い物につきあってくれているじゃない」と異議を唱え，父親と連合しようとし始めた。治療者は，白か黒かといったものの見方や完璧主義，せっかちさ，仕事とゴルフを間断なく行き来するという「ひま恐怖」は父子に共通する特徴ではないかと指摘した。父子共に肯定したので，「もしかしてパパがあなたの病気の良き理解者になれるかもしれない」と介入した。父親はまんざらでもなさそうだった。

　患者は押し戻しがあるものの，過食嘔吐を規則的，「機械的」に行うことが増え，過食嘔吐する自分に強い嫌悪感をしだいに示さなくなっていった。家族旅行，デイケアなど家族のサポート（特に父親の車での送り迎え）を得ながら行動範囲を広げていった。地元の小学校時代の同窓会にも出かけ，旧友をみつけては一緒に遊び歩くうちに，固定した男友達ができる。この男友達との交際が，紆余曲折を経ても継続し，後に結婚することになる。興味深いことに，彼は患者の過食嘔吐にはほとんど干渉せず，患者の過食時には傍にいてマンガを読んでいたりするなど泰然自若としたふうであった。患者もこうした彼に安心感を覚えると同時に，過食費も減っていた。うつ状態は出現してはいるが，今までのものと異なり，無表情で茫然とした空虚感漂うものではなく，明らかに苦しそうな表情で筆者への訴えも切実さを増したものとなっていた。治療者は，「酷なようだが，本格的な回復に向かっての必要なうつ状態」であることを両親と彼に伝え，今までの情動安定剤に少量のアモキサピン Amoxapine を加えた。

　うつ状態はその後もしばらく続き，患者は以前の過活動ともいえる状態に戻りたいと懇願したが，まずは「うつ」を抱えられるようになることを目指そうと支持し続けた。家族と彼のいない自宅で過食嘔吐だけでこのうつ状態を凌ぐのは大変で，しばしば治療者の方から電話を入れサポートし続けた。何かしていた方が楽という患者に対して，両親と彼の不在の時間には，なるべくデイケアで過ごすことにし，送り迎えは父親が積極的に行った。

　しだいに安定してくると，デイケアの仲間の数人が将来に向けて勉強しているのを見ては，患者に焦りが表れる。通信高校へ行くことにしたが，あせらないように極めて慎重に指導した。

　患者が彼のアパートに出向き，料理などをして帰宅を待っては一緒に過ごすことが多くなった。両親はこうした親密な交際を受容し続けていた。妊娠が発覚すると患者は平然と出産したいと主張した。妊娠が順調に経過していること，彼は結婚を誓い，強力に患者をサポートした。その結果，母親になるにあたっての心身の準備についての産科医の指導に従うことを約束させ見守ることにした。その後も妊娠は順調で，患者は胎動を喜び，産科医の指導を忠実に守り続けた。一方，軽度で短時間の過食嘔吐を1日1回行いながら妊娠満期を迎え，無事2,800gの女児を出産し，現在は夫となった彼と患者の実家で暮らしている。現在も夫と両親を交えた家族面接は継続中であるが，おおむね経過は良好である。

おわりに

　ミニューチンらの治療は，ANとBNを問わず摂食障害に対して家族を含めた介入を考える上でいまだに重要である。たとえば家族の不安と心配とが集中する

思春期発症のANの場合，治療初期は家族合同面接を主体とすべきである。そこでは構造的モデルの家族療法の考え方が基本になるのだが，両親の苦労を丹念に聴き，症状のマイナス面ばかりでなく，プラス面にも注目する下坂［1991］の面接技法（常識的家族療法）を取り入れ，構造的モデルのような面接場面でのパワフルな介入は一般には行わないのが無難だろう。しかし，思春期に発症し，経過が長く致死的と思われるほど難治な制限型のANに対しては，家族（および配偶者）の協力を強く促して，かなり強力で迅速な家族関係の変化を促す介入が必要となる。こうすることで，長らく無力化し，症状が常態化してしまった患者と家族にあえて現実的な危機感を与え，家族と共に患者の強い抵抗に打ち勝って摂食行動を促進させようとする。

　BNについては，前述したレ・グランゲら［Le Grange, Lock, Dymek, 2003］の報告などがあるが，わが国においては，過食症の家族介入の必要性と効用を説いたのは下坂が初めてではなかろうか。また前述したパーキンスらの研究に即していえば，家族面接を受け入れるBNに対しては積極的に家族面接を行うべきであり，そこでは親子の間の年齢に応じた柔軟な距離間を育むことが一貫したテーマとなる。また家族との面接を拒否するBNに対しても，個人面接の経過中，折をみて一度だけでも家族合同面接もしくは両親面接を持ちたいと申し出てみるべきである。すなわちこうした合同面接が可能になると，治療者は，家族だけでなく患者自身も忌み嫌っているBNにまつわる具体的な症状の一つひとつについて，積極的にその功罪を説明し，心理教育的にかかわることができる。そのことで患者と家族とを近づけることができ，空虚感と孤独に喘ぐ患者に両親と治療者という味方がいることを示すことができる。目標は自立を促すことよりも「安心できる依存」を形成することとなる。

（中村伸一）

文　献

APA: Practice Guideline for Eating Disorders. Am. J. Psychiatry. 150(2); 207-228, 1990.
Dare, C., et al.: Psychological therapies for adults with anorexia nervosa: randomized control trial of outpatient treatment. Br J Psychiatr, 178; 216-221, 2001.
Dodge, E., Hodes, M., Eisler, L., Dare, C.: Family therapy for bulimia nervosa in adolescents: An exploratory study. J. of Fam. Ther, 17; 59-77, 1995.
Eisler, I., Dare, C., Russell, G.F.M., Szmukler, G., Le Grange, D., Dodge, E.: Family and individual therapy in anorexia nervosa. Archives of General Psychiatry, 54; 1025-1030, 1997.
Eisler, I., et al.: Family therapy for adolescent anorexia nervosa: The results of a controlled comparison of two family interventions. J. of Child Psychol. and Psychiatr, 41(6); 727-736, 2000.
Fishman, H.C.: Enduring change in eating disorders: Interventions with long-term results. New York, Brunne-Rooutledge, 2004.
Le Grange, D., Lock J., Dymek M.: Family-based therapy for adolescents with bulimia nervosa. Am J Psycother, 57(2); 237-251, 2003.
Minuchin, S., Rosman, B.L., Barker, L.: Psychosomatic families: Anorexia nervosa in context. Oxford: Harvard University Press, 1978.
Perkins, S., et al.: Why do adolescents with bulimia nervosa choose not to involve their parents in treatment? Eur. Child Adolesc. Psychiatry, 14; 376-385, 2005.
Russell, G.F.M., Szmukler, G.I., Dare, C., Eisler, I.: An evaluation of family therapy in anorexia nervosa and bulimia nervosa. Archives of General Psychiatry, 44; 1047-1056, 1987.
Russell, G.F.M., Dare, C., Eisler, I., Le Grange, P.D.F.: Controlled trials of family treatments in anorexia nervosa. In Halmi, K.A. (Ed.): Psychobiology treatment of anorexia nervosa and bulimia nervosa, pp.237-261. Washington, DC, American Psychiatric Press,1992.
下坂幸三：常識的家族療法．精神神経誌，93; 994-998, 1991.

ひきこもり

はじめに

　ひきこもりケースは，**家族療法**がその有効性を発揮しやすい治療・援助対象の一つである。家族だけが受診・来談するケースが多いこともあって，家族療法の分野では早くから臨床研究の対象として取り上げられてきた課題でもある。本項では，ひきこもりケースに関するこれまでの家族研究を振り返ったうえで，ひきこもりの背景要因や疫学的データ，ひきこもりケースに特有の**家族状況**と援助方針，国レベルの施策などについてまとめる。

ひきこもりと家族療法研究

　日本家族研究・家族療法学会の学術雑誌である『家族療法研究』では，2000年，第17巻2号で，「青年のひきこもりへのアプローチを考える」というテーマでひきこもり問題が取り上げられ，特集と座談会が掲載されている。本人が受診・来談しないままでも，家族を対象に有効な**治療・支援**を展開させようとする指向性を多くの会員が共有していることから，精神医学や心理学領域の学会の中でも同学会がひきこもり問題を取り上げるのが早かったのは当然のことといえる。それ以上に，掲載されている諸論文と座談会において，この時期においてすでに極めて実践的な治療・支援論が交わされていることが印象的である。

　また，この特集号以前にも，家族療法・家族支援を重視してきた臨床家はひきこもりケースに関して多くの臨床経験を報告している。たとえば中村［1991］は，青年期の子どもを社会に送り出していく家族の機能を『橋渡しシステム』と呼び，「家庭から出られない青年を持つ家族」の特徴として，両親間に慢性的で潜在的な葛藤が続いていること，これらを棚上げして治療に協力する姿勢を示すこと，しばしば母親はずっと以前から夫婦の潜在的な満たされなさを埋め合わせるものとして子どもとの関係を形成してきたこと，そして世代間境界の稀薄さと家族の外的境界の透過性が低いことを指摘し，その結果として，家族は『橋渡し機能不全システム』を形成するに至っていると述べた。また鈴木，鈴木［1998］は，6年間に及ぶひきこもりケースに対して，MRI（Mental Research Institute）の短期集中療法をモデルに介入したケースを報告している。この他，摂食障害や境界パーソナリティ障害，不登校などのケースの中にも，今日的な「ひきこもり問題」を包含しているケースは少なくなかったものと思われる。

　奇しくも『家族療法研究』で特集が組まれた2000年という年には，ひきこもり生活を送っていたとされる少年によってバスジャック殺人事件が引き起こされており，その直後に開催された同学会の学術総会で多くの議論が交わされたことを記憶している。また，この事件を一つの契機として厚生省（現・厚生労働省）は『地域精神保健活動における介入のあり方に関する研究（主任研究者：伊藤順一郎）』

Key Words

家族療法
ひきこもりの評価・支援に関するガイドライン
家族状況
治療・支援

を組織し，2003年にはその成果として，いわゆる『ひきこもり対応ガイドライン』を公表した。研究班では同学会の会員が中心的な役割を果たしていたこともあって，ガイドラインにおいても家族支援の重要性が強調されており，全国の精神保健福祉センターや保健所など，精神保健福祉領域の専門職に広く活用された。

この他，2001年には同学会の会員が多くを分担執筆した『ひきこもりケースの家族支援』[近藤，2001]において，個別ケースの対応指針の他，いくつかの家族教室のモデルが示されるなど，ひきこもりケースに対する家族療法・家族支援の方法論がこの時期に定着してきたといえる。

その後，ひきこもり問題と精神障害との関連をさらに詳細に検討する必要性が認識されるようになり，2007年からは『思春期のひきこもりをもたらす精神科疾患の実態把握と精神医学的治療・援助システムの構築に関する研究（主任研究者：齋藤万比古）』によって検討が深められ，2010年に『ひきこもりの評価・支援に関するガイドライン』[厚生労働省，2010]が公表された。もちろんこの新しいガイドラインにおいても，家族支援は重要な支援課題の一つとして取り上げられている。

青年期のひきこもりに関する実態調査より

これまで，青年期のひきこもり問題に関するいくつかの実態調査が実施されているので，それらの概略をまとめておく。

性別としては，女性よりも男性が多いことがわかっている。また多くの調査で，ひきこもりが生じる年齢は平均20歳前後であることが示されている。しかし，個々のケースをみていくと，小学校低学年からの不登校からずっとひきこもり状態が続いているケースや，中学校や高等学校，大学に入学した後の不適応，あるいは就職して数年後にひきこもり始めるケースもあり，あらゆる年代で生じ得る問題と捉えるべきである。また，それぞれの年代に特有の背景要因とひきこもりのメカニズムについて検討する必要がある。

ひきこもっている若者の数についてもさまざまな推計値が示されてきたが，2010年5月に厚生労働省が公表した『ひきこもりの評価・支援に関するガイドライン』では約26万世帯という推計値を採用している。その後，内閣府が公表した調査結果では約70万人という推計値も示されているが，こうした推計値は，「ひきこもり」という現象をどの範囲で定義するかによって大きく異なってくる。ガイドラインで採用した推計値は，ひきこもりを「仕事や学校に行かず，かつ家族以外に人との交流をほとんどせずに，6カ月以上続けて自宅にひきこもっている」「時々は買い物などで外出することもある場合も含める」と規定した疫学研究に基づいている。内閣府による調査では，「ふだんは家にいるが，自分の趣味に関する用事のときだけ外出する」と，対象範囲が拡大されていることに留意する必要がある。

青年期ひきこもりケースの背景要因とアセスメント

ひきこもり問題は，家族要因や学校・職場などの環境要因，文化的背景や社会状況なども深く関与しているものと思われる。たとえば成人した子どもと親との同居という家族形態に注目し，別居が当然とする国や地域と比較して，同居も不自然ではないとする国や地域にひきこもり問題が生じやすいのではないかといった議論がある。また，家族状況や家族機能の問題がひきこもりの複雑化・長期化

に関連していることも多くの臨床家に共有されている。若者の雇用状況が低迷している現状において，求職活動に希望がもてず，ひきこもり状態に陥る若者が増加することも懸念される。

当初，ひきこもり問題に関しては上記のような文化・社会的要因のみに論点が集中し，一部の偏った論評が多くの誤解と混乱を生じさせてきた経緯があるように思われる。その後，深刻なひきこもり状態にある人の多くは何らかのメンタルヘルス問題，ないしは精神疾患や発達障害などによる生活機能障害を有していることが明らかにされており［Kondo, et al., 2011］，これらの諸要因を包括的に捉え，的確な支援・治療方針を検討する必要がある。こうした基本的な立場から，新しいガイドラインにおいては，精神科医による確定診断を含め，生物－心理－社会的な視点に基づいた包括的なアセスメントとして，多軸的な評価システムが提案・推奨されている。

また，保健福祉領域の相談支援機関や心理療法などのフィールドでは，確定診断以前のアセスメントも重要である。たとえば，①精神科医療（とくに薬物療法）の必要性についての評価，②発達特性を踏まえた支援の必要性とその方法についての評価，③パーソナリティ（対人関係や行動の特徴）についての評価，④目標とする社会参加のレベルについての評価，⑤福祉サービスの必要性についての評価，⑥環境要因（とくに家族機能）についての評価，⑦緊急性の判断と危機介入の方法についての検討，などである。こうした項目が的確に評価されることで，初めて個々のケースに必要な治療・支援の提供が可能になる。

ひきこもりケースに特有の家族状況

上記のように，ひきこもりケースに特有の家族状況については，2000年前後までに検討が深められている。たとえば中村が指摘した，『橋渡しシステム』としての家族の機能不全によって生じる悪循環，つまり，家族の機能不全がひきこもりの長期化を招き，長期化によってさらに家族全体が機能不全に陥るといった着目は，現在においても重要な臨床的視点である。その他，家族の柔軟性の乏しさと家族関係に変化が生じにくいこと，家族関係の稀薄さ，葛藤の顕在化を回避するようなコミュニケーション・パターンがみられることなどは，多くの臨床家が共通して経験し，指摘してきた知見である［狩野，近藤，2000］。

こうした家族機能，家族状況に関する実証的研究としては，FACESKG (Family Adaptability and Cohesion Evaluation Scale at Kwansei Gakuin) IV-16 (Version2) を用いた Suwa ら［Suwa, Suzuki, Hara, et al., 2003］の研究がある。FACESKGIV-16 はオルソン Olson, D.H. の FACES を日本の文化・社会的背景を考慮して開発・標準化されたツールであり，さまざまなストレスに対する家族の適応能力を意味する柔軟性（adaptability）と，家族の情緒的つながりを意味する凝集性（cohesion）という二つの軸から家族機能を評価するものである。Suwa らは，本人や家族の深い病理性に起因するものとは考えられず，本人の性格傾向や家族関係の特徴を背景に，青年期の発達課題の躓きなど些細なきっかけからさまざまな困難が増大し，「ひきこもり」へとはまり込んでしまう一群のケースを『一次性ひきこもり』と呼び，その家族状況，家族機能を検討した結果，一次性ひきこもり群においては，「人格障害群」「発達障害群」「神経症圏群」やコントロール群と比較して，柔軟性

と凝集性の両者が有意に低いことを示している。この研究から抽出された家族像はそれまでの臨床経験と合致する点が多く，ひきこもりの発現と長期化の背景要因として家族状況に注目する必要があることを実証的に裏付けた重要な知見である。

支援・治療について

『ひきこもりの評価・支援に関するガイドライン』では，治療・支援の全体像を図1のように概念化し，こうした諸段階を一段一段登っていく治療・援助プロセスが示されている。

本人が受診・来談せず，家族だけの相談から始まるケースも多いため，家族支援や家族療法的アプローチはとくに重視される。本人に会えない段階での家族ガイダンスの実際については，日本思春期青年期精神医学会の第5回大会シンポジウム［小倉，下坂，皆川ほか，1993］で充実した討論が交わされているが，現在においても相談支援の現場で多くの援助者が困難を感じている課題である。

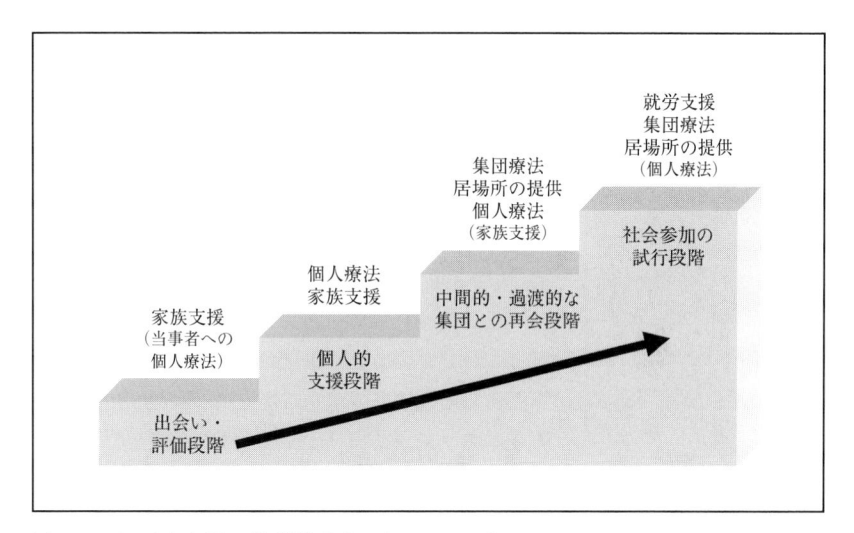

図1　ひきこもり支援の諸段階［厚生労働省，2010］

近藤［2000; 2011］はこうした状況における介入の指針を以下のように整理している。

- 家族相談を本人に会えるまでのプロセスと捉え，おもに本人が受診・来談すること，あるいは訪問・往診を受け入れることを目標とし，そこに至るまでに必要な手順や方法を話し合うアプローチ（受診援助，家族を介した受診干渉）
- 来談している家族にはたらきかけ，家族システムや家族と本人との関係性の変化を通して本人の問題や行動に変化を生じさせることを意図したアプローチ（狭義の家族療法的アプローチ）
- ひきこもり問題の現状や本人の心理や精神医学的問題，適切な親役割などについて理解を深めてもらうことを目標としたアプローチ（心理教育的なアプローチ）
- 本人と関わる上で親が体験している不安や葛藤を取り上げ，その由来や解決方法などについて話し合うアプローチ（洞察的アプローチ）

また，全国の精神保健福祉センターなどでは，それぞれ独自の視点を加えた家族教室や親の会などの家族支援に取り組んでいるので，それらもご参照いただきたい。

ひきこもり問題に対する施策について

　これまで,「社会的ひきこもりは精神障害ではない」「現代日本の社会的病理」といった論説が先行したこともあり,国や自治体の施策も一般的な若者を対象とした就労支援事業の他,関係機関への振り分けを目的とした専門性の低い相談窓口や連絡協議会の設置といったレベルに留まっていた。そのような状況において,2009年に厚生労働省が事業化し,地方自治体において設置が進んでいる『ひきこもり地域支援センター』はひきこもりを保健福祉問題として捉え,専門職の配置を求めた初めての相談支援事業であり,本格的な支援体制整備の第一歩といえる。ただし,この事業はそれぞれの都道府県・政令指定都市における一次的相談窓口の明確化を目的としたものであり,ひきこもりケースの治療・支援に多大なコストを考えると,さらに本格的な支援体制整備が必要であることはいうまでもない。

おわりに

　ここまで述べてきたように,ひきこもりケースの家族を対象とした治療・支援は,2000年前後にある程度の「形」ができあがっている。しかし,ひきこもりケースの対応には依然として多くの治療者・援助者が苦慮しているし,その後,新たな治療・支援という点ではそれほどの進展はみられていない。実際に取り組んでみると,個々のケースの背景がかなり複雑・多様であったり,治療・支援に難渋するケースも少なくない。実践を通して明らかになってきた技術的な課題を抽出し,再び検討を深めるべき時期を迎えているように思われる。

（近藤直司）

推薦図書

近藤直司編著:ひきこもりケースの家族援助.金剛出版,2001.

文　献

狩野力八郎,近藤直司編:青年のひきこもり:心理社会的背景・病理・治療援助.岩崎学術出版社,2000.
近藤直司:本人が受診しないひきこもりケースの家族状況と援助方針について.家族療法研究,17(2);122-130,2000.
近藤直司:ひきこもりケースの家族面接:本人に会える以前の家族支援について.精神療法,37(6);42-46,2011.
近藤直司編著:ひきこもりケースの家族援助:相談・治療・予防.金剛出版,2001.
Kondo, N., Sakai, M., Kuroda, Y., et al.: General condition of hikikomori (prolonged social withdrawal) in Japan: Psychiatric diagnosis and outcome in the mental health welfare center. International Journal of Social Psychiatry, 59; 79-86, 2011.
厚生労働省:ひきこもりの評価・支援に関するガイドライン.[http://www.mhlw.go.jp/stf/houdou/2r98520000006i6f.html] 2010.
中村伸一:非行の家族を中心に.家族療法研究8(2);28-33,1991.
小倉清,下坂幸三,皆川邦直,他:受診しない思春期・青年期患者と親への対応.思春期青年期精神医学3, 1; 1-47, 1993.
Suwa, M., Suzuki, K., Hara, K., et al.: Family features in primary social withdrawal among young adults. Psychiatry and Clinical Neurosciences, 57; 586-594, 2003.
鈴木和子,鈴木浩二:息子の「登校拒否」「閉じこもり」「無為な生活」に悩む家族に対する家族療法の経験.鈴木浩二編:家族療法ケース研究2:登校拒否.金剛出版,1998.

うつ病

はじめに

　近年，うつ病への社会的な関心が高まっている。この背景には，1990年代後半以来の毎年3万人の自殺者，とりわけその30～40％を占めるといわれる働き盛りの男性たちの存在が挙げられる。また，うつ病への薬物療法への期待もきわめて大きい。

　しかし，実際のうつ病の治療はそれほど単純ではない。本項では，薬物療法や個人での認知行動療法，さらには感情焦点化療法では改善をみない既婚のケースに夫婦療法を導入することが有効であることを強調したい。

妻のうつ病に対して夫婦療法を行ったケース

　妻（母親）の遷延したうつ病に引き続いて，長男，次男が相次いで不登校傾向となった家族の事例である。これら子どもたちの不登校と妻の7年にわたるうつ病の遷延化をなんとかしたいと受診した。このような子どもの問題で受診し，その母親の潜在的なうつ状態が見て取れるケースもかなり多い。このようなケースを詳しく聞いてみると，必ずしも子どもの問題で母親がうつ病になったのではなく，このケースのように母親のうつ状態が子どもの不登校などの問題行動や適応上の問題に先行している場合もまれではない。

　▶事例　家族は39歳の夫（父親），39歳の妻（母親），14歳の長男，11歳の次男の4人暮らしの核家族。約8年前に夫の会社が突然の倒産となり，夫は転職せざるを得なくなった。家のローンを組んだ矢先の出来事で経済的にかなり困難な状況にあった。従来，家計のことは妻に丸ごと任せられていたので，完璧主義で責任感の人一倍強い妻は夫に心配かけまいと一時的な借金をして家計をやりくりしていた。しかし，借金がかさみ夫の知れるところとなり，夫は自分の実家に援助を依頼して窮地を乗り切った。この頃から妻は今までの苦労はなんだったのかとの無力感と自責感が強まり，抑うつ的となり，日常の家事に支障が出始めた。

　一方，転職に成功はしたものの新しい職場に馴染むことに腐心していた夫は，こうした妻の「だらしなさ」をとがめてしまうこともたびたびあり，妻の抑うつはますますひどくなるばかりであった。7年前から妻は精神科クリニックを単独で受診し，いろいろな薬物療法が試みられるが一向に抑うつ状態は改善していなかった。そうこうするうちに来談の1年ほど前から長男，それに引き続いて次男の不登校が始まり，母親はますます落ち込み，父親も困惑してしまっていた。長男は母親（妻）に連れられて妻の通っていたクリニックに一度だけ出向くが，以後拒否的で外出しない状態だった。

Key Words

夫婦療法
治療効果比較
ジェンダー・
　センシィティビティ

経過

　コンサルテーションには両親が参加し，前述した経緯について報告。治療者は個々人の問題というよりは家族中の問題であること，薬物療法も含めて一括して治療にあたる用意があることを伝え，現主治医や息子たちのスクールカウンセラーにその意向を伝えるように指示する。前医およびカウンセラーの了解を得，治療者が中心になって夫婦中心の家族療法と母親（妻）と長男への薬物療法を開始する。

　夫も治療に積極的で協力的だった。もともとまとまりのある家族であり，妻の家事の負担を軽くする意味での家族そろっての外食などの指示にも従ってくれた。長男が父親（夫）に連れられてしぶしぶ面接に参加したが，治療者は長男に「二度と嫌な思いをしてこのような面接に来なくてすむようにするにはどうしたらよいか？」と介入し，その後も良好な関係を築くことができ，その結果，長男の不登校は改善した。興味深いことに，これに呼応して次男もしだいに明るくなり，再登校できるようになった。

　夫婦でのジェノグラム・インタビューでは，夫と妻とがどのようにそれぞれの両親からしつけられたかが明らかとなり，こうした態度が子どもたちに色濃く影響を与えていることが理解された。特に長男に対する妻のかかわりは，「母親として，しっかりしていなくては恥ずかしい」というもので，これは妻の両親が娘（妻）に対してきた態度と一致する。こうした内在化された役割期待は妻自身を苦しめ，その結果，長男の家庭と学校での過剰適応とその破綻を導き，それが巡り巡っては妻の抑うつ状態の遷延化を招いていた。

　一方「家庭は妻が切り盛りするもの」という考えは夫の実家の考えに由来していた。夫はこの役割期待を自明なものとして妻に求め，妻も持ち前の責任感の強さをもってこの期待に応えようとし続けた。

　このような原家族（生まれ育った家族）に由来する役割期待などの相互投影は意識されることなく夫婦間で醸成される。こうした投影が現実としての双方を見据えることなく続くと，この事例でも見られるように家族全体の機能不全を起こすことになる。ジェノグラム・インタビューはこうした相互投影のルーツを探り，そのことを通じて現実的な相手を受け入れるプロセスの助けとなる。

夫婦がうつ病を抱える

夫のうつ病と妻のうつ病

　DSM診断に基づくいずれかの気分障害の生涯罹患率は，アメリカで男性17.5%，女性24.9%である。日本では男性7.2%，女性13.7%であり，日米ともに女性に多い［平島，2010］。

　DSMを基準にした場合，わが国でも女性にうつ病が増えているとの認識は広まった。冒頭に述べたように，今や加療を受けずに経過するうつ病は軽症のものであれば相当数にのぼると想像される。うつ病もしくはうつ状態はだれでもが経験するものであるといって過言ではない。

　しかし最近まで，うつ病の精神医学において男性偏重の傾向があったことは否めない。この理由は単純である。夫が一家の稼ぎ手であれば，夫がうつ病で働けなくなることは家族にとっても収入を左右する一大事になるし，しかも男性のうつ病者のほうが自殺既遂しやすいからである。また，男性のうつ病の誘引の多く

は仕事量の多さとそれに伴う睡眠不足，職場内対人関係のストレスや仕事への価値観の喪失など，ほとんどが「職場がらみ」である。したがって，その養生法もある程度確立されているといっても過言ではない。心身ともに仕事から離れ，自宅にて妻や家族から叱咤激励されることなく，回復を信じ，薬を飲んでリラックスした時間を過ごすことを多くの精神科医が勧める[▶1]。

　男性のうつ病が職場がらみであるのに対して，多くの女性のうつ病，とりわけパート職を含む主婦のうつ病は「家庭がらみ」であるといってもよい[▶2]。先の事例が示すように，夫婦関係の問題，嫁姑の問題，子育ての問題が主流を占めている。さらに煎じ詰めてみると，嫁姑問題にしても子育ての問題にしても，夫婦関係が円滑に機能していればこれらの問題が肥大することはなかったのではないかと思われる事例が多い。しかし，男性と違って「家庭が職場」の主婦の養生は困難をきわめる。家庭という環境を放棄することもできず，うつ病が家事，子育てに支障をきたし，病状はどうしても遷延化しやすくなる。特に日常のルーチンワークである掃除や洗濯と違って，食事を作るということは「献立を決め，食材を求めて外出し場合によっては売り手とやりとりする」という一連の行為であり，うつ病の主婦にとって多大なエネルギーを要する。このような「献立うつ病」[中村，2009]とでもいいたくなるような状況がうつ病が深まると出現する[上原，1995; Weissman, Akiskal, 1984]。

英国における治療効果比較（薬物療法vs夫婦療法）

　以上のように，特に主婦が家庭にいながらうつ病の治療を行おうとすると，男性と違いさまざまな困難が生じやすくなる。とりわけ夫との穏やかで安定したコミュニケーションを終始とり続けるためには，夫婦療法が功を奏する場合が多いのは当然のことと思われる。こうした臨床仮説にエビデンスを示した研究がある[Leff, Veranals, Brewin, et al., 2000]。この研究で注目すべきは，統制された無作為化試験でふりわけられた薬物療法群（n=37）と夫婦療法群（n=40）において，結婚して約10年にある夫婦関係が両群とも状態が悪く，さらにうつ病を呈しているのは約半分が妻であったこと。そして，1年後および2年後のフォローアップで有意に夫婦療法群の方が改善していた点である（図1）。また，薬物療法群ではドロップアウトが56.8%と夫婦療法群（15%）よりも高く，夫婦療法の方が治療として患者および配偶者に受け入れられたという点も注目に値する。この結果は昨今の薬物療法を中心とした治療に警鐘を鳴らすものになっている。つまり夫婦あるいは家族環境という人的環境がうつ病の経過に大いに作用するということであり，とりわけ妻（主婦業をしているものが多いと推測される）にとっての夫婦関係の改善が，うつ病に良い結果をもたらすことが証明されたといってよいだろう[▶3]。

うつ病の夫婦療法の骨子

　コイーン Coyne, J.C. [1976; 1990] は，うつ病者のコミュニケーションの悪循環について以下のことを指摘している。

- うつ病者が示す苦しみの背後には他者への依存と攻撃が内包されており，これは周囲の人々に否定的な気分をもたらす。
- 周囲の人々は表面上は要求に対して応えることでうつ病者に対して抱く嫌悪感を調整，軽減しようとするが，そこに生じている敵意や拒否は言語的

▶1
それでも遷延する男性のうつ病も近年増加してきているように思われる。

▶2
歴史的にみて，わが国の精神医学では，DSM導入以前は特に「女性のうつ病」は軽んじられてきた。DSMがうつ病を女性のものにしたという言い方をすれば，その恩恵も見てとれなくはない。

▶3
また認知療法もこの研究では比較対象とされていたが，治療開始時点での認知療法群でのドロップアウト数が多く比較対象にならなかったという背景もある。すなわち認知療法に反応するうつ病は比較的軽症で罹患期間も短いものであろうことが予想される。

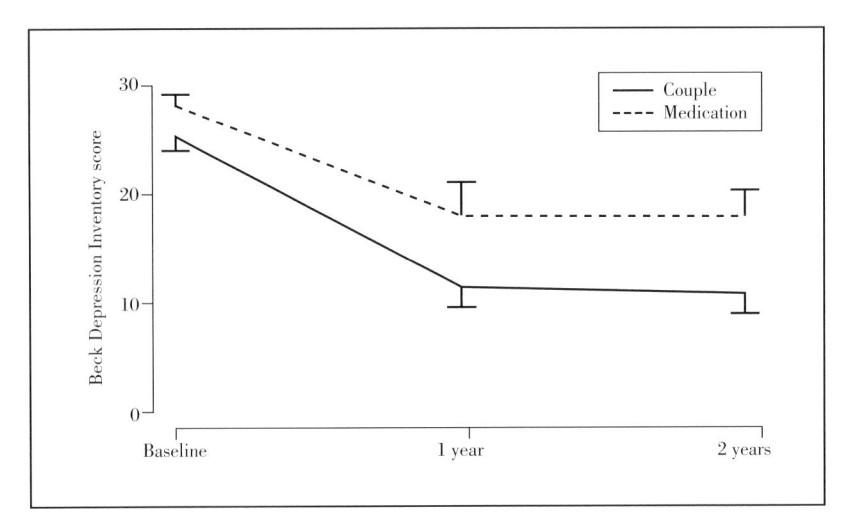

図1　Mean profiles of couple and medical treatment groups [Leff, et al., 2000]

なものであれ非言語的なものであれ，うつ病者に伝達される。
- この際に，うつ病者が受ける漠然としたしかしながら明らかな拒否は，彼らの安全喪失感を強固なものとし，その結果，彼らはさらなる苦しみを示すようになる。

またゴットリブ Gotlib, I. とビーチ Beach, S. [1995] は，さまざまな先行研究と自らの臨床経験から抑うつの遷延化を維持させる夫婦・家族モデルを図2のように示している。以下に図に示された問題性に対する夫婦介入の骨子を述べる。

凝集性の低下　夫婦が一緒に過ごせる穏やかでくつろいだ時間や機会を設ける。治療者はできるだけ些細で実行可能な今まで行っていて少しでも夫婦で楽しめた活動を持続的に行ってみるように促す。

感情を受け止めることの低下　患者にはできないことを相手に伝えるのではなく，そのときの感情を相手に伝えられるように指導する。そして，治療者は相手に患者の感情を受け止めるリスニング・スキルを身につけさせる。特に妻が抑うつ感情を夫に表現したときに，夫の反応は概してごくわずかであることが多いので，治療者がモデルを示すなどして夫のリスニング・スキルを強化する必要がある。

共に問題を解決しようとする姿勢を示すことの低下　だれかのせいにするのではなく，相手に共に問題や苦悩に立ち向かう協働者としての前向きな姿勢を維持させる。

自尊心を支持することの低下　特に妻の方が自己批判的になりやすい。不仲の夫婦では，特に妻が，夫からの非言語的な肯定的で支持的な行動や言動に鈍感になりやすいので，これを取り上げ妻に夫からのサポートであることの理解を促す。

相手を信頼し頼れることの低下　明確で直截な感情表現をこころがけさせること。昔の問題を浮上させずに新しい行動を模索させること。

親密さの低下　上述の介入を駆使して，信頼感を伴った親密さを獲得させる。親密さや信頼感を獲得しようと焦ってしまい，逆に否定的な感情を吐露してしまうことが往々にして起こるので，これに治療者はすぐさま介入し，否定的な言動の背後にある思いやりを伝えるように指導する。こうした介入を繰り返しながら，

```
┌─────────────────────────────────────────────────────────┐
│                1. 凝集性の低下                            │
│                2. 感情を受け止めることの低下              │
│                3. 共に問題を解決しようとする姿勢を示すことの低下 │
│                4. 自尊心を支持することの低下              │
│                5. 相手を信頼し頼れることの低下            │
│                6. 親密さの低下                            │
│   夫婦・家族不和  ────→                  ────→  うつ病     │
│                1. 攻撃行動の増加                          │
│                2. 別離の脅威の増加                        │
│                3. 侮辱と非難の増加                        │
│                4. いつもの行動を取らなくなることの増加    │
│                5. 他の家族内ストレスの増加                │
│                                                           │
│                      ソーシャルスキルのさらなる貧困化，    │
│                      葛藤主題回路の増加，                  │
│                      対人関係摩擦の増加                    │
└─────────────────────────────────────────────────────────┘
```

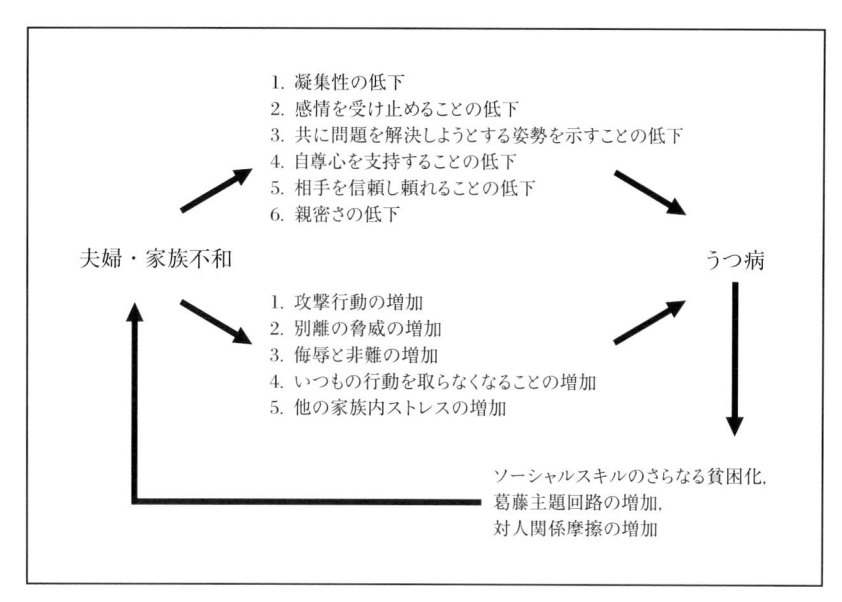

図2　うつ病の夫婦／家族不和モデル [Gotlib, Beach, 1995]

肯定的な自己開示を促進させる。

攻撃行動の増加　夫婦間の緊張は極度に達し，暴言や身体的暴力が生じやすくなる。ときにうつ病の妻は子どもに対して暴力的となる。こうした行動に対しては何をおいても真っ先に対応する必要がある。

別離の脅威の増加　離婚を考えることは，はなはだしいアンビバレントな感情を生みだす。うつ病者は離婚で現在の葛藤状況から逃げ出せると思うと同時に，うつ病者特有の依存欲求が高まってくる。このような脅威が歴然となったら，すぐさま治療者は介入し，まずはうつ病を治療することを目標に置くように仕向ける。

侮辱と非難の増加　うつ病者に対して配偶者は「怠けもの」「役立たず」「ダメな人」といった卑劣な言葉を浴びせる。治療者は相手がどのように感じるかをフィードバックすることで発言者に修正を求め，できるだけ肯定的な発言をするように励ます。さらに批判的な言動や情緒的巻き込まれはうつ病の予後を悪くする［下寺, 2007］ことも伝える。

いつもの行動を取らなくなることの増加　うつ状態にあるものは，日常の挨拶の欠如，従来の家事分担の不履行，相手からしてもらったちょっとしたことに対して簡単な礼の言葉も言わないといったことが生じやすくなる。治療者はそれらがうつ病によるものであることを夫婦双方によく理解させ，うつ状態中における新しい負担の少ない方法での具体的な行動や言動をできるだけ早く提案するなどして夫婦の交流を維持させる。手遅れになると不可逆的な状況となりやすい。

他の家族内ストレスの増加　子どもの問題行動など派生的な家族の問題が生じることも多い。治療者は心理教育的な介入をし，問題の解決策を模索する必要がある。

夫婦療法において注意すべきジェンダー・センシィティビティ

　夫婦療法についての技法的なことは，前述の英国での比較研究に参加した二人の夫婦療法家のあらわした著書［Jones, E., Asen, E, 2000］に詳しいが，夫婦療法になじみのない臨床家にもぜひ知っておいてもらいたいこととして表1［Pasick, 1992］を示す。

　この表が作成されたのは80年代のアメリカではあるが，現在のわが国の夫婦のジェンダーについて把握しておくには，ちょうどよい指針になるのではないだろうか。

表1　ジェンダーの違い［Pasick, 1992］

男性	女性
1. 独立心，自信，自立心	1. 人間関係を育み保つ
2. 将来の夢，自己充足	2. 他者との絆
3. ルールを学ぶ	3. 共感，関係づくり
4. ゲームで勝つこと	4. ゲームでの人間関係
5. 競争心の強調	5. 協調関係の強調
6. 感情の隠蔽	6. 感情の表出
7. 親密さを避ける	7. 成功や競争を避ける
8. 親密さは侵害	8. 親密さは「巻き込み」
9. 職業上の成功	9. 家族の発展
10. 問題解決志向	10. 問題を話し合う

　主だった差異を要約すると，夫は問題解決志向的（結果重視），感情閉鎖的であり，一方妻の方はプロセス重視であり，感情表出をよしとする傾向にある。つまり妻の方は治療の結果はともかく，今ここでの夫婦のやりとりのプロセスを大事にする傾向にある。妻はとかく夫の気持を知りたがるが，普段気持ちを表現したり語ったりすることの不得手な夫は困惑してしまい，かえっていらだちや怒りを募らせるといったパターンに陥りやすくなるものであることは，ジェンダーの違いも関与していることも夫婦に教育することもある。こうした教育的な説明は夫婦には受け入れやすく，夫婦療法にますます関心を示してくれることも多い。

おわりに

　先行研究にそってうつ病の夫婦療法の臨床実践の一例と介入の骨子を示した。うつ病に限らず，どのような疾患でもBio-Psycho-Socialな視点が重要であるが，それに加えて，とりわけうつ病に関しては，このSocialの中のミクロで重要な関係である夫婦関係にもっともっと注目し，介入していく必要がある。

（中村伸一）

文献

Coyne, J.C.: Depression and the response of others. J. Abnorm. Psychol., 2; 186-193, 1976.
Coyne, J.C.: Interpersonal process in depression. In Keitner, G.I. (ed.) Depression and Families: Impact and treatment, American Psychiatric Press, Washington DC, 1990.
Gotlib, I., Beach, S.: A marital/family discord model of depression: Implications for therapeutic intervention. Ch.20. pp.411-436. In Clinical Handbook of Couple Therapy. Jacobson, N., Gurman, A. (ed.), Guilford Press, NY, 1995.
平島奈津子：第2章：疫学．上島国利監修：治療者のための女性のうつ病ガイドブック．金剛出版，2010.
Jones, E., Asen, E.: Systemic Couple Therapy and Depression. Karnac Books. London & New York, 2000.
Karno, M., et al.: Lifetime prevalence of specific psychiatric disorders among Mexican Americans and non-Hispanic whites in Los Angeles. Arch. of Gen. Psychiat, 44; 695-701, 1987.
Leff, J., Veranals, S., Brewin, C.R., et al.: The London depression intervention trial: Randamised controlled trial of antidepressants vs couple therapy in the treatment and maintenance of people with depression living with a partner: clinical outcome and costs. Br. J. Psychiatry, 177; 95-100, 2000.
中村伸一：主婦のうつ病と夫婦療法．精神経誌，111(4)；441-445, 2009.
Pasick, R.: Awakening from the Deep Sleep: A powerful guide for courageous men. Harper Collins, New York, 1992.
下寺信次：家族への心理教育とうつ病の再発予防．日本うつ病学会NEWS, 4; 39-40, 2007.
上原徹：気分障害におけるうつ病相の6カ月転帰と家族の感情表出（Expressed Emotion）との関連．精神経誌，97; 744-756, 1995.
Weissman, M.M., Akiskal, H.S.: The role of psychotherapy in Chronic depression: A proposal. Comprehensive Psychiat, 25(1); 23-31, 1984.

アルコール依存症

はじめに

　アルコール依存症とは，習慣化された飲酒行動がコントロールを失って自己目的化し，飲酒を維持すること自体が，生活全体の目的となるに至った状態である。

　アルコール依存症の家族内では，飲酒行動のコントロールをめぐって，夫婦間さらに子どもを巻き込んで激しい感情的な争いが出現することと，その結果として家族に世代を超えて精神的な傷を与えることが大きな問題となっていた。

　この問題にアプローチするために，アルコール依存症の家族研究が臨床現場から出現した。それは1950年代の，初期の素朴な形から，1970〜80年代の，アルコール依存症者の夫婦関係をサイバネティクス的に記述する試みや，アルコール依存症の家族における問題の世代間伝達の研究に進んでいく。

　そして，これらの研究に続いて，1980〜1990年代にはアルコール依存症家族の問題の解決のため，家族全体に対するシステムズ・アプローチが創られていったのである。

アルコール依存症の家族研究

　ワレン Whalen, T. [1953] のアルコール依存症を無意識に助長する妻のタイプの4類型[▶1]，ジャクソン Jackson, J.K. [1954] のアルコール依存症の家族変化の7段階説[▶2]等の，1950年代に行われたアルコール依存症の家族研究においては，観察者はその情報を家族内の個人，主として妻から得ている。その結果，ワレンのように，妻のパーソナリティの問題が夫のアルコール依存症をひき起こすとの仮説と，ジャクソンのように，妻の行動の変化は夫のアルコール依存症の結果であるとの正反対の仮説がほぼ同時期に出現することとなった。

　20年後の1970年代に行われた，スタイングラス Steinglass, P. [Steinglass, et al., 1977] のアルコール依存症が長期化した夫婦の同時入院の研究は，それまでの「妻からの情報による間接的な家族関係の推定」から，夫婦を同時に入院させ，しかも飲酒可能な環境下で観察するという「夫婦間コミュニケーションの直接観察」への視点の転換であった。

　この結果，明らかになったことは，アルコール依存症の夫婦間コミュニケーションには，非飲酒時と飲酒時との2相があり，それが時間的に交互に入れ替わって一つのシステムを構成していることであった。スタイングラスの見解では，非飲酒時のコミュニケーションにより高まった家族内の緊張を，本人が飲酒することによって生ずるコミュニケーションの変化が打ち消し，このアルコール依存を含むシステムが家族を維持するシステムとして機能しているため，アルコール依存症は必然的に長期化することになる。

　また，45組のアルコール依存症夫婦と，その両親，子どもの3世代の実証的調

▶1
ワレンのアルコール依存症をつくる妻の性格の4類型は，
①支配型：無意識に自分より劣った男性の側にいて支配したいとの要求を持っている。
②忍従型：自罰的性格が強く，どんな状況下でも自分を責め忍従する。
③懲罰型：男性に対し競争的，対抗的で仕事志向である。
④動揺的：自己確信が低く，他人から必要とされることで自己を確認しようとする。
となっている。

▶2
ジャクソンの7段階は，以下のとおりである。
①問題否定
②家族内除去努力
③努力放棄と解体化
④一時的再組織化
⑤問題逃避
⑥本人抜きの家族再組織化
⑦家族全体の再組織化（本人の断酒が成功した場合）

Key Words

アルコール依存症
家族システム論
強迫コミュニケーション
世田谷方式
家族入院

査研究の結果［斎藤，1988］IP（Identified Patient）のみならず，アルコール依存症者の妻においても親世代の問題飲酒の発生率が，一般人口に比して高率であることが判明した。また，この実親に問題飲酒のある妻の群（a群）では，非a群の妻たちに比して，配偶者選択の過程や婚姻過程での自発性の欠如等の問題，性関係の問題，夫の嫉妬妄想の問題，心身の不調，子どもの世代の問題行動の発生頻度が有意に高かった。斎藤は，これらの結果から，アルコール依存症家族における多世代問題に，親の行動パターンが子どもによって学習されることによる養育環境的伝達の介在を想定している。

アルコール依存症の家族療法

前述の家族研究とも関連して，「アルコール依存症の家族療法」においては，何を治療の対象とするかで二つの見方が成立する。

一つの見方では，治療対象は「アルコール依存症者が家族内にいることから生ずる『家族の問題』」である（研究のレベルでは，ジャクソンの7段階説等に対応する）。この場合には治療は最終的には，「アルコール依存症」の「家族療法」，すなわちアルコール依存症者を家族を仲立ちにして治療する形になる。

もう一つの見方においては，治療対象はスタイングラスや斎藤の研究のように「『アルコール依存症を維持していく家族』の問題」であり，この場合には治療は，最終的には「アルコール依存症の家族」の「療法」として家族全体のありかたを変化させる形になる。

アルコール依存症を治療していて家族問題に行き着いた治療者は，前者の見方をしやすく，家族療法をしていてアルコール依存症の治療に携わることになった治療者は後者の見方をしやすい。いずれも治療の枠組みにおける「仮説」であり，二つの仮説はその場面での必要性によって使い分けられる（この他に，ワレン的な研究と対応して，「共依存の妻を治療する」という厳密に言えば，家族療法というより個人療法的な色彩の強い治療も考えられる）。

以下に，この2種の家族療法の臨床的な実例をあげて，アルコール依存症家族のコミュニケーションに対する治療を解説する。

臨床I 「アルコール依存症」の「家族」を仲立ちにする治療：世田谷方式とCIAP

斎藤学は，1980年代前半から，家族介入によるアルコール依存症の「初期介入」を開始した。この「世田谷方式」とは，グループセラピーを中心に据え，それに個別面接を加えた方法で，「（本人でない）アルコール依存症家族の構成員の行動の変化により，家族内のコミュニケーションの変化を起こし，結果として，アルコール依存症者本人の飲酒行動に変化をもたらす」方法であった。斎藤は，世田谷保健所を中心とする地域医療の場でこれを行うと同時に，医療から独立した相談室であるCIAP（Clinical Institute on Addiction Problem）においてもこれを行った[▶3]。

1984年に出版された『嗜癖行動と家族』［斎藤，1984］において，斎藤は，「治療者は（当時の一般的な言説であった）『本人を連れて来なくては話にならない』などと言わない」ことを前提に，家族に対する次の12の助言を示している。

- 本人に関する一切の思いこみを捨て，白紙に還る。
- 本人を子ども扱いしない。
- 本人への過度な注意集中を避け，自分自身に注目を向け変える。

▶3
CIAPのミーティングは，家族のみの小グループに対してより指導・助言的なスタッフが入る形式であり，家族に対する個人面接の比重も世田谷方式より高かった。

- 孤立を避け家族同士で集まる。
- 本人に対する脅し，すかしを止める。
- 本人に対する監視的・干渉的ふるまいを止める。
- 本人の不始末の尻ぬぐいを避ける。
- 本人の行動に一喜一憂しない。
- 言ったことは実行し，できないことは言わない。
- 適切な機会をとらえて，本人に問題点を直視させる。
- 本人の暴力に屈しない。
- 本人を病院任せにしない。

そして，この助言を実際に有効なものにするために，一種の拡大型家族グループ療法を導入した。たとえば，世田谷保健所の酒害相談においては，数人ずつのアルコール依存症者本人，家族，および保健師，ケースワーカー，医師などがミーティングに参加する。このときに参加者は各々の話をし，その話に対して保健所側のスタッフも直接の指導や助言は行わない。順番に各々の発言が行われる中で，後者の発言が前者の発言に触発されることはあるが発言の形式はあくまで，「皆が自分自身の話をする」形式であった。スタッフの役割は，参加者同士が直接にやり取りを始め，この形式が崩れそうになったときにそれを修正することである。

このミーティングに参加した家族は，最初は，自分の家庭内のアルコール依存症者本人の飲酒行動とそれにまつわる問題を，堰を切ったように話し始める。しかし，それに対する直接の返答や助言はない。このとき，もし他者からの「こうすれば良い」といった返答・助言があれば，「自分の家族の場合はそれはできない」という反駁が可能である。しかし，形式上このミーティングではそういった対話は起こらない。結果として，このミーティングに参加し続ける中で，家族の話は本人の飲酒行動の話から，自分自身の感情や行動についての話にその内容がシフトしていく。また，他の話者の，本人が断酒に失敗したときの体験や，家族の行動の変化が本人の飲酒行動の変化に結びついた話，医療スタッフが強制的に本人の断酒を進めて失敗した話等から，それを自身の本人に対する行動に重ね合わせて考えるようになる。その結果，家族が本人に対する自身の行動を変化させ，それが本人の飲酒行動の改善や治療導入に結びつくこととなる。

このミーティングでは，発言の形式が話者の発言の内容を変化させ，それがさらに参加者のアルコール依存に関わる行動を変化させる。その結果として参加者の，アルコール依存を取り巻く家族内のコミュニケーションからの離脱が進んでいく。

アルコール依存症などのアディクションを取り巻くコミュニケーションの問題でもっとも重要なものは，強迫コミュニケーション［市川，1994］である。これは図1に示したように，陽性強迫コミュニケーションと陰性強迫コミュニケーションの二つのフェーズからなり，それが時間とともに循環して全体を構成するものである。

陽性強迫コミュニケーションとは，家族内での相互コントロール状態であり，コントロール a と，コントロール−a とが循環している。

夫がアルコール依存症である夫婦を例にとると，コントロール a では，飲酒問題を持つ夫に対する妻の飲酒コントロール（具体的には，夫の目の前で家中の酒を集

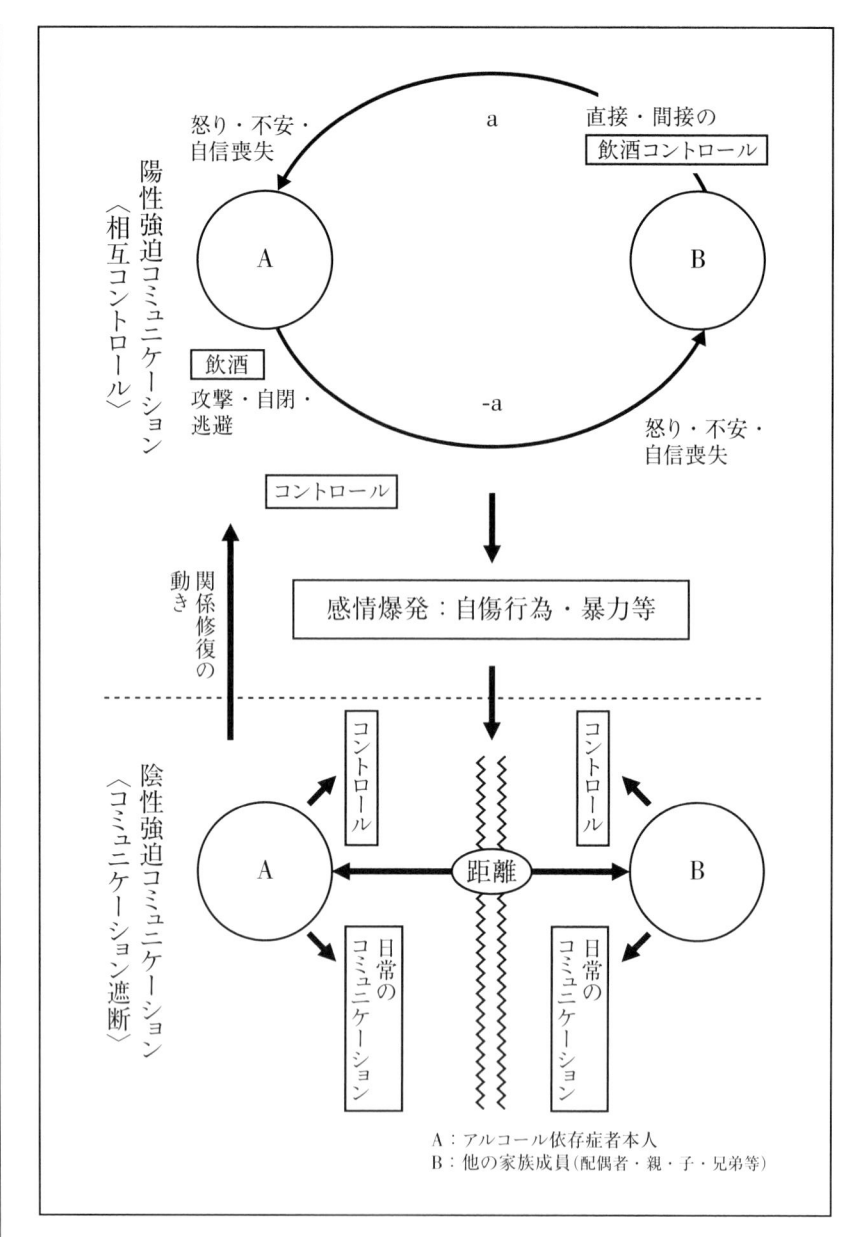

図1 強迫コミュニケーション

めて捨ててしまう，「今度飲んだら離婚する」と宣言するなどの直接的なコントロールと，夫に飲む機会を与えないために「家のことで夫に一切心配をかけないようにする」などの間接的なコントロールとがある）が働く。このコントロールaに対して，夫の内面では，コントロールされることに対する怒り，不安，さらに自力で断酒できないことに対する自信喪失が生ずる。さらに行動面の反応として，妻に対する攻撃，飲酒しながらの自閉，家族からの逃避が起こってくる。

－aの過程では，この夫の行動がさらに妻に対するコントロールとして働き，妻の内面でも夫の攻撃に対する怒り，閉じこもる夫に対する不安，家族から逃避する夫に対して妻としての自信喪失が生ずる。これがまたaに戻り，妻の飲酒コン

トロールを強めていくという悪循環になっていく。

　さらに，この陽性強迫コミュニケーションは，家族と治療者との間にも連鎖していく。斎藤は，アルコール依存症の家族に「パッケージ解決（本人を何らかの方法で拘束し，精神科病院に送りこむこと）」以外の解決法を提案すると拒否され，その理由は「私は何年も彼（彼女）と付き合ってきた。その私が言うのだから間違いない」というものであると述べている。ここで治療者が新たな解決法を強く提案すると，アルコール依存症者本人と家族との間にある陽性強迫コミュニケーションが，家族と治療者との間に同じ形で連鎖していくのである。

　世田谷方式のアルコールミーティングでは，ミーティング内の発言の形式を限定することにより，陽性強迫コミュニケーションを生じないようにコミュニケーションを制御している。その結果として，ミーティングに参加する家族の内面の変化と，本人に対する行動の変化が起こり，家族内での陽性強迫コミュニケーションが無くなることによって，本人に自己内省の余裕が生じ，飲酒行動の変化（自発的断酒の試みや治療への参加）が起こってくるのである［市川，1989］。

　この方法により，家族成員の変化がアルコール依存症者本人の変化に波及していくことが実証され，家族システム論による家族介入が，アルコール依存症治療の中で重要な位置を占めるようになった。

　しかし，この方法が普及するにつれて，家族介入が成功しない家族の問題が次にクローズアップされてくることとなった。たとえば，陽性強迫コミュニケーションが感情爆発で終わるときに出現するアルコール依存症者の暴力に，たまりかねた配偶者が別居しても，しばらく時間がたつと，何事も無かったかのように家にもどる離れられない妻（夫）の問題や，本人の断酒が継続しているのに家族の中でコミュニケーションの問題が持続する断酒後問題，家の中でコミュニケーション遮断の状態が固定化する家庭内別居等である。この場合には，陰性強迫コミュニケーションによるコミュニケーション遮断状態から，家族がコミュニケーション再建を試みるときに，再度陽性の強迫コミュニケーションが出現してくるという，強迫コミュニケーション全体へのアプローチが必要になってくる。

臨床Ⅱ　「アルコール依存症の家族」の治療：家族入院

　1990年に創設された東京アルコール医療総合センターは，設立の当初から，アルコール依存症者の健康の回復と共に，その家族全体の精神的健康の回復を治療目標に設定していた。そして，その具体的な手段として，独自の「家族入院」を実施した［市川，1993］。

　「家族入院」の対象は，アルコール依存症者から見て，その配偶者，親，および子どもであって，①家族の中にアルコール問題をめぐって慢性的な緊張状態があり，②その中で，家族成員に反応性のうつ状態，不安状態，身体愁訴などが出現しているときに，入院適応とした。この家族入院を開始初期3年間・50ケースで見ると，入院者本人の主症状は，図2のように不眠，身体愁訴，食欲低下，不安抑うつ気分，焦燥感，疲労感，緊張感であり，長期間のストレス環境によるストレス反応と考えられる。また同時にアルコール依存症と認識されている家族成員（Identified Patient as Alcoholic: IP-AL）の問題行動は図3のように，家族に対する暴言・暴力，職場放棄，閉じこもり，内科・精神科への反復入院である。

　実際のアルコール依存症の家族入院療法は，以下の手順で進んでいく。

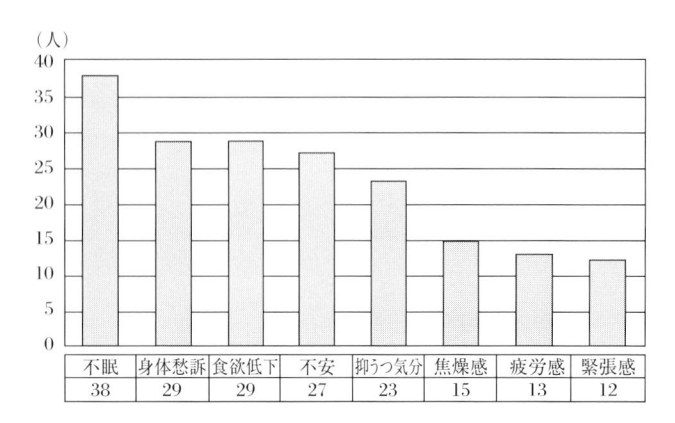

図2 本人の症状 [市川, 1993]

不眠	身体愁訴	食欲低下	不安	抑うつ気分	焦燥感	疲労感	緊張感
38	29	29	27	23	15	13	12

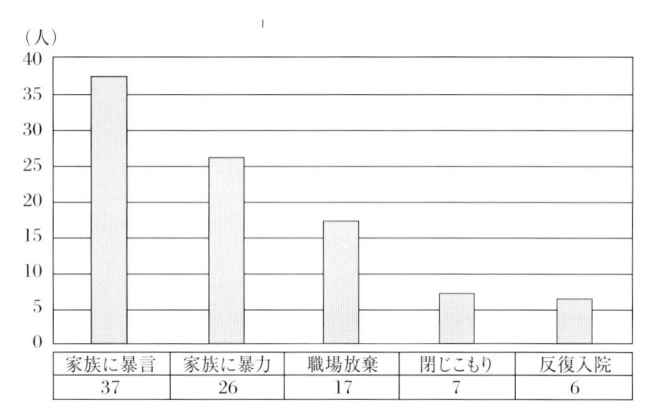

図3 IP-ALの問題行動 [市川, 1993]

家族に暴言	家族に暴力	職場放棄	閉じこもり	反復入院
37	26	17	7	6

- **治療チームの編成**——まず，治療チームを作る。チームの構成員は，医師，看護師，精神保健福祉士，臨床心理士等の多職種チームとする。そして，治療チームの中で，治療の目的は家族全体の健康性の回復であり，そのためには家族関係の変化が必要であること，家族関係の変化のためには家族のコミュニケーションの変化が必要であることを認識・共有していく[▶4]。

- **治療導入**——長期にわたるアルコール問題で疲弊しきった家族が相談に来たときに，家族は憑かれたようにIP-ALについて話し続ける。このときにチームは，充分話を聞いた後で，IP-ALを変えようという家族の努力が限界にきていることを指摘する。そしてIP-ALの話から離れて，家族自身の状態に話題を転換する。その中で初めて，誰にも話したことのなかった家族成員（これは家族の中でもっともIP-ALの飲酒を止めようと努力してきた成員である）の疲弊と抑うつ感・不安が語られる。その後にその家族の入院治療がチームから提案され，家族入院が開始される。この時点でIP-ALを含む家族全員に入院者本人の状態と入院の必要性とが伝えられる。そして，本人の治療のために，他の家族の定期的な来院，本人の外泊時の配慮，外泊後の面接など具体的な協力を要請する。この際にIP-ALが「すべて私の酒が悪かった」と言い出す場合もあるが，治療チームとしては，むろんIP-ALのアルコール問題について個別の相談にものるが，この入院はあくまで入院者本人の症状の改善が治療の目的であることを再確認する。

▶4
多職種チームにするのは，①複数の職種が違うチーム員がいることにより，さまざまな治療場面の設定が可能になること，②治療チーム内で，各々の治療者の治療観や家族観がぶつかり合うことにより，チーム内での議論が活発になり治療の場にエネルギーを注ぎ込むことになるからである。

この家族入院では入院決定の段階で，「アルコール依存症者本人を治そうとする家族」「アルコール依存症の治療をする病院」「アルコール依存症者本人」の組み合わせから，「疲弊し抑うつ・不安状態の本人」「本人の治療をする病院」「その治療に協力する家族」へと治療システム内の三者の関係が変化する。そして，この新しい枠組みの中で次の治療が進行していく。入院の段階で，自分のアルコール問題を非難されるのではないかと不安になったり疑心暗鬼になっていたIP-ALは，ほっとして「本人が入院中の家の方はなんとかする」との意志を示す。中には自分の治療も希望したり，自力断酒や節酒を開始する例もある。

- 入院中の本人の治療——担当者による本人の個人療法と家族入院グループによる集団療法が並行して行われる。本人の経過は，第1期：安堵期→第2期：煩悶期→第3期：入院への順応期→第4期：実生活への順応期と進む[▶5]。
- 入院中の家族面接——本人が，安堵期の休息により疲労が回復し煩悶期に入ると，IP-ALの飲酒や残された家族の状況について不安になり，過度に気にする状態が出現する。治療チームはここで，IP-ALを含む家族に来院してもらい合同面接を開始する。初回面接では本人，IP-ALともに緊張が強く，片方が一方的に話したり，双方とも言葉が少なかったり，反対に両方とも話しすぎて対話が成立しなかったりする。いずれの場合にも治療チームは，会話の内容には深入りせず，主に会話の形式に言及する。
    ① たとえば妻（本人）が今までの夫のアルコール問題に対して非難や怒りを示して一方的に話し，夫（IP-AL）が押し黙って聞いている場合には，「今回は，奥さんの気持ちを御主人にじっくり聞いてもらったので，ここですぐに答えるのではなく，次回までに考えてきてもらいましょう。そして次は御主人に話してもらって，奥さんに聞いてもらいましょう」と双方に伝え，次の面接へ繋いでいく。
    ② 両者共に，相手を非難したり，一方的に要求を述べたりして漸増的に興奮が高まっていく場合には，「強迫コミュニケーション」の図を提示して，今起きている陽性強迫コミュニケーションについて説明する。そして，「もしこの強迫コミュニケーションが始まったら，家族の中で誰か気がついた方が指摘してください」と家族全員に伝える。
    ③ 逆に家族内の緊張が高く，自然な会話が成立しない場合には，陰性の強迫コミュニケーションについて説明し，治療チームが，家系図や家の見取り図を作成したりしながら，家族内に話題を提供していく形にする[▶6]。
- 退院後の合同家族面接——入院中本人の症状が改善し，同時に家族内の強迫コミュニケーションが消失して，健康なコミュニケーションが回復していれば退院とする。多くのケースはこれにより家族の健康性が回復し，IP-ALの飲酒問題も改善に向かう。本人の症状の改善が見られたが，強迫コミュニケーションの改善が不充分な一部のケースでは，退院後も家族面接を継続し，家族内のコミュニケーションが回復するまでフォローする[▶7]。

家族入院により，入院前には，「アルコール依存症により，破滅への道を転がり続けていく夫」「夫のアルコール問題に翻弄され疲れきった妻」「その両親に振り回される子どもたち」からなる家族が，退院するときには「普通の夫婦」や「普通の両親と子どもたち」に変化していた。これは家族内の強迫コミュニケーションが普通の家内コミュニケーションに変化していたためである。

家族入院による家族療法は，入院者本人と残された家族との家族面接内のコミュニケーションと，面接外でのコミュニケーションとの両方を一つのものとして進んでいく。人工的に作られたコミュニケーション遮断状態の中で，「家族システム」はコミュニケーションを取り戻そうと動きだす。このとき，入院中の家族も，家に残った家族もそのコミュニケーションの端緒を求める動きを開始する。治療チームはこの動きを察知して，流れを先取りして動いていく[▶8]。

▶5
この詳細は文献［市川, 1993］に詳述した。

▶6
家族入院によって人工的に作られた家族間の距離を戻すときに，治療チームによる家族面接を入れていく。これを通して，陽性強迫コミュニケーションの相互コントロール状態や陰性強迫コミュニケーションのコミュニケーション遮断の状態に陥らない，健康なコミュニケーションへの変化を進めていく。

▶7
この家族入院の実際の症例と治療経過は，文献［市川, 1994］に詳細に述べてある。

▶8
実際にこの治療に習熟したチーム内では，「そろそろ来そうですよ」「明日かね」「2, 3日内じゃないですか」といった会話がかわされていたし，逆にこの会話の意味がわからないスタッフにはこの治療は困難であった。

家族療法による
アルコール依存症家族の変化をもたらすもの

- 世田谷方式でも，東京アルコール医療センターの家族入院でも，家族システムの変化は既存の治療システムの変化を通じてもたらされる。
- そして治療システムの変化はシステム内のコミュニケーション形式の変化によってもたらされる。

おわりに：家族の健康性と多世代伝承，そして治療の多世代伝承

　その後，アルコール依存症家族の問題と類似する依存症の問題は，1990年代から2000年代に至るまで，日本社会において，「過食症」「ギャンブル依存症」「買物依存症」「恋愛依存症」「携帯（電話）依存症」などさまざまな形の依存症として出現した。これは個人の内的なシステムの問題であるとともに，個人を取り巻く対人関係のシステムの問題でもある。世田谷方式のアルコール問題家族に対する初期介入は，保健所や精神保健センターの酒害相談の形で東京を中心に全国に広まり，一つのスタンダードとなったが，アルコール依存症家族全体に対するシステムズ・アプローチは1990年代に大きく発展した後，治療者の世代交代とともに下火となった。

　1980年代にCIAPの中心的な治療者であった遠藤優子による『アセスメントに生かす家族システム論』［遠藤，2007］は，治療者が依存症家族を見るときの臨床的な視座を提供するものである[▶9]。多世代伝承が家族内の悪影響の伝承から家族の知恵の伝承へと変わるときに，家族の健康性が現れるように，遠藤は，次世代の治療者たちに，家族システム論によって得られた臨床的な知恵を伝えようとした。アルコール依存症治療の未来のために，家族と治療者双方への多世代伝承の視点が重要である。

（市川光洋）

▶9　CIAPを退職後，遠藤は「遠藤嗜癖問題相談室」を開設しアディクション問題とその家族に対する治療を続けていたが，この本を上梓した後に逝去したため，これが遺作となった。

推薦図書

1. ベイトソン, G.（佐藤良明訳）：精神の生態学 改訂第2版. 新思索社, 2000.
2. 斎藤学：嗜癖行動と家族. 有斐閣, 1984.
3. 遠藤優子：アセスメントに生かす家族システム論. 遠藤嗜癖問題相談室, 2007.

文献

遠藤優子：アセスメントに生かす家族システム論. 遠藤嗜癖問題相談室, 2007.
市川光洋：アルコール依存と家族. 家族療法研究, 6(2); 103-108, 1989.
市川光洋：嗜癖問題と家族療法についての私見. アルコール依存とアディクション, 10(3); 198-204, 1993.
市川光洋：アルコール依存症の精神療法：家族療法. アルコール依存症の治療, 精神科MOOK 30, 金原出版, 1994.
Jackson, J.K.: The adjustment of the family to the crisis of alcoholism. Quarterly Journal of Studies on Alcohol, 15; 562-586, 1954.
斎藤学：嗜癖行動と家族. 有斐閣, 1984.
斎藤学：アルコホリック家族における夫婦相互作用と世代間伝達. 精神神経学雑誌, 90(9); 717-748, 1988.
Steinglass, P., et al.: Observations of conjointly hospitalized "alcoholic couples" during sobriety and intoxication: Implications for theory and therapy. Family Process, 14; 1-16, 1977.
Whalen, T.: Wives of alcoholics: Four types observed in a family. Quarterly Journal of Studies on Alcohol, 14; 632-641, 1953.

夫婦関係の問題

はじめに

　家族療法家であれば，子どもの問題で来談した家族のアセスメントには必ずといってよいくらい両親関係すなわち夫婦関係が含まれる。さらに治療経過の中でも，子どもの問題に対する両親の対処法や考え方の違いに自ずと注目し，そこに介入しようとすることが多いであろうし，ケースによっては子どもの問題から夫婦固有の問題に話題がシフトしたり，子どもの問題が解決した後に夫婦の長年にわたる葛藤状態があらわになることも多い。こういった臨床経験を家族療法家は多く経験しているので，夫婦固有の問題をあつかう**夫婦療法**[▶1]をおこなうことには慣れているものである。しかし，子どもの問題で来談する家族との面接ではあまり意識されない夫婦療法固有のアセスメントと介入法がある。はじめに夫婦療法の固有性といくつかの理論を概説し，次にわが国でも夫婦療法が推進されるべき夫婦関係の問題について論じる。

夫婦療法

夫婦療法の一般的需要

　夫婦関係の改善もしくは解決を求めて夫婦療法（もしくはカップル・カウンセリング）を求めて来談する夫婦が増えている。しかし，その需要に応えられる治療者がどのくらいいるかというとわが国では未だに少ないのではないかと思われる。

　夫婦療法を求めてくる問題のある夫婦には以下の六つがあるとクレーン Crane [1996] は指摘する。

- 夫婦が抱えている問題を解決し，より親密でより良い関係を求めている。治療者は夫婦お互いの理解を深めるために適切なコミュニケーションスキル・トレーニングを教えることから始める。
- どちらかが夫婦関係の将来について不安を抱き，これから問題が生じないようにと願って来談する。双方が自分たちの背景に問題を持っていると感じ，それが将来障害になりはしないかと懸念している。たとえば自分たちの両親の関係が良くなかったり，両親から虐待を受けていたり，自分の過去の対人関係に問題を感じている。
- 夫婦がお互い苦痛を感じており，それがこれから問題になるのではと思っている場合。さしあたって別居や離婚の問題は生じていないが，そうならないようにどうしたらよいか困惑している。この場合，具体的にもっとも何を懸念しているかを明確にし対話を促す。
- 別居や離婚の可能性が具体的に描かれている夫婦。夫婦療法で最終的にその選択をゆだねようとしている。一方が別離をすでに決めて来談することもある。最終的にそれを決めるのは二人だとしても，この場合の最初のア

▶1
結婚前の男女や同性愛者のためにはカップル・セラピーと呼称した方がよいのだが，本項では夫婦についてのみ述べるので夫婦療法とした。

Key Words

夫婦療法
離婚
夫婦間暴力
セックスレス
浮気

プローチは他の選択肢を探ることにある。関係の修復に傾くこともあれば離婚に至ることもあり，継続した離婚療法を必要とする場合もある。
- 別居あるいは離婚のプロセスに入っている夫婦。夫婦はこのプロセスをどのように進めていったらよいかを求めて来談する。この場合は離婚療法が原則として適応される。そこでは経済的なことも含めて離婚後の夫婦関係がどのようなものであるべきかがテーマとなる。子どもがいる場合は親権者をどうするか，面会交流をどうするかが話し合われるべきである。離婚後も元の夫婦関係が悪いのは子どもにとってよくないのは自明のことで，そうならないようにするにはどうしたらよいかが話し合われるべきである。子どもにとっての支持的な両親関係の維持が重要となる。
- 付随的な治療として夫婦療法が選択される場合。離別に伴い子どもに行動上の問題（素行障害など）が生じた場合。くわえて夫婦関係の悪さから妻が抑うつを呈している場合やどちらかのアルコール依存症。

夫婦療法の理論
[行動・認知モデル][▶2]
[感情に焦点づけした治療（Emotionally Focused Therapy: EFT：以下 EFT）] EFTは感情表出を強く促すことで夫婦双方の行動に対する理解を促し，お互いの機能不全にある双方の認知を変更しようとする。これは相手の行動に対する「意味づけ」の変更を迫るものである。この感情を表出してのお互いの相互理解を通じて，より適切な関係が形成されることを目論む。四つの基本原則を以下にまとめた。
- 治療者は現在問題になり互いが感情的になっているトピックに焦点を当てる。治療者の目の前で双方が感情的になる話題を引き出す。
- この激しい感情的なやり取りの底辺に流れる傷つき感や恐れに治療者は焦点を当て，それを率直に語り合えるように導く。
- 「何について」争っているのかではなく，「どのように」二人が争っているかについて気付かせる。
- やり取りを二人の関係の再構築のために用いる。双方の防衛的な構えを捨てさせ，双方の真の要求や要請を表出させ新しい関係に導く。

[洞察的モデル] 夫婦それぞれの原家族からの問題が現在の夫婦関係に無意識的に影を落としていることに注目する。多世代家族療法[▶3]における夫婦関係に焦点づけしたアプローチ。原家族の歴史に由来する否認，投影などを理解することを通じて現在の夫婦関係を理解し洞察を得ることでいわゆる自己分化をもたらし安定した夫婦関係を目指す。

[最小限の夫婦療法モデル（Gottman）] このモデルはゴットマン Gottman, J.M.［Gottman, 1994］の膨大な夫婦関係研究から生まれた。夫婦関係継続の可能性が高くなるのは，ごく簡単にまとめると①気持ちを落ち着かせること，②防衛的ではない聞き取り，そして③承認であった。これらのスキルが自動的に作動することが重要である。

①気持ちを落ち着かせること ── 自分が相手に脅かされていても冷静を保つこと。そのためには治療者は「今はとても辛いかもしれませんが，大丈夫ですよ」と示唆し，手をつなぐように指示したり，目を合わせること，そしてシンプルな自分の感情を囁くように伝えるといったスキルを与え

▶2
「行動・認知モデル」の項参照。

▶3
「多世代伝達モデル」の項参照。

る。またはストップをかけ，落ち着くまで待つことを勧める。
　②**防衛的ではない聞き取り**――向きになるような発言を控え，何を言おうとしているのかを聞き取り，中立的で肯定的な反応ができるように促す。「これは私個人に向けての発言ではない」，「このひどい言葉の背後にある本当の考えが知りたい」といったスタンスが持てるようにする。行動的なスキルとしては，うなずき，微笑み，「わかった」という了解承認の言葉かけなどがある。このことを通じて，相手の話すどんな内容にも関心を払っていることを示す。
　③**承認**――ちゃんと聞き届けていることを相手に伝えること。「ええ」「はい」などと言いながら頷き，ときにこのように理解したと簡潔にまとめて伝えること。これは同意ではなく，あくまでしっかりと聞き届けたことを伝えるメッセージである。

　アレキサンダーAlexander, J.F. ら［Alexander, et al., 1994］は夫婦療法の予後に関する重要な要素を以下のようにまとめている。
- 感情変化（激しい感情表出の後の認知的な変化）
- 解決されていない葛藤の受容
- 認知および感情的な変化と考えや感情の共有
- 夫婦間での感情交流の増加
- 否定的な感情を統制し扱う能力の増加

わが国における夫婦固有の現代的な諸問題

　以下では離婚，夫婦間暴力，セックスレス，浮気という現代的なテーマについてごく簡単に述べてみたい。うつ病については別項参照のこと[▶4]。

離婚

　前述したように夫婦療法の一般的需要にも示されているように夫婦間の不和が続き離婚にいたるケースはまれではない。わが国における離婚率はひところ上昇したものの現在は横ばいでおおよそ4組に一組が離婚する。しかし夫婦療法が一般的ではない現状にあっては夫婦単位で夫婦療法を求めてくることはまれで，配偶者の一方が個人療法を求めてくることが多い傾向にある。治療者の方も夫婦療法に習熟していないことが多いため，もう一人の配偶者を招いての合同夫婦面接には二の足を踏むことが多い。また，一方の配偶者（圧倒的に妻が多い）の訴えを充分に聞いてからもう一人の配偶者を呼ぶのは，夫婦双方に中立であるべき治療者のスタンスを乱すことになるので推奨できない。

　こうした点からは，家庭裁判所への申し立て（離婚，円満調停など）は，夫婦合同面接は難しいが，双方の話を中立的に聞いてもらえるので弊害が少ない。夫婦間調停にも治療的な側面はもちろんあるが，そもそも調停委員も夫婦療法に習熟しているわけではない。

　離婚は当事者夫婦だけの問題ではなく，子どものいる夫婦では親権の問題が生じ，そのはざまにあって子どもの精神状態は不安定になる。離婚により影響を受ける子どもの年代は小学校低学年であるといわれ，男子の方が女子よりも症状や問題行動を早く示すといわれている。

▶4
「うつ病」の項参照。

夫婦間暴力（Domestic Violence: 以下DV）

　今まで夫婦療法（とりわけ夫婦合同面接）はDVに対しては禁忌とされてきた。しかし，適否を決めるガイドラインも示されている［中村，2001］。以下にそれを要約する。

　適用の目安
- 男女ともに夫婦関係を大切に思い，今後も維持したいと望んでいること。そのあらわれの一例としては加害者が「暴力コントロールのための男性グループ」などに参加し，暴力抑止のスキル（怒りの生理的自覚やタイムアウト法など）を学んでいること。また被害者が，暴力から逃れる避難の方法を具体的に知っていること。
- 男女ともに同席での面接を望んでおり，援助者もこうした面接方法について十分な臨床経験があること。安易に夫婦相互作用の結果としての「暴力」といったシステミックな仮説を持たないこと。あくまで加害と被害という人権問題としてとらえ続けられること。
- 被害者が，個人面接でも夫婦面接でもリラックスしており，感情的になったり，逆に強い恐怖による感情の平板化が生じていないこと。
- 以上のすべての条件が満たされていること。

　禁忌の目安
- 加害者が，以前から親密となった異性に暴力をふるってきた既往。
- 加害者にアルコールや他の薬物依存がある。
- 加害者に何らかの精神障害が推定される。
- 夫婦間で子の親権のからんだ離婚問題が同時に発生している。
- 前述した「適用の目安」がすべてにおいて満たされない場合。

セックスレス

　近年，「セックスレス」が問題で来談するケースが増えている。ほとんどが夫のセックス拒否あるいは回避である。しかしながら「セックスレス」が主訴でなくとも，妻が「うつ」や身体的変調を主訴に来談し，よく聞くと夫からの性的なアプローチがないことがその原因である場合も多く経験している。その中でも子どもができないという妻の嘆きが背後にある場合も多い。

　セックスをしたいが勃起不全にある独身男性ならば専門家を求めることはあるが，多くの性機能不全で来談するケースは，異性との間でセックスを試みたが上手くいかなかったという主訴で来談する。とりわけ結婚後，その性生活で支障を来たしたことで来談することが多い。男性の側では，勃起不全，早漏，遅漏と呼ばれる射精困難などがあり，女性の場合は，膣痙攣による挿入不能，挿入可能だが痛みを伴うもの，オーガズムを得られないものなどがある。さらに男女共にありうるもっとも深刻な問題として，性欲の欠落もしくは低下という問題もある。この最後にあげた性欲の欠落あるいは低下の問題は，とりわけ男女双方に何らかの器質的な身体的疾患がない場合に，重大な問題として近年クローズアップされている。その象徴的な表現が「セックスレス」である。

　今までのわが国での性機能障害は泌尿器科医，産婦人科医，わずかの精神科医によって主に性機能障害を持つ配偶者のみに向けておこなわれ夫婦療法の対象ではなかった。しかしながら，とりわけヒトにあっては，同性愛者のセックスを含

めて，妊娠だけがその目的ではない。特に男女間での結婚にあっては，一夫一婦制がその大半を占めており，そこで求められるものは，夫婦間の信頼と親密さの証としての「セックス」である。ここでいう「セックス」は必ずしも挿入して射精する「性交」を意味してはいない。ある下半身不随になって性感と勃起機能を奪われた男性が，その妻と「手を親密に触れ合うことでセックスを二人共が楽しんでいる」と述べていた。まさに身体接触のみの「セックス」をこの夫婦は楽しんでいた。われわれの定義するセックスとは，このように広義なものである。したがって，カップルもしくは夫婦とのセックス・セラピーでは，おのずと，あるいは副次的に夫婦間の情緒的関係性が問題となってくる。したがって今後のわが国でのセックス・セラピーでは夫婦もしくはカップルでの治療が強く望まれるところである[▶5]。

浮気

わが国においても夫の20-30％，妻の10-20％が，浮気体験をもつという。また，米国と同じように，妻の浮気は離婚に発展する可能性が夫のそれより高い。実際の臨床の中では，浮気の問題を持ちこんでくる夫婦がかなりある。主訴が浮気の場合もあれば，片方のうつ病，もしくはうつ状態や不眠症，パニック発作や身体表現性障害が主訴でやってくる場合も多くある。さらにはジェノグラム・インタビュー[▶6]で浮気が不意に語られ衝撃となることもある。いずれにしろ，浮気は「夫婦もしくは家族の一生」をその後も破壊的にしてしまうほどのインパクトがある。

夫婦という婚姻契約違反である浮気は，道義的には浮気をした配偶者に非がある。しかし，浮気の背景にはそれに至るまでの夫婦関係の「見えざる破綻」や原家族との関係，さらには子育てにおける葛藤などがある。このように浮気は家族ライフサイクルに加わる一般的なストレスや，そこで起きる偶発的な出来事，ただし多くは不幸な出来事だが，喜ばしいことの後にも起こるものでもある。当座は来談夫婦にはこうした背景にまで思いが及ばないのが一般的である。

浮気の夫婦療法の理論にはいくつものものがあるが，最近のすぐれたアプローチの一つにバウコム Baucom, D.H. ら［2009］による認知行動療法に感情焦点化療法を加味したアプローチがある。それは，浮気のインパクトを PTSD としてまずとらえることで，インパクト・スキーマとでもいえるものが被害者である配偶者に形成されるという心理教育的な方法を導入部分で用い，怒りのコントロール法などを伝授していく。その後，段階的で堅実な介入を行っていくものであり，今までの浮気療法にはなかったわかりやすい段階的なアプローチである。ここでは PTSD 仮説が有効に生かされ，タイム・アウト法が現実的な歯止めとなり，さらに終盤では浮気の背景にあった夫婦の情緒的問題も感情に焦点化したアプローチを用いて終結に至らせる[▶7]。

おわりに

わが国の家族療法は主に子どもの問題を抱えた家族にとっての有効な手段として発展し定着した。しかし，この項目で取り上げた夫婦固有の問題を解決する夫婦療法は今のところまだまだ浸透してこなかったし，前述したように夫婦療法に動機づけを持って治療を求めてくる夫婦がわが国では少ないという現実もあった

▶5
事例については中村［2013］を参照のこと。

▶6
「ジェノグラム」の項参照。

▶7
事例については中村［2013］を参照のこと。

と思われる。しかしながら，とりわけこの10年間に夫婦療法を求めて来談するケースは急速に増えているとの印象がある。それらの具体的な主訴としては，離婚の危機，夫婦間暴力，セックスレス，そして浮気がその代表例である。さらには結婚への不安を主訴に婚前カウンセリングを求めてくる若いカップルもあるし，前の結婚での子どもを連れての再婚生活（ブレンド家族：blended family）の難しさを感じて来談する夫婦もいる。したがって，こうした需要に応えるべくわが国でも夫婦療法家の育成が早急に必要である。

(中村伸一)

文　献

Alexander, J.F. et al.: The process and out comes of marriage and family therapy: Research review and evaluation. In Bergin, A.E. & Garfield, S.L. (Eds.) : Handbook of psychotherapy and behavior change (4thed.) . pp.595-630, Wiley. New York, 1994.
Baucom, D.H., Snyder, D.K.: Helping Couples Get Past the Affair: A Clinician's Guide. The Guilford Press. New York, 2009.
Crane, D.R.: Fundamentals of Marital therapy. Brunner/Mazel, Inc.. New York. 1996.
Gottman, J.M.: What predicts divorce?: The relationship between marital process and marital outcome. Hillsdale, NJ:Lawrence Erlbaum. 1994.
Gottman, J. M.: Why marriages succeed or fail. Simon and Schuster. New York, 1994.
Greenberg, L.S. & Johnson, S.M.: Emotionally focused therapy for couples. Guilford. New York, 1986.
中村伸一：夫婦間暴力に対する夫婦療法の適用について：アジア女性基金研究会報告書から．家族療法研究, 18(2)；168-171, 2001.
中村伸一：時代の要請と夫婦・家族療法．精神療法, 39(2)；226-232, 2013.

エンパワメント

エンパワメントアプローチの起源はセツルメント運動に遡り，1960年代から，民族・人種，女性，障害者など抑圧からの解放をめざし，家族療法にも導入された。エンパワメントでは，人が置かれている抑圧状況における環境との交互作用に焦点を当て，剥奪された権利や力を回復させ，その動機づけを行い，環境に働きかけ，精神安定と自尊心の維持と問題解決に向けた自己決定を促し，主体的に行動することを対等な立場で支援する。

エンパワメントとは，「社会的・経済的な力を持たない人々，制度化された政治的・経済的過程に参加できずに，力を奪われている人たちが，自らの自己決定能力や社会的・政治的・法的な力を獲得すること」［福山，2007，p.55］。このアプローチでは，パラダイムの変換から権限・権力の委譲にストレングスの視点を加え，仲間形成や知識の組織化，阻害要因の明確化，政策決定過程への参加を通して支援を行う。クライアントの持つ可能性，自信，信念といったクライアント本来の力を認識して（抑圧から）解放することを実現する。方法論として，枠組みがないので，実践に当たっては，他のアプローチに組み入れられた形で，展開されている。

個人だけでなく，家族，集団，組織，地域，社会がもつストレングスを認め，活用する。コミュニティ・エンパワメントでは，地域に当事者主体のシステムをつくり，地域生活への民主的な参加を獲得するプロセスを経て，ウェルビーイングの向上に寄与する。

（福山和女）

文献

福山和女：第11章個別援助（個人及び家族への援助）の理論と技術．黒木保博，福山和女，牧里毎治編著：新・社会福祉士養成テキストブック3．社会福祉援助技術論（下）．ミネルヴァ書房，2007.

福山和女，荻野ひろみ：第6章ソーシャルワークの実践モデル．岩間伸之，白澤政和，福山和女編：MINERVA社会福祉士養成テキストブック3．ソーシャルワークの理論と方法I．ミネルヴァ書房，2010.

木原活信：第10章専門援助技術の歴史的展開．黒木保博，福山和女，牧里毎治編著：新・社会福祉士養成テキストブック3．社会福祉援助技術論（下）．ミネルヴァ書房，pp.32-34，2007.

安梅勅江編著：コミュニティ・エンパワメントの技法：当事者主体の新しいシステムづくり．医歯薬出版，2005.

第3節 老年期

高齢家族

はじめに：高齢家族の現状

　日本は超高齢化社会になったが，家族構成にも変化が及んでいる。「高齢者白書」によれば，2009年度の65歳以上の高齢者のいる世帯は2,013万世帯であり，全世帯（4,801万世帯）の41.9％を占めている。子どもと同居する高齢者が減っているのも日本の特徴であり，1980年代は7割であったのが，1999年には50％を割り，2009年には43.2％となった。65歳以上の高齢者が世帯主が高齢世帯（厚生労働省）であるが，その数は2030年には，全世帯の39.0％へ達することが見込まれている。家族成員の割合が変化しており，高齢者夫婦が最も多く，3世代家族が減少し，単身者や親と未婚の子のみの家族が増加傾向にある。高齢者のみで住んでいる家族（夫婦，単身者）は高齢世帯の半数を超える状況になった。アメリカでは，高齢者がいる家族に対して，Aging Family という用語が使われているが，これにならい，65歳以上の高齢者が世帯主である家族を本書では「高齢家族」と呼ぶことにする。日本の社会構造の変化を考えた場合，これからの心理療法家や家族療法家の対象は，高齢家族に向かざるを得ない。

Key Words

高齢家族
介護
死別
身体性
少子高齢化

高齢家族を理解するために

身体性を配慮する

　高齢者はなんらかの身体疾患を持っているものである。身体疾患の症状が家族関係にも影響を与えている。高齢家族におけるセラピーは**身体性を配慮する**ことが不可欠になる。身体症状の出現や悪化によって治療を受けにくることが困難となる高齢者は多い。セラピストが自分とクライアントとの心理的関係に埋没してしまうと身体性が視野の外になってしまう。身体性への配慮とは，患者の身体症状，通院先，薬などに配慮することである。高齢家族への家族療法では最初は身体的側面へジョイニングすることがコツである。「痛いところはないですか」「ここに来るのは大変でしたか」といった体を気遣う態度を示せばよい。そして，徐々に病気や身体症状が家族関係の中でどのような位置づけとなっており，どのような役割を演じているかを明確にしていく。「いつから，ご病気なのですか」「誰が世話をしているのですか」といった具合である。病人を抱えた家族の場合には，家族メンバーは病気にさまざまな意味付けをしている。「好き放題やってきたから罰があたったのよ」という妻もいれば，「夫がいなくなったら家族はもうおしまい，生きてはいけない」という妻もいる。

　現在，病気や身体症状が家族の中になくとも，それはやがて高齢家族に訪れると予測しておくことも大切だ。「この夫婦，どちらかが病気になり**介護**が必要になったら，どう変化するのだろうか」といったことをセラピスト自身が想像することである。高齢夫婦の場合，介護の登場により，夫婦連合が要介護者－介護者連合へと変化する。そして，それまで潜在化されていた夫婦葛藤が再燃するのである。関係性を再構築する夫婦もあろう。完全に分離する夫婦もいる。

精神機能のアセスメント

　認知症の発病率は 85 歳以上では 4 人に 1 人である。認知症でなくても，高齢者は記憶や認知機能が低下する。また感情コントロール力も若い人とは異なる。一般には変化を避け，保守的になることも知られている。感覚器の能力が低下しているため，セラピストや他の家族メンバーが言ったことが上手に伝わらない場合もあろう。

　老化に伴う精神機能の低下が家族に与えている影響についてアセスメントするのである。認知症の初期徴候が，「話を無視する」「融通が効かなくなった」という場合もある。アルコールをかなり飲んでいる高齢者や安定剤をすでに服用している高齢者もいるので，精神機能のアセスメントは重要であろう。妻がおかしいと連れてきた高齢者が，アルコール性認知症で被害妄想的になっているということも時にはある。

　こうした一方で，高齢者には経験知というポジティヴな側面があることを忘れてはならない。それは，高齢家族におけるレジリエンスにもなる。その意味で，高齢家族のメンバーが，「知っていること」「できること」と「知らないこと」「できないこと」を明確にしていく作業，それを家族間でシェアしていく方法も技法の一つといえる。

高齢化に伴う心理的葛藤

　高齢者の生活は喪失体験が続くことが特徴である。定年退職や役割の喪失，収入の減少，子どもの自立，病気，死別など，生物−心理−社会的な喪失の連続と考えておいたほうがよい。喪失の不安は否認されていることも多い。いつまでも一人で元気に生活できると思っている高齢者も多い。そうあるのが理想であろう。しかし現実はそう簡単ではない。「おひとり様」という，単身生活者を肯定的に意味づけする言葉がある。しかし，それは一部である。特に高齢の「おひとり様」は，健康，仲間，社会的役割，そして何より金銭的余裕があることが前提であろう。金銭的余裕も，対人関係も少なく，病気を抱えている高齢者は大勢いる。「地域に出て行きましょう」「友人をつくりましょう」と簡単に人は言うが，それができていれば孤独死などは話題になることはない。これまで対人関係が苦手だった人が，高齢になり対人交流が得意になることはほとんどないであろう。高齢夫婦を維持しているのは「孤独になりたくない」という気持ちや「喪失への不安」，そして不安からくる「依存性の高まり」である。

　高齢者の心理的葛藤は，彼らの健康，性格，そして家族を含めた社会的環境によって決定される個別的なものである。

歴史性を配慮する

　高齢家族は，ライフサイクルの最終段階にいる。それまでの長い家族の歴史の帰結として，診療室やカウンセリングルームに座っているのが高齢家族である。彼らには，語れぬ歴史もあろう。語りたい歴史もあろう。ジェノグラムは高齢家族にとっては有効な情報源となる。それほど葛藤がない老夫婦は積極的にジェノグラムの情報を語ってくれる。「あの子が生まれたときは……」「そうじゃないわ，叔母は……よ」といった具合である。葛藤が強いようなら，個人面接にしてジェノグラムを聞けばよいであろう。若い家族のジェノグラムでは，しばしば軽視されがちな宗教観も大切である。信仰している宗教を聞き，祖先への思いを，盆，正月，クリスマスの様子などから聞き取る。また，病気，介護，死別の歴史は欠くことができない。

支援システムを明確にする

　高齢家族を支援するときに必要なのは，よりスープラなシステムである地域や行政との関係を理解しておくことである。高齢家族は地域や行政とどのような繋がりがあるか。どこの病院で治療を受けているのか，保健師や行政職との関わりはどうか，民生委員の関与，老人会との関係，隣人との関係，そして拡大家族との関係などを明確にしておくことが大切である。こうした関係は先に描いたジェノグラムの周りに書き込めばよい。いわゆるエコマップを作成しておくのである。

高齢家族における課題

介護の問題

　2012年5月の段階で介護保険を活用している第一号被保険者数（65歳以上）は2,993万人である。毎年100万人近い数で高齢者で介護が必要とされる人が増え続けている。介護は現代社会における生活の一部と化したといってよい。一人暮らしで介護を受ける高齢者，要介護者を抱えた家族，施設入所をめぐる家族葛藤を考えることは日本の家族療法家にとっては必須である。家族に要介護者が出現

したとき，家族には情緒的反応や役割シフトなどの「反応」が生ずるが，家族はレジリエンスやそれまでの歴史性に基づき，「介護家族」としての機能を高めることを要求される。その支援を行うことが，これからの家族療法家の責務である。家族療法家は介護家族の①歴史，②機能，③構造について明確にしていく作業から開始する。歴史を知るとは，誰かを介護した経験があるか，病気に対する価値観などをジェノグラムを書いて明確にすることである。死亡者を書くときには，どこでどのように亡くなったかを聞く。突然死の夫と10年介護して亡くなった夫の家族は異なる。家族機能については，病気や介護について家族内でどのくらい話し合いが持たれているかを知ることである。しばしば，善意の介護者が一人で親介護を背負い，介護者の苦悩も葛藤も他のメンバーに伝わっていないということもある。構造については，同居や別居の有無，関係性などを記載する。介護家族の構造は家族だけにはとどまらない。出入りするホームヘルパーや訪問看護師，そして在宅医の存在もジェノグラムに書きながら，情報がどのように共有され活用されているかを理解する。介護家族のパワーが発揮され，要介護者も介護者もストレスが減り，少しでもケアに伴うプラス感情（感謝，思いやり，優しさなど）を高めることが目的になるであろう。

高齢夫婦の離婚

　2007年に施行された年金需給分割制度により，25年以上同居を続けた妻は年金の半分をもらえることになった。老後の生活費の不安のために結婚生活を維持せざるを得なかった妻は離婚という選択肢を持てるようになったのである。これが熟年離婚の増加に繋がっている。つまり，これまで潜在化していた夫婦葛藤が以前に比べて顕在化しやすくなり，そのため高齢になった夫婦の結婚や離婚をめぐる相談が増えることが予想される。しかし先に述べたように高齢家族には身体性が浮上する。筆者のかかわった患者は，夫の不倫で悩み離婚を決意していたが，夫が脳卒中で片麻痺となり介護者としての役割を葛藤を持ちながら続けている。高齢夫婦の場合には，若い夫婦とは違い，慢性疾患の有無などの健康度を必ず押さえておく必要があろう。子どもが自立しているという点で子世代への影響は少ない。しかし，互いが単身生活者になったときに，互いが以前に増して幸福になっていなければ意味がない。熟年離婚の煽りは男性の方が受けやすい。会社組織以外のコミュニケーションの場を知らない定年男性は孤独になりやすい。家のことをすべて妻任せであった男性は，料理や洗濯といった日常生活を行うことすらストレスになる。

死別と孤独

　高齢者は喪失体験が連続する。最も衝撃が大きいのは死別であろう。高齢夫婦は配偶者の死により一人暮らしを強いられることが多い。慣れ親しんだ家や地域から離れるという喪失を避けたい気持ちもあろう。また，息子や娘夫婦との同居は，適応力の低下した高齢者にとってはストレスにもなる。配偶者との死別はストレス度はトップである。妻に先立たれた夫の死亡率の上昇も指摘されている。死別への変化を予想した家族支援のプランが家族療法家には必要であろう。孤独になった高齢者には「心の家族」になることが必要だと筆者は思う。それに対しては依存度を高めるとか否定的な意見もある。筆者は，夫と別れた70歳の女性に携帯番号を教えている。生きてきた人生のありようを確認すれば，分別がある

ことも理解できる。ある一人暮らしの老婆は10匹の猫に餌付けをして孤独を癒している。ときどき外来で「死」をほのめかす。携帯電話一つで彼女を救えるかはわからない。その老婆の知人は筆者くらいしかいないのである。

その他

　今後，尊厳死の問題は，家族全員で考えるべきことではないか。もう自分のことも他人のこともわからなくなった認知症患者が家族の意向により胃瘻が増設されてベッドの上で生きている。その人がそういう人生にしたかったかは，もうわからない。終末期医療のあり方は，高齢家族において語られるべきテーマであり，家族療法家が介在し，尊厳死についての意思確認を手伝うこともできるであろう。

◆事例▶ 外来に通ってきていた75歳の老人

　一人暮らし。透析患者だった40歳の一人息子が他界，その半年後に夫が脳梗塞となり介護を2年続けた。しかし夫が死亡した。その直後から不眠症となり外来にやってきたのだ。私は，そのお婆さんと5分くらい雑談して，短時間型の睡眠剤を1錠だけ処方していた。半年もすると，睡眠剤なしで眠れるようになった。私は「もう，大丈夫ですよ，今日で外来は終わりにしましょう」と告げた。その後の反応は意外であった。お婆さんはうつむいて涙を流し始めた。そして私に言ったのである。「先生と離れたら私は一人になってしまう」。それを聞いた私は「はっ」と思った。どうやら私は，死別した息子のように体験されていたのだ。私は，彼女の心の中で「家族」だったのだ。そして，その後は毎月2回，山間の村からバスを乗り継いでやってくる。その手には畑でとれた野菜が入った紙袋がぶらさげられている。私は，彼女につきあうことにした。やがて町の老人会に出席するなど生活は変わり，彼女は外来から離れていった。

まとめ

　重要なことは，私たち自身の高齢者への態度である。セラピストの多くは，彼らの子どもか孫の世代である。最初に，人生を長く生きてきた先輩として彼らに「畏敬の念」を持つことである。高齢者は家族を作り，そして今の日本を作り上げてきた。高齢者に対する畏敬の念を持てば，セラピストは受け入れてもらえる。「厄介者」扱いされていた末期がんの老人について，その人から昔話を聞き，彼の今ではなく過去にフォーカスをあてたとき，「厄介者」は，その町を繁栄させるために人生を捧げた「功労者」に変化したりする。若いセラピストは高齢家族の転移対象となり，息子，娘，孫たちに向ける感情が動き出す。セラピスト側にも親や祖父に向ける逆転移感情が生ずるであろう。その転移理解がセラピーを深めてくれる。

〔渡辺俊之〕

文献

Hargrave, T.D., Hanna, S.M.: The Aging Family: New Visions in Theory, Practice, and Reality. Routledge, 1997.
Kathleen, W., Piercy, W.W.: Working with Aging Families: Therapeutic Solutions for caregivers, Spouses, Adult Children. Norton & Company, New York, 2010.
厚生労働省：介護保険データ．2012．[http://kaigodata.blogspot.jp/]
厚生労働省：平成24年版高齢社会白書．2012．[http://www8.cao.go.jp/kourei/whitepaper/index-w.html]
渡辺俊之：介護者と家族の心のケア．金剛出版，2005．
渡辺俊之：希望のケア学．明石書店，2008．
渡辺俊之：介護はなぜストレスになるのか．現代のエスプリ，519，2010．

認知症の家族支援

はじめに

　家族自らが持つ回復力やしなやかな力に注目し，より明るい未来を求めて家族とともに歩んでいこうとする家族療法の流れの中で，今，多くの人々の要望が増えているのが認知症分野である。統合失調症の家族へのエンパワメントとして始められた家族心理教育の流れを汲んで認知症の人と家族を支える試みが始められ，認知症という疾患を誰かのせいにするのではなく，なんとかよりよい家族システムの中で支えようとする試みが始められてから20年が経過した［後藤，1998］。ほんの数年前までは最大で350万人程度と予想された認知症の人の数はこの先20年ほどでおそらく500万人を突破するであろう。人口の少子高齢化にともない1億人に減少する国民のうち多くの人に認知症が出現する近い将来，この問題は単に高齢者に対する問題ではすまなくなる。20人に一人の割合で出現するこの課題を解決に導くことなしには，いかなる若者もこの国を支えることができなくなるからである。筆者は1990年代のはじめに家族心理教育アプローチをツールとして認知症の人と家族を支える試みを始めた。そして認知症がかつてないほど大きな問題になった現在でも，次代を支える若者のためにこそ家族療法の考え方を基盤にした認知症対策や治療が不可欠であると考える。

介護における家族支援

　認知症はある時期までなんら問題なかったはずの獲得能力が低下することで，これまであたりまえのようにできたことができなくなる慢性疾患である。筆者が2010年末までに経験した2,443名の認知症の人の中には，認知症が始まった初期の頃に「自分は何もできなくなってしまった」と悔やみ悩む人がいる。診療所のデータは当院の受診者の約72％の人（1,758名）が自らの認知症にうすうす気づき悩んでいるのである。そのような場合，われわれはその当事者を「心に傷を持った存在」であるとして共感的に理解する態度が求められる。

　しかし一方で認知症である自分をまったく認めない人々も存在する。診療所への通院者では約28％が病識を欠き，周囲のアドバイスにもかかわらず，いつまでも自らの症状を認めることはない。筆者がある地域を対象に行った調査では，病識を欠く場合は診療所のデータの28％をはるかに越え，認知症への自覚がない人が70％を越えていた地域もある。

　言い換えれば認知症は単一の疾患ではなくいくつもの要因（診断基準）を満たす疾患群の総称であるために，病識の有無を巡ってまったく異なる疾患であるかのような対応を求められる。心に傷を持った存在に対してはその人の辛さに共感を示しながらゆっくりと訪れる対象喪失に向き合う人に伴走していく姿勢が求められ，自らに病識を欠く人の場合には本人への共感はむしろ支援の妨げになること

Key Words

認知力低下
家族介護
燃え尽き
セルフネグレクト

もある。「私にはもの忘れなどない」と主張する本人に対して客観的事実を指し示し，「あなたは認知症で辛いでしょうね」と共感しようとしても事実は受け入れられることはなく，反発を招くだけに終わるかもしれない。ゆえにわれわれは自ら悩む人と出会った場合には本人と家族の心に寄り添い，病識がない人に出会った場合には本人の心を逆なでしないかかわりをしつつ，家族の心に寄り添いながら心情に共感する必要がある。認知症は家族支援なくしては向き合うことができない疾患なのだから。

心理教育アプローチ

現在，認知症への家族支援は複数家族への「介護の集い」の形をとったアプローチが主流である。認知症の人の参加の有無によって分ける場合もあるが，もっとも多く見られるのは認知症の人を介護する複数家族が決まった場所（地域包括支援センターの家族支援会や家族会）に集い，一定の様式に基づいて「家族の集い」を行うことが多い。心理教育プログラムの詳細については別項[▶1]に委ねるが，統合失調症やほかの疾患に対するアプローチと大きな違いはない［上原，2007］。

▶1 「家族心理教育」の項参照。

何回かに分けて行われる情報提供の後に参加した複数家族が自由な意見を述べ合い，共感に満ちた時間を持つことで介護の辛さや本人の行動・心理症状（Behavioral Psychological Symptoms of Dementia; BPSD）に対する介護の苦悩を支え合う共感の時間を持つことで，日々の介護に燃え尽きることを防ごうという試みである。一般的に行われているものとしては全6回ほどのシリーズで系統的に疾病理解のための講義を行い，各集会の後半は共感の時間に当てるものである。系統的に疾患への理解や認知症の多様性を知ることにより，少しずつ介護家族が日々の疑問の疑問に対して「腑に落ちる」ように理解していく事が大切であり，今，ここでの質問をぶつけて答えを得るようなやりとりではなく系統的な疾病理解が大切であると考えられている。

近年では「本人交流会」として認知症の当事者だけが集まり自らの内面を語り合う集会が開かれることもあり，慢性の疾患としてどの段階にはどういったアプローチが必要であるか，各方面から検討が重ねられている。

認知症の多様性に対して

しかし認知症の人の多様性が出てくるに従って，これまでのような定型的な心理教育アプローチが適用できなくなりつつあることも事実である。

たとえば前記のような心理教育アプローチによる「家族の集い」では中等度になった認知症の人に物盗られ妄想などが出始め，困った家族が家族会によって知り合い，集いに参加するうちに情報提供を受けて「認知症とはこのような経過を持つ疾患なのか」と理解が深まり，複数家族の定期的な（多くは月に1～2度）集まりを通じて「介護で辛い思いをしているのは自分だけではない」と共感的にお互いを支え合うといったイメージである。そして心理教育の副次的効果として，意図せずとも情報交換による介護スキルの向上があり，そこにかかわった支援スタッフも家族の支え合いによってエンパワーされていくことが期待できるのである。

しかし近年，認知症を取り巻く環境は「家族」という社会単位の存在自体を破壊しつつある。大都市圏の中心部や寒村においては地域包括支援センターが「家

族の集い」を開催しようとしても，その地に居るのは独居で高齢となった認知症の本人だけになってしまい，郊外に住んでいる家族とは疎遠になった孤立例であることが増えてきた。介護家族が遠距離介護を続けていることも増えた。そのような状況にあっては，複数の家族が寄り添って理解し合う形態での家族支援がきわめて難しくなりつつある。

　過日もある大都会の社会福祉協議会から「家族支援をしようとして『家族の集い』を区内で開催しようとしたところ，当日に集まったのは2家族だけで，家族支援に人が集まらない」という悩みを打ち明けられた。前記のように都心や過疎地での「家族」という概念自体に大きな変化が起きているためであろう。

アウトリーチの実際

　ではわれわれにできることは何なのだろうか。筆者はその時々のレベルに応じた本人や家族の集いをいくつも準備して，認知症の人の状況に合わせた家族支援ができることが大切であると考えている。家族の心を個人療法的に支えるための心理療法を積極的に取り入れることも併用している。しかしそのような場をいつでもどこでも準備することの金銭面やマンパワーの大変さを考えれば，こちらから心理教育チームが交代で出向いていくアウトリーチ型の心理教育が不可欠であると考え，ここ2年ほど集中的に行っている。

　この方法では定期的な開催ではなく，個々の家族にとって「無理のない」時を選び，こちらから出向いていく。たとえば盆休みに認知症の人の家を実家として戻って来る家族が揃っているところを見計らって一つの家族メンバーのためだけに情報提供に出かけていくこともある。次の機会は正月休みになるかもしれない。そういった意味ではしっかりと系統立てた計画になりにくい場合もあるが，これからの時代にはそのようなきめ細やかな家族支援が必要である。

　集団的な心理教育の機会もまだまだ残っている。ある過疎の地域などは近所が盆帰りするときに認知症の人の介護をする家族が一堂に会して筆者からの情報提供を受け，その後，懐かしい友との出合とともに実家に残した認知症の父母の介護をどうすればよいか，お互いに話し合う集会を持っている。このような場合，アウトリーチに手間暇がかかったとしても半年に一度開催される「集い」は確実な家族療法の意味合いを持っている。

この先の課題

　老老介護や遠距離介護，そして自ら認知症のために事態が認識できず，周囲から支援を申し出られてもそれを受け入れようとしないセルフネグレクトなど，認知症を取り巻くこの国の状況には多様性が出てきた。これまでいろいろな制度のはざまに立ってきたのがこの国の認知症に対する精神医療の形である。決してこれまでの国の施策を批判して書くのではない。高齢者に対する制度と精神医療の制度が二本立てできたために，どうしても「間ができてしまった」ことに起因する課題を何とか解決したいのである。

　特に認知症は現在のように若年認知症が注目される前には高齢者に特有の疾患として捉えられたために高齢者医療にありながら，一方ではBPSDへの対応を求められたがゆえに精神医療でもあった。その制度上の違いからこれまでも，そし

て今でも認知症の家族支援を分断しているといっても過言ではない。

　筆者がこれまでによりどころとしてきた心理教育プログラムに基づく家族支援は前記のように1990年代初めから日本家族研究・家族療法学会でも取り入れられ始めた。一方では認知症を主とする高齢者医療や福祉の場でも家族支援の重要性は早くから認められ、いくつもの試みと共に「家族支援プログラム」として発展し続けてきた。両者の流れはきわめて同時期に始まり、目指すところも同様である。認知症の人や家族を支援する事によってその人の困難さを少しでも軽減し、家族の持つレジリエンスによるソリューション・フォーカスを目指そうというものである。

　筆者がかつて経験した臨床観察でも家族支援は決して付加条項ではなく、家族を支援する事こそ認知症の人自身の支援に引けをとらないほどの精神的効果があることがわかっている。三野［2009］が指摘するように家族支援によって介護家族の感情表出（Expressed Emotion; EE）が高EEから低EEに移行することで混乱している認知症の人自身への家族からの影響が減じるにつれてBPSDの出現回数が減ってくるからである［松本, 2011］。図1に示したのは筆者が経験した130家族のうち、家族支援ができた65例とさまざまな事情で家族支援ができなかった65例を2年にわたって経過観察したものである。多くの要因が重なったためとはいえ家族支援をする事ができなかった群に比べると、家族支援ができた65例ではその後のBPSD（多くは昼夜逆転）が改善されている（図1）。

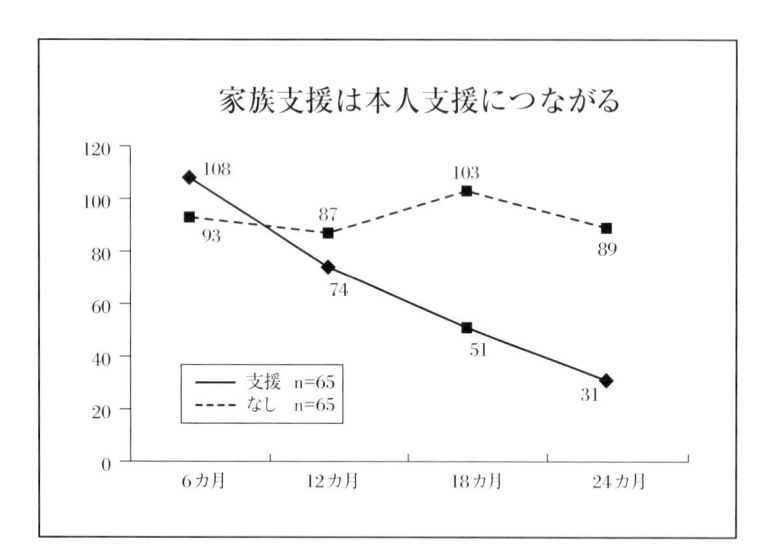

図1　家族支援による昼夜逆転の改善 ［松本, 2011］
縦の数値は65例に見られたBPSDの平均回数である

　このことから考えると認知症の家族支援としての心理教育アプローチには心理療法としての効果が大きいことがわかる。言い換えれば心理療法もしくは精神療法の意味合いをある程度把握した上で行えば、単なるプログラムとして試行する場合に比べて何倍もの効果を生む可能性があることを意味している。前記のように「家族の集いをやってみたけれど人が集まらなかった」という嘆きの裏には、単に地域の問題から人が集まらなかったというだけではなく、実践する側がマニュアル化した家族支援プログラムを行うだけでなく、その背景に流れている家族療法の「意味」をきっちりと把握しているかどうか、今一度家族支援の原点に戻って考え、アプローチを行うスタッフの訓練の際に大切な要項として考えなければならないだろう。

おわりに

　認知症の人のこれからの増加を考えるとき，かかわる人すべてが心理療法や家族療法の理解をした人でなければならないとすれば，この先に急増するニーズに対応できないであろう。一方，そのような背景を考えずに「誰でも気軽に」できるアプローチを目指しすぎてしまうと，短絡的ものに陥りがちとなり永続的な心理療法の場を作ることはできない。

　そこで考えられるのは前記のような高齢者と精神面との連携やお互いを認め合う寛容性をわれわれが認めることである。家族支援のためにさまざまな立場の違いを乗りこえてお互いが大きな傘の下にまとまってきた家族療法学会とその姿は似ている。認知症領域もまた，立場を異にするさまざまな職種がお互いの立場を大切にしながらも相手の立ち位置を尊重し，協力してきた。その立場の違いは支援する側，される側も乗りこえている。介護や福祉，医療関係者として支援する側にいるように見えても，家に帰れば介護家族である例には事欠かない。認知症はそれほどこの国にあっては日常的な光景になっている。これまでに述べてきた制度の違いを乗り越えることができれば，認知症への心理教育はより広く誰もが参入できる家族療法アプローチ（表1）として発展していくことだろう。

（松本一生）

表1　心理教育アプローチに基づく認知症の家族支援

①複数家族が一堂に会して行う「家族の集い」
　（病院や地域では一般的）
②複数家族に本人も加わるもの
③初期認知症の本人だけが加わる形「本人交流会」
④単一家族を対象としたもの
　（アウトリーチを含めて）

推薦図書

松本一生：家族と学ぶ認知症．金剛出版，2006．

文　献

後藤雅博：家族教室のすすめ方．pp.9-26，金剛出版，1998．
松本一生：介護者のこころをケアする．朝田隆編：認知症治療の実践テクニック．pp.123-150，医学書院，2011．
三野善央：認知症の家族心理教育．松本一生編：認知症の人と家族を支援する．現代のエスプリ，507，2009．
上原徹：スキルアップ心理教育．pp.3-21，星和書店，2007．

第4節 社会と家族

自死と家族

はじめに

　"自殺者3万人時代"とも言われるように，わが国では平成10年の急増以降毎年3万人以上の自死者をだしている[▶1]。にもかかわらず，民間の取り組みが先行した経緯もあって自死問題に関する本格的な検討は近年になってからのことであり，したがって自死に関する家族療法的研究もこれまで皆無ではないものの，残念ながら極めて少ない。そこでまず自死の社会的背景を含めて自死問題の全体的概括を述べ，その上で希少な家族療法的取り組み例を紹介しつつ，その視点や留意点などについて検討してみよう。

「封印された死」とその実態

　自死は一般の死と異なりしばしばゴシップの種となり，時には自死するのは弱い人間だといった理解や非難が寄せられる。同じ死亡でも，どこか語ること問いかけることが憚られる社会的に忌避された特別な死といえる。社会・世間からのこうした厳しいまなざしがあるからこそ，遺された遺族たちもこの不可解で不条理な死について周囲に吐露することができず，大切な人の死に対してさえしっかりと悲しみ，その悲嘆を周囲と共有することが難しい状況に置かれる。その結果，遺族はこの辛い体験について語ることなく自分の胸の奥内に封印し，友人・知人はもとより親戚・子どもらにもしばしば死因が隠ぺいされる。本当は真実と感情

▶1
2012年は2万7,858人（内閣府）とようやく3万人を下回ったが，依然高い数値であることに変わりない。

Key Words

封印された死
自死遺族支援
ポストヴェンション
コミュニケーション
心理教育

的苦悩を語りたいのだが語れず，しっかりと悲しみたいのだが自然な悲嘆プロセスを歩めないなど，自死遺族の感情的苦悩と社会的孤立感は深い。このように封印されがちな死であることが，他の死因による死亡とは異なる自死の基本的な特徴である［清水，2009］。

想像以上に身近な出来事

社会的に封印された自死であるが，自死に関わる問題は私たちが考えている以上に，身近な出来事として発生している。ちなみに，親しい人の自死を体験したことがあるかどうかをわが国でも初めて地域住民に質問した社会調査では，大都市大阪市で男性28.3%，女性25.2%［高梨，吉原，清水，2011］，また地方都市（長野県佐久市）でも男性30.2%，女性24.5%［清水，他，2004］と，ほぼ4人に1人は身近な自死体験を有していることが判明している。またこの1年間に自らが自死することを考えた地域住民（精神科患者や臨床心理クリニックのクライアントとは違う点に注意）は，厚生省4市町村調査（2002）では男性1.7%，女性1.4%だが，前記佐久市調査（2003）ではそれぞれ3.8%と4.8%，また大阪市調査（2008）では8.8%と12.8%，内閣府調査（2008）が男女とも4.0%，さらに東京都調査（2011）では8.6%と13.9%となっている。地方や全国よりも大都市で，また年次が進むに従って自死念慮者の割合は高くなっている。

それにもかかわらず，自死問題はどこか他人事として受け止められ，地域社会ではほとんど自死のことが語られることがないというのが私たちの日常だろう。この落差こそ，上記のような封印された死を反映するもう一つの側面なのである。

自殺統計からみた自死の実態

20世紀100年間の自殺率曲線をみると，多くの人が自らのいのちを絶った時代，自死する人が減っていく時代，あるいはわりと自殺率が低いところで安定していた時代といったように，時代によって随分と自殺率が減ったり増えたりと動くことが一目瞭然である。やはりその時々の時代背景があってこその自殺率曲線の変動であることが理解される。ちなみに，戦後に限ってみても昭和30年前後，昭和60年前後それに平成10年以降に自殺率が高かった三つのピークがあるが，軍国・家父長的な教育と家庭環境の急変によって若年世代の自死者が多発した昭和30年前後の高自殺率の背景に，また昭和60年前後ではプラザ合意による円高・輸出産業不況が，さらに平成10年以降はバブルの崩壊と就業・労働環境の激変ならびに競争と効率が強調される自己責任と社会的排除・分断の時代へといった背景状況が指摘されている［清水，2007］。

自死問題への基本的な理解の仕方

社会問題の視点

自死は一見すると個人的な事柄にも思えるが，上に見たように社会や時代の背景の中で自死が発生しかつ大きく変動する事実を考えれば，個人的なストレス脆弱性やうつ病のように個体疾患モデルだけではこうした自死問題は理解も社会的対応も難しいということになる。平成10年以後の自死急増問題が注目される以前からわが国でもうつ病対策を中軸にして，それなりに自死問題に取り組んできた実績もある。しかもうつ病と自死の親和性は学術的にもほぼ確認された事実といえ，この意味では従前からのうつ病対策を中軸とする国の自死対策は当を得た

ものであり，むしろこれからも自死対策の中核に据えられるべき政策オプションである。なによりも臨床レベルでは個々の病者・患者の自死念慮・企図問題には頭を悩ましつつも真剣に向き合ってきた現実がある。ただ，事実は平成10年に自死者3万を超えその後も長くこの大台を切ることのなかった状況を鑑みれば，うつ病対策だけでは決して十分ではないことが容易に理解されよう。個人的性格やストレス脆弱性あるいはうつ病といった個体モデルだけではなく，もっとなにかのプラスαが対策として必要とされているのである。それは社会経済的・文化的なコンテクストの中でこの問題をもっと社会的な視点，すなわち「社会問題としての自死問題」という視点から捉えることであり［清水，2008］，こうした視点をも大胆に取り込んだ理解のもとに基本的な政策，具体的な施策，個々の事例に向き合う臨床活動が展開されることが望まれる。これを具体的に体現した立法的精神が平成18年に成立した自殺対策基本法である。

一連のプロセスが自死を導くというプロセス理解の視点

　自死は決して単一の理由で発生する単純な出来事ではなく，状況や要因の連鎖のプロセスとして結果されるとみる視点である。借金・倒産からくる経済的苦境にある，リストラされて働く意欲はあるのに働けない，家族関係の悩みが深刻化している，長患いであった等々，警察庁統計にも挙げられるいわゆる自死の動機は確かに存在する一方，では本当に経済的なことだけが問題だったのかといえば，その人はうつ病になっていたかもしれない。金策に走り回り親族からも「おまえはダメだ」と見放され，この意味では人間関係もかなり破綻し始め孤立している。こうした種々の事柄が累積して家族との関係もぎすぎすして，最後はもうだめだ，どうにもならないと追い詰められた結果，絶望と無力感・孤立感に圧倒され，さらにうつ病・うつ的気分なども追い打ちをかけ「もう終わりにしたい」と自死に傾く一連のプロセスがある。最後はみな自死という結果だが，そこに至るまでにはそれぞれにさまざまな複合的な要因の絡み合いがあっての結果としての自死なのである。

　自死という現象を連鎖のプロセスとして理解せず，最後の結果だけを切り離して捉えることから封印された死としての自死に対する非難・偏見が発生しやすいと考えられる。そして自死問題への理解と取り組みもまた，個人の性格の弱さや個人的疾患といった個人的レベルの理解に終始し，対策もそうしたレベルの対応に回収されがちとなる。

「死にたい」は「生きたい」の声とみる視点

　自死者は生と死の境を最後まで揺れ動いているとみる視点である。他方，自死する人の多くが最後は覚悟を決めて確信行動のように自らのいのちを絶つのだとする見方もある。自らの運命を自ら選んで自死するのは人間にとって最高形態の自由意志表現だとするギリシャの哲学や近代の死の哲学はその代表的なものであり，わが国でも初期の武士世界における切腹／自害が挙げられる。しかし，「いのちの電話」や各種の臨床的自死防止活動の現場からはまったく別の見方が提起されている。

　臨床的現場で出会う偏った自死事例がほとんどだからではないか，もっと尊厳死的な自死もあるのではないかとの疑義も提起しうるが，死人に口なしでこの点については十分な確証がない。自死を直前に控えて「いのちの電話」などへ最後

のクライシスコールを発する人への傾聴・防止活動や救急隊員の現場の声から総合していえるのは、「もう死にたい」は「死にたいくらい辛い、絶望的だ」とのメッセージであり、ほんとうはできれば「もっと生きたい」でもあるのだという理解である。「これから死にます」と最後通告のように、確信的で乱れのない声で深夜に電話で語るコーラーたちと向き合い、電話相談者たちはその無用とも思われる電話にやはり「できれば生きたかった」との無念さの響きを聴きとっている。

誰しも好き好んで自らのいのちを絶ちたくはないはずで、したがって自死は自由意志による主体的選択の結果ではなくむしろ追い込まれた結果であり、もし選択という言葉を使うならば本人の視野狭窄も含めてそれ以外の選択はなかったということだろう。命を助けられた直後ですら、本人自身が死にたかったことを認めないことが多いという救急隊員など現場立会者の報告も参考に、「極限状況に追い込まれると、人は無意識のうちに離人的になり、あるところまで走りだしてしまうと、もはや引き返せずに死に引き寄せられてしまいます」との指摘もある［奈良いのちの電話協会，2012］。この指摘には、誰しも本当は自らのいのちを絶ちたくはない、生と死の間を揺れ動いているのだという、自殺防止活動を根本で支える原点と基本原理が示唆されている。

自死問題への社会的対応と家族療法

自死問題への対応を政策レベルでみると、大きくは三つの局面に分けられる。第1には、まだとりわけ自死への願望もないごく普通の一般市民を対象に行う「自殺予防」活動、第2には現在希死念慮や計画があったりさらには企図行為に及ぼうとしている危機的状況にある人々を対象に展開される「自殺防止（介入）」活動がある。また周知の「いのちの電話」や各種の自死相談活動、時に自殺未遂者ならびにその家族に対する支援プログラムは後者の例である。こうした二つの対策・施策局面に関しては十分な成果をあげえないままとはいえ、多かれ少なかれ従前からわが国でも行われてきた。しかしここ15年くらいの間に、いわば対策上のエアポケットとして急速に喫緊の課題として関心を寄せられ、着手され始めたのが第3の局面である。すなわち、残念にも自死が発生してしまった事後の対応に関する取り組みで、第1および第2の局面をそれぞれプリヴェンションおよびインターヴェンションと呼べば、この第3の局面はポストヴェンションと呼ばれ、主に遺された人々、関係者を対象に、一般的には**自死遺族支援**と呼ばれる相談・支援活動を中心とするものである。このうち、家族療法的アプローチはポストヴェンションに位置付けられるものである。

このポストヴェンションという新造語が米国から輸入移植される以前から、細々とながらもグリーフケアなどの形で日本でも自死遺族に向き合い寄り添う取り組みはあったのだが、社会的あるいは政策的な関心を寄せられたのは平成10年に生じた自死急増問題以降のことであった［清水，2009］。

家族療法的アプローチの視点

大切な人の自死はさようならをいう機会もない突然のできごとであり、遺された家族は自罰感や怒りの感情などに苦しむ。さらに、その事実を率直に語り合えないことによる周囲との関係など、何重もの断絶が家族を襲う。その衝撃を受けた個々人の悼みは計り知れないが、遺された家族全体に目を向けると危機的な状

況のなかで子どもも大人も役割を補い合いながら，日常の生活を続けていく様子が見受けられる。日々悼みは家族とのコミュニケーションのやりとりのなかに埋め込まれ，家族の互いの相互作用のなかで揺れ動く。さらに子どもと家族の成長や発達に伴って，家族の悼みは変化していく。この家族療法の視点を用いることにより，家族システム全体として営みのプロセスを長期的に見立て，さらにその奥に垣間見られる家族のレジリエンスを引き出す糸口を浮き彫りにすることができる。家族療法的アプローチによるポストヴェンションは，悲嘆理論が転換期を迎えるなか注目を集めている。伝統的な悲嘆理論に代わり，21世紀には「家族やより広い社会的背景の中でやりとりされるパターンやプロセスにも広範に焦点を当てる」[Neimeyer, 2001] 新しい動きへと歩みだした。そこで以下では，最近わが国でも試みられてきた子どもと遺された家族への家族療法について考察する。

子どもとともに遺された家族

　家族のなかで自死喪失という出来事が起こったこと自体が子どもにとってリスクと考えられ，その出来事に関連した話題を避けることがよく見受けられる。しかしもっと大きなリスクはその出来事に関連した思いを，子どもが周囲の人にどのように表現しているかによるのである。自死により家族の要であった親を亡くした子どもと家族の場合，自死遺族に対するスティグマ等による社会のサポートが少ないなか，子どもは勘を働かせて，家族システムのニーズを満たすような言動をとることがある。賦与された役割を果たすといわれるほど，そのコミュニケーションがパターン化して繰り返される場合には，長期的な見立てが重要となる。

子どものSOS反応

　子どもが日常生活のなかで表現する悼みを，子どもが発信するSOS反応と呼び，家族との関係について考えたい。子どものSOSを大別して「不健康児タイプ」「問題児タイプ」「心配無用児タイプ」の3種類にまとめることができる[石井，左近，2012]。「不健康児タイプ」のSOS反応には不眠や頭痛，過食，拒食，腹痛など身体症状に見られるが，家族の悼みを子どもが表現していると考えられる場合がある。二つ目の「問題児タイプ」のSOS反応には死別前と比べて反抗的になったり，けんかが増えたりといった子どもの言動が見られるが，死別の悲嘆とは受け取られにくく，家族とのやりとりが悪循環に陥ることがある。一方「心配無用児タイプ」のSOS反応には，長子が家事を手伝ったり，弟や妹の面倒をよく見たり，あるいは幼い子どもが，不安げな親のそばを離れないという形で，遺された家族を支える場合がある。これら3タイプはどれも長期的に続く場合には家族との関係が膠着しているサインと考えられ，その後の発達段階における人間関係等への影響が懸念される。

子どものSOS反応と家族システム

　ある壮年期の男性が自死で亡くなったとき，遺された妻は大きなショックをうけ「なぜ，自ら死んだのか」という問いに答えを求めるなかで，自責の気持ちに駆られ落ち込んでいた。しかし，この男性の死は妻一人にインパクトを与えるのだろうか。家には子どもがいるが，その子どもは元気がないという。母親と子どもの症状をそれぞれに見立て，援助の方策を考えることもできる。しかし家族療法の視点から，遺された家族全体を一つの単位として母子のやりとりパターンを

みると，お母さんの落ち込む様子を見て，幼いながらに母親のそばで静かに遊んでいる「心配無用児」タイプのSOSを出している子ども，そしてその子どもの様子をみて母親が精神的に落ち着くという，遺された親子の円環的な様子がともに目に入ってきた。このような親子のやりとりが長期間見受けられたときに，その後の家族の発達に影響がでる可能性を伝えたときのことである。その母親は「つい先日のことを思い出して，はっとしました。幼い息子に夫の役割を期待していた自分に気づきました」と話し出した。子どもと一緒に買い求めたスカートをはいて出かけたとき，「そのスカート派手だね」と子どもに言われて，「あなたがイイって言ったから買ったのよ」と言い返していた自分に気づいたという。

　ある家族は父親の自死の2年後，息子の不登校という「問題児タイプ」のSOSで相談にきた。父親と仲がよかった息子は一番ショックを受けて母に怒りをぶつけていた。幼い娘は「心配無用児」タイプのよい子だった。それをみると母親は息子に対してさらに腹立ち，家族は悪循環に陥っているようだった。母親とのセッションのなかで息子とのコミュニケーションで変化できそうなやりとりを聞くと，朝玄関先で腹痛を訴えて学校に行かない息子に向かって「何やっているの！　早くしなさい！」と大声を出している自分の言い方を変えてみたいと言った。どのような言い方に変えることができそうか，母親が悪循環を切る小さな変化を考えていくのを援助した。息子のつらさをくんで声かけを変えてみたところ，家族の雰囲気にも変化が見られ，それまで甘えることがなかった娘から「お母さん，仕事から帰ってきたら，布団の上からぎゅっとしてね」という手紙をもらったという。その後家族は揺れ動きながらも息子が約束していた6年後の墓参りを全員ですることができたと報告があった。

援助の留意点
　子どもが大切な人の死を受け入れていくのには非常に長い年月がかかる。その間，家族は発達段階を移行していくなかで家族関係に変化が求められる。そのため，死別後の歩みのなかで，喪失に関する思いと，新たな生活への適応との双方にエネルギーを注ぐことができるように，安心できる関係を回復することが，家族援助では重要となる。

　家族面接では，まずその親子の死別後の営みをねぎらい，相互作用がパターン化しているかを確認する必要がある。もし悪循環が起こっている場合には，家族の発達段階を視野にいれつつ，その影響について**心理教育**［Walsh, McGoldrick, 2004］し，家族のレジリエンスに着目しながら，家族のコミュニケーションに変化を目指す［石井・加藤，2012］。「心配無用児」タイプのSOSの場合には，子どもの優しい心遣いの気持ちを尊重しつつ，コミュニケーションを変えていく糸口を探す。「ありがとう。今日はこの後一緒に遊ぼうか」など無理なくできそうな小さな変化の兆し（レジリエンス）をさがし，子どもとのパターンに変化を作るのを援助［石井，福山，2009］することができる。「問題児タイプ」「不健康児タイプ」のSOS反応の場合も，動機付けの高い人が変化の一歩目をとるきっかけを援助することが大切である。

　このことは，サンドラー Sandler, I. ら［Sandler, Ayers, Tein, et al., 2010］が親を亡くして遺された子どもと家族に対して，死別後にコミュニケーションの心理教

育プログラムを提供した場合と，しない場合についての精神保健への影響について6年間にわたり比較研究し，その効果を実証している。わが国での家族療法的アプローチの試みに勇気を与えるものである。

最後に援助者自身の気づきとして，自死に対する認識をどのように持っているのか「詳しく聞いてはいけないもの」と思っているか，また遺族のもつレジリエンス［Boss, 2006］を確信しながら伴走していく準備ができているか，自分自身に問う姿勢が援助を左右すると思われる。

おわりに

自死は悲嘆や怒りの情緒的葛藤や混乱を家族に導き，引き裂くこともある。家族にとって最大級のストレッサーであり最もシビアな対処チャレンジでもある。従前からの家族療法の成果を含めて，今後ますます家族療法的アプローチが期待される分野である。

（石井千賀子＋清水新二）

推薦図書

1. 平山正実監修:自ら逝ったあなた，遺された私．朝日新聞社，2004．
2. 石井千賀子，加藤麻由美:ミドルエイジの問題．キリスト新聞社，2012．
3. 清水新二編:封印された死と自死遺族の社会的支援．現代のエスプリ，501，2009．

文献

Boss, P.: Loss, Trauma and Resilience: Therapeutic Work with Ambiguous Loss. Norton, 2006.
石井千賀子，福山和女:自死遺族の悼みを理解し，援助するために家族の歴史を活かす．精神療法，35(1); 16-25, 2009.
石井千賀子，加藤麻由美:ミドルエイジの問題:家族療法の視点から．キリスト新聞社，2012.
石井千賀子，左近リベカ:自死による曖昧な喪失を体験した子どもと家族へのケア．精神療法，38(4); 466-472, 2012.
奈良いのちの電話協会編:死にたい声に寄り添って．創元社，2012.
Neimeyer, R.A. (ed.): Meaning Reconstruction and the Experience of Loss. American Psychological Association. 2001.［富田拓郎，菊池安希子:喪失と悲嘆の心理療法:構成主義からみた意味の探求．金剛出版，2007.］
Sandler, I., Ayers, T.S., Tein, J.Y., et al.: Six-Year Follow-up of a Preventive Intervention for Parentally Bereaved Youths: Archi Pediatr Adolesc Med, 164; 10, 2010.
清水新二他:自殺に関する心理社会的要因の把握方法に関する研究:自殺問題に関する地域住民調査．自殺と防止対策の実態に関する研究（平成15年度厚生労働省こころの健康科学事業分担研究報告書），167-195, 2004.
清水新二:わが国戦後の自殺動向とその時代的，世代的背景．アディクションと家族，23(4); 338-345, 2007.
清水新二編:社会問題としての自殺と自死遺族のサポート．生と死を考える会編:いのちに寄り添う道．一橋出版，194-223, 2008.
清水新二編:封印された死と自死遺族の社会的支援．現代のエスプリ，501，2009.
高梨薫，吉原千賀，清水新二:大都市圏住民のメンタルヘルス，生活ストレスと自殺関連体験:大阪市「市政モニター質問書」調査結果を中心に．厚生の指標，58(5); 22-29, 2011.
Walsh, F., McGoldrick, M. (eds.): Living Beyond Loss: Death in the Family. W.W.Norton, New York, 2004.

災害と家族

はじめに

　2011年3月11日に東日本大震災が日本を襲った。本書は教科書を目的としているので，時事的なことはそぐわないとはいえ，そもそもこの「災害と家族」の項目があるのは日本家族研究・家族療法学会としての震災支援の経験があるためである。1995年1月の阪神・淡路大震災に際して，本学会は18回の家族療法的視点に基づく支援者支援のワークショップを開催し，それらの経過のまとめとして1998年「喪失と家族のきずな」［日本家族研究・家族療法学会阪神・淡路大震災支援委員会，1998］を上梓した。東日本大震災に際しても息の長い地域再生と家族再生への支援，現地支援スタッフ支援を実施することを目的として，東日本大震災支援委員会を立ち上げており，また個々の会員は被災地の会員も含めて個別にあるいはそれぞれの職種の団体で家族療法的視点を生かした援助に従事している。本項では災害のような大きなストレスを経験した家族とその成員への家族療法的視点を通した支援の意義と方法について述べる。

災害の家族への影響と家族療法

　災害が夫婦・家族関係にもたらす長期的影響は，①被害者の問題を深刻に受け止め損ねることや無理解，②過保護的振舞い，③周囲が対応に迷うこと，④性的，情緒的な極端な衰弱，⑤社会的，職業的な深刻な変化，⑥別居や離婚の増加，⑦ホームレスの増加，などが上げられている［De Clercq, 1995］。また被災後，家族全体の適応を促進するためには，①家族ができるだけ共に居ること，②家族同士が自由に感情を通わせること，③トラウマ体験の感情面でのワーキングスルーを促進すること，④家族ぐるみの活動を企画すること，⑤被災家族の一般的反応のパターンとそれへの対処についての教育，⑥被災した家族同士がお互いに苦労や経験を話し合うこと，⑦休息の時間を作り出すこと，⑧子どもたちの多様なニーズと反応パターンに気づくよう家族を啓蒙すること，が重要とされてきた［Raphael, 1986］。またこのような適応を実現するために，専門機関の援助を必要とするような脆弱性のある家族の特徴は，①夫婦間あるいは家族としての機能に既存の問題がある家族，②災害が「とどめの一撃」になるほど，すでに多くの問題を抱えていた困窮家族，③自立できないほど正常状態からずれている家族，④圧倒的な喪失と心の傷害を受けたり，構成員が離ればなれになっている家族，⑤生き残り罪責感（survivor's guilt）に深刻に影響されている家族，⑥災害によって分裂・解体し機能を失っている家族，とされている［Raphael, 1986］。これらの特徴を持つ災害を経験した家族は，特別のリスク・危険に直面した家族で，なおかつリスク・危険への対処がうまくいかず疲れ果てた家族であり，個人化が進み相互ケア機能が低下している家族といえよう。つまり一見して非機能に陥っている家族と捉え

Key Words

レジリエンス
サイコロジカル・
　ファーストエイド；PFA
あいまいな喪失
支援者支援

られる場合が多い。これら災害を経験し，疲弊し，離散しているかもしれない家族に対して家族療法あるいは家族療法的視点はどのように有効であろうか。

家族療法はその初期には機能不全や問題に関して悪循環に陥っている家族全体の機能改善を目標としていた。しかし，家族療法誕生以来60年を経て，一見非機能的に見える家族でも，多くの場合解決能力を持っており，適切な援助さえあれば家族自身の力で乗り切っていけることがわかってきている。そのため，どの立場の家族療法でも現在では家族療法の目標は家族の持っている力への支援であり，家族と協働することであると考える治療者が多い。さらに1990年代以降社会構成主義を理論背景とするナラティヴ・セラピーが家族療法だけでなく精神療法全般に影響を与えている。ナラティヴ・セラピーでは家族やクライアントが解決能力を持っているという解決志向アプローチからさらに発展して，治療者が無知の姿勢でクライアントや家族との会話のやりとりによりクライアントや家族が主体となる新しい現実を構築していくことが推奨される。そのために外在化や手紙，家族やクライアントも治療チームの一員として治療計画に参画する協働的アプローチやリフレクティング・プロセス，必要な人と思えば誰でも治療に参加することのできるリ・メンバリング，あるいは共同研究といった方法が使われる。

最近では，この家族やクライアント自身の有する力をレジリエンス（resilience）とよぶことが多く，いわば現在の家族療法のメタフレイムワークとなっている。病理より発達の視点，複数の治療の同期，治療より直接の指導などが推奨される児童精神科領域，家族のエンパワメントとリカバリーを目標とする家族心理教育，カウンセリングの共同責任性など，多様な臨床場面においてクライアントや家族のレジリエントな側面とそことどう協働するか，あるいは協働することで見えてくるものについて多くの報告と推奨がある。現在の家族療法的視点では，家族システムという見方はするものの，機能的，非機能的のような客観的なラベル貼りではなく，家族の行動はすべて対処行動であるというレジリエンスの視点が重要なのであり，災害支援のときには特にそうである。

災害に伴う心理的精神的支援

災害の経過，災害からの復興・回復の経過を支援の視点から何期かに分けることが一般的である。たとえば，救急医療の立場からは，3日目72時間までが初期救急段階で，その後は初期救急段階以降と単純に分ける。これは災害発生から72時間を過ぎると救命率が格段に低下することによる。災害医療では，3期に分け，Phase 0は外部からの救援が望めない，負傷者への対応を一般市民が行う災害直後の時期を指し，Phase Iは地域の救援・援助機関が被災現場に入り近くの安全な場所で駆けつけた医療従事者とともに対応する時期，Phase IIは被災地に入る専門的な救援体制が整備され，組織だった後方搬送が可能になる時期で救護所などが設置される。地域保健医療の立場からは，初動時，外部からの応援開始時，外部からの応援安定期，外部からの応援撤退期と分け，最初の3期はおおむねPhase 0，Phase I，Phase IIに該当する。また生活支援の立場からは，おおむね被災直後の3日くらいまでが初期，避難所や救護所にいて仮設住宅入居までが中期，それ以降が長期という分け方もある。また心理学的には，よく知られているように，茫然自失期，英雄期，ハネムーン期，幻滅期という分け方もあり，おおむね中長

期というときには心理的には幻滅期と一緒に語られることが多い。災害におけるストレス反応の側面からは，PTSD（Post Traumatic Stress Disorder；外傷後ストレス障害）の診断基準に見られるように，4週間以降まで症状が残存している場合がストレス後（post）障害であり，それより前は急性（acute）ストレス反応（acute stress disorder）である。このように，時期で分けるのは便利であるが，かなりの部分，外部からの支援者の都合による分け方であり，被災者自身は連続性の中にあることは忘れてはならない。

国連のIASC（Inter-Agency Standing Committee；機関間常設委員会）では「災害・紛争等緊急時における精神保健・心理社会的支援に関するIASCガイドライン」[▶1]を作成し公開している。図1にIASCガイドラインの基本的視点を示した。そこでは精神保健専門家によるメンタルヘルスサービスのような専門的サービス（当然これには専門家のカウンセリングやPTSDへの精神療法なども含まれる）が災害時に効果的であるためにはそれを支えるピラミッドとして底辺の方から，①基本的なサービスと安全，②コミュニティおよび家族の支援，③特化した非専門的サービス，が前提であるとしている。精神保健や心理的専門性が発揮できるのは，安全性が確保されてからなのである。

一方，災害初期に安全性が確保された前提でのメンタルヘルス支援のガイドラインとしてはサイコロジカル・ファーストエイド（Psychological First Aid; PFA）[▶2]がある。PFAはアメリカ国立子どもトラウマティックストレス・ネットワーク（National Child Traumatic Stress Network），アメリカ国立PTSDセンター（National Center for PTSD）によって作成され（日本語版は兵庫県こころのケアセンターで作成），今回の東日本大震災支援に際しても多くの支援者に参考にされた。PFAの目的はトラウマ的出来事によって引き起こされる初期の苦痛を軽減すること，短期・長期的な適応機能と対処行動を促進することに置かれており，前提として，①被災した人すべてが重い精神的問題を抱える，あるいは長く苦しみ続けるというわけではなく，②被災した人やその出来事の影響を受ける人々が苦しめられるのは，広範囲にわたる初期反応（身体的，心理的，行動上，スピリチュアルな問題）である，という理解に基づいている。これらの初期反応のなかには，強い苦痛をひきおこすものがあり，ときに適応的な対処行動を妨げる原因となるので，共感と気づかいに満ちた災害救援者からの支援は，初期反応の苦しみをやわらげ，被災者の回復を助けるとされている。ほとんどの急性反応は了解可能であり，支援者はすべてを症状と診断したり病理化せず，孤立無援さ，弱さ，失敗に焦点を当てるのではなく，役だった行動や他人への貢献に焦点を当てることが勧められている。被災者や地元スタッフの力を引き出す支援の重要性についても強調されており，レジリエンスの観点，ソリューション・フォーカスト・アプローチ（SFA）や家族心理教育の要諦とも共通している。

PFAは初期のメンタルヘルス対策のガイドラインとしては（個人にも家族にも）有効であるが，中長期になるとそれぞれの個別の課題が生じてきて一般化するのは難しくなる。たとえば多くの高齢者は避難所生活・臨時施設入所・遠方の家族との生活などの環境変化から，自立度の低下（介護保険の申請の増加と介護度の上昇），糖尿病，高血圧など持病の悪化など直接的な影響を被り，高齢者が遠方に避難中に生活形態が変化してしまい，家庭に戻るときに高齢者も若い世代も双方に

▶1
http://www.ncnp.go.jp/pdf/mental_info_iasc.pdf

▶2
http://www.j-hits.org/psychological/index.html

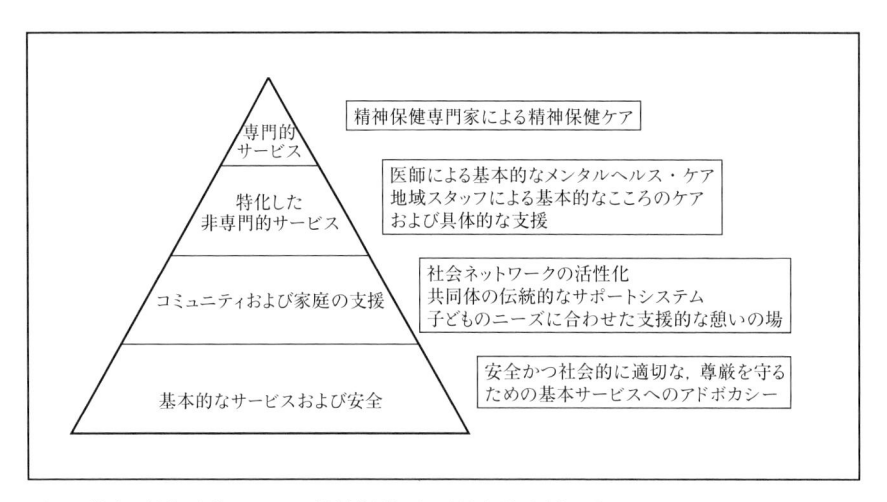

```
         ┌─────────────┐
         │ 専門的      │──── 精神保健専門家による精神保健ケア
         │ サービス    │
         ├─────────────┤
         │ 特化した    │──── 医師による基本的なメンタルヘルス・ケア
         │ 非専門的    │     地域スタッフによる基本的なこころのケア
         │ サービス    │     および具体的な支援
         ├─────────────┤
         │ コミュニティ│──── 社会ネットワークの活性化
         │ および家庭の│     共同体の伝統的なサポートシステム
         │ 支援        │     子どものニーズに合わせた支援的な憩いの場
         ├─────────────┤
         │ 基本的な    │──── 安全かつ社会的に適切な、尊厳を守る
         │ サービスおよび安全│ ための基本サービスへのアドボカシー
         └─────────────┘
```

図1　災害・紛争時等における精神保健・心理社会的支援の介入ピラミッド
災害・紛争等緊急時における精神保健・心理社会的支援に関するIASCガイドライン（IASC; Inter-Agency Standing Committee 機関間常設委員会）より

再適応が必要という二次的なストレスが起きたりする。しかし，これらは，その家族の置かれた状況や，広くそれを取り巻く共同体の災害による変化に関連しており，地域共同体の変化により，ある意味家庭内だけでなく地域全体としての次の世代への代替わりが促進されたりする。また被災後の生活困難から生じるストレスは高齢者のみでなく働き盛りの被災者や子ども世代に与える影響も甚大である。それらの影響は長い時間，世代を超えて続くものであり，それに対して世代や家族の歴史性を考慮に入れた家族療法的視点を含む支援が望まれる。必要によっては家族セッションをもち，家族成員間の被災を巡る情緒面での交流，災害体験の共有化，お互いのニーズの確認，立ち直りの目標設定，そのためのお互いの協力，役割の明確化などを話し合い，家族自らが立ち直りへの意欲の回復を目指す必要性が指摘されている［日本家族研究・家族療法学会阪神・淡路大震災支援委員会，1998］。支援初期におけるガイドラインであるPFAでは，災害体験を語り共有するデブリーフィング（debriefing）はあまり有効でないとしているが，息の長い中長期的支援には必要な場合があると考えられる。

あいまいな喪失（Ambiguous Loss）

ボスBoss, P. は長年にわたり，「あいまいな喪失」（ambiguous loss）をテーマに，家族の喪失や別離の体験について研究を続けてきている［Boss, 1999］。ボスは「あいまいな喪失」を，二つのタイプに分けている。一つは「身体的に不在であるものの，心理的には存在する場合」であり，戦争における行方不明の兵士や誘拐された子ども，自然災害における行方不明，人質・拘禁，移民，養子，離婚，成人した子の離家，転勤（単身赴任），施設入居（高齢者，障害者）などである。もう一つは「身体的に存在するにもかかわらず心理的に不在である場合」で，アルツハイマー病や他の認知症を呈する疾患，脳挫傷や脳梗塞，慢性精神病，などの疾病，アルコールやドラッグへの依存，仕事中毒，インターネット中毒や移民も含まれる。邦訳書のタイトルにあるように「さよならのない別れ」と「別れのないさよなら」であり，明確な喪失体験の回復とは違った強い個別性があるとされている。

ボスは「あいまいな喪失」へ介入する家族セッションとして，①家族の経験を「あいまいな喪失」と名付ける。②それぞれの人が「家族」と考える人みんなを一つの部屋に集める（電話での参加も可）ことから開始し，すべての成員が，この喪失経験へのお互いの解釈に気づき，それをどのような状況と見なすかについて，ある程度の合意を求め，何が取り返しがつかなく失われたのか，何がそうでないのか，ということを全員に明確になるようにするまでセッションを続ける。そして情報を積極的に集めるよう奨励しつつ，①どのように彼らが特別な休日や家族儀式を祝うか。②喪失以来，彼らがどのように変化したのか。③彼らがどのように諸困難を乗り切り克服しているのか，を語ること，写真，ビデオ，形見，手紙や日記を再検討することなどで，物語を作ることと，それを日常的に続けるように奨励するのである［Boss, 1999］。いわば「あいまいな喪失」として経験を外在化し，情報を収集し，お互いがどのように克服しているのかを明確にしていくプロセスであり，ナラティヴ・セラピーと家族心理教育ミーティングの融合ともいえる。ボスによれば，あいまいな喪失によく耐えることができる人は次のような特性を持っていると考えられている。①支配コントロールが少ない文化の中で生活し，すべての問いに答えを求める傾向が少ない，②深い信仰があり，状況を理解できなくても無力感や苦しみが少ない，③二つの反対の考えを同時にもつ。たとえば"息子は亡くなったが，何らかのかたちでずっと一緒にいる"。

　東日本大震災では津波による行方不明者は依然として多く，さらに県外避難者や，福島第一原発20km，30km圏で，いつになったら戻れるのかあるいは戻れないかがはっきりせず，また津波被災地域で元の地域に戻るか高台に移転するか決定されていない地域があることなど，今回の震災は非常に多くの「あいまいな喪失」として特徴づけられる。ボスは行方不明者の家族は混乱し，悲しむことができず，「終結」という考えを否定するが，これらはすべて「あいまいな喪失」に対する自然な反応であり，抵抗や精神的弱さの証拠ではないとしており，セラピストはあいまいさに対して忍耐強くなり，決して終結を急いではならないとしている。家族たちにはすぐに「終結」は訪れないが，回復する力，レジリエンスは存在しており，それは「終結」を急ぐことなく，あいまいさに耐える力である，という。また，そのように支援者が対処するためには，自分自身のあいまいな喪失とうまく照らしあえないとうまくいかないとし，セラピストたちが自分の喪失について明らかにするよう勧めている。

おわりに

　2001年の9.11同時多発テロ事件を受けて，当時ファミリー・プロセス（Family Process）の編集担当だったアンダーソン Anderson, C.M.（日本に家族心理教育を紹介したことで有名）は2002年のファミリー・プロセス第1巻で，「専門誌が公の出来事に対する反応を発表するのは稀ではあるが，9月11日の出来事により，人生の有り様や家族が存在していく文脈において重大な変化のはじまりとなり，あきらかに，ものごとは以前と同じにはならないだろう」として「聖域なき世界」（A World Without Sanctuary）と題する特集を組み，前記ボスを含む11人の家族療法家のコメントを掲載している［Anderson, 2002］。災害，テロ，内乱，戦争は現在世界中のどこで起きても不思議ではなく，もちろん日本も例外ではない。精神療法，

家族療法の世界も「聖域」ではない。われわれは専門家として積極的にそれらにコミットせざるを得ない状況に置かれているのである［後藤, 2012］。

　先に述べたように, 現在の家族療法的視点では, 家族システムという見方はするものの, 機能的, 非機能的のような客観的なラベル貼りではなく, レジリエンスの視点が重要で, そのような観点からは, 先に述べた「災害への脆弱性のある家族」は支援する専門家側の規定であり, 今までの一般的な（常識的な）の対応では難しいがゆえにそう呼ばれると考えられる。つまり従来とは違った対応, たとえば多問題であるために一つの専門領域で収まらず各種の連携が必要であるとか, より広い社会的コンテクストが必要であるとか, 複数の技法を必要とするなどの家族であり, それはまさに大災害後の家族, 離散家族に当てはまるところは多いであろう。むしろそういう家族にこそ現在の家族臨床, 家族支援の見方である, 協働やレジリエンスの視点が有用なのである。また被災地を代表とする, こういうリスクが予想される臨床現場では, 使えるツールや資源は限りがある。そのときには目の前の人が一番よい資源であり, 近くで関わりがある人すべてを潜在的な資源として考える必要が生じてくる。これもまたシステム論的観点に立脚した, その場で協働作業を行うという家族療法的方法論が有効な領域である所以といえよう。

（後藤雅博）

推薦図書

後藤雅博: 家族心理教育から地域精神保健福祉まで. 金剛出版, 2012.

文　献

Anderson, C.M. (ed): A World Without Sanctuary. Family Process, 41 (1); 1-36, 2002.
Boss, P.: Ambiguous Loss. Harvard Press, 1999.［南山浩二訳:「さよなら」のない別れ 別れのない「さよなら」: あいまいな喪失. 学文社, 2005.］
De Clercq, M.: Disasters and Families. New Trends in Experimental and Clinical Psychiatry, 11, 19-24, 1995.
後藤雅博: 災害と家族支援: 家族療法の視点から. 精神療法, 38 (1); 16-23, 2012.
日本家族研究・家族療法学会阪神淡路大震災支援委員会編: 喪失と家族のきずな. 金剛出版, 1998.
Raphoel, B.: When Disater Strikes. Basic Books, New York, 1986.［石丸正訳: 災害の襲うとき: カタストロフィの精神医学. みすず書房, 1989.］

第3部
教育，研究，倫理

　この部では，家族療法の教育や研究，倫理など，社会的な制度あるいは規範としての家族療法を基礎づけるテーマについて取り上げている。

　家族療法は臨床の方法論であるために，その教育や研修体制の確立が不可欠である。「教育・研修，スーパーヴィジョン」の節では，家族療法に特有の教育，研修の課題について，現在，日本家族研究・家族療法学会が整備しつつある教育・研修体制にも触れて解説されている。

　「研究」の節では，近年の実証性が重視される臨床の流れの中で，現在明らかとなっている家族療法のエビデンスについて概説し，また，近年の質的研究の流れを踏まえ，臨床実践にふさわしい研究について，その課題や方法が概説されている。

　「倫理と臨床」の節では，家族を対象とする臨床に特有の課題を踏まえた家族療法の倫理について，日本家族研究・家族療法学会が整備した倫理規定について説明されている。

　以上はいずれも，日本家族研究・家族療法学会が，今後家族療法の臨床，研究を推進し，社会的な役割や責任を果たしていく上で，欠かすことのできない重要なテーマである。

第1節 教育・研修,スーパーヴィジョン
スーパーヴァイザーに求められるもの

はじめに

　近年,その著しい社会環境の変化により,さまざまな領域において個人はもとより特に家族に対するさらなる心理社会的支援が求められてきている。そうした中,日本家族研究・家族療法学会では,2011年,**家族療法のシステムモデル**に基づいた家族に関わる人材の養成と質の確保のための「認定スーパーヴァイザー制度」を構築した［児島,2012］。そこで,本項では,すでに実践されているいくつかの**教育研修・スーパーヴィジョン**について報告すると共に,それらをより包括した今回の「認定スーパーヴァイザー制度」における,特に家族療法のスーパーヴァイザーに求められるものについて明らかにする。

家族療法の教育研修・スーパーヴィジョンの実践

家族に対する臨床経験をもつ臨床家を対象にした実践

　中村［2000］は,日本において,いち早く,家族療法のスーパーヴィジョンの体系的なプログラムを提供してきた者の一人であるが,その中でまず注目しておきたいのは,スーパーヴァイジーが提出する事例については,家族合同面接等によらずとも「家族が治療者／援助者の視野に入っていればよい」とし,その理由として「家族療法の固定的イメージを参加者から取り払う」ことを挙げている点である。これは,家族療法が日本に導入されて以来指摘されてきた課題の一つではあったが［楢林,1999］,冒頭にも述べたように,多くの職種がそれぞれの領域でなんらかの形で家族にかかわらざるを得ない状況を考えれば,今後は,むしろ自然な方向性といえる。しかし,そのような中でも,システムモデルに基づく家族療法のスーパーヴィジョンにおいて方法上欠かせないものがある。その点に関して,中村は,スーパーヴァイジーが事例を提出する際には,面接場面で「具体的にどのような対話がなされたか」という情報を明らかにするために,逐語録あるいはできれば録音,ビデオ記録の提示を求めるとしている。さらに,スーパー

Key Words

家族療法
システムモデル
教育研修・
　スーパーヴィジョン
スーパーヴァイザー

ヴァイザーの家族面接を観察する「ケース・オブザベーション」と「ライブ・スーパーヴィジョンおよび同席面接」を導入している。これらは実に，家族療法に固有のスーパーヴィジョンの方法といってよい。すなわち，スーパーヴァイザーは自らの面接プロセスを見せることができなければならないし，スーパーヴァイジーにとっても最も効果的な教育研修となる。その意味では，家族面接ビデオの果たす役割はきわめて大きい[▶1]。

大学院生あるいは若手の臨床家を対象にした実践

院生レベルあるいは未だ臨床経験の浅い若手の臨床家たちにはどのような教育研修・スーパーヴィジョンが求められるであろうか。大学院生への教育に関して，東[2006]は，「相手が一人であっても複数であっても，上手にジョイニングしつつ，少しずつ新たな現実を相手と共働して構成する能力」を醸成することを最大の教育目標に置き，ロールプレイによる徹底したジョイニングの訓練を行った後，教員の家族面接への同席そして実際のケースを担当させている。なお，次の段階として考えられる「よりセラピスト側からの働きかけの強い技法を用いた現実構成の訓練」については，大学院レベルではかえって危険であるとしている。中釜[2008]は，大学院で家族療法を学んだ4名の若手臨床家にグループ・インタビューを試みた結果，家族療法の学習には「システムへのジョイニングや複数人との関係作りが上手く進められるようになるステージ」から「変化を構成できるようになるステージ」への段階が考えられるとしている。この両者は実際には関連しあうものではあるが，この学習段階の移行が必ずしもスムースにいかないことも示唆している。

ともかく，ジョイニングそれも特に複数人を相手にした合同面接法に習熟することが一番であることはいうまでもない。しかし，先ほどの中村の指摘とも合わせて，若手の臨床家たちがさまざまな臨床現場で働くことを考えれば，たとえ個人面接であっても，クライアント・セラピスト関係とクライアント・家族関係あるいはクライアント・重要な他者（教師等）間のインタラクションを常に視野に入れて進めていくことの大切さを伝えていく必要がある。なお，中釜の報告の中で若手臨床家たちは，家族療法から学んだこととして「自分以外の人の面接場面を見たこと」「質問の仕方や関わり方について具体的に学んだ感がある」「個人心理療法と比べてクライアントの生活が実感できる」などを挙げている。

より効果的なグループ・スーパーヴィジョンの開発に向けて

スーパーヴィジョンといえば，伝統的には，個人スーパーヴィジョンを指し，かつ，その重要性については言を俟たない。しかし，今日，増加する一方の臨床心理士等の対人援助職を前にしたとき，それだけではとてもそのニーズに応えることはできない。そこで，家族療法においても，より効果的・効率的なグループ・スーパーヴィジョンの方法の開発が求められるが，この点に関して吉川[2011]は，その独自のグループ・スーパーヴィジョンの方法を提案する中で「個々のスーパーヴァイジーへのスーパーヴィジョンを，スーパーヴァイジー集団において活性化するという治療的介入と同種の働きかけを実践できる力量がスーパーヴァイザーに求められる」（一部，筆者改変）としている。この点は，矢原，田代ら[2008]が，リフレクティング・プロセスをいわゆる事例検討会に導入した貴重な報告と同様，グループ・スーパーヴィジョンにもシステムモデル方法の重要性が再認識される。

▶1
現在刊行されている家族面接ビデオは以下のとおりである。
- 狩野力八郎，後藤雅博，吉川悟：実録，家族療法．中島映像出版,2004.
- 中村伸一，福山和女，中釜洋子：説き明かし・私の家族面接．中島映像出版,2007.
- 東豊：DVDでわかる家族面接のコツ（1）夫婦面接編．遠見書房,2012.
- 東豊：DVDでわかる家族面接のコツ（2）家族面接編．遠見書房,2013.

表1 スーパーヴァイザーの定義と責務

①家族療法の主要な複数のモデルに関する知識に精通し，それらの前提となっている理念，およびセラピー実践上での意義をスーパーヴィジョンの過程において示すこと
②自らの主たるスーパーヴィジョンのモデルおよびセラピーのスタイルについて明確に示すこと
③スーパーヴァイザー・セラピスト（臨床家）・クライアント（家族）の"多世代間"関係システムに関する認識のもと，スーパーヴァイザー・セラピスト（臨床家）関係とセラピスト・クライアント（家族）関係が同時に発展していけるようにできること
④多様なスーパーヴィジョンの形態（例：ライブ，ビデオ，もしくは個人，グループ）に応じて，それらを構造化し，問題の解決を引き出し，そのための必要な介入ができること
⑤スーパーヴィジョンにおける文化，性，人種，経済など社会的文脈の諸要因に対する感受性をもつと同時に，倫理的および法的な諸問題について理解しておくこと
⑥スーパーヴィジョンの実践にあたっては，以上のスーパーヴィジョンにおける固有の諸課題を，常に適切に明らかにできること

「認定スーパーヴァイザー制度」が目指すもの

「認定スーパーヴァイザー制度」の構築にあたっては，アメリカの家族療法におけるスーパーヴィジョン体制を参考にしながら［AAMFT, 2002; Lee, Everett, 2004］，まず，「スーパーヴァイザーの定義と責務」（表1）を明確にした。現代の家族療法は，すでに本書でも述べられているように多様化している。そうした中で，スーパーヴァイザーに求められる理論的なスタンスが表1の①②に示されている。③はスーパーヴィジョン関係に関する家族療法のモデルの特徴すなわち〈アイソモルフィズム〉の観点が明確に示されている。要するに，スーパーヴァイザーは，スーパーヴァイジー（臨床家）とクライアント・家族のセラピーの進展に責任をもつということである。④も同じく家族療法の伝統に基づくものであり，その基本は〈面接場面で実際に何が起こっているか〉ということに焦点をあてるということに他ならない。そして，⑤⑥は，今やどの心理療法においても必須の項目といえるが，ここで特に強調しておきたいのは，セラピーの行為を外部から規定するだけの倫理にとどまらず，セラピーそのものに内在する社会的文脈に対するセンシティビティーを持つことこそ家族療法における倫理性に他ならないということである。さらに，家族療法のスーパーヴァイザーには，スーパーヴァイジーのレベルやニーズに合わせて柔軟な役割をとることが求められることもつけ加える［石井, 2008］。

おわりに

本項は，決してスーパーヴァイザーのためだけの指導要領のごときものではない。むしろ，スーパーヴァイジーの立場におられる方々にもぜひとも読んでいただきたいのである。そうすれば，家族療法の精神に基づいたより協働的なスーパーヴィジョン関係が実現し，それがそのまま，クライアント・家族との治療関係にも必ずや生かされるはずである。詳しくは『家族療法のスーパーヴィジョン：統合モデル』［2011］を参照のこと。

（児島達美）

文献

AAMFT: Approved Supervisor Designation Standards and Responsibilities Handbook. AAMFT, 2002.
東豊：家族療法家の育て方．牧原浩監修，東豊編：家族療法のヒント，pp.183-192, 金剛出版, 2006.
石井千賀子：米国における家族療法スーパーヴァイザー教育の文献紹介．家族療法研究, 25(2); 180-183, 2008.
児島達美：家族療法を学ぶ／教える：認定スーパーヴァイザー制度創出を契機として．家族療法研究, 29(3); 3-9, 2012.
Lee, R.E., Everett, C.A.: The Integrative Family Therapy Supervisor: A Primer. Brunner-Routledge, New York, 2004.［福山和女，石井千賀子監訳：家族療法のスーパーヴィジョン：統合モデル．金剛出版, 2011.］
中釜洋子：家族の心理援助の専門家になる（その1）．家族のための心理援助，金剛出版, pp.215-235, 2008.
中村伸一：各学派における若手訓練の実情と問題点：家族療法．精神療法, 26(2); 150-153, 2000.
楢林理一郎：家族療法の現在．こころの科学, 85; 78-83, 1999.
矢原隆行，田代順編：ナラティヴからコミュニケーションへ：リフレクティング・プロセスの実践．弘文堂, 2008.
吉川悟：システムズアプローチによる集団スーパーヴィジョン・システムの試み：初学者のための集団スーパーヴィジョン．家族療法研究, 28(3); 284-291, 2011.

推薦図書
平木典子：心理臨床スーパーヴィジョン．金剛出版, 2012.
リー, R.E., エベレット, C.A.（福山和女，石井千賀子監訳）：家族療法のスーパーヴィジョン．金剛出版, 2011.

Column

国際結婚

　戦後の食糧危機のために米の増産が進められたが，経済復興は，第一次産業を置き去りにし，第二次と第三次産業へと力点が移っていった．1970年には米の生産調整が始まり，農家の未来が見えなくなると同時に，爺・婆・嫁の三ちゃん農業から嫁は消えていった．1980年代に入ると農家の嫁不足は深刻さを増し，山形では，1980年後半に行政が介在してフィリピン女性との集団見合いが挙行され，国際結婚が始まった．その後農協が介在するようになったものの，次第に高額の見合い資金を要する冠婚葬祭社へと仲介の主体は移っていった．良心的な業者もいた反面，犯罪とも見紛う業者まで現れ，そのような中で嫁いで来た外国人女性を支援するさまざまなNPO団体が生まれた．嫁いでくる女性は，フィリピン，韓国，中国と東南アジアすべての国から来るようになったが，5年ほど前から東北の国際結婚は減少傾向にある．とりわけ震災のあった2011年には，半減している．福島第一原発事故の影響だけではない．日本の経済発展の鈍化，日本の伝統的家族形態への適応の困難さが嫁いでくる人たちに伝わり始めたという事実等，数え上げればきりがないほどの要因を孕んでいる．「結婚して日本語がわかるようになって，夫がほかの男性よりも劣っていることに気づきました」とある外国人女性が呟いた．国際結婚の内包する課題は，単に嫁不足だけではない．日本という文化の中で夫婦とは何かが問われており，世界の中の日本をさまざまな面から見つめ直すことが求められているともいえるだろう．

（五十嵐善雄）

第2節 研究

> エビデンスベイストな家族療法・家族援助とは
> ユーザーフレンドリーな臨床実践としての
> 家族療法・家族援助

▶1
しかし，わが国の心理臨床家のスタンスとして定着しているとはいいがたい。特にわが国における臨床心理学は権威者の意見や事例報告などに大きく依存してきており，科学性に裏付けられたエビデンスがないがしろにされてきたという批判がある［丹野，2001など］。

▶2
複数の効果研究の結果を総合し，包括的に心理療法の効果を測定する分析方法。

Key Words

エビデンスベイスト
　プラクティス（EBP）
関係性コンテクスト
統合的アプローチ

はじめに

　家族療法は問題や症状の改善にどれほど役に立つのか。家族や対人関係への介入援助は有効なのか。個人療法や薬物療法などと比較してその効果や経済性はどうなのか。ある特定の問題や症状に適切なのはどのようなアプローチなのか。そのようなプロフェッショナルな姿勢[▶1]を支えるものが，適切な臨床研究を通じて「効果がある」と実証されたエビデンスに基づいた臨床実践，すなわち，エビデンスベイストプラクティス（Evidence-Based Practices; EBP）である。EBPは今や，欧米においては医療保険および国・州レベルの治療・処遇指針の基盤となり，医療・教育・福祉政策などの社会政治的動向にも少なからずの影響力を及ぼしている。

エビデンスとは何か

　さて，ひと口にエビデンスといってもさまざまなレベルのものが存在する。通常，無作為に被験者を割付した対照試験（Randomized Control Trial; RCT）による有効性（efficacy）研究，無作為割付のない比較対照研究（Control Trial; CT），コホート研究等に高い価値が置かれており，複数のRCTのメタ分析[▶2]などの系統的レ

ビューが最も確かなエビデンスとされる。一方，事例研究や権威者の意見等の価値は相対的に下位に位置づけられている。ただし，上位のエビデンスにも問題がある。たとえば有効性研究は，クライアントの症状が明確であり，治療手続きが標準化された「治療マニュアル」によって定められ追試可能であることなどの前提条件がある。したがって，その条件を満たしやすい短期的療法や認知行動療法などのエビデンスが主流であり，そのような実験的手法が，複雑な問題や症状に対して種々のモダリティー（様式）を統合的に活用する実際の心理臨床実践のありようとは乖離しているといった批判も少なからず上がっている［Goldenberg, Goldenberg, 2008］。さらには，RCT による有効性研究であっても，内的妥当性，外的妥当性，臨床的妥当性[▶3]などが不十分なものも決して少なくない。したがって，それらを批判的に吟味し「ベストエビデンス」を探索する作業が必要となるが，邦文，邦訳の実証的研究がまだまだ少ないわが国の多忙な臨床実践家にとって，それは簡単なことではない［古川，2000］。

　この点，効果研究と臨床実践，研究者と臨床家の間をつなぐ研究方法として，プロセス研究の重要性が指摘されている［Goldenberg, Goldenberg, 2008；岩壁，2008］。プロセス研究はクライアント（システム）とセラピスト（システム）の間にどんなやりとりが起こっており，それが治療的変化にどのように影響しているかを詳細に検討するものであり，臨床実践における特定のスキルや介入の具体的効果が明らかにされる。特に，臨床実践報告や事例研究等が重視されてきたわが国における今後の EBP 発展のためには，効果研究のみならずプロセス研究や事例研究などを含めた総合した「臨床知」が，体系的エビデンスとして打ち出されていく必要があるだろう。

家族療法の発展とエビデンス

　家族療法は，特に，家族や対人関係などへの積極的な働きかけをタブー視してきた精神分析的個人療法へのアンチテーゼという立場から，その効果を示すことによって発展してきたという経緯がある［藤田，2006］。初期の代表的家族療法の実証の試みとして以下の二つを挙げる。コミュニケーション・モデル［Weakland, et al., 1974］は，統合失調症患者とその家族間のコミュニケーション研究を通じて，精神の病や不調が，人と人とのコミュニケーションのありようから成り立っている可能性とともに，そのコミュニケーション連鎖への介入によって症状が改善治癒されうることを示した。この MRI 短期療法は，最大 10 回のワンウェイミラー越しのチーム援助により，その主訴を問わず平均 7 回のセッションで終結し，クライアントによる評価で治癒・改善率 72％という，長期的な個人療法に勝るとも劣らない効果を打ち出した。また，ミニューチン Minuchin, S. ら［Minuchin, et al., 1978］は，思春期拒食症や心身症的糖尿病の家族に関して，録画された家族面接を通じて家族間の絡み合い，過保護，葛藤耐性の低さ，その他生理的指標などのデータを踏まえて家族システムの悪影響を数値化し，構造的家族療法を提唱した。この構造的モデルは，当時，思春期拒食症に関して 86％の治癒率を報告している。

　以上の二例は，効果研究としては必ずしも十分な方法ではないが，目ざましい治療効果を数値で示したことで，その後，少なくない精神分析的個人療法家らが，

▶3
内的妥当性：臨床研究の対象となった患者群において結論がどのくらい正確か。外的妥当性：得られた研究結果が直接研究対象となった群以外の患者にどれくらい普遍的に当てはまるか。臨床的妥当性：得られた研究結果が実際に臨床上意味のあるものかどうか。

臨床実践に家族療法を取り入れるようになった。また，本来家族間に起きている現象をできる限りありのままに把握し，適切な理解・介入を行うために採用されたワンウエーミラー越しの観察や録音録画手法は，報告者のバイアスによって加工される前の一次的データを提供し，その後のプロセス研究や効果研究がより実際的なものになることに貢献した。

現代の家族療法／家族援助のエビデンス

家族療法領域の効果研究のメタ分析，さらには複数のメタ分析のメタ分析を通じて，家族療法や家族への介入援助は，心理療法を受けないグループと比較して明らかに有効であり，個人療法などと比べても同等以上の効果があることが実証されている［Shadish, Baldwin, 2003］。その前提の上で，実際の臨床場面において家族療法／家族援助のどんなアプローチや介入スキルが，どんな症状や問題に効果的であるかという観点からも，多くのエビデンスが報告されている。以下，主要なものを取り上げる[▶4]。

児童思春期の行動面の問題

思春期の行為障害や非行問題には，マルチシステミックセラピー（multisystemic therapy; MST）［Henggeler, et al., 1998］や機能的家族療法（functional family therapy; FFT）［Sexton, Alexander, et al., 2003］，多次元的家族療法（multi dimensionele familietherapie; MDFT）［Liddle, 2005］等に，高い効果が実証されており，国や州の社会政策においても積極的に導入されている。MSTは子ども本人はもちろん，家族，学校，交友関係，コミュニティなどの複数システムに焦点をあて，家族や夫婦，個人などを対象とした心理療法を複合的に行う介入である。FFTはおおむね12回の面接で，子どもや家族への動機付け，行動変容の促進，学習したスキルや行動の般化といった3位相の順に家族介入援助を行うものであり，施設収容や個人療法などに比べて，再犯率の低さ，経済性，効果の持続性などが実証されている。MDFTも，家族，交友関係，学校やコミュニティなどの多次元システムに介入するシステム療法であり，特に，薬物非行に関して，再犯抑止率，治療意欲，治療効果の継続，学校への適応性，家族機能などが大幅に改善され，認知行動療法，集団療法，施設収容等に比してもより効果が高いことが示されている。

その他，子どもの虐待ケースにおいてはMSTのほか，家族に焦点を当てたケースワーク［Nicol, et al., 1998］，行動療法的ペアレント・トレーニング等に，また，ADHDには，ペアレント・トレーニング，学校ベースの行動変容プログラム，コーピングスキル訓練などに薬物療法を交えたマルチモダルプログラム［Nolan, Carr, et al., 2000］の効果が実証されている。

思春期の拒食症

構造的家族療法のほか，モーズレイ家族療法モデル［Lock, et al., 2001］，行動療法的家族システム療法［Robin, 2003］等がエビデンスを伴った主要治療モデルである。複数の効果研究のレビューによれば，家族合同面接，個人療法，両親へのカウンセリングを組み合わせた家族介入が最も効果的であり，両親を治療に関与させない個人療法のみの選択は，回復を遅れさせるという［Asen, 2002; Eisler, 2005］。

▶4 カー［Carr, 2006］，ゴールドバーグ［Goldenberg, 2008］などの欧米の教科書を参考にした。たとえばカー［2006］は，RCTやCTによる効果研究を中心に，臨床的有用性に優れているプロセス研究をも参照して，家族療法／家族援助における主要なエビデンスをレビューしている。

夫婦カップル関係の不全・苦悩

　認知行動療法的カップルセラピー［Baucom, et al., 2002］や，そこに感情的観点も交えた統合的行動療法カップルセラピー［Dimidjian et al., 2002］，感情焦点化療法［Johnson, Denton, 2002］等の効果が実証されている。また，夫婦のどちらか一人だけとのセラピーであっても，関係性を踏まえた理解や介入がなされれば夫婦合同面接に匹敵する効果があり，個人の問題ばかりに焦点を当てた従来型の個人療法の効果は低いとされる［Bennun, 1997］。

　なお，夫婦間暴力があるケースに関しては，暴力を振るう側の責任感の涵養，暴力を養護する信念や認知のゆがみの改善，怒りのマネジメントプログラム，コミュニケーションや問題解決スキル訓練，再発予防訓練等を組み込んだ，複合カップル療法プログラムがさらに効果的であるとされる［Stith, et al., 2004］。

うつ

　行動療法的夫婦療法［Baucom, et al., 2002; Beach, 2003］や，対人関係療法・夫婦合同対人関係療法［Weissman, et al., 2000］の効果が実証されている。また，ロンドンうつ病介入研究においては，抗うつ薬，認知行動療法（個人），システミックカップル療法の効果が比較され，認知行動療法は初期段階でのドロップアウト率が高く最も効果的でない，家族カップル療法群は薬物療法群よりもドロップアウト率が相当に低く，うつ症状の改善やその持続性においても治療効果が高いことなどが実証された［Leff, et al., 2000］。

統合失調症

　薬物療法に加えて，家族ストレスや高い感情表出（EE）への対処，家族コミュニケーションや問題解決スキルの改善，ソーシャルサポート資源の有効活用などを踏まえた心理教育的家族介入を行うことによって，有意に統合失調症の再発を減らし[▶5]患者の薬服用へのコンプライアンスを高め，薬の総量や入院日数を減らすとされる［Asen, 2002; Milkowitz, Tompson, et al., 2003］。

その他

　以上のほか，アルコール依存症，パニック障害や強迫性障害，子どもの情緒障害，老年期の認知症などをはじめとする種々の症状に関しても，家族介入援助は効果的である。それらの多くに共通するのは，家族の機能不全や根深い問題を改善するというよりも，家族の不安や負担を軽くするための心理教育や，家族を治療の協働者と位置づけ行動療法的手法などを家族が日常生活の中で活用できるようコーチングするなどといった家族支援・家族コンサルテーションの重視である。

エビデンスを踏まえた家族療法・家族援助の意義

　家族療法や家族への介入援助がこれほど効果的であるのは，セラピストとの共感的関係性やクライアントのもつ能力・リソースといった，広く心理療法の効果に影響する共通因子［Lambert, 1992］に加えて，個人の抱える問題や症状を，家族をはじめとする**関係性コンテクスト**において捉え，家族や対人関係ネットワークを治療援助の協働者として位置づけるといった「関係系志向」［中釜, 2010］の影響が大きい。さらに，その志向性が，狭義の家族療法学派を超えて，認知行動療法や精神分析的心理療法，遊戯療法等の個人療法的アプローチや心理教育，スキル訓練，薬物療法などを組み込んだマルチモーダルな介入援助実践を可能にせし

▶5
薬物療法のみの場合50％強の再発率が，家族介入援助を併用すると20％弱に低下した。

めている．そもそも，心理療法の対象となる悩みや問題の80%～90%は家族関係や人間関係にかかわるものであり［平木，2010］，特に子どもの心理的行動的な問題に関しては家族介入が例外なく不可欠であろう．その意味では，家族療法／家族介入援助に高い効果が実証されているのは至極当然ともいえる．

現実として，臨床実践においては好むと好まざるにかかわらず，家族や対人関係ネットワークへの介入援助をなんらかの形で行うことが少なからずある．しかし，個人心理療法のオリエンテーションが根強いわが国においては，多くの臨床心理士が，理論的にもスキル的にも不十分なままに家族等に対応していることが推測される[▶6]．今後，日本の心理臨床がますます発展していくためには，EBP志向とともに，家族や対人関係ネットワークを踏まえた事例理解や介入援助のかんどころを，多くの心理臨床家が身につけていく必要がある．

おわりに

おりしも，ユーザーフレンドリーな臨床実践のために，個人療法的なアプローチとシステミックなアプローチを統合していこうという動きが活発になりつつある［平木，2010；中釜，2010；藤田，2010］．この点，関係性コンテクストの見立てやシステムへの援助のプロフェッショナルであり，統合的アプローチの推進者としての家族療法家の果たす役割は大きい．

わが国においてまだ必ずしも多数派とはいえない家族療法家の専門性は，目を引くような戦略的技法よりも，個人心理療法家や他職種の対人援助領域の専門家の知見や経験とも十分に相容れ，協働可能な側面から，積極的にアピールされていく必要があると思われる．

（藤田博康）

▶6 日本臨床心理士会［2006］のアンケート調査によれば，システムアプローチを用いていると回答した臨床心理士は全体の16.5%であり，人間性心理学的アプローチ（51.3%），精神分析・分析心理学的アプローチ（42.2%），行動療法・認知療法的アプローチ（39.7%）等の個人療法に比べると相当に低い．しかしながら，その一方で，臨床心理士の68.4%は家族面接の経験が，36.7%は家族を超える集団との面接経験があるとしている．

文献

Asen, E.: Outcome Research in Family Therapy. Advances in Psychiatric Treatment, 8; 230-238, 2002.
Baucom, D., Epstein, N., LaTaillade, J.: Cognitive Behavioral Couple Therapy. In Gurman, A., Jacobson, N. Eds,: Clinical Handbook of Couple Therapy, 3rd ed. pp.86-117. Guilford, New York, 2002.
Beach, S.: Affective Disorders. Journal of Marital and family Therapy, 29; 247-262, 2003.
Bennun, I.: Systemic Marital Therapy with one Partner: A reconsideration of theory, research and practice. Sexual and Marital Therapy, 12; 61-75, 1997.
Carr, A.: Family Therapy: Conecepts, Process and Practice, 2nd ed. Wiley & Sons, Chichester, 2006.
Dimidjian, S., Martell, C., Christensen, A.: Integrative Behavioral Couple Therapy. In Gurman, A., Jacobson, N. Eds: Clinical Handbook of Couple Therapy, 3rd ed. pp.251-280. Guilford, New York, 2002.
Eisler, I.: The Empirical and Theoretical Base of Family Therapy and Multiple Family Day Therapy for Adolescent Anorexia Nervosa. Journal of family Therapy, 27; 104-131, 2005.
藤田博康：家族療法のエビデンス．亀口憲治編：臨床心理行為研究セミナー．現代のエスプリ別冊，至文堂，pp.111-121, 2006.
藤田博康：非行・子ども・家族との心理臨床：援助的な臨床実践を目指して．誠信書房，2010.
古川壽亮：エビデンス精神医療：EBPの基礎から臨床まで．医学書院，2000.
Goldenberg, H., Goldenberg, I.: Family Therapy: An overview. 7th ed. Thomsom, Belmont, 2008.
Henggeler, S., Shoenwald, S., Borduin, C.M.: Multisystemic Treatment of Antisocial Behavior in Children and Adolescents. Guilford, New York, 1998.［古川和男監訳：児童・青年の反社会的行動に対するマルチシステミックセラピー（MST）．星和書店，2008.］
平木典子：統合的介入法．東京大学出版会，2010.
岩壁茂：プロセス研究の方法．新曜社，2008.
Johnson, S., Denton, W.: Emotionally Focused Couple Therapy: Creating secure connections. In Gurman, A., Jacobson, N. Eds.: Clinical Handbook of Couple Therapy, 3rd ed. pp.221-250, Guilford, New York, 2002.
Lambert, M.: Psychotherapy Outcome Research: Implications for integrative and eclectic therapies. In Norcross, J., Goldfried, M. Eds., Handbook of psychotherapy integration. Basic Books, New York, 1992.
Leff, J. et al.: The London Depression Intervention Trial. Randomized controlled trial of antidepressants versus couple therapy in the treatment and maintenance of people with depression living with a partner: Clinical outcomes and costs. British Journal of Psychiatry, 177; 95-100, 2000.
Liddle, H.: Multidinensional Family Therapy for Adolescent Substance Abuse. Norton, New York, 2005.

Lock, J., LeGrange, D. et al.: Treatment Manual for Anorexia Nervosa. A Family Based Approach. Guilford, New York, 2001.
Milkowitz, S., Tompson, M.: Family Variables and Interventions in Schizophrenia. In Sholevar, G. ed.: Textbook of Family and Couples Therapy: Clinical Applications. American Psychiatric Press, Washington DC, pp.585-617, 2003.
Minuchin, S., Rosman, B., Baker, L.: Psychosomatic Families: Anorexia Nervosa in Context. Harvard University Press, Cambridge, 1978.
中釜洋子: 個人療法と家族療法をつなぐ: 関係系志向の実践的統合. 東京大学出版会, 2010.
Nicol, A., Smith, J. et al.: A Focused Casework Approach to the Treatment of Child Abuse: A controlled comparison. Journal of Child Psychology and Psyshiatry, 29: 703-711, 1998.
Nolan, M., Carr, A.: Attention Deficit Hyperactivity Disorder. In Carr, A. ed.: What Works with Children. Adolescents and Their Families. Routledge, London, pp.65-102, 2000.
Pharoah, F., Mari, J., Streiner, D.: Family Intervention for Schizophrenia. Cochrane Library, Oxford, 2000.
Robin, A.: Behavioral Family Systems Therapy for Adolescents with Anorexia Nervorsa. In Kazdin, A., Weisz, J. Eds.: Evidence Based Psychotherapies for Children and Adolescents. Guilford, New York, pp.358-373, 2003.
Sexton, T., Alexander, J.: Functional Family Therapy: A mature clinical model for working with at-risk adolescents and their families. In Sexton, T., et al. Eds.: Handbook of Family Therapy. Routlege, New York, pp.323-350, 2003.
Shadish, W., Baldwin, S.: Meta-analysis of MFT interventions. Journal of Marital and Family Therapy, 29; 547-570, 2003.
Stith, S., Rosen, K., et al.: Treating Intimate Partner Violence within Intact Couple Relationships: Outcomes of multi-couple versus individual couple therapy. Journal of Marital and Family Therapy, 30; 305-318, 2004.
丹野義彦: エビデンス臨床心理学. 日本評論社, 2001.
Weakland, J., Fisch, R., Watzlawick, P. et al.: Brief Therapy: Focused problem resolution. Family Process, 13; 141-168, 1974.
Weissman, M., Markowitz, J., Klerman, G.: Comprehensive Guide to Interpersonal Psychotherapy. Oxford University Press, Oxford, 2000.［水島広子訳: 対人関係療法総合ガイド. 岩崎学術出版社. 2009.］

推薦図書
平木典子: 統合的介入法. 東京大学出版会, 2010
中釜洋子: 個人療法と家族療法をつなぐ. 東京大学出版会, 2010
藤田博康: 非行・子ども・家族との心理臨床. 誠信書房, 2010

Column

オートポイエーシス（autopoiesis）

ともにチリ出身の生物学者であるマトゥラーナ Maturana, H.R. とヴァレラ Varela, F.J. の共著論文において生命の有機構成の記述のために「オートポイエーシス」という用語が初めて用いられたのは，1970年代前半のことである。周知の通り，アリストテレスは人間の知をテオーリア（見ること），プラクシス（おこなうこと），ポイエーシス（作ること）に大別したが，オート（＝self）ポイエティック・システムとは，すなわち，自己産出システムのいいであり，そこでは，システムを成立せしめる構成要素の相互作用を通じて実現された諸過程のネットワークによって，当該システムの構成要素が産出されていく。この概念が孕む「作動上の閉鎖性」というテーゼは，従来の認識論，存在論のラディカルな更新を要請する。1980年代，社会学者ルーマン Luhmann, N. が一般システム理論の革新として自らの社会システム理論に導入したことで，この概念は広く知られるようになり，その適用領域も生物学の領域（細胞）に留まらず，意識を構成要素とする心的システム，コミュニケーションを構成要素とする社会システムの水準に拡張された。これらをもって，実践としての家族療法の描写を試みるならば，そこでは治療をめぐるコミュニケーションと，それに関与する個々の心的システムにおける意識という二つの異なるオートポイエティック・システムの作動，そして，両者の構造的カップリングというありようが観察されることになる。ただし，こうしたオートポイエーシス概念の拡張をめぐり，代表的論者間の見解は必ずしも一致していない。本概念の家族療法への影響・適用について検討する際にも，その点への留意が必要である。

〈矢原隆行〉

研究と臨床の乖離を超えて
「質的研究」「混合研究」の試み

はじめに

　1950年代に始まった家族療法は、その後60年の発展の中で、さまざまな理論と技法を生み出し、今も各領域で発展を続けている。それゆえ、現代では数多くある理論や技法の中から、もっとも効果的なものを選択する時代になった。それはつまり社会の要請に応じて、家族への援助についてもアカウンタビリティが求められるようになってきたといえる。特に1990年代からの「実証に基づいた医療（Evidence based medicine）」という発想がきっかけとなって、欧米では実証性が重視されるようになった。より効果的な治療法を求めて、ランダム化比較による効果研究がなされ、成果が認められれば「効果がある技法」として紹介され、社会から関心を集めるようになった。家族療法の中では、家族への認知行動療法、カップルへの感情焦点化療法などがその代表例である。

　しかし、条件を統制するために対象者を厳密に選定した効果研究では、新しい理論を作ったり、具体的な介入への示唆を得るには適さないため、現場にいる臨床家にとって満足する結果が得られないという批判も存在する。もちろん、臨床の効果を確認することは社会的には有益であるが、効果研究だけでは実際の臨床からかけ離れてしまい、研究と臨床の乖離がみられるという指摘もある［Blow, et al., 2009］。

　そこで本項では、研究と臨床の乖離を超えた新しい試みとして、より臨床を細やかな目で捉える「質的研究」や、量的と質的の両方のアプローチを取り入れている「混合研究」を用いた研究について紹介する。これらの研究法を用いることにより、現場にいる臨床家にとっても、より臨床のリアリティに即した深い知識を得ることができるようになることが期待されている。

「質的研究」「混合研究」とは

　質的研究とは、世界がどのように構成されているのかについての理解を深めることを目的とした研究法である。その前提として、現実はそこに関わる人々の定義や理解によって異なり、多元性を持つという理念に基づいている［McLeod, 2000］。個別性を重視し、対象に合わせてその手法を工夫して新しい発見を求めるという点では、質的研究は臨床実践と本質的に同質性を持つと考えられる。しかしながら、臨床に関する研究は、長年、効果研究と事例研究が中心となって行われてきた。効果研究についてはすでに記述したように、仮説を検証するための方法としての意義はあるものの、ある一定の条件のもとに統制された人々が対象とされ、特定の理論モデルや介入技法に限定されてしまう傾向がある。そのため、

Key Words

質的研究
混合研究
プロセス研究
課題分析

複合的な問題を抱えるクライアントに対する適用や，治療において変化をもたらした要因やプロセスについては明らかにされないという点で限界がある。また事例研究の場合には，セラピストが振り返って事例を検討することが多いため，客観性についての問題が指摘されている。そこで質的研究を使った研究が，効果研究と事例研究の抱える問題点を補う方法として注目されている。また研究と臨床の統合について論じているダッティリオ Dattilio, F.M. ら ［Dattilio, et al., 2010］は，質的と量的アプローチを取り入れた混合研究を用いることの利点を述べている。混合研究は複数の視点からの評価がなされるため客観性が確保され，その上，量的なデータでは表れにくい知見を見出すことができると指摘している。

　質的研究には，グラウンド・セオリー法，内容分析，ナラティヴ分析，ライフヒストリー，現象学的アプローチなどの多様な手法があり，研究法としてはまだ新しく，積み上げの少ない研究領域である。そのため，研究手続きも複雑で，発展とともに改良が加えられ，いろいろな幅のある研究法であるといえよう。なお，質的研究に関する詳しい記述は，それを扱った専門書が存在する［秋田，能智，2007; 岩壁，2008］。そのため本項では，とりわけ家族療法やカップルセラピーの領域で注目を集めている研究について取り上げることにした。

「質的研究」「混合研究」の試み：プロセス研究

　質的研究の中でも，臨床実践の中で起こる変化やそのプロセスを扱った研究は，総じてプロセス研究と呼ばれている。プロセス研究とは，どのようにして変化が起こったのか，成功もしくは失敗と関係したやり取りは何か，などの視点から臨床の効果と変化のメカニズムについて実証的に検討する研究法である。臨床で起こる変化を客観的に捉えることが目的であるため，面接場面から得られた実際の音声もしくは録画記録，インタヴューによって得られた記録など，客観性のあるデータが分析の対象となる。またデータの分析方法についても客観性を追求した工夫が施されている。ただし，データの集め方や，集められたデータの分析方法については，それぞれの研究者が研究テーマに沿って選択していく。そのため，統一した手法は定まっておらず，むしろ研究テーマに沿って改良が加えられ，ユニークな方法が生み出されている。本項では，研究テーマを二つに分けて紹介する。一つは〈セラピストの介入に注目した研究〉，もう一つは〈クライアントの視点を取り入れた研究〉である。

　まずは，〈セラピストの介入に注目した研究〉を二つ紹介する（表1）。二つの研究はどちらもセラピストの介入に注目しているが，その手法には大きな違いが見られる。一つ目の研究では，一人のセラピストによる1セッションからセラピストの細やかな介入に注目している［Gale, Newfield, 1992］。一方，もう一つの研究では，多数のセラピストへのインタヴューによって希望という概念を詳細に描写したものである［Ward, Wampler, 2010］。まったく異なる方法であるが，どちらも再分析ができる客観的なデータをもとに，セラピストでない第三者の視点から分析がなされ，それぞれの研究テーマに適した方法が選択されている。また，実際に導き出された結果には臨床的な示唆が含まれ，臨床家にとっても役立つという点で有意義な研究である。ただし，どちらもクライアントの視点が研究に含まれておらず，セラピストの視点に偏っているという課題もある。クライアントの問

表1　セラピストの介入に注目した研究の例

研究テーマ	データの集め方	分析方法	研究法の意義	研究者
熟達したセラピストは，解決志向セラピーではどのような言葉を用いて特定の介入効果を生み出しているのか。	ソリューション・フォーカスト心理療法で有名なO'Hanlonによる夫婦面接。50分の1セッションの会話。	会話分析。1回のセッションに対して，80時間もの時間をかけてトランスクリプトを作成し，セラピストの介入について分析されている。	セラピストとは異なる第三者が客観的に分析しており，セラピーの本質を抽出した納得できる結果を導き出している。	Gale & Newfield [1992]
カップルセラピーにおいて希望を生む介入とは何か。どのように希望を使用すれば効果的か。	家族療法もしくはカップルセラピーを実施しているセラピスト15名への半構造化インタヴュー。	グラウンデッドセオリー法を用いて分析。	カップルセラピーにおける重要な概念を明確化させ，臨床への適用にも役立てやすい。	Ward & Wampler [2010]

題や症状の改善に関わる要因を調べると，特定のアプローチやセラピストの介入方法が占めるのは約15%で，クライアント－セラピストの関係やクライアント自身の治療外要因が占める割合はそれよりも大きいといわれている［Assay, Lambert, 1999］。ならば，クライアントの視点を研究に取り入れることで，治療の中で起きる変化の要因についてより厳密に把握することができると考えられる。そこで，〈クライアントの視点を取り入れた研究〉を次に取り上げる（表2）。

　クライアントの視点を取り入れた研究を初期に実施したのはグリーンバーグGreenberg, L.S. である。彼は，感情焦点化療法を施したカップルに注目して，4カ月後にカップルにインタヴューを実施している。しかし，後にこの方法では，セラピーから時間が空きすぎていて，面接内で起こった出来事についての体験が得られにくいと批判され，より詳細な体験を報告してもらうにはどのような手法がよいかについて議論がなされた。そして後に，クライアントの体験を細かく把握する方法として，対人関係プロセス想起法（Interpersonal Process Recall）が用いられるようになった。これは，面接内での体験をインタヴューするときに，面接の録音記録もしくは録画記録を提示しながら実施することで，クライアントがより詳細に体験を思い起こしながら回答できる方法として注目されるようになった。その中でも，特に面接場面の録画記録を使ったものをビデオ偵察法（video reconnaissance）と呼んでいる。これらの研究は，クライアントの体験をできるだけ詳細に把握し，クライアントの視点を研究に取り込もうとして開発された方法である。

　集められたデータの分析方法については，初期の研究ではグラウンデッドセオリー法が主に用いられていたが，後により複数の視点から分析を行う合議制質的分析法も取り入れられるようになった。合議制質的分析法とは，数名のメンバーからなるリサーチチームが，すべての分析過程で話し合いを行い，最終的な合意が得られるまで分析を繰り返して結果を導き出す手法である。この方法は，結果の質をより高めることができる方法として注目を集めている。また質的研究だけでなく，量的なデータも合わせて研究に組み入れることで，さらに多角的な視点からの分析が行われるようになっている。

　そして近年，もっとも注目されているのは課題分析を用いた研究である。課題分析とは，治療の中で取り組まれる一つの課題に注目し，その課題が解決する過程を明らかにする研究法である［伊藤，2011］。実施方法は，論理的に作成されたモデルと，実際のデータを基にして作成された実証モデルを比較しながら，最終

表2　クライアントの視点を取り入れた研究の例

研究テーマ	データの集め方	分析方法	研究法の意義	研究者
カップルセラピーの中で重大な変化を起こした出来事は何か。	クライアントとセラピストへのインタヴュー（5ケースが対象）。	得られたデータについてカテゴリーに分けて，分析している。	クライアントの視点からカップルセラピーの効果をみようとした初期の研究の一つ。	Wark [1994]
カップルセラピーの中で起きた「重要な瞬間」とは何か。	クライアントとセラピストへのビデオ偵察法によるインタヴュー（3ケースが対象）。	グラウンデッドセオリーによる分析。「重要な瞬間」の生起頻度。	クライアントとセラピストの双方の視点を，さらに細やかに捉えるために改良された手法。	Helmeke & Sprenkle [2000]
カップルセラピーの中で変化を起こした共通要因とは何か。	二者関係適応尺度などの尺度と，クライアントとセラピストへのインタヴュー（1ケースが対象）。	著者を含めた5名による合議制質的分析法による。	1事例に対して，量的および質的研究の手法を用いて，多角的な視点から分析を行った混合研究法。	Blow, et al. [2009]
パートナーに裏切られた女性が，カップルでの感情焦点化療法の中で，相手を許していくプロセスとはどのようなものか。	面接を撮影したビデオ・テープと，治療前後での許しの程度について尺度を用いて課題分析を実施。許しのプロセスに注目し，許しにいたったケースとそうでないケースを比較している。この結果をもとに，治療モデルと評価システムを開発している（8ケースが対象）。	課題分析の手法をプロセス研究に応用している。課題分析では，量と質的な研究法が用いられ，混合的研究法の特性を持つ。		Worldarsky & Greenberg [2011]

的に出来上がった統合モデルを検証するという一連の研究プログラムである。この方法を用いることで，治療で起こる変化を段階的に把握することができ，かつ臨床においてクライアントの現状をモデルに当てはめて治療の当面の目標を具体的に把握することができるという利点がある。家族療法やカップルセラピーの領域で課題分析を使った研究はいくつかあり，いずれも家族間における問題を解決するプロセスが描き出されている。

おわりに：「質的研究」「混合研究」の可能性と課題

　欧米では，今回取り上げた研究以外にも，家族療法・カップルセラピーを対象とした質的研究は多く実施されている［Sprenkle, Piercy, 2005; Greenstein, 2006］。しかし国内での現状を見てみると，事例研究がまだ多く，質的研究法を用いた臨床実践に関する研究は少ない［大町，他，2012］。臨床の中でも，とりわけ複数のメンバーが同席して面接を行う家族療法やカップルセラピーでは，クライアントの視点も取り入れた質的研究を用いることの意義は大きいと考えられる。しかし，実際に研究がなされるまでのハードルもまだ高いようだ。

　質的研究の発展を妨げる理由として，四つの課題をあげる。
　①クライアントに対する負担である。クライアントにインタヴューを依頼することによって，侵襲的になり，過度の要求になるのではないかと考えられる。クライアントに対して同意と協力を求めるにしても，クライアントにどの程度の影響をもたらすかという点で十分に配慮する必要がある。
　②実践家は研究法に慣れていないという問題がある。面接を録画することや，研究者がクライアントに関わることなどに理解を求めていくことが必要である。
　③研究者は質的研究法について習得しているだけでなく，臨床についても最低限の知識を持っていなければ，優れた研究を行うことは難しい。特に若手の研究者には，臨床に関する知識が少ないため，見出した知見が臨床の

中で今一つ使えないものであったり，新しい意義が見出せていないものになりかねないからである。

④質的研究を行うには，多くの労力と時間がかかるという点である。なかなか一人の研究者だけでは難しく，チームを作って実施することで取り組みやすくなるかもしれない。

今後，さらに発展をするためには，以上の四つの課題をクリアしなければならない。けれど，家族療法やカップルセラピーに対して質的研究を実施することで得られるメリットも大きいのではないだろうか。まず，研究を進めていくことが，臨床家として訓練にも役立つ性質を備えているという点である。実際の面接場面を観察して，意見を出し合いながら分析をしていくプロセスは，事例検討やスーパーヴィジョンの性質と似ており，若手の臨床家にとっても学びの場になるだろう。また長年，家族療法やカップルセラピーを行ってきた臨床家にとっては，臨床実践の中で起こる気づきを実証的に提示することができ，技法や理論に関する新しい知見が蓄積されていくことになるだろう。そして何よりも質的研究を実施することでもたらされる意義は，効果的な援助が精査され，クライアントへの有効な援助に繋がるということである。そのためにも，今後さらに研究者と臨床家が協働しながら，家族療法やカップルセラピーへの研究を通して新しい発展が築かれていくことが期待される。

（大西真美＋大町知久＋大塚　斉＋田附あえか）

推薦図書

マクレオッド，J（下山晴彦監修）：臨床実践のための質的研究法入門．金剛出版，2007．

文献

秋田喜代美，能智正博監修：初めての質的研究法：医療，看護編．東京書籍，2007．

Assay, T.P., Lambert, M.J.: The empirical case of the common factors in therapy: Quantitative findings. In Hubble, M.A., Duncan, B.L. Millers, S.D. (Eds.), The heart and soul change; What works in therapy, 23-55. Washington DC, American Psychological Association, 1999.

Blow, A.J., Morrison, N.C., Tamaren, K., Wright, K., Schaafsma, M., Nadaud, A.: Change processes in couple therapy. Journal of Marital and Family Therapy, 35; 350-368. 2009.

Dattilio, F.M., Edwards, D.J.A., Fishman, D.B.: Case studies within a mixed methods paradigm: Toward a resolution of the alienation between researcher and practitioner in psycho therapy research. Psychotherapy Theory, Research, Practice, Training. 47(4); 427-441, 2010.

Gale, J., Newfield, N.: A conversation analyasis of a solution-focused marital therapy session. Journal of Marital and Family Therapy. 18(2); 153-165, 1992.

Greenstein, T.N.: Methods of Family Research: Second edition. Sage Publications, 2006.

Helmeke, K.B., Sprenkle, D.H.: Clients' perception of pivotal moments in couple therapy. Journal of Marital and Family Therapy, 26, 469-483, 2000.

伊藤正哉：課題分析を用いた研究の可能性：家族・カップル療法の知見を中心に．家族心理学年報29：発達障害と家族支援，120-132, 2011.

岩壁茂：プロセス研究の方法．新曜社，2008．

McLeod, J.: Qualitative Research in Counseling and Psychotherapy. Sage Publications, 2000.［下山晴彦監修：臨床実践のための質的研究法入門．金剛出版，2007．］

大町知久，大西真美，田附あえか，大塚斉，中釜洋子：カップルのプロセス研究：初回面接でカップルはどのような体験をするのか．In 中釜洋子：臨床心理学初学者のための家族療法（システミック療法）教育プログラムの構築．平成21-23年度科学研究補助金（基盤研究B）研究成果報告書，2012．

Sprenkle, D.H., Piercy, F.P.: Research Methods in Family Therapy: Second edition. The Guilford Press, 2005.

Ward, D.B., Wampler, K.S.: Moving up the continuum of hope: Developing a theory of hope and understanding its influence in couple therapy. Journal of Marital and Family Therapy. 36(2); 212-228, 2010.

Wark, L.: Therapeutic change in couples' therapy. Contemporary Family Therapy, 16; 39-52, 1994.

Woldarsky, C., Greenberg, L.S.: The construction of a model of the process of couples' forgiveness in emotion-focused therapy for couples. Journal of Marital and Family Therapy, 37(4); 491-502, 2011.

Column

殺人事件の過半数は，被疑者と被害者が親族間，すなわち「家族内殺人」であることが分かる。年齢層別にみると，少年よりも高齢者の事件の方が，その割合が高く，年々上昇傾向にある。高齢者事件の増加が社会問題化しているなかで，最も重大な殺人事件で，家族内の比率が6割を超えることは深刻な事態である。いつの世も，どこの国でも，殺人事件の要因は，人間関係のあつれきに因ることは確かである。高齢者は，学校，職場内の人間関係がなくなる一方で，家族関係が相対的に濃密になるからであろうか。高齢者への支援は，犯罪臨床においても喫緊の課題である。

(生島 浩)

家族内殺人

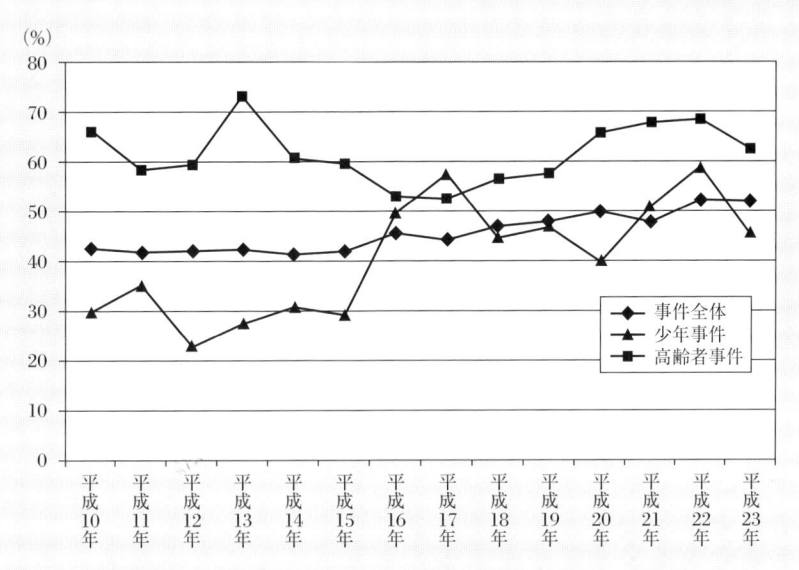

図1 殺人事件における被疑者と被害者が親族間の割合（平成10年以降）
注 出典：警察庁の統計による。
親族とは，親・子・配偶者・兄弟姉妹などをいう。
少年事件とは，被疑者が14歳以上19歳以下のものをいう。
高齢者事件とは，被疑者が65歳以上のものをいう。

第3節 倫理と臨床

家族療法の「倫理」とは

　医療・保健・福祉・教育の領域において，医師，心理療法家，看護師，ソーシャルワーカーなどの対人援助職に就く各職能集団が，専門職の価値・原則として，人間の尊厳（人の存在；出自，人種，性別，年齢，身体的精神的状況，宗教的文化的背景，社会的地位，経済状況等を尊重），自由，平等，共生に基づく社会正義（差別，貧困，抑圧，排除，暴力，環境破壊に対抗する），貢献，誠実，専門的力量とその専門性の向上を掲げ，倫理綱領として，クライアント，臨床実践，社会，専門職に対する倫理責任の四つの柱を規定している[▶1]。

　家族療法家は，夫婦や家族という多重の関係性，二者関係，同時に三者以上の関係に対処する。すなわち，家族成員一人だけでなく，成員間で，また家族全体のシステムの尊厳の保持や秘密保持が求められる。そこでは多重の関係の葛藤状況に陥ることもしばしばである。そこで，援助者・教育者・研究者としての臨床倫理と，専門的業務が人々に影響を与えるものであるという社会的責任を含めて規定することが求められる。

　家族療法家のための倫理綱領について，AAMFT（米国夫婦家族療法学会，2001）は，トレーニングの中核をなす，職業上の，専門的関係を対象者と築く上で，重要な指針であるとした［Nichols, 2009］。特に，緊急時や混乱した臨床状況で指針を提示することもでき，ストレスや葛藤のある情動などの多様な状況で，優先順位をつけ，行動の支持を与えてくれるものである。また，スーパーヴィジョンおよび管理上の決定を支持する権威についても規定している。

日本家族研究・家族療法学会倫理綱領から

　日本家族研究・家族療法学会では，2007年に「われわれ日本家族研究・家族療法学会員は，援助を求めている人とその家族の尊厳と人権を尊びながら，よりよい生活の実現に寄与することをめざす」との倫理綱領を掲げ，家族臨床の学会で

▶1
ソーシャルワーカーなどが所属する日本社会福祉士会の倫理綱領などの規定項目。

Key Words

家族援助
倫理綱領
臨床倫理

表1　日本家族研究・家族療法学会倫理綱領2013年改定版

日本家族研究・家族療法学会会員は，本学会の定める専門的業務にもとづいて提供する専門的サービスが，これを求める人とその家族に重大な影響を与えるものであるという社会的責任を自覚しつつ，それらの人々が専門的サービスを享受できるよう努め，その質の維持を保たねばならない。この目的のため，援助者・教育者・研究者としての臨床倫理を以下のように定めることとする。本学会員は，職種を問わず，本倫理綱領の遵守を求められる。

1. 本学会会員は，援助を求めている人やその家族成員のもつ知る権利，拒む権利，決める権利をはじめとする人権を尊重する。
2. 本学会会員は，援助を求めている人やその家族に関する知りえたことについて守秘義務を第一とする。
   2-2. 原則として，研究などの公表にあたり，説明責任を果たし，同意を得る。
3. 本学会会員は，臨床実践および教育・研究活動にあたり，常に十分な情報を提供し，資質・技能の向上のために研鑽を積み，援助を求めている人やその家族が最善の利益を得られるように努める。
4. 本学会会員は，援助を求めている人やその家族について，学校・行政・司法機関等の関係機関から情報提供などの協力要請があった場合，援助を求めている人の同意を尊重することに努める。ただし，生命，身体の危険など緊急性のある場合や法の定めによる場合は，この限りではない。
5. 本学会会員は，援助を求めている人や家族，研究協力者，および教育・研修関係にある人々の思想・信条，特定の価値観やものの見方を尊重する。
6. 本学会会員は，研鑽で得た援助のための知識や技術，家族研究で得た結果を臨床・研究・教育以外の目的で使用してはならない。

ある以上は臨床の実践と絡み合って生きるものにしたいとの思いから，臨床倫理6項目を定めた。その後，さまざまな活動の展開の中で学会が組織として発展したため，また2011年の学会認定スーパーヴァイザー資格制度の制定などを経て，2013年に同学会創立30周年を迎えるに当たり，学会の倫理綱領に学会員の研究および実践領域に適用できる要件を含めることの必要性が生じ，倫理綱領を改定した（2013）（表1参照）。

この綱領には家族療法における臨床倫理のエッセンスと争点が網羅されているので，順に解説する。

人権（倫理綱領1）

家族臨床においては，なんらかの困難を抱えている当事者だけでなく，家族全体を支援の対象とする。来談しているのが当事者のみであっても，家族の誰か一人であっても，そのことは変わらない。当事者および家族は，支援の内容を知らされた上で，それを受け入れるか否かを自由な意思で決めることを保障される。その権利の行使は，内なる対立や無関心を乗り越え家族が一つの方向にむかって歩むことを意味する。それはこれまでとは違う解決のための行動選択であり，最初の変化となりうる。家族の人権の尊重は家族の権利を保障するだけでなく，援助者と家族がそろって入口に靴を並べる作業でもある。

2013年改定版では，個人だけでなくシステムとしての家族の人権を守る上で，各家族成員を含む対象者を「人やその家族成員」として一つのまとまりとして捉えることを原則とした。

守秘義務と情報の共有（倫理綱領2と3）

相談にまつわる情報はすべて当事者・家族のものであり，その利益に沿うような扱いがされねばならない。またプライバシーは人の私的権利に関係するもので

あることとする。その意味で，守秘義務と情報の共有はつながっている。家族療法における「守秘義務」には，セラピストが対象者個人，夫婦間，各家族成員間，家族全体に対して守秘義務があり，いずれも順守する必要がある。また，情報の共有が家族の混乱・対立を先鋭化し，支援の継続を難しくすると予想されても避けてはならない。それは倫理的な規範であるだけでなく，葛藤回避による見かけ上の安定から抜け出すチャンスでもあるからだ。そこはしばしば，変化につながる臨床のターニングポイントになる。その意味で情報の共有は家族援助で避けることのできない通過点である。

当事者からの相談内容に関する情報や家族からの家族関係等の情報を共有しあうことにより，ずっとフタをされていた情報が期せずして明るみに出たり，見逃していたことに気づかされたりする。また，あえてあいまいにされていたことを言葉で表現せざるをえない事態も起こりうる。

関係機関（倫理綱領4）

家族臨床において，学校からの情報提供を求められることはめずらしくない。逆に，支援者から学校に情報を求めることもある。その際は，学校との情報交換は当事者・家族の利益につながるという前提を共有し，当事者・家族の同意を文書で残すことが望ましい。また，警察や検察から支援対象者に関する情報提供を求められることがある。この場合は当事者の利益になるとは限らないため，情報を必要としている側が当事者・家族から同意を取り付けて要請文書に添付するように求めるべきである。他の機関との関係においては，援助ネットワークとか機関連携といった勢いのある言葉に差し込まれることなく，家族サイドに立って熟考する必要がある。

価値観の尊重（倫理綱領5）

当事者や家族が問題に関して自分なりの理解・仮説を語るとき，その背景にある価値観や人生観も一緒に伝わってくる。それは，その人の生き様そのものであり，個々の問題の理解・仮説を各論とするなら価値観や人生観は総論に相当する。支援者が総論にまで踏み込もうとすると，自らの価値観や概念を押しつける危険性が高まる。人の生き様をささえるバックボーンはその人自身の手で上書きされるべきものであり，他人の手で書き換えられるべきではない。これは家族臨床の基本的な立場である。

研究倫理（倫理綱領6）

臨床や教育の場以外で，家族療法にまつわる知識や技術を用いることが許されるのは研究の分野においてである。2013年版綱領改定の際の議論から，研究倫理については，情報開示が援助関係上の情報に限られることであることから，研究発表についても含める必要があるとした。

（岡田隆介＋福山和女）

文献

Koocher, G.P., & Keith-Spiegel, P.C.: Ethics in psychology and the mental health professions: Standards and cases. Oxford University Press, New York, 2008.

Lee, R.E., Everett, C.A.: The Integrative Family Therapy Supervision: A Primer. Taylor & Francis Book, Inc., 2004.［福山和女，石井千賀子監訳：日本家族研究・家族療法学会評議員会訳：家族療法のスーパーヴィジョン：統合的モデル．金剛出版，2011.］

Nichols, M.P.: Family Therapy: Concepts and Methods, 9th Edition. Pearson, 2009.

Reamer, F.G.: Social Work Values And Ethics. Columbia University Press, 2006.

基本用語 88
GROSSARY 88

IP 患者と見なされたひと *identified patient (IP)*
家族の中で，主たる症状を呈しているか，主たる症状を呈していると見なされている人。例子どもの不登校が夫婦の危機の信号となる一方，夫婦の危機解消後に子どもが登校を再開する場合。

愛着 *attachment*
安定した愛着は健康な関係性であるが，これが脅かされると，人は攻撃的となり他者を遠ざけるため，そこに悪循環が生じる。例体験派家族療法による治療応用。

甘え *amae*
土居健郎による「甘え」理論。人間性と愛情生活の中核に，無条件に愛されることを欲求する日本的ありかたと，それが前提とされていること。

「家」制度 *Ie*
世代やジェンダーの序列を強調した日本の伝統的な家族システム。武士階級の家父長制に影響を受け，戸籍により規定されている。制度そのものは民法改正により廃止された。

「いま・ここで」体験 *here-and-now experience*
過去に起こったこととは対照的に，現在，面接中に感じられる直接的体験。例エンプティチェア技法での利用。

エコシステム *ecosystem*
現実のより困難な問題に対処する際にクライアントのニードに合わせるべく，システム論的思考を，家族を超えて，援助機関や社会福祉機関，学校などのより大きなシステムに適応するアプローチ。ブラック Imber-Black, E. がその代表。

エナクトメント *enactment*
ミニューチン Minuchin, S. による記述。家族関係パターンの評価後，面接中に，新しい関わり方を引き起こすこと。

円環的因果律 *circular causality*
システムの属性の一つ。さまざまな行為が，反復的循環を介して関連しているとする概念。直接的因果律の対概念。

円環的質問法 *circular questioning*
セルヴィニーパラツォーリ Selvini-Palazzoli, M. らによって記述された評価介入方法。家族銘々に他の家族の関係について述べさせる。例喘息の子どもに，発作中の父親の対処法について母親はどう思っているかと訊ね，関係性への家族の注意に焦点をあてる。

オープン・システム *open system*
周囲の環境と，情報，エネルギー，そして物質を交換する，相互関連のある要素の集合。クローズド・システムの対概念。

親代わりの子ども *parental child*
弟や妹の世話をする親の役割をあてがわれた子ども。例シングルペアレントや大家族における適応例と，親の責任が無計画に放棄された不適応例がある。

外在化 *externalization*
ホワイト White, M. とエプストン Epston, M.H. によって記述された介入法。問題を個人ないし関係性から取り出し，外側にある物として描写させる。例遺糞症を「ずるがしこいプー」と擬人化し，その特徴や家族との影響関係を表現させ，家族全員で問題の管理を引き受けるように仕切り直す。

核家族 *nuclear family*
（両）親と子ども（たち）からなる二世代家族。

拡大家族 *extended family*
数世代にわたる親族関係のネットワーク。いわゆる親戚。

隠れた忠誠心 *invisible loyalties*
ボゾルメニ・ナージ Boszormenyi-Nagy, I. の用語。子どもが家族を助けるために無意識的になんらかの活動に取り組むこと。

家族画 *family drawing*
個人に家族を描かせたり，家族全員で何かを描かせることで，家族イメージや家族相互作用に介入する描画療法。例動的家族画（KFD），合同動的家族画（CKFD）など。

家族儀式 family ritual
ロバート Roberts, J. とブラック Imber-Black, E. による介入法では，以前からの家族の祝い事や記念日を支持する。ミラノ派の場合，家族システムのルールを変化させるべく，肯定的意味づけのあと，家族に具体的行為を逆説に処方する。

家族構造 family structure
家族相互作用を決定する家族の機能的組織化。構造派ではまず，不明瞭な境界，家族のヒエラルキーの混乱，そして硬直した連合といった機能障害的家族構造を評価する。

家族システム family system
家族をシステムにたとえたアナロジーであり，①家族の一部の変化が全体に影響する（全体性），②家族銘々のデータを足しても家族は分からない（非総和性），③さまざまな初期状態により同じ結果が生まれ（等結果性）同じ初期状態からさまざまな結果が生まれる（多結果性），④家族の問題に原因は特定されない（円環的因果律）と仮定される。

家族集団療法 family group therapy
家族療法黎明期にベル Bell, J.E. によって創始された集団療法に基づく家族治療。オリエンテーション，児童中心，親子相互作用，夫婦相互作用，同胞相互作用，家族中心と順に焦点が変化していく。

家族神話 family myths
歴史的現実のゆがみに基づいていて，家族機能を支配するルールによって形作られた，一組の信念。例「ヴァージニア・ウルフなんか怖くない」の子どもがいると信じる夫婦。

家族造形法 family sculpting
家族が，家族メンバーを影像として用い，空間に自由に配置し，姿勢や仕草などの造作を施すなど，家族メンバー間の距離や相互の感情を空間的に表し，家族システムを体験的に認識できる非言語的な技法。

家族投影過程 family projection process
ボーエンの理論で，両親間の葛藤が子どもたちやその配偶者に投影されること。それは，世代を越えて伝達される。

家族ホメオスターシス family homeostasis
家族が今ある状態を維持しようとし，何らかの変化が起きようとすると，元の状態に戻そうとする傾向。

家族ライフサイクル family life cycle
家族の一生の過程。結婚して夫婦となり，子どもが生まれ，成長し，子どもが巣立ち，老い，死ぬという過程。

家族ルール family rules
家族の中で繰り返し起こる行動パターンを記述する用語。それは，家族間で認識できている場合もあるが，暗黙の規定となっている場合もある。

絡み合い enmeshment
心理的境界が揺さぶられて，それぞれの自立が失われ，相互に絡み合った状態。

感情的遮断 emotional cutoff
ボーエン理論の用語。未解決の情緒的な結合から逃避すること。感情的な交流を断つこと。

キド・プロ・クオ quid pro quo
家族システム内で与えるものと交換として何かが要求されるという自覚されていない相互関係をいう。

逆転移 countertransference
精神分析の用語。家族療法の場合は，治療者が過去の人間関係，特に家族関係において経験した自分の感情をクライアントである家族成員の中に見出し，抱くこと。

強化 reinforcement
特別な反応の度合いを増加させる，出来事，行為，物事のこと。正の強化因子は反応の割合を増加させ，負の強化因子は，反応の割合を減少させる。

境界 boundary
システムの区切り線のことで，システム理解のための抽象概念。個々人，サブシステムが他からどのように情緒的身体的に守られているか，その程度を表わしている。境界線は厚くても薄くても家族の機能が落ちてしまう。

共感 empathy
人が持つ信念や感情を，その人が感じているように感じ理解すること。

協働モデル collaborative model
グーリシャン Goolishan, H.A. とアンダーソン Anderson, H. によって作られたモデル。治療者は患者の経験について無知の姿勢をとり，患者は治療者と対等の立場で自らを語り，その対話によって，新たな現実を再構成する方法。

形態発生 morphogenesis
システムが新しい文脈に順応するために構造を変える過程。

原家族 family of origin
両親と血縁。通常は自分が生まれた核家族。

権利付与 entitlement
家族内での重要な他者にむけた正当な配慮の当然の帰結として，その人が家族内の他者から信頼をうる権利があることをいう。

眩惑 mystification
レイン Laing, R.D. の概念。家族が子どもの経験を否定したり再ラベル付けをすることによって，子どもの経験を歪めること。

構成主義 constructivism
人間の経験は基本的にあいまいであり，その断片を組織化し意味を与える過程を介してしか理解されないとする考え方。家族療法を客観性の主張から解放した。その発想原点が生物学や物理学にあるところが，社会構成主義とは異なる。

肯定的意味づけ positive connotation
ミラノ派の介入技法。家族メンバーの行動を家族との関係性の中で肯定的に評価すること。家族には今の行

動を続けるようにと処方する。家族の凝集性が促進され，抵抗を起こすことなく治療的な変化を生むことができる。

合同家族面接 *conjoint therapy*
セッションにおいて，二人もしくはそれ以上の人と一緒に行う治療。

コミュニケーション理論 *communications theory*
ベイトソン Bateson, G. の統合失調症患者のコミュニケーション研究の成果。コミュニケーションには，コンテンツとコンテクストの二つのレベルがあり，情報伝達だけでなく，対人行動のすべてをコミュニケーションとして考え理解するという理論。

コンテクスト *context*
言葉は，ノンバーバルコミュニケーションや，その言葉が使われている場にいる人との関係性，その人の背景，その場の状況，前後関係などにより使われている言葉の意味内容が変わる。その言葉の意味内容を規定するすべてのこと。文脈とも訳される。

コンテント *content*
言葉が持っている意味内容のこと。いわば，辞書に書かれてある言葉の意味を指す。

サイバネティクス *cybernetics*
コミュニケーションと制御の科学。逸脱を増幅する正のフィードバックと，安定性を維持する負のフィードバックにより情報が伝達され，システムが制御されることを示す。

サブシステム *subsystem*
一つのシステムをその属性により分ける，より小さな下位システム。家族システムではジェンダー，年代，役割などにより分かれる夫婦，親子，きょうだいなどがその例である。

三角関係化 *triangulation*
二者間の葛藤を回避するために第三者を巻き込むことでシステムを安定させようとするプロセス。子どもが両親間の葛藤に巻き込まれる場合が典型例。

ジェノグラム *genogram*
家系図。男性を四角，女性を丸，横線を夫婦，縦線を親子などの記号で図示することにより，世代間で繰り返される家族関係のパターンを見出す。ボーエン派でよく使われる。

自己の分化 *differentiation of self*
自己の知性と感性が他者から切り離された状態。ボーエン理論では，分化しているほど他者に巻き込まれず，機能不全に陥りにくいとする。融合（fusion）の反対の概念。

指示 *directives*
家族システムの機能不全から抜け出すため，家族に与えられる課題。

システム論 *systems theory*
一般システム理論とサイバネティクス理論を包括し，個々の要素が関連しあい全体として形成されるシステムのありように関する理論。

ジョイニング *joining*
家族療法の初期にセラピストが家族システムに参入し治療システムを形成するプロセス。家族システムに介入するために必要な信頼関係を樹立する。

症状機能 *function of the symptom*
家族構成員の症状はシステム全体の機能不全から注意をそらしたり，家族をより深刻な問題から守る機能があるという考え方。

症状処方 *prescribing the symptom*
症状とされていることを意図的に行うよう指示する逆説的な介入。これによって症状を捨てるか，意図的に行うという選択を迫られ，症状の機能を無効化できる。

情動反応性 *emotional reactivity*
落ち着いて客観的に反応するのではなく，その瞬間の感情にまかせて短絡的に反応する傾向。

スキーマ *schemas*
世の中の事象の成り立ちや機能を理解するために，個人の核にある信念。

スケープゴート化 *scapegoating*
家族内の緊張や葛藤のはけ口として，特定の家族成員に問題を見出したり些細な問題を誇張する状況。個人が家族システムの問題の身代わりとなる。

正のフィードバック *positive feedback*
システムが平衡状態から変化しようとするとき，変化を増強する方向にシステムに働きかける情報の流れ。逸脱増幅的となり，システムの変化を導く。限度を超すとシステムは暴走（run away）を起こすか，新たな形態発生に至る。

セカンドオーダー・サイバネティクス
second-order cybernetics
観察者が対象とするシステムを観察，記述，介入しようとした時点で対象システムと相互作用を持ち一つのシステムを形成してしまい，客観的な対象とはならないことを前提としたサイバネティクスの考え方。現実の脱構築というポスト・モダニズムの思想と軌を一にしている。

相補的関係 *complementary relationship*
二つの個あるいは集団の間で，一方が優位に変化すれば，他方は劣位に変化して差を広げることで安定しようとする相互関係のパターン。しかし限度を過ぎると通常劣位側に問題が起きる。対称的（相称的）関係の反対概念。

疎遠 *disengagement*
家族成員間の距離が遠く，強固な壁や不透過性がある関係性。絡み合い（enmeshment）の反意語。

第一次変化 *first-order change*
システムの構造や枠組みは変わらず，設定されている範囲内での連続的・量的な変化。小変動を修正しようとする反応。たとえば，室内の温度を一定に保つためのサーモスタットの自動切り替えがもたらす変化。

対称的関係 symmetrical relationship
相称的関係ともいう。二つの個あるいは集団の間で，一方が優位に変化すれば，他方も優位に変化しようとして安定しようとする相互関係のパターン。エスカレーションが生じ，限度を過ぎると暴走（run away）が起きる。相補的関係の反対概念。

第二次変化 second-order change
システムの根本的な枠組みや組織が変わる不連続的・質的な変化。環境の急激な変化に対応しようとする反応。たとえば，外気温の急激な変化に対応するため，サーモスタットの温度設定を変えること。

中立性 neutrality
特定の家族メンバーとの同盟を避け，全員との信頼関係を平等に維持すること。巻き込まれた関係性からメタレベルに自分を置き，強い影響力を与えることができる。家族療法の文脈では，セルヴィニーパラツォーリ Selvini-Palazzoli, M. らミラノ派の言葉。

直線的因果律 linear causality
ある出来事が原因であり，別の出来事が結果だとする考え。行動に限定すれば，一つが刺激であり，もう一つが反応である。

転移 transference
早期の家族関係（親，兄弟，祖父母など）に抱いていた感情，葛藤，欲動などが，現在の人間関係に反復・再現されている状態。例セラピストに父親転移を向ける。

投影同一化 projective identification
クライアントが自己の一部（感情，葛藤，思考など）をセラピストに投影し，投影されたセラピストはそれを自分の体験として感じ考えるように強いられ，クライアントにもう一度それを戻すこと。家族関係内でもこうしたやりとりがメンバー間に生じている。

等結果性 equifinality
どんなに複雑であって，多様で異なる方法をとりつつも，最終的には同じ結果にいきつくというシステムの特性。

取り入れ introjection
対象（親，セラピスト，友人など）の一部分（態度，思考，形態など）を自分のものとして，自己に吸収し，自分の自己イメージの一部とすること。

内的対象 internal objects
心の中にある，自己や他者に対するイメージや表象である。早期の親との関係性が影響する。心の中にいる親イメージとの関係がカップルの関係性に影響を与える。

認識論 epistemology
対象を観たり考えたりする方法について追求する学問。ベイトソンは世界観や信念システムを考える学としている。自分が認識している「その認識のあり方」について論じる。

恥 haji
日本では「世間体」を損なう行為や言動を，その個人が属する家族やコミュニティーが，「恥」としてその個人に直面化し，その個人も自覚する。

パラドックス（逆説）paradox
常識的見解に矛盾するように見える見解をいう。例逆説的介入とは，常識とは矛盾するような介入を行い，家族に変化を引き起こす技法

ファーストオーダー・サイバネティクス first-order cybernetics
対象とするシステムは，観察者からは独立した客観的な存在であり，観察者と対象との間には相互作用がないことを前提にして観察，記述，介入などを行うサイバネティクスの考え方。

負のフィードバック negative feedback
システムが逸脱を起こしそうになったとき，その逸脱を修正しシステムの安定を取り戻す方向に働く情報の流れ。温度が上がるとスイッチが切れて定温を維持するサーモスタットがその例。

プロセス process
家族や集団における関係性のあり方や関係性が変化していく過程

閉鎖システム closed system
特定のシステム内の要素だけが関係性を持つが，システム外（環境や地域）とは関係性や出入力が行われない閉じたシステムをいう。その結果，システム内のエントロピーは増加する。

ポスト・モダニズム postmodernism
普遍的真理を探求するモダニズムとは対照的に，真理とされる事柄の創造におけるそのような探求の役割に焦点が当てられる。それは言説とされる場合が多いため，方法としては脱構築に関連する。

ミラクル・クエスチョン miracle question
ソリューション・フォーカスト・アプローチ（Solution Focused Approach）の介入技法。クライアントに「ある晩奇跡が起こって問題が解決したら，朝目覚めて，奇跡が起こっていることをどこからわかるか」と尋ね，解決した状態を想起させる。その状態が現実化するように導き解決を図る。

メタ・コミュニケーション metacommunication
メッセージについてのメッセージ。どのようなメッセージにも内容の「報告」と内容の受け取り方についての「指示」の二つのレベルがある。同じ言葉でも，笑って話すのと怒って話すでは，意味の受け取り方が変わるが，その非言語的なメッセージが一例。

モデリング modeling
ある人の行動を見て，同じように行動すること。

融合 fusion
自他の境界が曖昧になり，互いの感情や考えが影響しあっているような関係性。「分化」との反対概念。

ユニークな結果 unique outcome
問題のストーリーの外側にあるか，それに矛盾する，生きられた経験の一つの側面。オルタナティヴ・ストーリーが再構成されるとき，核になるエピソード。

ライブ・スーパーヴィジョン *live supervision*
実際に進行中のセッションをスーパーヴァイザーが観察し，セラピストと関わりながら，戦略や技法を教えるスーパーヴィジョン。

リフレイミング *reframing*
家族メンバーの症状や行動について，家族がラベルしている言葉を言い換えるなどして，家族が，それまで見ていたものの意味が変化し，家族に文脈の変化を引き出す方法。

例外 *exception*
クライアントが問題から一時的に自由になれたときを指すディ・シェイザー *de Shazer, S.* の使った言葉。ソリューションフォーカスセラピストは問題解決スキルの構築を助けるために「例外」に焦点を当てる。

連合 *coalition*
第三極をおいて，人間関係や組織の関係が結びついている状態である。例母と娘が一緒になって夫を批判して，結びつきを強めている状態。

編集を終えて

　本書は，日本家族研究・家族療法学会が今年創立30周年を迎えることを記念して出版されるものである。

　本邦に家族療法が紹介されて以来，今日まで数多くの家族臨床家が育ち，さまざまな臨床領域において豊かな実践が積み重ねられ，多くの著作が出版されてきた。しかしこれまで，家族療法の全体を見渡し，さまざまな理論や概念，実践を整理し紹介する教科書的な本は，本邦では見られなかった。

　しかし，30年を迎える本邦の家族療法はすでに成熟期を迎え，当初家族療法の魅力にとり憑かれ，中心となって家族療法の発展に寄与した世代も今や徐々に後進に道を譲り始めつつある。

　このような事情を背景に，本学会30周年を一つの節目として，これまで本邦の家族療法を牽引してきた本学会員を中心に教科書にふさわしい本を制作することが提案され，2011年1月の本学会評議員会において承認された。その後，編集委員会を立ち上げる準備を進めていた矢先の3月11日に東日本大震災が発生，自然災害に原発事故が重なったこの未曾有の大災害を前に，本学会もその支援を立ち上げる準備に追われた。その渦中ではあったが，同年6月の本学会第28回静岡大会の折に第1回編集委員会が開かれ，以来，編集会議を重ね，2年を経て本書が上梓されることになった次第である。

　したがって，本書は本邦の家族療法家によって書かれた本邦初の家族療法の教科書である。本書の編集に当たって，家族療法の全体像を把握できること，家族療法の歴史が理解できること，個別の理論モデルや臨床テーマについて概略が理解できることを編集方針に掲げた。特に，本邦における臨床の展開や実践を広く紹介し，家族療法の実像を理解してもらうことに重点を置いた。本書の対象となる読者層としては，これから家族療法を学ぼうとする院生レベルの学生あるいは若い臨床家を想定した。

　以上のようなコンセプトの下，本書はその内容を基礎編と臨床編に大きく分けられている。

　第1部の理論編では，家族療法の歴史を欧米と本邦に分けて記述し，さらに，家族療法を特徴づける基礎概念，理論モデルの章に分けて記述している。家族療法とはどのような臨床理論であるかが俯瞰できるであろう。

　第2部の臨床編では，特に本邦における家族療法の現在をできるだけ幅広く見渡せるように，家族療法的アプローチのニーズの高いテーマについて，臨床領域別および臨床テーマ別に目次を設定した。家族療法が幅広い臨床領域で応用可能な実践的な治療論であることが理解されるであろう。ちなみに，このような章立

てを設けるのは，欧米の教科書には見られない本書の特徴でもある。

　第3部は，教育，研究，倫理を取り上げ，家族療法が持つ社会的な制度としての側面や責任を取り上げている。

　以上のような内容を反映して，執筆者は多職種にわたっている。加えて，各執筆には，できるだけ事例を加えて執筆戴くことをお願いした。もちろん，各事例とも執筆者の豊富な臨床経験を背景に，趣旨が伝わるように適宜，創作あるいは再構成されたものである。

　また，用語の用い方については，原則的には執筆者の意向を尊重しているものの，一部は編集委員会で統一を図ったものがある。たとえば，「障害，障がい，障碍」は「障害」に，「共同，共働，協同，協働」は「協働」に統一した。また，"narrative"は「ナラティヴ」に，その他「クライアント」「レジリエンス」「スーパーヴィジョン」なども表記を統一した。

　ところで，各原稿の執筆者の多くは，それぞれに家族療法への熱い思いを持ち，実践を続けてこられた方々である。当然というべきか，戴いた原稿はそのような思いが熱く詰まっており，それぞれが一つの物語と呼ぶにふさわしいものも少なくなかった。しかし本書が教科書としての位置づけである以上，個人的な感傷は可能な限り抑え，学術的な記述を心がけていただいた。

　しかし，それでもなお，各原稿の中には執筆者の熱い思いが込められていることを多くの読者は感じ取られることと思う。その意味では，本書はこの30年の本邦の家族療法という物語を語っているともいえよう。そのような事情もあり，本書のタイトルも「教科書」と名乗るよりも，「テキストブック」とカタカナを用い，ある程度格式張らない含みを持たせるものとした。さらに本書は，本学会が20周年記念出版として上梓した「臨床家のための家族療法リソースブック：総説と文献105」（金剛出版，2003.）の姉妹編に当たるものであることももう一つの理由である。

　そのようなわけで，本書はさまざまな課題を乗り越え，ようやく上梓されることになった。編集委員会からの無理なお願いにもかかわらず，精力的かつ誠実に執筆に取り組んでいただいた各執筆者の方々に改めてお礼申し上げたい。

　ただ，一つ残念なことは，本書編集委員会委員であった中釜洋子先生が，2012年9月に志半ばで逝去されたことである。家族療法の次代を担うことを期待されていただけに，私たちの喪失感はとても深い。故人のご冥福をお祈りすると共に，担当予定であった原稿は，故人の教えを受けた若手の先生方により，その御遺志を継いで完成されたことも併せて申し添えたい。

　最後に，ともすれば筆の遅れることの多い執筆陣を叱咤激励しながら，この膨大な編集作業を粘り強く緻密に作業を重ねて本書の完成に尽力していただいた金剛出版の高島徹也さん，梅田光恵さん，昨年12月まで担当していただいた北川晶子さんには，心よりお礼を申し上げたい。

　本書が，これからの家族療法を担う若い世代の臨床・研究家の方々のお役に立てることを願うものである。

　　2013年5月26日　早くも初夏の予感の中に

　　　　　　　　　　　　　　　　　編者を代表して　楢林理一郎

INDEX
索引

太数字は，「基本用語88」のページを示す。

人名索引

アシュビー Ashby, W.R. 29
アスペルガー Asperger, H. 252
アッカーマン Ackerman, N.W.
.... 7-9, 16, 19, 100, 105
アンダーソン Anderson, C.M. ... 19, 317
アンダーソン Anderson, H.
.... 31, 41, 42, 44, 122, 123, 340
アンデルセン Andersen, T.
.... 100, 113, 116–118, 122, 212
井村恒郎 16
ウィークランド Weakland, J.
.... 30, 89, 91
ヴィゴツキー Vygotsuky, L.S. 114
ウィタカー Whitaker, C. 19, 105, 107
ウィナー Wiener, N. 28
ウィン Wynne, L.C.
.... 8, 14, 105, 178, 246, 252
ウィング Wing, L. 252
ウォーリン Wolin, S. 66, 176
ウォーリン Wolin, S.J. 176
エプスタイン Epstein, N.B. 111
エプストン Epston, D.
.... 43, 112, 122, 339
エンゲル Engel, G. 45–47, 49
小此木啓吾 16
オルソン Olson, D. 51, 272

カー Kerr, M.E. 80, 326
ガーゲン Gergen, K. 41
カーター，Carter, C.B. ... 72, 80, 136
ガーメジー Garmezy, N. 64
加藤正明 14
カナー Kanner, L. 256

グーリシャン Goolishian, H.A.
.... 31, 41, 42, 122, 123, 340
グリーンバーグ Greenberg, L.S. 332
小坂英世 14
ゴットマン Gottman, J.M.
.... 109, 110, 290
ゴードン Gordon, T. 247

坂本良男 15
サティア Satir, V. 19, 89
サリヴァン Sullivan, H.S. 7
下坂幸三 15, 16
ジャクソン Jackson, D.D.
.... 14, 29, 30, 89, 91, 94
ジャクソン Jackson, J.K. 281, 282
ジャコブソン Jacobson, N.S. 109
ジョンソン Johnson, S.M. 13
白石英雄 15
セルヴィニーパラツォーリ
Selvini-Palazzoli, M.
.... 19, 30, 97, 100, 339, 342

チェキン Cecchin, G. 97, 100
チョチノフ Chochinov, H.M. 177
ディ・シェイザー de Shazer, S.
.... 124, 343
ディックス Dicks, H.V. 102

ナピア Napier, A.Y. 107

バーグ Berg, I.K. 124
ハーロウ Harlow, H. 216
パターソン Patterson, J. 51, 109
ヒル Hill, R. 51, 54
フェアバーン Fairbairn, W.R.D. 102
フェルスター von Foerster, H. 30

藤縄昭 15, 16
プラータ Prata, G. 97, 100
フラモ Framo, J.L. 31, 82, 102
フルゼッティ Fruzzetti, A.E. 262
フロイト Freud, A. 7
フロイト Freud, S. 7, 122
フロム—ライヒマン Fromm-Reichman, F.
.... 7
ベイトソン Bateson, G. 8, 24–26,
28–30, 37, 91, 94, 97, 98, 105, 117, 121,
122, 341, 342
ヘイリー Haley, J.
...... 8, 14, 19, 30, 56, 89, 91, 93–95, 140
ベック Beck, A.T. 108, 110
ベルタランフィ Bertalanffy, L. von. ... 28
ボウルビィ Bowlby, J. 216
ボーエン Bowen, M.
.... 8, 19, 80–82, 84, 105, 340, 341
ボゾルメニ・ナージ
Boszormenyi-Nagy, I.
... 19, 34, 81, 82, 102, 104, 105, 143, 339
ホフマン Hoffman, L. 24, 31, 95
ボルカン Borkan, J. 47
ホワイト White, M.
.... 43, 112–115, 118, 122, 339

マーラー Mahler, M. 81
マイヤー Meyer, A. 7
牧原浩 16, 20
マクゴールドリック McGoldrick, M.
.... 56, 60, 76, 80, 136
マクダニエル McDaniel, S.H.
.... 47, 132, 134
マクファーレン MacFarlane, W.R.
.... 262, 263
マダネス Madanes, C. 93, 95

索引

マッカバン McCubbin, H. 51
三浦岱栄 16
ミニューチン Minuchin, S. ...... iii, 8, 9, 19, 85, 199, 203, 265, 268, 325, 339
モーガン Morgan, A. 113

ライト Wright, L. M. 136–138
ラビー Lavee, Y. 53, 54
リーヘイ Leahey, M. 136
リスキン Riskin, J. 89
リッチモンド Richmond, M. ... 209, 215
リッツ Lidz, T. 7, 14
リネハン Linehan, M. 259, 260
リバーマン Liberman, R.P. 110, 130
レイン Laing, R.D. 8, 340
レフ Leff, J. 9, 10

ワーナー Werner, E. 64
ワクテル Wachtel, P.L. 141
ワツラウィック Watzlawick, P. ... 89, 91
ワルシュ Walsh, F. 65, 66
ワレン 281, 282

事項索引

【A-Z】

AAMFT 336
ABC-X モデル 51, 52
AD/HD 252–254
BPS 45–49, 132, 135, 177, 179
BPSD 302, 303
BPSS 47, 48
EBM 47, 170, 171, 178
EBP（Evidence Based Practice 科学的根拠のある実践）............. 10, 13, 128
Empirically Supported Treatment (EST) 10, 13
IP（患者と見なされたひと） 35, 119, 134, 250, 282, **339**
LD 252–254
MENCH 47
MRI 19, 29, 30, 37, 40, 89–91, 94, 113, 270, 325
NBM 47, 170, 171
PTSD（Post Traumatic Stress Disorder; 外傷後ストレス障害） 315

【あ】

愛着 59, 82, 83, 102, 221, **339**
——理論 13, 80
アイデンティティ
.... 44, 58, 72, 74, 76, 115, 121, 240
あいまいな喪失 62, 313, 316, 317
アウトリーチ
.... 160–162, 164, 193, 209, 222, 303, 305
足場作り会話 112, 114
アセスメントモデル 136, 137
甘え **339**
アルコール依存症
.... 281, 283, 285, 288, 290, 327
アレキシサイミア 171
安全配慮義務 232–234, 237
アンビバレント 16, 18, 160, 279
「家」制度 **339**
逸脱 29, 76, 183, 184, 210, 341, 342
一般化 166–168, 243, 315
一般システム論 7, 8, 18, 90, 91
いま・ここ 105, 140, **339**
因果関係 25, 36, 91, 136, 228, 231
インターセッション 99
ウェルフォームド・ゴール ... 125, 126
内なる対話 120
うつ状態 276, 279, 285, 293
うつ病 63, 77, 78, 174, 175, 232–234, 275–280, 293, 307, 308, 327
生まれ変わり空想 60, 61, 83
浮気 289, 291, 293, 294
エコ（生態学的）システム 85, **339**
エコマップ 136, 166, 298
エスカレーション・パターン 29
エナクトメント **339**
エピソード 33, 34, 36, 38–40, 343
円環性 97, 98, 138
円環的
——因果律 25, 72, 73, **339**, 340
——コミュニケーション 137
——思考 .... vi, 154
——質問法 97, 99, **339**
——認識 24–26
——認識論
.... vi, 19, 24, 30, 97, 100, 223, 228
円環モデル 50–54
エンパワメント
.... vii, 11, 67, 128, 222, 295, 301, 314
オートポイエーシス 11, 30, 329
オープン・システム **339**
オペラント条件づけ 108
親代わりの子ども **339**
親子関係 57, 63, 65, 73, 76, 81, 108, 224, 225, 247

【か】

外因 7
解決構築 124, 125
介護
.... 135, 167, 181, 296–299, 301, 302, 305
外在化
... 112–114, 137, 175, 218, 314, 317, **339**
外的会話と内的会話 116, 117
介入 31, 41, 91, 132, 138, 316
——モデル 136, 137, 201
会話 .... vii, 120–123
会話的質問 120, 123
加害者と被害者 228
加害者・被害者臨床 220, 223
核家族 81, **339**, 340
学生相談 194–196
拡大家族 57, 65, 73, 76, 106, 298, **339**
拡大システム 246, 248, 250
拡張認知行動的夫婦療法 111
隠れた忠誠心 **339**
家事事件手続 224, 225
過食症 269, 288
仮説化 97–99
家族アセスメント 136, 137, 181
家族アプローチ 135, 166, 167, 181
家族援助 .... v, 66, 198, 200, 201, 311, 324, 326, 327, 336, 338
家族画 **339**
家族介護 301
家族葛藤 298
家族看護 21, 136
家族間のコミュニケーション ... 16, 325
家族危機 51
家族儀式 317, 340
家族研究 .... vi, 6, 9, 14–17
家族構造 85, 86, 340
家族合同面接
.... 73, 107, 141, 199, 203, 265
家族支援 202, 203, 205, 215, 252, 256
「家族自身による家族への (Family to Family)」心理教育 131
家族システム 51, 136, 138, 287, 340
家族システムズ論 215
家族システム論 50, 51, 281, 285
家族社会学 50–52, 54
家族集団療法 221, 340
家族状況 270–273
家族心理教育 ... 9, 128–131, 160, 161, 164
家族神話 103, 111, 340
家族スキル訓練 258, 259, 262
家族ストレス論 50–54
家族造形法 340
家族相談会 160, 164
家族抵抗 15
家族投影過程 340
家族投影プロセス 80, 81
家族内殺人 335
家族入院 281, 285–287
家族の困難を楽にする 160, 162

家族の相互作用 35, 241, 245
家族の力 211, 213, 214
家族ホメオスターシス 11, 29, **340**
家族面接 82, 131, 140, 142, 311
家族問題 166, 167
家族ライフサイクル 56, 57, 59, **340**
家族理解 198, 200, 201
家族療法 ... v–viii, 7, 20, 22, 80, 140, 141, 247, 325
　　―の特徴 26, 28, 246, 247
　　―理論 13, 30, 77
　機能的― 222, 326
　構造的― 198, 199
　行動的― 108, 109
　システミック― 97
　常識的― 265, 269
　象徴的–体験的
　　（Symbolic-Experiential）― 105
　精神科医療における― ... 148, 154
　セカンドオーダーの― 28, 30
　戦略的― 8
　多世代― 80
　統合失調症の― 14–16
　統合的―
　　 .... 10, 18, 21, 79, 101, 140, 143
家族療法研究所 7, 100
家族臨床 ... 18, 20, 21, 222, 223, 225–227, 337, 338
家族ルール **340**
家族レジリエンス 64–67, 209
　　―志向実践 64, 66
家族を視野に入れること 182
課題分析 330, 332, 333
学校教育相談 190
学校システム 119, 190–193
学校臨床 182, 184
葛藤 56, 58, 73, 86, 102, 133, 142, 154, 181, 184, 193, 197, 222, 224, 272, 273, 291, 336, 338
カップルセラピー 327, 331, 333, 334
家庭裁判所調査官 75, 144, 221, 226
絡み合い 86, 325, **340**, 341
カルガリー家族アセスメント 136
　　―介入モデル 136, 137
カルチュラルコンピテンス
　　（多文化対応力） 76, 77
環境レジリエンス 64, 66
関係系 140, 143, 327
関係性 ..... vi, viii, 10, 11, 24, 26, 27, 36, 41, 65, 66, 76, 95, 136–138, 149, 170, 172, 176, 178, 184, 205, 212, 235, 248, 273
　　―コンテクスト 324, 327, 328
関係と文脈 37
がんサバイバーシップ 174

感情焦点化療法
　　......... 13, 275, 293, 327, 330, 332, 333
感情的遮断 80, 82, 83, **340**
感情表出（Expressed Emotion; EE）
　　.................................. 10, 17, 304
緩和ケア 47, 68, 174
キド・プロ・クオ **340**
機能不全 10, 41, 270, 272, 290
逆転移 98, 99, **340**
急性（acute）ストレス反応
　　（acute stress disorder） 315
教育行政 190, 191, 193
教育研修・スーパーヴィジョン
　　..................................... 320, 321
教育相談 183, 186, 190, 191
強化 29, 64, 259, **340**
境界（バウンダリー） 85, 136, **340**
境界性パーソナリティ障害 258
共感 46, 301, 302, 315, **340**
協働 47, 132, 140, 193–196
　　―モデル **340**
協働的 10–12, 31, 42, 43, 120, 122
　　―アプローチ 12, 21, 314
　　―対話的アプローチ 41
強迫コミュニケーション
　　..................... 281, 283–285, 287
拒食症 9, 325, 326
芸術療法 9
形態発生 29, **340**, 341
傾聴する 101, 103, 112
ケースマネジメント 160, 164
結婚 60, 74, 76, **340**
原家族
　　..... 57, 60, 62, 76, 82, 99, 155, 290, **340**
権利付与 34, 104, **340**
眩惑 **340**
合議制質的分析法 332, 333
高機能広汎性発達障害 253
構成主義 30, **340**
構造化 35, 114
構造的アプローチ 248
構造的モデル 10, 80, 85
構造派 **340**
肯定的意味づけ 35, 94–98, **340**
公的教育相談 190, 193
行動化 101, 184
合同家族面接 154, 341
行動的夫婦療法 108, 109
行動・認知モデル 108
合同面接 141–143, 194, 203
行動療法 108, 109, 111, 130
　　―的家族指導 128, 130
高齢家族 296–300
コーピング 217

――・クエスチョン 125
国際結婚 76, 323
個人面接
　　............. 98, 141–143, 196, 198, 199, 203
コセラピー 105, 106
子育て観 240, 241
子育て支援 206, 240, 241, 245
個体化 80
子どもの心 148
子どもの発達 182, 184, 231
子どものレジリエンス 64, 65
子どもをとりまく環境 148, 150
コミュニケーション ... 38, 39, 55, 76, 90, 113, 120, 122, 133, 143, 156, 161, 170, 179, 185, 240, 248, 306, 310, 311, 325, 341
　　・アプローチ 89, 91, 94, 248
　　・スキル 131, 240, 241
　　―の暫定的公理 37, 38
　　―の歪み 7
　　・モデル
　　............... 10, 19, 80, 89, 90, 94, 325
　　―理論 37, 89, 341
語用論 37–39
コラボレイティヴ 120–122
コラボレーション
　　.............. 112, 114, 132, 134, 166, 169
　　（協働） 132
混合研究 330, 331, 333
コンサルテーション・リエゾン機能
　　.................................. 235, 236, 238
コンテクスト 39, 218, 222, 318, 341
コンテント 341
コンフリクト 236
コンプリメント 124–126

【さ】

災害 20, 21, 313–316, 318
サイコオンコロジー 178, 181
サイコロジカル・ファーストエイド
　　（Psychological First Aid; PFA） ... 313, 315
サイバネティクス
　　............... 28, 30, 31, 90, 188, 341
サブシステム 179, 181, 199, 341
三角関係 80, 81
　　―化 81–83, 86, 194, 195, 341
産業メンタルヘルス 232–234
　　―活動 235, 236, 238
ジェノグラム 35, 60–62, 82, 87, 103, 133, 136, 141, 154, 155, 194, 196, 198, 200, 201, 298, 299, 341
　　・インタビュー
　　.................. 61, 62, 83, 84, 276, 293
支援者支援 313
ジェンダー 63, 72–74

349

索引

──・センシィティビティ 275, 280
── に配慮した家族療法
　(gender-sensitive family therapy) ... 72
時間精神医学 47, 174
自己(の)分化 80, 81, 84, 290, **341**
指示 110, 221, **341**, 342
自死遺族支援 306, 309
思春期の子ども 133
質的研究 55, 118, 330, 331, 333, 334
システム 10, 11, 27, 29, 30, 41, 42, 46,
　53, 54, 59, 97, 106, 136, 140, 141, 178, 198
── ・サイバネティクス
　........... vii, 10, 12, 28–30, 43, 90
── モデル 235, 320
── 論 ... 5, 6, 10, 12, 18–20, 26, 28, 46,
　73, 90, 113, 140, 179, 209, 221, 228, **341**
── 的家族療法
　............. vi, 12, 18–21, 31, 93, 234
システムズ・アプローチ .... vi, 18, 20,
　51, 191, 217, 220, 222, 281, 288
システムズ・コンサルテーション
　.. 184
実証に基づいた医療
　(Evidence based medicine) 330
児童虐待 202, 203, 205, 228, 230, 231
児童思春期精神科 148
児童相談所 198, 199, 221
児童福祉施設 202, 203, 207
児童養護施設 202
自閉症 216, 252, 256
自閉症スペクトラム障害 257
死別 296, 298, 299
社会構成主義 ..... vii, 10–12, 21, 23, 30,
　41, 43, 95, 113, 314, 340
社会生活技能訓練
　(Social Skills Training; SST) 131
主体性 67, 211, 224
ジョイニング
　........... 86, 130, 131, 194, 195, 203, **341**
障害受容 216, 252, 255
少子高齢化 296
症状機能 8, **341**
症状処方 95, **341**
象徴的−体験的モデル 105, 106
情緒障害児短期治療施設 202
情緒的調律 105
焦点化 222, 293
情動反応性 **341**
承認 258–260, 262, 263, 290, 291, 345
女性福祉 206, 207, 209
自立 57, 72, 74, 206, 207, 211, 313
神経症 7, 171
神経性大食症 265, 266

神経性無食欲症 265
心身医学 170, 171
心身症 170–173
身体性 296, 297, 299
信念(ビリーフ) 70, 76, 77, 102, 106,
　110, 134, 137, 138, 155, 240, 295, 327,
　340–342
シンボル(象徴) 105
心理教育
　........ 128–130, 175, 240, 245, 306, 311
心療内科 170–173
スーパーヴァイザー ... 21, 320–322, 343
垂直的ストレッサー 56, 57, 59
水平的ストレッサー 56, 57, 59
スキーマ 110, 261, **341**
スクールカウンセラー 183–186, 201
スクールソーシャルワーカー
　.. 186, 188
スケープゴート化 **341**
スケーリング・クエスチョン 125
ストラテジー 93, 95, 96, 259, 260
ストラテジック・アプローチ ... 93–96
ストレス 53, 54, 129
スピリチュアリティ 47, 68–70
スピリチュアルケア 47, 68, 70
「聖域なき世界」
　(A World Without Sanctuary) 317
生活臨床 14, 16, 17
精神分析 7, 10, 81, 104, 215
正のフィードバック 29, **341**
生物社会理論 258–260
セカンドオーダー・サイバネティクス
　.. 28, **341**
── の家族療法 28
セカンド・サイバネティクス ... 29, 30
世田谷方式 281, 282, 285, 288
セックスレス 289, 292
摂食障害 14–16, 265, 266
セルフネグレクト 301, 303
戦略的アプローチ 19
戦略的モデル 10, 30, 80, 93
ソーシャルワーク
　........................ 181, 188, 206, 209, 215
相互作用 24–26, 33–35, 38, 47, 85
相補的関係 **341**
疎遠 156, **341**
ソリューション・トーク 124, 126
ソリューション・フォーカスト・
　アプローチ 12, 21, 43, 124, 126, 342

【た】

第一次変化 29, 90, **341**
第一次予防 232
第三次予防 232, 233

対象関係 102
── 論 9, 80, 101, 102
── 的, 精神分析的モデル
　... 80, 101
対称的関係 **342**
対人関係
　............ 80, 101, 232, 260, 261, 288, 325
── プロセス想起法 332
第二次変化 29, 54, 56, 90, **342**
第二次予防 232, 233
多元主義 45–47
多世代伝達モデル 10, 80
立ち直り 220, 223, 316
ダブルバインド理論 50, 122
多文化主義 76, 77
チームアプローチ 198, 199
地域精神保健 160
地域ネットワーク 154
中立性 97–99, 193, **342**
直線的因果律 24, 25, **342**
治療
　── 関係 81, 98, 115
　── 空間 101, 103
　── 計画 314
　── 効果比較 275, 277
　── ・支援 270, 272, 273
　── システム
　　.......... 11, 27, 41, 42, 93, 97, 238, **341**
　── 的拘束 89
　── 的司法 (TherapeuticJustice) ... 144
　── 的二重拘束 89
ディグニティセラピー 174, 177
適度な差異 116, 117
デブリーフィング 316
転移 98, 99, 101, **342**
同意 84, 109, 126, 291, 333, 337, 338
投影 74, 82, 102, 290, 340
── 同一化 **342**
動機づけ 222, 295
等結果性 340, **342**
統合 10, 13, 21, 22, 47, 140, 141, 197,
　328, 331
統合失調症 .... vi, 6–10, 14–17, 19, 89,
　105, 128, 129, 327
統合的アプローチ 324, 328
特別支援教育 184, 185, 252–254
トラウマ 105, 313
取り入れ **342**

【な】

内因 6, 7
内的対象 **342**
ナラティヴ
　... 12, 13, 21, 42–44, 112, 121, 138, 211

──・セラピー .... vii, 12, 18, 20–22, 43, 44, 112–114, 116, 118, 122, 314, 317
二重拘束仮説 8, 30, 89
認識論 10, 11, 21, 24, 43, 46, 97, 113, 121, **342**
認知行動的夫婦療法 108, 110
認知症の家族支援 301
認知療法 9, 108, 110
認知力低下 301
ネットワーク 150, 156, 160, 164, 190, 214, 251, 263

【は】

パートナーシップ 166, 215, 218
バイオサイコソーシャル・アプローチ
.... 174, 178
バイオサイコソーシャル・モデル
.... 45, 132
バウンダリー 85, 136, 199
恥 76, 189, **342**
パターン 26, 27, 29, 33, 35, 36, 87, 178, 246, 248
発達障害 252–254, 256, 257
パラダイム 28, 138, 295
パラドックス 89, 90, 92, **342**
パワー 31, 66, 94, 199
パンクチュエーション 33, 36, 38
犯罪被害者家族支援 227
犯罪臨床 220, 221, 223
被害者支援 220, 227
東日本大震災 21, 313, 345
ひきこもり 21, 154, 270–274
──の評価・支援に関するガイドライン 270, 271, 273
非行 8, 220–223
非承認 260–262
ビデオ偵察法 332, 333
ファーストオーダー・サイバネティクス
.... 28, 30, **342**
ファミリーソーシャルワーカー ... 202
フィードバック 29, 31, 126, 341, **342**
封印された死 306–308
夫婦間葛藤 56, 82
夫婦関係の問題 77, 277, 289
夫婦間暴力 73, 289, 291, 292
夫婦療法 102, 111, 275, 289–293
フェミニスト・セラピー
（feminist therapy） 72
フェミニズム 11, 206, 209
複合家族心理教育 128, 129
不登校 18, 182, 184, 246–248, 250
負のフィードバック 29, 341, **342**
プライマリ・ケア 134, 166, 167, 169
ブリーフセラピー 113, 200, 201

プレセッション 99
プロセス 41, **342**
──研究 325, 330, 331, 333
分化 82, 83, 85
文化 76, 180, 203
──に敏感なセラピスト
（Culture sensitive therapist） ... 76, 77
文脈 37, 39–42, 44, 76, 124, 138, 154, 155, 222
分離 114, 115
ペアレント・トレーニング ... 203, 256
閉鎖システム **342**
ヘテラルキー 116, 117
弁証法的行動療法 258, 259, 262
ボーエン派 81, 82, 341
ポートフォリオ 169
防衛 133, 291
包括的アセスメント 140
法と臨床 228, 229
訪問（アウトリーチ） 160–62, 164
暴力 228, 230
母子密着・父親不在 72, 74
ポストヴェンション 306, 309, 310
ポストセッション 99
ポスト・モダニズム
.... 10, 12, 41–44, **342**
ホメオスターシス 15, 113

【ま】

マインドフルネス 258, 259, 261
──スキル 261, 263
マルチシステミックセラピー
.... 13, 222, 326
ミラクル・クエスチョン 125, **342**
ミラノ派 30, 35, 97–100, 340, **342**
無知の姿勢 ... 42, 120, 122, 123, 314, 340
メタ・コミュニケーション **342**
メディカル・ファミリーセラピー
.... 12, 21, 47, 132–134
面会交流 32, 224, 226, 290
面接形態の併用 140
メンタライジング 101, 102
燃え尽き 301, 302
モデリング 109, **342**
喪の作業 82
問題 25, 41, 42, 76, 113, 183, 185
──解決 124, 182, 260
──行動 73
行動上の── 19, 129, 290

【や】

役割 .... vii, 151, 235
病いの体験 132, 177
有益な質問法 124, 125, 127

融合 8, 51, 81, 341, **342**
歪んだ夫婦関係性理論 50
ユニークな結果 114, **342**
4つのケア 232, 233
予防・開発的教育相談 190

【ら】

ライフサイクル 58, 137, 148
ライブ・スーパーヴィジョン
.... 321, **343**
リエゾン精神医学 178, 179
リカバリー 314
離婚 224, 226, 289, 291
リフレイミング
.... 19, 95, 96, 113, 222, **343**
リフレクティング・チーム
.... 116, 118, 122
リフレクティング・プロセス
.... 21, 41, 43, 116–118
──モデル 12
倫理 112, 336–338
──綱領 336–338
臨床── 336, 337
例外 **343**
レジリエンス
.... vii, 64–66, 148, 176, 206, 313, 314
レスポンデント条件づけ 108
連携・協働 194, 195
連合 85, 98, 99, **343**

【わ】

ワークライフバランス 207, 238
枠組み 33, 36
ワンウェイ・ミラー 113, 116

日本家族研究・家族療法学会教科書編集委員会

実行委員長

楢林　理一郎

東京都出身。精神科医。
1976年北海道大学医学部卒業
奈良県立医科大学助手を経て，1980年湖南クリニック開設。
同年開設の医療法人周行会湖南病院も兼務，現在に至る。
2001年－2007年日本家族研究・家族療法学会会長を務める。

執筆者一覧（五十音順）

五十嵐　善雄
[ヒッポメンタルクリニック]

石井　千賀子
[ルーテル学院大学／
　東京女子大学]

磯貝　希久子
[ソリューションワークス]

市川　光洋
[飯田橋光洋クリニック]

伊藤　順一郎
[国立精神・神経医療研究センター
精神保健研究所]

上ノ山　真佐子
[NPO法人サタデーピア／
　南彦根クリニック]

大瀧　玲子
[東京大学大学院]

大西　真美
[愛育病院]

大塚　斉
[武蔵野児童学園]

大町　知久
[明星大学学生相談室]

岡田　隆介
[広島市こども療育センター]

岡本　吉生
[日本女子大学]

荻野　ひろみ
[文教町クリニック]

金丸　慣美
[広島ファミリールーム]

金田　迪代
[家族のための心理社会相談
　室長／
　北海道医療大学心理科学部]

狩野　力八郎
[財団法人小寺記念精神分析研
究財団]

久保　幾史
[堺市スクールカウンセラー]

車戸　明子
[同志社大学
　カウンセリングセンター]

後藤　清恵
[新潟大学医歯学総合病院生命医科学
　医療センター]

近藤　直司
[東京都立小児総合医療センター
　児童・思春期精神科]

渋沢　田鶴子
[ニューヨーク大学]

清水　新二
[奈良女子大学名誉教授]

須川　聡子
[東京大学大学院]

高梨　薫
[神戸学院大学]

竹中　裕昭
[竹中医院]

田附　あえか
[筑波大学]

對馬　節子
[FK研究グループ]

実行委員（五十音順）

児島 達美
[長崎純心大学]

後藤 雅博
[恵生会南浜病院]

小森 康永
[愛知県がんセンター中央病院]

生島 浩
[福島大学大学院人間発達文化研究科]

田村 毅
[田村毅研究室]

中村 伸一
[中村心理療法研究室]

福山 和女
[ルーテル学院大学]

村上 雅彦
[広島ファミリールーム]

遊佐 安一郎
[長谷川メンタルヘルス研究所]

吉川 悟
[龍谷大学文学部臨床心理学科]

渡辺 俊之
[高崎健康福祉大学健康福祉学部]

得津 愼子
[関西福祉科学大学社会福祉学部]

中釜 洋子
[東京大学大学院]

中島 隆太郎
[東京大学大学院]

中田 洋二郎
[立正大学心理学部]

中野 英子
[札幌学院大学／
　こころのリカバリー総合支援センター]

中村 正
[立命館大学]

二井谷 真由美
[広島大学大学院医歯薬保健学
　研究院成人看護開発学]

西島 実里
[日系ポストニアンサポートライン]

野末 武義
[明治学院大学心理学部心理学科]

信國 恵子
[ファミリー・カウンセリング・SFT]

野村 直樹
[名古屋市立大学]

早樫 一男
[同志社大学心理学部]

萬歳 芙美子
[ルーテル学院大学大学院附属
　包括的臨床死生学研究所]

東 豊
[龍谷大学文学部臨床心理学科]

平木 典子
[統合的心理療法研究所（IPI）]

廣井 亮一
[立命館大学大学院]

藤田 博康
[帝塚山学院大学大学院
　人間科学研究科]

牧原 浩
[小郡まきはら病院]

町田 英世
[まちだクリニック]

松本 一生
[松本診療所（ものわすれクリニック）／
　大阪市立大学生活科学部]

丸山 由香子
[東京大学大学院]

村松 励
[専修大学]

森野 百合子
[東京都立小児総合医療センター
　児童・思春期精神科]

森山 美知子
[広島大学大学院医歯薬保健学
　研究院成人看護開発学]

矢原 隆行
[広島国際大学医療福祉学部]

家族療法テキストブック
か ぞく りょう ほう

発行
2013年7月5日

第四刷
2022年4月1日

編集
日本家族研究・家族療法学会

発行者
立石正信

印刷・製本
シナノ印刷

発行所
株式会社 金剛出版
〒112-0005
東京都文京区水道1-5-16
電話 03-3815-6661
http://kongoshuppan.co.jp/
振替 00120-6-34848

ISBN978-4-7724-1317-6 C3011
Printed in Japan©2013

Ψ 金剛出版 〒112-0005 東京都文京区水道1-5-16　Tel. 03-3815-6661　Fax. 03-3818-6848
e-mail eigyo@kongoshuppan.co.jp　URL http://kongoshuppan.co.jp/

家族の心理
変わる家族の新しいかたち
[編著]小田切紀子　野口康彦　青木聡

少子超高齢社会をむかえ，変動のなかにある現代家族を学ぶ家族心理学の新しい教科書。家族が遭遇する心理社会的な課題を重視しながら，家族のはじまりである恋愛・結婚の心理，離婚・再婚家族の現状など，子どもの発達から家族と個人の成熟に至るライフサイクルに沿った基礎的なテーマを通して家族のいまとこれからをとらえる。家族の心理にかかわる気鋭の研究者・臨床家・実務家による執筆。各章にはさらなる学習のためのブックガイドとコラムを配す。
定価2,860円

テキスト家族心理学
[編著]若島孔文　野口修司

人生において出会う関係のなかでも，家族関係は，個人の成長や生き方を左右する影響因のひとつであるだけでなく，家族は一様ではなく個別特殊なものでもあり，家族メンバーの成長や時代・社会・文化・風潮によってさまざまに変化する。家族というこの謎めいた集団・関係に，どのようにアプローチすべきか？　どのような研究法が，そしてどのような支援法が，実利的なアプローチを可能にするのか？　家族療法＋ブリーフセラピーに基づく家族支援に携わる執筆陣によって著わされた本書は，家族心理学の基礎研究を踏まえながら，心理療法への実践応用までが語られた，家族心理学研究の成果を網羅した決定書。
定価4,620円

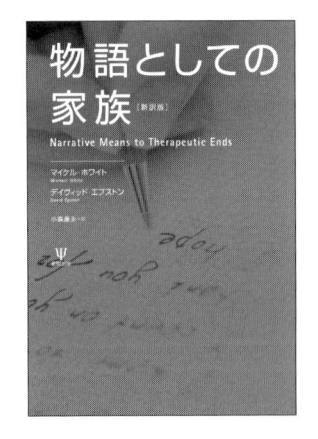

物語としての家族 新訳版
[著]マイケル・ホワイト　デイヴィッド・エプストン
[訳]小森康永

「……人も人間関係も問題ではない。むしろ問題が問題となる。つまり，問題に対する人の関係が問題となる」――個人と問題を同一視する近代的権力構造に抗い，クライアントとセラピストが「問題のしみ込んだストーリー」の代わりとなる心躍るストーリーを，協力して語り，共に生き，聴衆と共有できたとき人生は展開する。「問題の外在化」と「文書実践」が"治療"に持ち込んだ複数のアイデアは，やがて「ナラティヴ・セラピー」と呼ばれるムーブメントへと結実する。二人のセラピストによる「生きられた経験」を語る空間創出の旅，その始まりの書。
定価5,280円

価格は10％税込です。